THE NEW
HR MINDSET

# 重新认识人力资源

张勉 著

机械工业出版社
CHINA MACHINE PRESS

《重新认识人力资源》主要介绍了人力资源管理的理论精要和实践精华，保留了对管理者最重要和实用的人力资源管理知识，省略了一些适用于专业 HR 的知识。全书分为八个部分，包括导论、组织内部环境、人才战略与规划、人才获取、人才培育、人才使用、人才激励、雇佣关系与国际化。《重新认识人力资源》在内容上重视理论和实践平衡，力求保留最核心和实用的知识，同时突出与时俱进的特点，包括人力资源管理领域经过一定时间检验的新观点、新模式、新实践。

**图书在版编目（CIP）数据**

重新认识人力资源 / 张勉著． -- 北京：机械工业出版社，2024. 10. -- ISBN 978-7-111-76685-8

I. F272.92

中国国家版本馆 CIP 数据核字第 2024LF5923 号

机械工业出版社（北京市百万庄大街 22 号　邮政编码 100037）
策划编辑：孟宪勐　　　　　　　　　责任编辑：孟宪勐
责任校对：甘慧彤　张雨霏　景　飞　责任印制：郜　敏
中煤（北京）印务有限公司印刷
2025 年 4 月第 1 版第 1 次印刷
170mm×240mm・25 印张・1 插页・350 千字
标准书号：ISBN 978-7-111-76685-8
定价：79.00 元

电话服务　　　　　　　　网络服务
客服电话：010-88361066　　机　工　官　网：www.cmpbook.com
　　　　　010-88379833　　机　工　官　博：weibo.com/cmp1952
　　　　　010-68326294　　金　书　网：www.golden-book.com
封底无防伪标均为盗版　　　机工教育服务网：www.cmpedu.com

# 前　言

我从事人力资源管理教学工作已有二十余年，过程中得到了很多乐趣，结识了很多有才华的同行、朋友、学生，并积累了这个领域的一些知识和见解。不过，长期以来，我心中一直有个未竟的愿望——撰写一本分享这些知识和见解的书。如果有这样一本书，我就能更有效地利用课堂的时间，多和学生交流互动，探讨这个领域里的重点、难点和热点，并且方便学生预习和复习，有利于帮助学生形成一个较完整的知识体系。

写书对于教师来说是一个挑战，特别考验教师对本专业领域的知识是否有全面、准确、深入的理解。与编著不同，写书要求作者不仅要整合现有的知识，还要融入原创性的思考。因此，当我真正开始创作本书时，发现这项任务比想象的要复杂和艰巨，原定的出版计划也不得不一再推迟。

本书汇集了我在清华大学经济管理学院多个教学项目中使用过的人力资源管理教案。由于学生大多并非人力资源管理专业人士，因此，我在教学中突出了对一般管理人员有价值的人力资源管理知识。本书主要面向的读者群体是对人力资源管理感兴趣的管理人员，同时也适用于人力资源管理专业人士，尤其是那些希望从更广阔的管理视角理解人力资源管理的专业人士和咨询顾问。

与典型的教材相比，本书保留了一定的口语化风格，希望读者在阅读时有亲切感，像是与作者面对面交流。本书希望突出三个特点：精、准、新。精是指突出人力资源管理的重点、难点，同时做到语言精练，避免内容空洞。准是指对重要概念和术语的使用，以及对理论和实践的介绍力求准确。本书选择的企业案例，以及这些企业的实践，都是我的亲身经历或研究，或者多次向多方求证过、力求经得起时间检验的。新体现在在理论的基础上，融入新的学术观点和发现，以及来自企业界的管理创新实践。

作为一名教学和科研并重的教师，教学和科研对我来说都充满乐趣，两者没有主次之分。由于我在本科期间接受的是工程学科的训练，所以我对人力资源管理的知识是否能经得住实践的检验比较看重。另外，我喜欢阅读不同领域的图书，如历史，因为历史规律的启示很有价值。我在这本书里做出了一些尝试，即在思考题中融入了历史元素，以期激发读者们的兴趣和思考。

一门学科的知识是需要积累的，尽管本书的书名是《重新认识人力资源》，但并不是指本书试图颠覆已经沉淀下来的知识，而是希望突出"以人为本"的价值观，通过介绍一些新观点和实践，激发读者的思考和应用。本书分为八个部分共24章，每章3节，内容包括导论、组织内部环境、人才战略与规划、人才获取、人才培育、人才使用、人才激励、雇佣关系与国际化等主题。我希望本书能经得住时间的考验，对更多的读者有所帮助。

我建议同行在教学中使用这本书的时候，让学生们先阅读相关内容，然后让他们提出问题。课堂上，教师重点讲解核心内容，并围绕学生们感兴趣的关键问题，进行深入的互动、交流和总结。对于有管理实践经验的学生，应该让他们在教学过程中发挥主导作用。

感谢所有为本书做出贡献的人和机构。我指导毕业论文的MBA和EMBA学生对本书贡献最大，我难以想象还能从什么其他渠道获得更高质量的信息，以及如此开诚布公的深度交流，特别是陈昊、池利根、崔思博、戴晓伟、范晓路、关静、李亿飞、王岩广、忻舟、杨培文、张越、朱颖，他们的分享给本书提供了宝贵的素材。听过我课的学生在课堂上精彩的分享使我体会到教学相长的乐趣，丰富了本书的内容。清华大学张德教授仔细阅读了本书，提出了很多宝贵的建议和修改细节。机械工业出版社编辑的鼓励和认真校对保证了本书的高质量出版。博士生马溪悦认真地校对了所有的章节。我的大学同学康刚仔细阅读了初稿，并提出了宝贵的意见和建议。我的妻子、父母、孩子给予了我巨大的支持，让我有了充分的时间和空间集中写作。感谢我所在的清华大学经济管理学院，让我有机会长期、大量地参与 MBA、EMBA 和高管教育项目的教学，得到了锻炼和成长；感谢我所在的领导力与组织管理系，同事们交流密切，乐于分享和互助，让我无论在专业知识方面还是在情感支持方面都获益匪浅。感谢教育部人文社会科学重点研究基地重大项目"高水平科技自立自强的科技人才资源研究"（项目号：22JJD63001）的资助。

我的使命是传播和创造让组织人力资源管理更美好的知识，很高兴能有机会通过本书来践行自己的使命。不过，限于本人的知识、眼界和能力，本书一定存在不少局限性，希望广大读者不吝赐教，给予批评指正。

张勉

清华大学经济管理学院李华楼

2024 年 6 月 29 日

# 目　录

前　言

## 第一部分　导　　论

**第1章　人力资源管理基础知识**　　/ 3

　　人力资源管理定义　　/ 3
　　人力资源的重要性　　/ 5
　　人力资源管理发展历程　　/ 11

**第2章　人力资源管理的职能**　　/ 17

　　职能模块　　/ 17
　　人力资源管理的权责划分　　/ 19
　　人力资源管理的职能演变　　/ 23

**第3章　战略人力资源管理基础知识**　　/ 29

　　人力资源管理系统和企业绩效的关系　　/ 29

战略人力资源管理整体框架　/ 31

人力资源管理面临的外部环境　/ 33

## 第二部分　组织内部环境

### 第4章　组织文化　/ 49

使命、愿景、价值观　/ 49

工作原则和行为规范　/ 50

企业文化变革　/ 55

### 第5章　组织层级和权责关系　/ 60

组织层级　/ 62

纵向的权责关系　/ 64

横向的权责关系　/ 69

### 第6章　组织设计　/ 74

组织设计原则　/ 74

组织结构　/ 79

工作设计和工作分析　/ 87

## 第三部分　人才战略与规划

### 第7章　人才战略基本内容　/ 95

组织能力　/ 96

人才类别　/ 98

关键人才管理职能　/ 101

## 第8章 人才管理模式 / 104

人才管理哲学和理念 / 104
典型模式 / 108
实施的过程 / 112

## 第9章 人才规划 / 115

人才规划的意义 / 115
人才规划内容 / 117
人才需求和人才供给的预测方法 / 120

# 第四部分 人才获取

## 第10章 社会网络 / 127

强关系和弱关系 / 128
结构洞理论 / 130
齐美尔连带 / 131

## 第11章 招聘 / 134

招聘的重要性 / 134
内部和外部招聘 / 136
常见招聘渠道 / 137

## 第12章 选拔 / 142

选拔时需要考察的内容 / 142
不同选拔方法的有效性 / 145
面试 / 147
识人用人的心理误区 / 155

## 第五部分　人才培育

### 第13章　人才盘点　/ 161

考核与评价的区别　/ 162
360度评价　/ 163
人才盘点实践　/ 167

### 第14章　人才发展　/ 172

在职训练　/ 172
培训　/ 176
职业发展　/ 190

### 第15章　能力和潜力评价　/ 200

能力评价　/ 200
潜力评价　/ 204
团队建设　/ 209

## 第六部分　人才使用

### 第16章　目标管理　/ 215

目标设置的原则　/ 215
目标管理创新　/ 221
目标管理实践：OKR　/ 225

### 第17章　绩效沟通　/ 232

绩效沟通的内容　/ 233
绩效沟通能力　/ 236
绩效沟通方法　/ 237

第18章　绩效考核　/ 242

　　绩效考核的流程　/ 242
　　绩效考核方法　/ 248
　　绩效考核创新　/ 256

# 第七部分　人才激励

第19章　激励理论和策略　/ 265

　　斜坡球理论　/ 265
　　全面激励体系　/ 281
　　薪酬策略　/ 291

第20章　股权激励　/ 307

　　股权激励的目的　/ 307
　　股权激励的要点　/ 309
　　股权激励的案例　/ 312

第21章　人才保留　/ 321

　　离职风险控制　/ 321
　　离职模型和保留策略　/ 325
　　离职管理　/ 328

# 第八部分　雇佣关系与国际化

第22章　雇佣关系管理　/ 335

　　一元论和多元论　/ 336
　　雇佣模型　/ 337

多元用工方式　　/ 345

## 第23章　负责任的雇佣　　/ 353

利益相关者理论　　/ 353
公平就业和职场反歧视　　/ 356
安全和健康　　/ 360

## 第24章　国际化　　/ 367

跨文化理论　　/ 368
国际化的人才管理　　/ 371
外派人才管理　　/ 376

**参考文献　　/ 382**

第一部分

导　论

CHAPTER 1
# 第1章

# 人力资源管理基础知识

管理者在工作中几乎都会遇到难度不同的和人员管理相关的困境或挑战。有一位 CEO 对我说,业务对他而言并不难,最让他感到困难和头疼的事情大多和人有关。根据你的经验,或者你观察到的其他人的经历,你能举出一个让你印象特别深刻的例子来吗?

## 人力资源管理定义

人力资源管理可以从不同的层面来界定,例如国家、行业和企业,本书聚焦于企业层面。什么是企业中的人力资源管理?一般采用两个不同的视角来认识和理解。

第一个视角是从企业中的各级管理者，尤其是非人力资源专业的管理者的角度出发，来定义什么是人力资源管理。这个视角把人力资源管理看作一般管理原理和实践在人力资源领域的应用。在这种视角下，人力资源管理是通过使用计划、组织、领导、控制等常见的管理职能，尽可能合理且有效地利用企业所拥有的人力资源，实现企业目标的过程。

第二个视角是从人力资源专业工作者的角度出发，通过明确他们的工作应该包括的职责，来定义什么是人力资源管理。在这种视角下，人力资源管理是指通过对人力资源的选、用、育、留，以实现企业目标的过程，具体可以细分为计划、招聘、培训、开发、评估、薪酬福利、劳动关系、健康与安全等不同的职能领域。在这个视角下，也有学者认为人力资源管理是由一系列相关的政策、制度和实践构成的体系，内容主要包括三个方面：①增强员工技能，②激发员工工作动机，③给员工提供公平、合规的机会。

清华大学张德教授综合了以上两种视角，提出了一个人力资源管理的定义："运用现代化的科学方法，对与一定物力相结合的人力进行合理的培训、组织与调配，使人力、物力经常保持最佳比例，同时对人的思想、心理和行为进行恰当的诱导、控制和协调，充分发挥人的主观能动性，使人尽其才，事得其人，人事相宜，以实现组织目标。"

人力资源管理不仅需要人力资源专业工作者（通常所称的HR）负责，也需要企业其他管理者的重视。一家企业人力资源管理水平的高低，不仅取决于该企业人力资源专业工作者的水平，很多情况下，高级管理者，特别是一把手对人力资源管理的重视程度，以及各级管理者对人进行管理的水平影响更大。本书内容兼顾了以上两种视角，尽量突出非人力资源管理专业的管理者系统学习人力资源管理的价值，减少了一些人力资源管理专业工作者应该掌握的内容，例如减少了胜任力模型的构建、岗位评价和工资标准的制定、对劳动法规条例的解读等。

人力资源管理是一门重视实践的应用性学科，直接应用了管理学的知识和体系，间接综合应用了来自心理学、经济学、社会学、劳动法学、伦理学、人类学等基础学科的知识。例如，组织行为学在讲员工激励的时候，会介绍诸如马斯洛需求层次理论、激励-保健双因素理论、公平理论、目标设置理论、期望理论、自我决定理论等多种理论和应用，而人力资源管理在讲员工激励的时候，通常需要借助于案例，介绍和讨论可能给学员带来启发的政策、制度和实践，特别是一套成体系的做法。这些案例涉及的政策、制度和实践通常很难完美对应某个单一的激励理论，而是一种综合的理论应用，并且受到情景和过程因素的影响。例如，心理学可能介绍激励人员的各种做法，但人力资源管理则倾向于讨论一个完整的实践机制或体系，例如 KPI、OKR、合伙人体系，这些体系不但包括完整的实施过程，还包括实施的做法。和管理学其他基础理论学科相比，人力资源管理更像是一门工程学。人力资源管理中的规律是科学和艺术的结合，尤其是其中艺术的部分，需要大量实践积累经验，并通过经验反思升华成较为抽象的规律。

## 人力资源的重要性

准确地界定人力资源并不容易。本书把一家企业的人力资源，界定为所有和这家企业有雇佣关系的人员。有的公司则使用了更开放的眼光，提出"世界是我的人力资源部"，在以上狭义定义的基础上，把所有和企业建立起合作关系的人员也纳入人力资源的范畴。

和人力资源一样，"人才"也是经常被使用的一个词。有观点认为，当今的时代，应该更加重视人才管理而不仅是人力资源管理。根据《国家中长期人才发展规划纲要（2010—2020年）》，人才是指具有一定的专业知识或专门技能，进行创造性劳动并对社会作出贡献的人，是人力资源中能力和素质较高的劳动者。人才是第一资源，对于国家来说，是全面建设社会主义现代化国家的基础性、战略性支撑。对于企业来说，企业综合实力的竞争说到底是人才的竞争，人才是衡量一家企业综合实力的重要指标。

## 人力资源与企业核心能力

企业在市场上竞争,需要建立起某种竞争优势,竞争优势来自企业好的战略。制定战略一般需要考虑两个方面,第一个方面针对企业外部,主要是指能不能在所处的行业中抓住某项或某些关键成功因素。例如,在房地产行业,位置是一项关键成功因素;亚马逊公司的贝佐斯认为,低价、丰富的选择和卓越的用户体验是电商的关键成功因素;小米公司总结出"专注、极致、口碑、快"是互联网公司服务 C 端客户取得成功的七字诀。同时,应该看到,虽然有的企业能把握住关键成功因素,将战略执行到位,但也有企业看到了关键成功因素,战略的执行却并不成功。为了理解这种差异,需要把视角转到企业内部。

企业之所以能够抓住关键成功因素,并做到战略执行到位,是因为内部具有某种能力,能够利用好它所拥有或可能调动的资源。学者杰伊·巴尼(Jay Barney)提出,一种资源要想为企业提供持续竞争优势,必须具备以下四个特点:有价值、稀缺、难以被模仿、难以被替代。有价值和稀缺保证了该资源在当下能成为一种竞争优势,而难以被模仿或替代保证了这种竞争优势是持续的而不是暂时的。学者帕特里克·怀特(Patrick Wright)等人认为,由于有的人力资源能同时具备有价值、稀缺、难以被模仿、难以被替代四个特点,因此可以成为企业的持续竞争优势。图 1-1 展示了人力资源和企业竞争优势的关系。

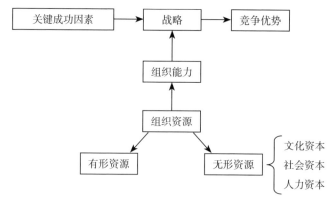

图 1-1 人力资源和企业竞争优势的关系

企业的组织资源可以分两个方面——有形资源和无形资源。所谓有形资源，是指资金、机器、厂房等资源。而对于无形资源，我将其总结成三个方面，包括文化资本、社会资本和人力资本，它们都和人力资源密切相关。之所以称为资本，而不是资源，是因为资本具有如下特征：当下投入的一些资本，在未来能够得到更大的回报。而对于很多资源（例如：石油、煤、钢铁等）来讲，使用后就消耗完了。一般的资源不会像资本那样，做到今天的投入能在未来带来更大的回报。

文化资本可以分成内外两个部分，外部的文化资本包括企业的品牌、声誉、形象，内部的文化资本就是企业内部的企业文化，通过企业使命、愿景、价值观、精神等方面表现出来。社会资本同样也可以分成内外两个部分，外部的社会资本是指企业和外部利益相关者所拥有的方方面面的关系，而企业的内部社会资本主要是指员工和管理层之间的信任关系，以及管理层之间的信任关系。学者弗朗西斯·福山（Francis Fukuyama）认为，信任是社会资本的关键，甚至是整个社会健康运行的基石。人力资本主要是指人所拥有的知识技能，以及不易被观察到的、能够为企业带来某种好处的资本，例如工作动机、心理素质、个人价值观等。

无形资源和有形资源相比，由于它难以被模仿、难以被替代，因此更有可能成为企业的核心能力。主要有两个原因，第一个原因是因果复杂性。文化、社会、人力这三个资本，是比较复杂的系统。系统是由要素构成的，要素间的相互作用有时很难清晰地用结构图画出来，因而很难指出某个地方做得好就一定能获得成功。这就意味着系统有一定的因果复杂性，主要由情景和过程因素导致。而越是不能简单地说清楚相互作用过程的东西，别的企业就越难模仿、越难学到。以商学院经常讲到的两家公司——美国西南航空公司和中国的海底捞公司为例，为什么竞争对手学不到这两家公司的能力？原因与这两家公司把核心能力和一些软性的东西，例如文化和领导力联系起来有关。

第二个原因是路径依赖。每一家企业在发展的过程中，都会形成自己的发展路径，形成相对独特的思维方式和价值取向，并对业务起到指导作用。某些在特定历史时期可以实现的情况，时过境迁之后，就很难复制。这种路径依赖导致对这个路径所代表的思维方式和价值取向进行复制，会非常困难。巴西航空工业公司刚创建的时候，欧美的航空工业已经很强大，而巴西的工业基础很薄弱，更不要说发展航空工业了。创始人采用了"从低端细分领域起步"以及"跟随策略"，即不率先推出新一代产品，不率先采用新技术，取得了成功。但是，由于欧美竞争对手对中国航空工业发展的警惕性高，现在中国的航空工业很难复制巴西的这种发展路径。另外，路径依赖可能会对已经取得成功的公司带来限制。例如，巴西航空工业公司发展到一定规模，积累了一定技术实力之后，仍然很自然地坚持固有的策略，导致发展受限。另外，很多面向终端消费者（to C）做得很成功的互联网公司，在转型开拓面向企业或政府的客户（to B）时，思维和方法受到过去成功经验的禁锢，导致转型困难。

图 1-2 列出了美国西南航空公司主要的运营策略，包括有限的乘客服务、低票价、中等规模城市和二级机场之间的短程、定点航线、频繁

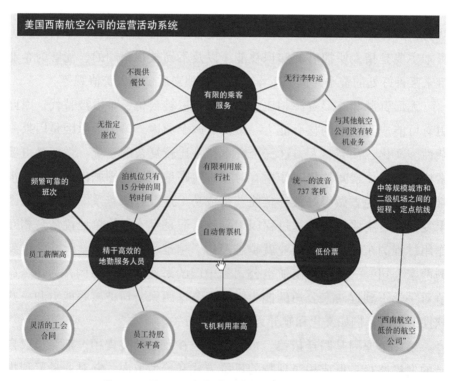

图 1-2　美国西南航空公司的运营活动系统

资料来源：PORTER M E. What is strategy?[J]. Harvard business review，1996：37-55.

可靠的班次、飞机利用率高、精干高效的地勤服务人员等。美国西南航空公司在运营层面的策略并不复杂，核心就是"低成本、高效率"。由于它的盈利情况一直比较好，很多竞争对手想模仿它，尤其是一些大航空公司，它们在公司内部成立了子公司，使用与美国西南航空公司类似的运营策略。但是，绝大部分美国大型航空公司对美国西南航空公司的复制都以失败告终。这是因为，虽然运营的东西容易模仿，但是运营所依赖的无形资源很难模仿。打个比方，运营像是树枝、树叶，文化和管理像土壤，没有同样的土壤，就很难长出类似的树枝和树叶。美国西南航空公司的前总裁赫布·凯莱赫（Herb Kelleher）曾经把公司的核心竞争力总结为："我们公司拥有独一无二的人力资源管理，以及重视客户、团队合作以及快乐工作的文化。"凯莱赫总结出来的这一点是其他航空公司难以复制、难以学习的。

### 人力资源的冰山模型

人是一种活的资源，是最为活跃的生产要素。冰山模型（见图1-3）把人力资源比喻成浮在海面上的一座冰山。人的价值包括冰山以上的显性价值和冰山以下的隐性价值。冰山露出水面的部分，只是其中一角，大约占整个冰山的八分之一。对于人力资源来说，露出水面的是显性部分，往往是一些可量化的部分，主要包括知识和技能。但是，冰山还有很大一部分在水面以下，就好比人力资源还有很多重要的部分正等待企业去开发。如果能将这些隐藏起来的部分开发出来，就能给企业带来巨大的价值。就像华为公司所说的，人脑中有大森林、大油田，等待着我们去开发。

然而，冰山以下的部分往往难以开发和管理。它们都是不太容易直接观测，并且难以量化的部分，包括价值观、态度和角色认知、情感、心理素质和特征、内驱力/动机等。人力资源管理和开发难就难在找到合适的方法，把冰山以下这一大部分的资源开发和利用好。

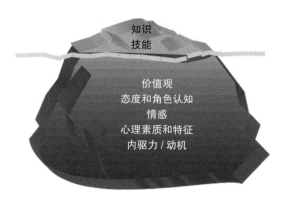

图 1-3　人力资源的冰山模型

人力资源中，软性的部分难以管理和开发，因此跟读者分享一个我总结出来的方法口诀。这个口诀比较容易记，只有三句话：**能量化则量化，不能量化行为化，引导思想靠文化**。能量化则量化是指在人力资源管理中，能量化的东西应该被量化。量化是科学管理最重要的标志，适合使用科学管理方法的部分，应该对其进行量化。但我同时要强调，不是所有东西都能够完全被量化。有些东西量化的难度或者代价太大，可以转而采取行为化的思路。例如，很多岗位虽然难以制定关键业绩指标，但有行为标准。把行为标准建立起来，一来可以指导工作，二来必要时也可以作为考核的一部分，这就是"不能量化行为化"。行为化在人力资源管理中的使用非常广泛，例如行为化面试、基于行为的胜任力模型等。当然，也不是说需要把所有软性的东西都归纳成行为，否则，人就变成行为机器了。

人最难管的，是人的脑和心。脑代表人的认知部分，心代表价值观。管理脑和心的基本思路，是利用制度夯实管理的基础，同时用文化去提升人们的思想境界。换句话说，制度管的是底线，底线之上，还有很大的提升和成长空间，需要依靠文化管理来实现，从而达到高水平的管理境界。对人思想的引导和管理，以及对人心的经营和管理非常重要。江苏黑松林黏合剂公司是一家小型化工厂，管理做得有声有色，效果很好。创始人刘鹏凯先生把自己的管理心得总结成"心力管理"，强调"心之所及，力之所达"，即管人要管到心里，人们的力量才能迸发出来，否则力量发挥不出来，工作状态和效果就会大打折扣。当然，这种管理绝不是简单粗暴的灌输和洗脑，而是以一种"润物细无声"的方式进行。清华大学张德教授把心力管理总结成三个阶段：知心、聚心和塑心。知心是指管理者能换位思考，和员工平等沟通，了解员工的所思所想；聚心是指综合运用物质和精神激励，让员工凝聚在管理者周围；塑心是在知心和聚心的基础上，管理者运用教育和激励的手段，提升员工的工作伦理观和思想境界，帮助员工成长。

## 人力资源管理发展历程

早期的人力资源管理并不叫人力资源管理，它是从福利、劳动保护、工资核算、劳动法务部门发展出来的。最早的福利人事的概念出现在19世纪后期。随着人的重要性的增强，人事部门的工作逐渐丰富起来，形成了选、用、育、留等比较完整的职能。因为这个部门的工作和人的专门事务有关系，所以叫作人事部。从大概20世纪90年代开始，越来越多的公司开始使用人力资源管理这个词，同时把人事部门改名成人力资源部门。

早期的公司管理中，管人和管事是不分开的。例如，一个工厂的工厂主带几个工头，每个工头管一些工人。一个工头既管人也管事，随着企业规模的扩大，就有必要把一些和人相关的专门工作独立出来，进行集约化管理。这样做的好处在于，一来便于统一管理，有利于实施统一的政策和规章制度；二来专业化分工能够提升效率、减少成本；三来公司有了一个统一的对外处理劳动关系等事务的接口。从权力的角度来说，人力资源部门的出现，对其他部门管理者来说，实际上是一种分权，相当于把以前每名工头管人的绝对权力让渡一部分出来，交给了一个专门的人力资源部门，由这个部门制定政策和规则，统一管理。

在早期，人力因素和资本、设备、技术等其他生产要素相比，并不是一个关键的因素，所以人在企业中并没有那么重要，相应地，人力资源管理部门的地位也比较低。但是，随着知识经济的兴起，人力资源的重要性不断上升。这经历了一个过程，早期的时候，企业高管虽然把"人力资源是我们最重要的资源"挂在嘴边，但并没有体现在实际行动上。有的企业把人力资源管理部门看作一个权力部门，或者看作替老板监管或督察业务和其他职能部门的部门，认为人力资源部门扮演了"内部警察、锦衣卫"的角色，这招致了业务部门的反感，甚至戏称"人事部不干人事"。

从20世纪90年代开始，一些管理学者和实践者对人力资源部门在组织管理中的作用感到不满，认为这个部门太过于内部导向，变成了一个说不清价值的成本中心。托马斯·斯图沃特（Thomas Stewart）曾在《财富》杂志上用了抓人眼球的词句，声称公司应该"炸掉你的人力资源部门"。管理学者拉姆·查兰（Ram Charam）也于《哈佛商业评论》发表《拆分人力资源部》一文，主张拆分人力资源业务，通过对人力资源部门进行组织重构来增加对企业的价值。人力资源管理领域的学者戴维·尤里奇（David Ulrich）也认为人力资源部门应该致力于为企业提供价值，尤其应该重视企业经营的业务需求，促进企业的变革，对战略提供支持作用。

在一些企业，尤其是知识和智力密集型企业，企业的所有者和管理者认识到了人的重要性。这种转变最直观的体现在于人力资源部门名称的转变。例如20世纪90年代，美国西南航空公司用民众部（People Department）来命名人力资源职能部门。之所以有这样的改变，是因为在英文中，"people"听起来比"human resource"更"暖"一些，体现出对人的尊重。毕竟，把人称为一种资源，多少还是把人视为一种消耗性的投入。把人称为一种资本，多少也有一种把人视为获利工具的意味。美国西南航空公司的民众部提出如下理念：公司内部的员工是我们的客户，因此要用服务客户的理念来对待公司中的其他部门和员工。有的企业用人才管理部、员工体验部等名称来命名，既有象征性的意义，也有实质性的意义，即对员工的重视程度在薪酬和地位等方面相比过去的确有了提高。人力资源管理从业者的名称也有变化，例如大公司对人力资源副总裁的名称，有的叫"首席人力运营官"，有的叫"首席人才官"，有的叫"首席员工体验官"等。谷歌公司人力资源部门前负责人拉斯洛·博克（Laszlo Bock）坚持自己的职位称谓应该是"人力资源运营总监"，他觉得不带上运营两个字，就不能突出这个职位对核心业务的贡献，贬低了这个职位的重要性。共享经济的代表性公司之一的爱彼迎（Airbnb），把自己公司的人力资源总监称为"员工体验官"。总之，称谓的变化反映了一个趋势，反映了企业对人力资源的定位和观念在发生着一些变化，人力资源和相关从业者的地位整体上在提高。

有的观点用批判性的视角来看待人力资源管理，认为人力资源管理是一种用来软化企业所有者和劳动者紧张关系的策略，目的是减少雇佣关系中冷酷无情的一面，融入一些温情的成分。他们认为，人力资源领域出现的很多新词听起来很好，实质上是为了减少资本雇佣劳动过程中的冲突和对抗关系。人力资源管理从业者是站在企业所有者一方的，为企业所有者服务。代表劳动者利益的是工会，而不是人力资源管理从业者。在劳方和资方的关系中，起决定性作用的是市场上的劳动力供需关系。当供给大于需求时，劳方的力量减弱，劳方不得不接受一些不利于劳方的状况；当需求大于供给时，资方的力量减弱，资方才会接受采用软性的人力资源管理手段来吸引和留住员工。

在有资本和劳动界限的社会中，企业所有者和劳动者之间的冲突是存在的，将来也将长期存在。不过，随着社会的进步，人力资源管理整体上在减少冲突、增加合作方面起到了积极的作用。这不仅体现在劳动者物质生活相比过去发生的巨大改善。最近一些年流行的合伙人制度减少了所有者和劳动者身份的差异，用一个统一的身份，即合伙人来凝聚所有者和劳动者。当然，也要注意到现代工业社会中，虽然劳动者的物质生活水平提高了，但生活的幸福感并没有同比例升高，在一些国家甚至有下降趋势。

人力资源管理需要秉持清晰的价值观，并且从领导者开始，人力资源管理者应保持言行一致。很多企业口头上说以人为本，但是实际上做得不够。以人为本里面有两个关键字，第一个是人，第二个是本。人就是利益相关者，就是指顾客、股东、员工和其他利益相关者。当然，企业的人力资源主要指的是员工。这些利益相关者如何排序呢？不同公司对这个问题的看法有差异。海底捞的创始人张勇不排序，他认为同等重要。不少企业是把股东排在第一的，但因为一些股东，特别是外部股东，过于追求短期回报，可能把企业毁掉，这其实对股东来说也不利。也有企业主张客户第一，员工第二，股东第三。我的观点是，股东利益最大化的观点已经过时了，企业经营需要兼顾所有利益相关者，最好的方式是通过兼顾利益相关者，把蛋糕做大，让所有的利益相关者都能从中获得好处。这要求管理者，尤其是企业的CEO，从零和博弈的思维中跳出来，努力发现和利用利益相关者相互增益的一面，而非相互冲突的一面。什么叫本？我认为是指不能把人仅当作手段，而是把人当作目的，起码既是手段也是目的。这个源自哲学家康德的理念意味着企业在管理人力资源的时候，包括管理者平时管理下属时，既要推动下级工作，同时又不应该只把下级作为一种可利用的手段，而是应该考虑下属如何能从做这个事情当中得到学习和锻炼，从而使能力得到提高。

中国的人力资源可以从量和质两个方面来看。中国是一个人口大国，在发展过程中，低廉的劳动力成本形成了竞争优势，特别是在制造业领域。不过，近10年来，劳动力成本上升很快。根据CEIC数据库，2021年中国制造业私营企业的员工年平均工资达到6.4万元人民币。巨大的人口数量形成了一个巨大的消费者市场。从质的方面说，中国具有独特的文化特点，包括有层级观念、节俭、有忍耐力和灵活性强等。中国有大量的高等教育毕业生，尤其是和工程类相关的毕业生。对外开放后，很多人走出国门求学，学成回来的人带回了技术和管理经验。

中国目前的人力资源管理呈现出混合型的特点。学者马尔科姆·沃纳认为，尽管中国的经济发展很快，改变很大，但中国从没有放弃一项重要的文化特征，即管理矛盾的能力。一方面，许多来自西方的人力资源管理知识和方法被应用到中国的组织中。在市场经济推进的过程中，一些中国公司将这些知识和方法学习得非常彻底，例如联想、海尔、华为和台塑，并因此取得了相对其他竞争对手的优势。这种优势又包括两个方面，一是，西方的知识和经验帮助这些公司更好地向市场经济下的公司管理发展；二是，新的文化要素使得这些公司能克服一些传统文化和体制的弱点。例如，在中国，无所不在的关系常常带来问题。在一些公司，关系网会导致一些资质不足的员工因为他们和有影响力的人物有关系，而被招入、晋升和保留。在解决这些问题的过程中，从西方世界中学习到的基于胜任力的选拔制度，以及基于绩效的薪酬制度等现代人力资源管理手段起到了重要的作用。

另一方面，中国公司依然保留着传统价值观和社会主义的特征。例如，对集体主义和人际和谐的重视。在1978年之前，这种特征体现在"铁饭碗"、低流动率和固定工资体系等，导致了低效率和缺乏激励。改革开放的过程中，中国公司开始引入竞争机制，更强调个人责任。但是，中国的公司并没有放弃传统的文化特征，而是表现出"基于集体的竞争"的特点——既要竞争，又不能动摇和气、和谐的根本。因此，尽管中国一些公司在这个阶段对引入西方的管理方法很有热情，但在应用中仍然保持了小心谨慎。例如，一些企业对于高管和基层员工的收入差距并不完全向市场看齐。同时，为了避免激励机制对合作造成损害，和绩效相关的部分实质上常常被控制在一定的范围。不过，这种情况因行业、所有制、地区等有所不同，不能一概而论。

随着中国经济的发展，高质量转型目前迫在眉睫。创新已经成为中国国家战略，是经济发展的第一动力。未来的挑战是，中国要通过创新突破一些卡脖子技术，从而实现高质量的经济增长。但是，中国公司传统的一些特点，例如秩序、权威和顺从，看起来和创新有一定的冲突。如何从人力资源管理和开发的角度培育和塑造风险和创新文化，充分发挥出市场的作用，是一个挑战，非常值得探索。

## 思考

1. 武侯祠有副对联，"能攻心则反侧自消，从古知兵非好战；不审势则宽严皆误,后来治蜀要深思"。你如何解读这副对联?它对人力资源管理有什么启发?

2. 你听说过"劳资科"这个词吗?请试着通过网络查询,了解中国企业人力资源管理的发展过程,然后分析一下劳资科、人事部、人力资源部名称的改变反映了什么样的变化。

3. 国外有学者认为人力资源管理试图掩盖资方剥削劳动者的本质,你同意这个看法吗?为什么?

4. 你认为成功企业的人力资源管理能够被其他企业复制吗?为什么?请举例子来说明。

5. 你认为你所在的企业把员工视为一种资产,还是成本?你有什么证据支持你的观点?

6. 看讲网球技法的书,并不一定能学会打网球。看很多外科医学书,也不一定能用好手术刀。既然看书并不一定能学会实践,为什么对人力资源管理感兴趣的你要看这本书呢?你期望学到什么?

CHAPTER 2
第 2 章

# 人力资源管理的职能

## 职能模块

人力资源管理包括哪些职能(functions),即承担哪些职责,发挥什么样的作用?粗略来说,它包括选、用、育、留四个大的模块。用现代人力资源管理的语言来讲,大致分成三个部分,第一部分的目的是确定和选聘有能力的员工,包括招聘、甄选和解聘;第二部分是指员工进入公司以后,开展上岗引导、培训,目的是培养能适应组织且不断更新技能与知识的能干员工;第三部分的目的是培养能长期保持高绩效水平的能干和杰出的员工,包括绩效管理、薪酬福利管理、职业发展规划。也有人认为应在此基础上增加其他模块,例如人力资源规划和劳动关系管理。对于人力资源专业人员来说,HR 的职能可以细分成表 2-1 中的几个模块。

表 2-1　人力资源管理的职能模块

- 招聘和选择
- 绩效管理
- 员工学习与发展
- 人才梯队建设和继任计划
- 薪酬和福利管理
- 劳动关系管理
- 人力资源信息系统管理
- HR 数据和分析

需要注意的是，不管如何划分模块，这些模块之间不是独立的，而是有密切联系的，并且有些模块之间的联系非常密切。以企业薪酬变革项目为例，尽管看起来似乎只涉及薪酬的模块，但实际上有三个部分紧密联系在一起：岗位、薪酬、绩效。岗位这个部分包括岗位梳理、岗位分析和岗位竞聘，是薪酬变革很重要的基础性工作。绩效管理也很重要，很多薪酬变革的目的是要体现多劳多得，突出薪酬和绩效的关系。要想适度拉开收入差距，就要有科学合理的考核。

以上的职能模块都有一些可以反映产出的指标。人力资源专业人员应该具备投入产出意识，熟悉这些产出指标，学会用指标来体现 HR 工作的价值。表 2-2 列出了一些常见的指标。

表 2-2　衡量 HR 产出的主要指标示例

| 人力配置和费用 | 员工配置 |
| --- | --- |
| · 员工总人数<br>· HR 和员工人数比例<br>· 每名全职员工的人工费用 | · 岗位填充数量<br>· 填充时间<br>· 每个员工的招聘成本<br>· 年流失率 |
| 薪酬 | 培训 |
| · 每年的工资增长<br>· 工资占运营费用的比例<br>· 福利占工资的比例 | · 每位员工培训小时数<br>· 培训总体支出<br>· 参加学费报销项目的员工比例 |
| 保留和质量 | 员工发展 |
| · 员工平均在职时间<br>· 新员工三个月后的保留率<br>· 员工头一年的绩效表现 | · 岗位内部晋升的程度<br>· 有职业发展计划的员工比例 |

资料来源：MATHIS R L, JACKSON J H, VALENTINE S et al. Human resource management [M]. 15th ed. Cengage learning, 2017.

## 人力资源管理的权责划分

人力资源管理不仅是人力资源专业部门的工作，同时也是业务经理的工作。人力资源管理涉及的职责在组织当中应该由哪些部门或岗位承担呢？有些人可能认为，人力资源管理不就是人力资源部门的工作吗？这个答案不准确，至少不全面。在企业当中，除了人力资源专业工作者，每一位带团队、有下属的管理者，都在不同程度上负有人力资源管理的职责，他们在某些方面承担的职责甚至比人力资源专业工作者的职责还重要。

图 2-1 的核心思想是，优秀的管理者应该兼顾关注任务和关注人。图 2-1 的横轴代表关注任务的程度。纵轴，即关注人的程度会被不少管理者所忽略，但其实它同样重要，因为任务和目标的达成需要管理者通过与下属和同事的配合来完成。出色的管理者应该认识到，通过凝聚人心，把人的能力培养起来，带出一支有凝聚力、能出活的团队，从而出色地完成目标的重要性。每一位管理者都应该注重对人的关注，掌握人力资源管理的实用理念、知识和技能。

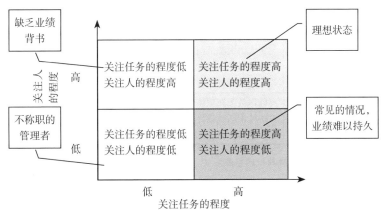

图 2-1 管理者既要关注任务也要关注人

管理者在人力资源管理方面需要做什么工作呢？表 2-3 以企业中的部门经理为例，从人力资源管理的多个方面，列举了管理者需要承担的职责。

表2-3 管理者需要承担的人力资源管理职责

| 职能 | 职责 |
| --- | --- |
| 工作分析 | • 对所讨论的工作的职责范围做出说明,为工作分析人员提供帮助<br>• 协助工作分析和调查 |
| 制订人力资源计划 | • 了解企业整体战略和计划<br>• 提出本部门的人力资源计划 |
| 招聘 | • 说明工作对人员的要求,为人力资源部门的选聘测试提供依据<br>• 面试应聘人员并做出录用决策 |
| 绩效管理 | • 明确部门目标,分解部门目标<br>• 指导、协助员工制订业绩计划和发展计划<br>• 运用评估表格客观地评价员工<br>• 绩效考核面谈 |
| 员工培训与发展 | • 根据公司及工作要求安排员工工作,对新员工进行指导和培训<br>• 为新业务的开展评估、推荐管理人员<br>• 进行领导和授权,建立高效的工作团队<br>• 对下属的进步给予评价并就其职业发展提出建议 |
| 薪酬管理 | • 向人力资源部门提供各项工作性质及相对价值方面的信息,作为薪酬决策的基础<br>• 决定给下属奖励的方式和数量<br>• 就公司提供给员工的福利和服务提出建议 |
| 劳动关系管理 | • 营造相互尊重、相互信任的氛围,维持健康的劳动关系<br>• 坚持贯彻劳动合同的各项条款<br>• 确保公司的员工申诉程序按劳动合同和有关法规执行,申诉的最终裁决在对上述情况进行调查后做出<br>• 跟人力资源部门一起参与劳动关系争议谈判<br>• 保证员工与经理之间沟通渠道畅通,使员工能了解公司大事并能通过多种渠道表达建议和不满 |
| 员工健康和安全管理 | • 确保员工在纪律、解雇、职业安全等方面受到公平对待<br>• 持续不断地指导员工养成并坚持安全工作的习惯<br>• 发生事故时,迅速、准确地提供报告 |

资料来源:清华大学曲庆教授内部讲义。

我简要介绍表2-3的几个方面。例如,企业的发展需要有人员发展的编制和计划,即企业需要用多少人?用什么样的人?制订这个人力资源计划需要信息,那么信息从哪里来呢?关键的信息往往是从各级管理者那里提取出来的。招聘员工的时候,管理者不仅要提出所在部门或者团队的空缺数,也要说明什么样的人能够填补这些空缺,要把这些需求明确地告诉公司的人力资源部门。很多情况下,管理者还要参与应聘人员的面试过程，因为对于应聘人员专业知识和能力方面的考察结果，人力资源专业工作者难以准确判断。绩效管理更需要管理者发挥重要作用，管理者要分解、下达目标和任务，在目标完成的过程当中，要对下属进行辅导，并进行目标完成情况的追踪。下属完成了任务之后，到底干得怎么样，一般由管理者做评估。总之，管理者其实承担着非常重要的人力资源的职责。

规模小的企业没有专门的人力资源部门。一位正在创业的 MBA 学生告诉我，作为主要创始人的她负责找人、找钱、找方向，人力资源管理的职能是她本人承担的。另一位计划创业的植物学博士问我，创始人团队中是不是需要有一个专门负责人力的联合创始人？我的建议是最好由作为 CEO 的创始人本人或者负责运营的 COO 来承担人力资源管理工作。那么，一个企业的人力资源部门什么时候出现？简单来说，这个部门是随着企业规模的扩大逐渐独立出来的，常常一开始由总经理负责人力资源管理，后来这项工作放到综合办公室，直到发展出专门的人力资源管理部门。

如果职责全部放在业务经理身上的话，就不能实现人力资源管理的专业化。每个经理的管理方式，尤其是对人的管理风格，有可能非常不一样。企业规模扩大到一定程度以后，如果没有专业化的职能部门，就缺少标准和效力。因此，人力资源部门在一家企业出现，是这家企业人力资源管理专业化、正规化的表现。人力资源部门起到了制定统一的人力资源管理政策和搭建统一的人力资源管理服务平台的作用，它代表的是企业的整体利益。

不同企业的人力资源部门的权力和地位有差异。有些企业把人力资源部门定位为辅助部门，所以人力资源部门的权力就没那么大，做的工作偏向于事务性的工作。另一些企业倾向于把人力资源部门看作与企业战略和业务联系非常紧密的部门。在这样的企业当中，人力资源部门参与业务的程度比较深，权力也比较大。什么因素决定人力资源部门的权力大小呢？我总结了以下三个因素：第一，人力资源部门的权力大小由企业的人力资源部门化和专业化对企业的价值决定。如果人力资源部门化和专业化后，对企业的价值大，那么人力资源部门的权力也会较大。第二是企业规模。一般来说，企业规模越大，人力资源部门的权力越大，其原因和企业管控有关。当企业规模越大的时候，企业越需要从全局角度对企业进行控制，越需要标准化。此时企业就不能再过度依赖非正式规则，人力资源管理就需要规则、规范，所以企业层面的人力资源管理的政策、制度、模式就变得很重要。例如，规模小的企业招聘员工，可能用人管理者说了就算，但是在规模大的企业，无论是民企还是国企，尤其是国企，需要走正式的流程，企业人力资源部门的决策权较大，拥有一票否决权，甚至会出现用人管理者说了不算的情况。第三是文化和制度环境因素。例如，日本企业人力资源部门的权力比较大，从人力资源部门做到企业一把手的也大有人在。但在欧美企业当中，尤其是在美国，人力资源部门相对财务部门的权力一般较小。再比如，同样是欧洲的国家，丹麦公司的传统是直线经理有很大的 HR 责任，而 HR 通常有较小的建议权。但是在法国，工会的力量很大，而且 HR 领域有很多规则是由法律和传统强制规定的，例如从 2000 年开始，每周工作小时数不超过 35 个小时。法国公司的 HR 代表了这些强制性的规定，权力就比较大。

人力资源管理在人力资源专业人员和一般管理者之间的权责划分，需要结合具体的情景来分析。总的来说，强调集权的企业，人力资源管理的权力更多被收拢在人力资源部门或一把手那里，而注重分权的企业，人力资源管理的权力倾向于更多分给各级管理者们。例如，工程师质量对于谷歌来说至关重要，谷歌公司非常重视和信任管理者，但在工程师人才选拔上并没有下放所有的权力。在招聘员工的时候，谷歌采用招聘小组的方式，而且直接用人的经理不参与招聘过程（但可以参与其他相关部门或团队的招聘），只能在公司招进的人中去选择。谷歌公司认为，用人部门的经理通常希望空缺岗位尽快得到填补，可能会做出草率的决定，更重要的是，识人用人是非常有挑战性的工作，仅仅依靠某个人的决策，很可能存在偏见。谷歌公司的做法相对特殊一些，强调了对用人经理的限制，重视发挥集体决策的力量。还有很多企业给用人部门经理的招聘权力更大一些，用人部门经理担任面试小组的组长，承担最重要的责任。

面试小组还包括和用人部门经理平级的其他经理，如果对候选人的判断不一致，小组会进行讨论，最终由面试小组的组长来总结并做出决策。

字节跳动公司强调人才密度，对员工水平和工作表现有高要求。HR部门在字节跳动的重要性非常高。从 2021 年开始，担任字节跳动 CEO 的是梁汝波，尽管是联合创始人，但他是从 HR 总裁的位置上被提升的，这在大公司中比较少见，说明人才对这家智力密集型企业非常重要。字节跳动大概每一百个员工当中有两三个人在做 HR 的工作，HR 工作的目的是建立高人才密度的员工队伍。字节跳动的 HR 在公司团队管理中有较大的影响力，HR 队伍相比于业务经理，稳定性更强。对于字节跳动这样的智力密集型企业来说，HR 的作用是明显的。一方面，公司业务的不确定性强，可能带来业务经理的流动，HR 稳定能减少因为业务经理流动带来的风险；另一方面，字节跳动对员工的管理要求更高，仅靠业务经理既管好事又管好人不容易，HR 能起到重要的补位作用。

## 人力资源管理的职能演变

随着时代的发展，人力资源管理也在不断与时俱进。传统上，人力资源专业工作者按照各自承担的职能划分职位，例如有的人可能做招聘主管，有的人可能做薪酬主管，有的人负责劳动关系管理等。学者戴维·尤里奇教授认为，可以把人力资源专业工作者承担的工作根据两个维度划分成四个方面，一个维度是人员—过程，另一个维度是战略—操作，从而划分出人力资源专业工作者扮演的四种角色——战略伙伴、人事管理专家、员工激励/沟通者、变革推动者（见图 2-2）。

传统上，人力资源专业工作者主要扮演的角色是人事管理专家。从 20 世纪 90 年代开始，国际上的一些企业，例如 IBM 公司，开始推行人力资源管理的转型。人力资源管理从传统的以职能划分，变成了一个被称为三支柱的形式（见图 2-3），包括人力资源业务伙伴、人力资源专业知识中心、人力资源共享服务中心。这种三支柱的模式逐渐变得流行，尤其是在员工数量较多的企业中。

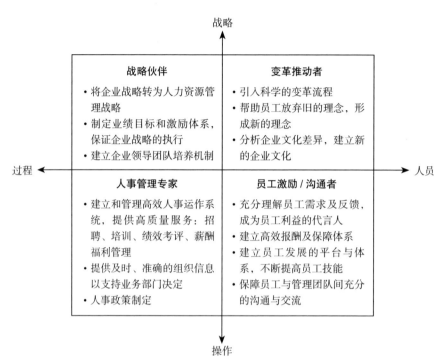

图 2-2 人力资源专业工作者的四种角色

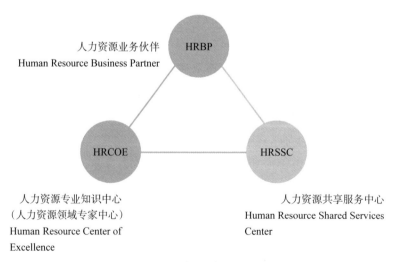

图 2-3 人力资源管理的三支柱

在这样的人力资源管理转型过程中，很多过去承担某种职能的人力资源专业工作者需要转型做人力资源业务伙伴。这支队伍重视人力运营，需要下沉到组织的业务一线，为业务提供服务。企业的总部或集团保留一支小而精干的队伍，成立人力资源专业知识中心或者叫作人力资源领域专家中心，这支队伍重视人力资源管理技术开发，主要为公司的战略服务，研究和出台一些人力资源政策和制度。还有一些可以共享的人力资源服务，通过建立人力资源共享服务中心来完成，它们通过应用一些新的技术，例如云平台技术，来提升效率。在企业当中，还有一些其他职能也可以做成共享服务中心的形式，例如财务、IT 服务等。表 2-4 列出了某集团公司的 HR 三支柱定位和职能，方便读者更详细地了解三支柱的具体职能。

表 2-4　某集团公司的 HR 三支柱定位和职能

| 支柱名称 | 定位 | 职能 |
| --- | --- | --- |
| 人力资源领域专家中心<br>（由集团人力资源部承担） | 人力资源战略研究中心<br>干部人才培养中心<br>资源统筹中心 | 1. 围绕集团发展战略，统筹把握人力资源业务方向、制度建设等问题，发挥战略型人力资源管理职能，研究人力资源管理瓶颈问题，制定解决方案，成为集团发展的策略伙伴、变革先锋<br>2. 干部人才整体谋划和统筹协调，系统推进干部人才工作，通过构建选、用、预、留机制，建设高素质专业化干部人才队伍<br>3. 资源的统筹、规划与使用（如招聘平台与资源的统筹） |
| 人力资源业务伙伴<br>（由各级企业人力资源部承担） | 业务发展支持中心<br>策略落地中心 | 1. 主要围绕业务发展，着力市场化机制建设、专业人才培养、绩效管理，做业务发展的助推器，为业务部门提供人力工作的支持与服务<br>2. 进行人力政策、战略宣导与落地 |
| 人力资源共享服务中心<br>（单独成立，将原各级人力资源部事务性工作转入） | 业务运营中心<br>交付处理中心<br>员工服务中心<br>数据管理中心 | 1. 业务流程设计与规范，风险把控，运行效率与员工体验的提升<br>2. 交付如入离职办理、薪酬发放等业务服务工作<br>3. 法规、政策、制度等层面的问题解答与咨询服务<br>4. 进行报表统计等数据支持服务，人力系统的运营维护 |

和所有其他类型的组织变革并不一定成功，甚至失败率较高类似，人力资源管理的三支柱的转型也有很多挑战。一些企业的三支柱转型并不成功。例如，某国际大企业建人力资源共享服务中心的目的本来是节省成本、提高效率，但事与愿违，由于信息整合的基础不够好，成本反而更高了。在管理实践中大家抱怨比较多的是 HRBP 队伍的重要性和价值不明显，虽然转型的设想很好，但实际上业务经理们并不能感到 HRBP 起到了作用，HRBP 被边缘化，在团队中的地位比较低。

当然，转型成功的例子也不少。例如，腾讯的人力资源共享服务中心，也称为服务交付中心，把人力资源共享服务用产品思维来建立和打磨，向员工和业务部门交付产品，取得了好的效果。又例如，阿里巴巴公司的政委制度类似于 HRBP，同时又有本土化的创新，取得了好的效果。政委制度的核心是明确政委的职责和重要性，业务经理和政委通过明确的分工，共同推动工作。图 2-1 中的横轴是关注任务的程度，纵轴是关注人的程度。大部分公司要求经理人既要完成任务，又要把人关注好，但相当多的经理人并不能在两个方面都做得好，面对业绩的压力，他们通常更重视任务，相对忽视人。阿里巴巴的政委制度实际上是一种分工合作的方式，业务经理主要聚焦业务目标和任务，而政委是一支专业化的队伍，聚焦人和价值观。

政委这个名称来自中国共产党领导下的部队，在部队里，团一级设有政委，团级以下的管理人员叫指导员。政委和指导员在部队管理中起到了至关重要的作用。在阿里巴巴，政委在人员管理中的作用举足轻重。例如，在进人和裁人这样重要的决策中，政委拥有相当大的权力，有一票否决权，并且特别关注团队成员的价值观。采用这种分工的方式，业务经理减少了关注人的负担，可以把主要的精力用在怎么开展业务上，如市场推广，以及怎么赢得客户。而政委的作用在于鼓舞人心，关注团队的思想状态，关注价值观在团队中的执行情况。业务经理可以不了解下属的思想动向，但政委在平时做沟通的时候，要细致地了解每一位员工的情况。

阿里巴巴的政委制度既和人力资源业务伙伴有类似之处，又有本土化的创新，尤其突出了对员工价值观的管理。阿里巴巴把政委叫 HRG，也就是 HRBP 的意思，其中 G 代表 generalist，表示掌握了很多人力资源管理技能，可以满足业务部门对人力资源管理的综合需求。基层政委要服务多个业务团队，政委的考核指标和业务团队的考核指标联动，以强调政委助力业务目标达成的目的。基层的政委叫小政委，小政委向上一级的大政委汇报，大政委向总政委汇报，这条线的最高管理者是阿里巴巴的 CPO，即首席人力官。图 2-4 展示了 HRBP 和业务经理的协作关系。

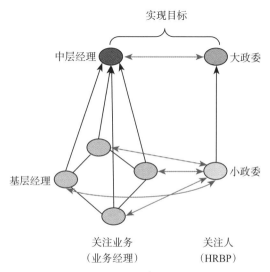

图 2-4　HRBP 和业务经理的协作关系

时代的发展对人力资源专业工作者提出了更高的要求，特别是需要他们具备"专业为业务服务"的意识，不能让人力资源专业凌驾于业务之上。对人力资源专业工作者来说，越了解业务，就越有可能贡献出专业的价值。以电视剧《亮剑》为例，团长李云龙的搭档叫作赵刚，赵刚是政委。一开始李云龙抵触赵刚，不过赵刚在一次战斗中，表现出精准的枪法，在军事问题上的意见也很有质量，让李云龙刮目相看，和赵刚的合作也越来越好。这个例子形象地说明，政委懂业务，对于政委在团队中建立威信、获得地位来说非常重要。还有一部叫作《功勋》的电视剧，其中拍摄抗美援朝的英雄人物李延年的部分，推荐读者观看。李延年担任三营七连的指导员，率领该连夺取一处高地并英勇顽强地顶住敌人多次冲锋。这部作品生动地刻画了指导员如何做全连人员的思想工作，从而激发出战士们的凝聚力和战斗力，对于人力资源管理工作很有启发意义。

## 思考

1. 律师事务所是个知识密集型组织，人力资源很重要，但是为什么大部分的律师事务所没有设立人力资源管理部门？
2. 你所在公司的 HR 部门权力大吗？是怎么体现的？
3. 请查阅"三湾改编"的历史，了解"支部建在连上""士兵委员会"等组织建设的意义，并思考对企业人力资源管理有什么启发？
4. 在网络上查阅《一位阿里政委的自述：我是如何从传统 HR 向 HRBP 转型的》。试着总结阿里巴巴政委的职责和工作方法是什么？什么样的人能做好政委的工作？这种政委的设置对你所在的企业来说有必要吗？如果有必要，实施起来的困难在哪里？
5. 当今公司对 HR 懂业务提出了很高的要求，你认为把业务人员培养成 HR 可行，还是让 HR 懂业务更可行？
6. 你所在公司的 HR 工作者在多大程度上需要具备如下的素质或能力：战略导向、业务导向、投入产出思维、组织能力建设？

CHAPTER 3
第 3 章

# 战略人力资源管理基础知识

战略人力资源管理在人力资源管理前加上了战略两个字，强调人力资源管理系统和企业战略之间的关系。战略人力资源管理主要关注三个方面的内容：第一，人力资源管理系统如何对企业绩效产生影响；第二，人力资源管理系统如何匹配和支持企业战略；第三，人力资源管理系统如何匹配内外部环境的要求，或如何应对内外部环境因素变化带来的挑战。人力资源管理系统强调人力资源管理是由不同职能模块和实践构成的一个系统，而不是单独的职能模块和实践。

## 人力资源管理系统和企业绩效的关系

学者阿佩尔鲍姆（Appelbaum）提出了 AMO 模型，用于解释人力资源管理系统和企业绩效的关系。AMO模型的核心观点是：企业绩效与三项因素密切相关，分别是员工的能力（ability）、动机（motivation）和参与机会（opportunity to participate）。这三项因素简称为AMO。学者姜凯丰等人基于AMO模型，对多项研究结果进行了整合，考察了三个方面的人力资源管理实践（技能增强实践、动机增强实践和机会增强实践），研究了如何通过提升人力资本和员工动机，减少自愿离职率以及提高运营效率，最终改善财务回报上的表现（见图3-1）。技能增强实践包括细致招聘、严格选拔、细致培训；动机增强实践包括绩效管理、有竞争力的薪酬、额外的福利、晋升和职业发展；机会增强实践包括灵活的工作安排、团队工作、员工参与、信息分享。根据姜凯丰等人的研究结果，技能增强、动机增强和机会增强三个方面的人力资源管理实践都对组织的财务表现有正面的影响，其中动机增强实践的效果比其他两个方面增强实践的效果略好一些，技能增强实践和机会增强实践的效果非常接近。

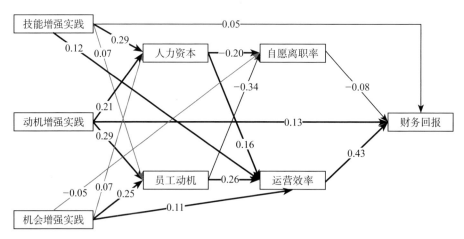

图3-1 AMO实践和财务回报之间的关系

注：数字代表路径系数，绝对值越大表示影响越大；粗线的路径系数超过0.1，代表影响大的路径。

资料来源：JIANG K, LEPAK D P, HU J, et al. How does human resource management influence organizational outcomes? A meta-analytic investigation of mediating mechanisms[J]. Academy of management journal, 2012, 55(6): 1264-1294.

## 战略人力资源管理整体框架

学者杰克逊（Jackson）等人提出了战略人力资源管理的整体框架图，我在其基础上做了少量的增补和删改，见图 3-2。

```
┌─────────────────────────────────────────────────────────────┐
│                         外部环境                             │
│  产业关系和工会  行业和经济局势  劳动力市场  国家和地区文化  法律和管制  技术  │
│                                                             │
│  ┌──────────────┐  ┌──────────────┐  ┌──────────────────┐  │
│  │   内部环境    │  │ 人力资源管理体系 │  │ 内部利益相关者关注的结果 │  │
│  │              │  │              │  │                  │  │
│  │ 经营战略      │  │ 基础          │  │ 员工              │  │
│  │ • 差异化     │  │ • 哲学        │  │ • 人力资本保值增值 │  │
│  │ • 成本最优化  │  │ • 政策        │  │ • 经济收益        │  │
│  │ • 创新型     │  │ • 实践        │  │ • 雇佣安全性      │  │
│  │ • 增长型     │  │ • 流程        │  │ • 公平            │  │
│  │ 公司文化      │  │ 类型          │  │ • 心理健康        │  │
│  │ • 领导力     │  │ • 高绩效      │  │ • 安全和健康      │  │
│  │ • 价值观     │  │ • 高承诺      │  │ 直线经理          │  │
│  │ 组织结构      │  │ • 高参与      │  │ • 员工绩效        │  │
│  │ • 地理范围   │  │ • 战略定向    │  │ • 员工流动率      │  │
│  │ • 部门化方式 │  │ 实施          │  │ • 组织能力        │  │
│  │ 公司特征      │  │ • 透明        │  │ • 团队氛围        │  │
│  │ • 所有权     │  │ • 责任明确    │  │ • 灵活性          │  │
│  │ • 业务和技术特性│ │ 差异          │  │ 人力资源专业工作者 │  │
│  │ • 经济效益和经济实力│ │ • 职业群体 │  │ • 各项人力效果指标 │  │
│  │ • 发展期     │  │ • 地点        │  │                  │  │
│  │ • 并购重组历史│  │ • 层级/地位   │  │                  │  │
│  └──────────────┘  └──────────────┘  └──────────────────┘  │
│                                                             │
│                  外部利益相关者关注的结果                    │
│  所有者/投资人    顾客         其他合作组织     社会          │
│  • 财务绩效      • 产品/服务质量  • 可靠程度    • 法律        │
│  • 公司声誉      • 创新         • 信赖程度     • 社会责任    │
│  • 生产力        • 成本         • 协作式问题解决 • 环境的可持续性│
│                 • 便利性                                     │
└─────────────────────────────────────────────────────────────┘
```

图 3-2 战略人力资源管理的框架示意图

资料来源：JACKSON S E, SCHULER R S, JIANG K. An aspirational framework for strategic human resource management[J]. Academy of Management Annals, 2014, 8(1): 1-56.

图 3-2 包括了三大部分，第一部分是企业内外部的环境。外部环境要

素包括产业关系和工会、行业和经济局势、劳动力市场、国家和地区文化、法律和管制、技术等因素。内部环境包括经营战略、公司文化、组织结构、公司特征等。整体上说，一个企业的人力资源系统是由内外部环境塑造和决定的。本书在"人力资源管理面临的外部环境"一节将介绍一些重要的外部环境因素，在第 4 章将介绍两个重要的内部环境因素（组织结构和公司文化）。战略对人力资源管理体系来说也是重要的因素，但因为很多图书已经详细地介绍了战略，所以本书不再重复对战略的分析。

第二部分是人力资源管理体系。体系的基础内容包括哲学、政策、实践和流程。人力资源管理哲学是人力资源管理体系当中最基础也最为重要的部分，反映了最高管理层对人的一些基本信念和假设，例如，人力资源在多大程度上是企业核心竞争力的来源？企业重点开发和利用人力资源的哪些方面（脑力、心力、体力）？需要调动人们的哪些工作动机？人是目的还是手段？人性是否值得信任？人与人之间是竞争关系还是合作关系？等等，用于指导人力资源管理的实践。例如，谷歌公司的人力资源管理哲学有如下要点：使命感召、公开透明、尊重每个人发声的权利。位于深圳市的韶音科技有限公司是一家采取创新战略的制造业公司，它的人力资源管理哲学有如下特点：坚持长期人文主义，认同哲学家康德提出的"人是目的而不是手段"的理念，提倡独立人格。

人力资源管理体系下的类型也叫作模式，常见的人力资源管理模式有高绩效、高承诺、高参与、战略定向等。人力资源管理在实施的时候有两点非常重要。一是实施的时候保持透明度；二是责任明确，能够为员工所信赖，可信任。还要注意到，人力资源管理体系在具体实施过程中，针对不同的员工群体存在差异。例如，对以体力劳动为主的工人用一种以控制为主的管理方式，而对于研发人员，工作自由度和决策空间给得多一些。对生产和营销的考核往往是比较硬性的，通常采用关键业绩指标考核，但这样的方式并不适合所有岗位。所以，不同岗位用到的具体绩效管理的手段和方法可能不一样。在大的公司当中，人力资源管理体系在不同办公地点都会存在差异。例如，SAS 是一家国际化的软件公司，这家公司给员工提供了很好的福利，虽然在全球范围内大的框架是一样的，但在其他国家分部的员工福利不如在美国本部的员工福利。

第三部分是利益相关者关注的结果，利益相关者还可以细分为内部利益相关者和外部利益相关者。不同利益相关者对人力资源管理产出的关注点是不同的。员工关心收入和技能能不能增长、雇佣安全性、公平等，如果这些方面得不到满足，员工就会对人力资源管理有负面的评价。而站在管理者的角度，他们关心的是下属有没有好的绩效表现，团队人员的流动率是否合适，团队氛围是不是积极向上等。由于员工和管理者的关注点不同，管理者认为有效的人力资源管理体系，员工的评价并不一定好。还有一些其他的外部利益相关者，例如顾客、投资人等，也会因为关注点不同，对同样的人力资源管理体系做出不同的评价。

人力资源管理专业人员应该协调好不同利益相关者的关注点。传统的经济理论倡导股东至上的观点，以利润最大化作为企业的目标，这导致一些利益相关者的合理需求得不到满足，使得人力资源管理积累了很多矛盾，难以做到可持续发展。常见的表现是管理层和员工之间彼此不满，难以建立信任关系，甚至出现劳动关系紧张。改变的出路应该是首先从企业经营者开始转变思想，用利益相关者理论作为指导，协调好不同利益相关者的需要。

## 人力资源管理面临的外部环境

本节介绍政治、国家文化、劳动力市场、技术、法律五个方面的大环境对人力资源管理的影响。

### 政治

我国是中国共产党领导的社会主义国家。2014年5月9日，习近平总书记在参加河南省兰考县委常委班子专题民主生活会时的讲话中指出："中国最大的国情就是中国共产党的领导。什么是中国特色？这就是中国特色。中国共产党领导的制度是我们自己的，不是从哪里克隆来的，也不是亦步亦趋效仿别人的。"

在国企中，党委起到至关重要的作用。国企的治理结构中，既有董事会，也有党委会，而且党委会和董事会交叉任职。现有国企领导机构主要包括党委会、董事会、经理层。在操作过程中，各机构的分工有明确的权责清单，即《党委前置决策清单》《国有股东授权清单》《董事会决策事项清单》《经理层经营权限清单》。总的来说，领导机构在经营管理中的分工为：党委会把方向，管大局，促落实；董事会定战略，做决策，防风险；经理层谋经营，抓落实，强管理。在现阶段国有企业当中，党委书记是企业的一把手，涉及"三重一大"的决策，即重大事项决策、重要干部任免、重大项目投资决策、大额资金使用决策，一定要先过党委会。国有企业的基层组织有党支部，党支部中有支部书记。重视思想意识形态和组织建设，是国有企业鲜明的特征。

不光国企重视党建，一些私企也在党建方面做出了有特色的成绩。例如，青岛特锐德电气股份有限公司是一家生产智能充电桩和充电网的上市企业，非常重视党建。创始人于德翔明确地说，管理不仅需要管行为，还要管思想，文化管理实际上是成本最小的管理，党建就是特锐德企业文化的核心。所以，多年以来，企业的创始人坚持用文化和党建来管理企业。我在这家公司文化展厅看到一个奔跑的人形画像，这个奔跑者在身体不同的部位，标记着企业文化的各个方面（见图3-3）。心脏的部位是特锐德的企业哲学，叫作"利他哲学"，对应中国共产党所讲的"全心全意为人民服务"的使命和初心。特锐德做党建有三个特点：第一，领导重视。从企业创立之初，于德翔就一直重视党建工作。当特锐德还是一个默默无闻的公司时，到大学里面去招聘，就提出"学生党员优先"的招聘政策。由于于德翔的高度重视，党建在特锐德形成了一种红色文化。第二，制度落实。党建的工作不仅仅是宣传，还有很多需要具体落实的制度和方法。例如，特锐德坚持贯彻三会制度，包括基层员工分享会、中层干部反省会、高层干部民主生活会。对于基层员工，要求他们能和同事积极地分享。对于中层管理者，要求他们能做自我批评。我在特锐德文化展厅中参观了一个房间，叫作静思厅，展示了不少自我批评的记录表。我翻看后，认为写得还是实在的，不像是表面功夫。到了高管这一层，强调民主生活会，有更高的要求，即不光是自我批评，还要对同事进行批评，所谓"红红脸，出出汗"。第三，注重实效。党建工作要和经营管理的具体工作结合起来，不只是一种宣传，不是给外人看的形式主义。

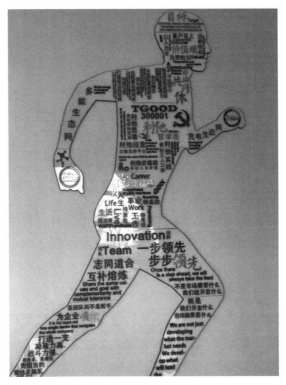

图 3-3　特锐德公司的文化体系

## 国家文化

国家文化的话题非常大，我只能利用有限的篇幅，简要地介绍一些主要的观点。中国历史悠久，沉淀下来的文化非常丰富。儒家、法家、道家在中国人的精神生活中，有着方方面面的影响。在管理当中，儒家和法家的影响最大。道家虽然也有兴盛的时期，但相对比较短暂，所以这里重点说说儒家和法家。

儒家的思想，可以用三个字来概括：仁、义、礼。仁代表着爱，爱他人。但是，在实际生活当中，爱家人似乎天经地义，对像墨家倡导的那样，对所有人都有爱，就比较难了。怎么对非亲的人产生仁爱之心呢？儒家的代表人物之一孟子提出要重义。义，据一种说法，本意是指虽然不是亲属的关系，但也可以建立起象征性的亲密关系，达到类似亲属的效果。例如《三国演义》里面的桃园三结义，刘备、关羽、张飞三位要团结起来干大事，但三个人非亲非故，怎么办呢？他们通过结为义兄义弟，来产生密切的联系。当然，义在发展过程当中，也有正直、正义这样的意思，强调能把善意激发出来的行为是正当的，是义。礼是儒家后期的大师荀子的主要观点，进一步把仁、义和百姓的日常行为相联系。礼代表着反映仁和义的规矩，对应到现代人力资源管理的术语，礼就是指各种反映仁和义的行为规范。

法家是从道家和儒家演变出来的，受道家的影响更大。道家的思想孕育了权谋思想，再和儒家的积极入世精神和有为思想结合，就出现了法家。法家的主要学说，也可以用三个关键字概括：势、法、术。势包括两层意思，首先指的是时机，做事情要寻找和创造好的时机，时机成熟比时机不成熟时的执行效果好得多。例如，企业的变革，本来应该是在企业经营好的时候主动实施，但实际上少有企业能做到，这是因为大家普遍感到过得很好，甚至当处在骄傲和自豪的状态中时，没有动力改变。企业变革的最高境界，是领导者在企业还不错的时候，主动创造出一种危机感来推动变化。其次，势也有政治同盟的意思，支持自己的人多，反对的人少，就容易办成事情。

法就是法律、法规，表现为企业的各种规章制度。法的精髓在于要让被管理者接受，这是管理学家巴纳德关于权威的核心观点。制度和权威的精髓不在于发号施令者，而在于被管理者到底接不接受，不接受就起不到作用。怎么能做到可接受？制度需要公平公正。公平公正的制度的可接受度自然高。而要想做到公平公正，决策和制度需要经得起公开和推敲。我在工作中有一个习惯，即每次写工作邮件的时候，如果碰到这封邮件的措辞似乎只能写给某个人，不能让其他人看到，我就会思考哪里出现了问题。

术代表的是把事情做成的手段和方法。很多事情光有制度，没有手段，还是做不成。我阅读了很多探讨东西方管理差异性的书籍后有这样的体会：西方管理的精髓在于法，东方管理的精髓在于术。在术里面，我强调要倡导阳谋术，避免阴谋术。所谓阳谋术，是指使用这种手段和方法的人的目的是有正当性的。例如，上级给下级布置工作，可能给的活很重，而且要求很严格，但如果这么做的目的包含为了下级的发展，即这么做下级可以成长得更快，职业前景更好，就可以把它称为阳谋术。对于一个组织来说，儒和法都是重要的。

关于这些传统文化对中国企业文化的影响，清华大学张德教授总结了如下三个方面的特点：一是群体本位，二是人际和谐，三是以德为先。群体本位讲的是以人为本，但不是以个人为本，而是以群体为本，群体是高于个人的。在今天这个时代，尽管依然要讲群体本位，但应该有意识地淡化以血缘和地缘为基础的群体人际关系，最好能够转变成以共同的目标和价值观为基础的群体人际关系。只有这样，一个企业才能突破血缘、地缘的限制，广揽人才并使用好人才，做成基业长青的企业。

人际和谐也是我们文化传统当中一个重要的特征，人与人之间倾向于保持和谐，避免冲突。这并不是说人们的利益、观点达到完全一致，而是像中国古代的铜钱一样，内方外圆，内部是方方正正的，即有自己的观点，但在人际交往中保持一定的圆滑，避免冲突。怎么去追求和谐呢？利用中庸。中庸常被误解为妥协、包容。其实中庸哲学追求很高的境界，即在处理问题和矛盾的时候，要找到两全其美的方案，而不是非此即彼的方案，也不是妥协的方案，因为妥协的方案往往达不到两全其美。例如，在企业管理当中，公平竞争能够给企业带来活力，但竞争有可能伤害人际和谐。如果能够充分地运用好中庸之道，找到两全其美的方案，达到竞不惜力、争不伤和的效果，就是一种理想的状态。

对道德和忠心的重视，是中国企业一个传统的特点。道德这个词可以分成两个字来解释，道是指自然的规律，德是指人和人相处的规律。

以德为先意味着尊重人和人相处的规律。不少企业家从经验中认识到，人是关键，人用对了，事就能推动，但也不能给人的权力过大，还需要人和人之间的制约和监督。能不能以企业的大局利益为重，品德和工作伦理观很重要。早在北宋时期，王安石就提出"德才兼备，以德为先"的人才选拔标准。德是文化、意识形态重要且基础的部分。国内的一些公司，例如方太公司，重视以文化人，强调儒道管理，并配合必要的制度和法规，运用恰当的手段和方法，取得了很好的效果。

## 劳动力市场

中国人口发展的显著特征如下：第一，总和生育率走低。总和生育率是指每个妇女在生育年龄段的平均生育数。总和生育率通常用来与人口世代更替水平进行比较，这个水平一般为 2.1。这意味着，考虑到死亡风险后，平均每对夫妇需要生育 2.1 个孩子才能使上下两代人人数相等。根据《联合国世界人口展望（2024）》，我国的总和生育率在 2021 年降到 1.12，2022 年降到了 1.03。2023 年降到了 1.0。预计到 2035 年，我国人口在 13.6 亿到 13.8 亿人之间。第二，人口老龄化。截至 2021 年底，全国 60 岁及以上老年人口达 2.67 亿人，占总人口的 18.9%；65 岁及以上老年人口达 2 亿人，占总人口的 14.2%。据测算，预计"十四五"时期，60 岁及以上老年人口总量将突破 3 亿人，占比将超过 20%，进入中度老龄化阶段。2035 年左右，60 岁及以上老年人口将突破 4 亿人，在总人口中的占比将超过 30%，进入重度老龄化阶段。

在劳动力市场相关的诸多数据中，我对城市人口流入流出，以及城市间的人口流动最感兴趣。这些流动数据反映了城市的经济状况、就业机会、政策吸引力、教育质量、生活便利性、城市基础建设等诸多因素，是劳动力对这些因素综合判断后做出的选择。把这些流动数据和城市人均 GDP 等信息结合起来看，有助于认识我国经济发展和劳动力市场状况。

在劳动力特征方面，近些年我在课堂上被问到最多的问题之一，就是新一代的年轻人如何管理。随着社会经济的发展,年轻人越来越不愿意去工厂,而且年轻人对一些传统的管理方法也不太接受。例如,年轻人对占用周末的时间团建和培训很不喜欢。站在公司的角度,认为这是给年轻人成长的机会。而站在年轻员工的角度,认为公司剥夺了属于自己的时间。

学者简·M.腾格(Jean M. Twenge)利用跨年代的美国数据,对不同代际的人群做了研究。她把出生于1995年后的一代称为i世代。i世代成员的特点是信奉个人主义且有平等意识,并且排斥传统社会规则。i世代不急着长大,上网时间大量增加,面对面的互动减少,对收入缺乏安全感,缺乏内在动力,但更加包容和独立。腾格认为i世代和千禧世代(1980年到1995年出生的人)相比,更愿意专注在工作上,对于努力所能获得的成果也有更为现实的态度。i世代想要良好、稳定的工作,并且渴望证明自己。他们和先前几个世代相比,想要拥有自己的事业或成为自雇者的可能性比较小。i世代和千禧世代相比,权利意识和自恋程度都比较低,对自己的期望也偏向温和稳健。i世代没有过多的自信,但有较好的工作伦理。他们的缺点在于焦虑感偏高,犹疑不定的比率偏高,希望得到好的结果,害怕犯错。i世代需要安心感,在获得详细的工作指示之后,往往需要更多引导。

腾格认为,i世代和千禧世代一样,希望有明确的职业成长路径。他们似乎喜欢更频繁的晋升,两年一次的大幅升职,不如划分成较多短时间的晋升,例如以每六个月一次,合计四次的小幅度升迁为目标。给i世代意见反馈的频率应该更高。由于i世代的注意力持续时间较短,也比较没有耐心,对他们的反馈应该言简意赅,切中要害,避免冗长。他们希望个人能够产生影响,不甘于只当企业里的一颗小螺丝。

腾格还发现,i世代重视安全的环境。i世代比任何一个世代都要重视安全,希望能感到安心,受到保护,不光是身体,还包括社交和情绪方面。比起千禧世代,他们更需要耐心的对待。因此,管理者在和i世代下级相处时,应该强调自己愿意帮助他们,给他们的意见反馈是为了帮助他们成功,批评时的措辞要谨慎。

不少管理人员和我分享过管理新生代员工的经验，我把比较有启发性的回答总结成如下三点：首先，每一代年轻人中都有一定比例的人追求上进，能够很好地起到承上启下的作用。应该把这样一批年轻人选拔出来，放到中基层管理干部岗位上。他们比老一代的人更了解同龄人的所思所想，一方面能继承文化核心，另一方面又能创新。其次，要掌握年轻人的特点。虽然年轻人往往不接受传统的职位权力带来的权威，但其中还有不少人接受专业和知识的权威，要善于发挥这些人的力量，工作中使用专业权力，而不是职位权力。领导应该发挥引导、启发、支持的作用，减少命令、控制和压制。最后，要注意到经济动力不是唯一重要的工作动力，甚至不是新生代主要的工作动力。需要通过多种方式让新生代感受到内驱力，例如得到领导和同事们的信任，在工作中能得到成长，能体验到工作的意义等，这样才能激发新生代员工的工作积极性。

## 技术

日新月异的技术发展促使人力资源管理的理念和方法发生变化，数字化和智能化是最明显的特征。技术推广加速了一些人力资源管理实践的应用。例如，零工经济（gig economy）并不是一个新的事物，但长期以来只在经济总体中占很小的部分。近些年，在互联网、数字化和智能化技术的作用下，零工工作者的比例显著增加。《2021数字化零工就业质量研究报告》显示，中国通过在线劳动力平台工作的零工从业者在2020年已经超过了8000万人。《2022中国零工经济行业研究报告》认为，中国一线城市的灵活用工占比达到25.6%，零工需求将不断释放，到2036年或能达到4亿人左右。

数字化并不是最近才发生的，它已经存在了很长的时间。只是近些年来随着信息网络技术的迅猛发展，数字化的程度大大加深了，尤其表现在曾经被认为无法数字化的领域实现了数字化。人力资源常被比喻成一座冰山，冰山以上的部分，例如年龄、学历、工龄等容易被观察到，但还有很多重要的特征，例如隐性知识和经验、能力和价值观是冰山以下的部分，传统的技术手段很难观察并记录这个部分，更谈不上分析。

数字化技术把冰山以下的资源开发出来，用数据的形式呈现，而且在数量和质量方面，有巨大的改变。数量方面是指大数据，其量级使得人们只能用一个并不精确的"大"来形容。孤岛式的数据被拉通了，不同性质的数据被拉通了，以前无法记录的信息被新的传感器设备所记录。在质量方面，以前无法量化的资源被量化了，数字化记录更及时、精确，而且不需要付出太多的财务成本。

举一个关于社会网络和知识管理的例子。隐性知识蕴藏在人的头脑里，开发和管理隐性知识，意味着需要首先找出以人为节点的知识网络地图。一些公司开发的软件能帮助企业实现隐性知识管理，例如，通过对工作邮件或者企业内部即时沟通工具记录的分析，能把哪些人和哪些主题相关，以及哪些人在某个主题上被其他人咨询的程度变成量化的数据。目前已经有公司开发出商业化的产品，应用在知识管理、客户关系管理、高绩效团队和领导力开发上。

智能化的基础是大数据，其他的主要因素包括算力和算法。智能化主要实现两个目标，第一，运营管理效率提高，成本降低。这个方向的发展会使人工智能替代很多岗位，尤其是工作性质属于常规性决策的岗位。例如，在人工智能客服领域，已经逐步实现人工智能能够感知客户意图甚至情绪。另外，智能化将提升管理效率。以智能化办公为例，人工智能正在实现感知工作场景，做出回应。人工智能技术目前已经能做到感知工作云平台上人们的互动，发现人们的需求，并提供解决方案，例如安排开会需要的会议室、提供出差的方案等。在人力资源招聘领域，视频面试中，摄像头可以对人脸面部数据、语速和语调进行分析，从而帮助面试官做出决策。第二，面对大数据，人脑已经无法处理和分析，因此，可借助人工智能发现大数据背后可能隐含的规律。和传统的数据分析不同，基于大数据的算法（例如卷积神经网络算法）能发现意想不到的规律。例如，某家互联网公司对员工大数据进行了分析，试图找到员工离职的规律，意外地发现员工花掉公司食堂饭卡里钱的速度和离职一度相关。当然，这个相关关系不难理解，当员工下定决心要走时，为了避免麻烦（例如有的公司规定办离职手续的时候，饭卡不能退现金，只能转给其他同事），会尽快花光饭卡里的钱。

目前市场上人工智能的热度很高，尤其是以大语言模型（LLM）为基础的生成式人工智能（AIGC）应用 GPT 系列产品，因其能够通过学习大量人类语言来完成对话、撰写邮件、视频脚本、文案，翻译和编写代码等原本只有人类可以完成的复杂任务，引发广泛关注。美国麻省理工学院的 Noy 和 Zhang 在 2023 年发表在 Science 专刊上的一篇文章指出，实验验证了 ChatGPT 这种生成式人工智能对生产力的影响。根据针对 453 名受过大学教育的专业人士的实验结果，使用 ChatGPT 能够显著提高生产力，提高完成任务的质量，降低完成任务所花费的时间。本研究最有趣的发现是，专业技能较弱的人从 ChatGPT 中受益更大，这表明人工智能可能有助于减少生产力不平等的问题。

也有一些专业人士指出，人工智能距离理想中的智能化还有相当长的距离。GPT 产品目前还并不真正具备因果推理、数理逻辑推理、事实判断等认知方面的能力。计算机视觉和人工智能领域的专家朱松纯教授认为，人类智能的精髓是善于从小样本中学习，朱教授还强调了情感和价值观在人工智能发展中的重要性，他判断人工智能在这方面还有很长的路要走。

值得一提的是，需要谨防一些公司打着智能化的旗号侵犯人们的隐私。美国职场上人们使用领英非常普遍，这也为 HR 分析数据带来了便捷性，例如，分析应聘者的朋友圈子，甚至是朋友的朋友圈子，有助于判断应聘者的水平。由于领英上的朋友关系是公开的，所以这种分析是可以接受的。但有些公司能拿到员工在求职网站上的活动信息，美其名曰大数据网络舆情监测，用这些信息来预测员工是否会离职，这种做法是很有问题的。

## 法律

西方学者写的人力资源管理教材中，和法律相关的部分往往占了相当的比例，尤其是和公平就业机会相关的法律。这方面的法律由一系列的法案组成，目的在于反对各种就业歧视，例如禁止基于种族、肤色、宗教、性别、年龄、国籍、残疾等的就业歧视。在一些经济发达的西方国家，由于这些法案实施的时间长，也因为雇主一旦在劳动关系案件中败诉，需要支付高额的赔偿金，所以目前这些国家职场中的就业歧视，多以隐性的形式存在。

劳动关系既是一个人力资源管理领域的概念，也是一个法律概念。在我国，调整劳动关系最重要的综合性法律是《中华人民共和国劳动法》（简称劳动法）和《中华人民共和国劳动合同法》（简称劳动合同法）。《中华人民共和国劳动法》1994年由中华人民共和国第八届全国人民代表大会常务委员会第八次会议通过，自1995年1月1日起施行，后做过两次修正。《中华人民共和国劳动合同法》2007年由中华人民共和国第十届全国人民代表大会常务委员会第二十八次会议通过，后做过一次修正。其中劳动法调整的是用人单位与劳动者之间的劳动关系；而劳动合同法调整的是用人单位与劳动者之间建立劳动关系，订立、履行、变更、解除或者终止劳动合同的行为。这两部法律为劳动者权益提供了保障，同时规范了雇主和劳动者之间的关系，有利于雇主根据明确的条款，依法解决可能出现的争议。

对我国劳动法律的内容和执行存在不同的看法。有一些人站在雇主方的立场，认为劳动法律对劳动者保护过度，增加了企业的运营成本和解雇难度，不利于经济活力和弹性就业，甚至降低了雇主雇用员工的意愿；认为劳动合同法加强了劳动者权利，增加了雇主责任，让雇主处于弱势地位；规定过于僵硬死板，减少了劳资双方的协商空间。还有一些人站在受雇方的立场，认为劳动法律执行难度大，劳动者利益很难得到有效保护。

有些人对劳动法律产生偏负面的看法，部分原因是对法律条款理解不清甚至理解错误，例如，把无固定期限的劳动合同理解成岗位终身制，把加班工资补偿规定理解为所有岗位都必须需要支付加班工资。其实，依据劳动合同法的规定，无固定期限劳动合同是指用人单位与劳动者约定无确定终止时间的劳动合同。但是，这并不意味着无固定期限劳动合同就是"终身制"。实际上，以下情形可以解除无固定期限劳动合同：第一种是用人单位与劳动者协商一致；第二种是劳动者违法违规；第三种是劳动者因病、因伤等不能胜任工作。此外，还有经济性裁员的情况。这些解除无固定期限劳动合同的情形与解除固定期限劳动合同的情形是一样的。至于加班工资，也并非所有岗位都需要支付加班工资。有些岗位因为工作性质的原因，不一定需要支付加班工资。例如，管理性、专业性较强的岗位，因为工作性质需要灵活的工作时间，难以记录工时，另外，这些岗位具有较高的收入和工作自主权，因此属于不定时工作制岗位，一般不强制要求企业支付加班补偿。对于普通工人等定时工作制岗位，企业则需要支付加班补偿。企业应该在规章制度相关规定和劳动合同中，明确地说明岗位是否属于定时工时制岗位。需要注意，从已经发生的劳动争议案例判决结果来看，即使是不定时工作制岗位，员工也可以要求过度加班补偿。

企业管理者在工作中要有法律意识。法律是强制性的。因此，对于法律条款，应该做到严格遵守。随着人们维权意识的提高，违反劳动法的企业会在劳动关系方面遇到越来越多的麻烦。相反，有良好守法记录的企业会在劳动力市场中赢得好的口碑，有利于企业吸引和保留人才。

劳动法律不仅对员工权益提供了保护，对遵纪守法的雇主方也提供了保护。企业需要善于运用相关法律，维护自身利益。我提出如下三点建议：首先，随着企业日渐规范，人事相关制度，特别是和劳动纪律相关的制度要健全起来。其次，企业管理者在决策中，要有意识地把劳动关系风险作为重要的考虑因素之一。企业各级管理者在日常人事工作中，要注意做好相关记录和保存。管理者们在遇到和劳动纪律等相关的劳动关系问题时，应该及时和企业人力、法务部门沟通，听取这些专业职能同事的意见，必要时和人力、法务部门协作处理。对于一些可能隐含重大风险的劳动关系问题，要及时交给人力、法务和公关部门专项处理。最后，由于管理者有可能屏蔽劳动关系风险信息，企业需要给员工开通抱怨和申诉的渠道，人力部门要保持敏感性，及时关注这些信息，并对有风险的案例迅速做出响应。在当下信息传播迅速便捷的时代，劳动关系引发的网络舆情，可能给企业带来很大的影响，甚至意想不到的负面评价。

## 思考

1. 习近平总书记指出："我们党历史这么长、规模这么大、执政这么久，如何跳出治乱兴衰的历史周期率？毛泽东同志在延安的窑洞里给出了第一个答案，这就是'只有让人民来监督政府，政府才不敢松懈'。经过百年奋斗特别是党的十八大以来新的实践，我们党又给出了第二个答案，这就是自我革命。"中国共产党追求跳出治乱兴衰的历史周期率的经验对于企业管理有什么样的启发意义？
2. 徙木立信：商鞅在秦国栎阳南门立起一根木椽，下令如若有人将木椽搬到北门，赏金十两，由于秦国官府长期失信于民，没人敢去搬，于是商鞅增加赏金至二十两，还是无人敢搬，当赏金增加到五十两的时候，终于有一位大汉站了出来，一口气将木椽搬到北门，商鞅当即赏金五十两，以示秦国官府说话算数。商鞅变法的法和现代企业的法有不同吗？不同的地方有哪些？
3. 你有没有管理"95后""00后"的经历？你眼中这些新生代员工有什么特点？你在管理新生代员工的过程中遇到了什么挑战？有什么成功的经验或失败的教训？
4. 你所在的公司有没有在工作中应用新技术，包括大数据、AI、区块链等，这些技术在多大程度上改变了人力资源管理？在多大程度上改变了上下级之间、平级之间、企业与员工之间的互动方式？
5. 有人认为劳动法相关法律减少了经济活力和弹性就业，增加了企业运营成本，降低了雇主雇用员工的意愿，最终不利于社会就业。你认为这种说法有道理吗？为什么？

第二部分

# 组织内部环境

CHAPTER 4
# 第 4 章

# 组 织 文 化

## 使命、愿景、价值观

  使命的英文是 mission，主要是指一个企业存在的社会意义。而愿景（vision）是指一个企业的最高目标、最高理想。使命和愿景对企业来讲都非常重要。它们之间存在差异：使命是为社会或他人创造的价值。其中，他人主要是指客户。使命像灯塔、像指南针，提供了长期的、根本性的动力来源；而愿景是指组织或者个人要达到的最高目标。和愿景相比，使命的重要性要更高。企业使命代表的是一个企业承诺要为社会创造何种价值，企业愿景反映的是一个企业希望自身达到的理想。使命带有利他的特点。偏离了使命，企业的愿景也将成为空想。牢记使命，不忘初心，企业才能永续发展、基业长青。

核心价值观（core values）是企业最重视的价值观念。在这个世界上，值得企业重视的价值观念有很多，但一个企业不可能在各个方面都做得很好，只能选择最重视的价值观念，即核心价值观。核心价值观通常是企业已经具备且最不愿意放弃的价值观。如何找到核心价值观？我介绍一条经验：先让企业管理层罗列核心价值观，他们一开始可能列出十个，我建议一直删到只剩两到四个，且大家觉得无法继续再删，否则就不能代表本企业的时候，剩下的就很可能是企业的核心价值观。

使命、愿景、价值观、战略，这几件事情也简称为MVVS。使命、愿景听起来比较虚，怎么落地呢？需要所谓的"虚功实做"。首先，使命和愿景指导战略，战略需要层层分解，变成每个团队和岗位的目标和指标。这样才能把看起来比较虚的使命和愿景，最终落实到日常的工作中。其次，企业的使命和愿景需要落实到个人身上，变成个人的使命和愿景，成为持久的动力。在已经有企业使命的情况下，管理者也可以制定个人的使命，也就是，为了帮助企业成功，或者为了帮助你的上一层组织达成目标，你能做出的最大的贡献或价值是什么。我曾在课程当中，动员学生练习和应用这一点。其中有位创业的学生，给同学们分享的时候提到，他们公司的前台人员，写了一条使命，内容是"让每一位来访公司的客人，能感受到本公司的专业性"。我觉得这条使命很有意义，它比我们通常所见到的岗位的说明书，更能给人提供长久的动力支持。作家斯蒂芬·茨威格也曾说过："一个人生命中最大的幸运，莫过于在他的人生中途，即在他年富力强的时候发现了自己的使命。"使命是强大的推动力。

## 工作原则和行为规范

核心价值观显得比较虚，怎么把它做实呢？我首先推荐建立基于核心价值观的工作原则，工作原则受到核心价值观的牵引，和工作密切相关。工作原则既源于经验，又高于经验，是对经验的高度总结。我曾经在多个公司见到基于核心价值观的工作原则。方太公司是我国一家做高端厨具的制造业公司，这家公司建立了管理者必须共同遵守的管理原则。这些管理原则比抽象的原则接地气很多，能够指导管理者日常的工作。例如，有一条管理原则是：视顾客抱怨为礼物，视抱怨为改进机会，快速热情地处理好失误或者客户投诉。再例如，解决问题需要追根究底，需要连问五个为什么。这些原则来自工作，又能指导工作，容易在工作中真正派上用场。工作原则和行为规范有什么区别？它们本质上是一样的，目的都是把抽象的价值观行为化。但是，行为规范更适用于体力工作者，而工作原则更适用于对脑力要求更高的工作人员，比如管理人员、技术人员等。

亚马逊公司用 14 条领导力原则来指导工作，如表 4-1 所示。这些原则是亚马逊公司员工在工作中秉持的基本方法论。亚马逊公司要求每名员工提交的工作议案的最后一部分必须有一段话，说明该议案体现了亚马逊领导力原则中的哪些原则。尽管这个规定显得比较刻板，但有效地提醒了所有员工注意和思考领导力原则在工作中的应用。

表 4-1 亚马逊公司的领导力原则

| 序号 | 领导力原则 | 释义 |
| --- | --- | --- |
| 1 | 一切以客户为中心 | 领导者聚焦客户，从客户需求出发，逆向努力，打造产品。他们积极工作，赢得并保持客户的信任。虽然领导者会关心竞争者，但他们对客户的关注度更高 |
| 2 | 自主性 | 领导者愿意承担责任。他们从长远考虑，不会为了短期结果而牺牲长期价值。他们代表整个公司行事，而不仅仅是他们自己的团队。他们从不说"这不是我的工作" |
| 3 | 创造和简化 | 领导者期望并要求他们的团队保持创新动力，并总是找到简化问题的方法。他们从各处寻找新的想法，而不仅仅限于公司内部。当然，在做任何新的事情的时候，他们也准备好接受可能被外界长期误解的事实 |
| 4 | 通常是正确的 | 领导者通常是正确的。他们有强大的判断力和敏锐的直觉。他们集思广益，并敢于纠正自己错误的信念 |
| 5 | 学习和好奇心 | 领导者永远不会停止学习，总是寻求提升自己。他们对新的可能性充满好奇，并采取行动去探索它们 |
| 6 | 雇用和培养最好的员工 | 领导者在每次招聘和晋升时都会提高业绩标准。他们会发现杰出的人才，愿意在整个公司内给予他们新的职责并对他们加以历练。领导者培养领导者，他们认真指导下属，并以身作则。他们切身为员工着想，并努力帮助员工打造最好的职业发展平台 |

(续)

| 序号 | 领导力原则 | 释义 |
|---|---|---|
| 7 | 设定高标准 | 领导者会设定高标准,即使很多人可能认为这些标准设定得太高。领导者也会不断提高标准,促使他们的团队提供高质量的产品、服务和流程。领导者不会推卸责任,确保所有问题都在第一时间得到解决 |
| 8 | 大处着眼 | 狭隘的思维只会限制自己的发展潜力。领导者会设立一个宏远的愿景,并激发所有人为实现它而努力。他们擅长于思考,千方百计地寻找更好地服务客户的方法 |
| 9 | 偏重于行动 | 速度在企业发展中至关重要。许多决定和行动是可逆的,因此不需要花很长时间进行广泛的研究和论证,先行动起来再说。他们也重视风险可控 |
| 10 | 节俭 | 少花钱多办事。有限的资源并不是坏事,它可以让我们更加聚焦重要的事情,努力平衡自己的开支,并发明新的流程让企业运营得有效率。雇用过多的员工,增加预算或扩大支出并不会给企业发展带来好处 |
| 11 | 赢得信任 | 领导者认真倾听、坦诚相待、尊重他人。他们不怕尴尬,敢于自我批评。他们努力要求自己和自己的团队做到最好 |
| 12 | 深入到细节 | 领导者在各个层面开展工作,并时刻保持对细节的关注。他们会对企业经营状况做经常性的评估,保证对公司运营状况成竹在胸 |
| 13 | 敢于说"不" | 领导者有义务对他们不认同的决定说"不",即使这样做会令人不舒服。领导者要有自己的信念,坚持自己的立场,他们不会为了维护表面的"团队和谐"而做出妥协。一旦决定了,他们就会全力以赴 |
| 14 | 以结果为导向 | 领导者会判断并识别那些对企业发展会起到关键作用的领域和资源,坚持以结果为导向,持之以恒,坚持投入。即使遇到挫折,他们仍会迎难而上,永不放弃 |

阿里巴巴公司通过价值观考核落地价值观、传承文化。它的基本方法,是把价值观用行为指标来显性化,并进行相关的考核。它的价值观考核经历过三个非常重要的阶段。2004年,阿里巴巴推行六条价值观的时候,将每条价值观从五个维度进行细化,五个维度各有相应的考核标准,最低得分为1分,最高得分为5分。每名员工由他的直接上级和政委商议以后打分,分数最终由直接上级打出,在打分之前,直接上级要认真听取政委的意见。最终每个人的考核得分中,价值观得分和业绩并列列出。2013年,阿里巴巴修改了价值观考核方式,不再用1到5分的方式考核,而是采用了所谓的通关制,改成了ABC三个等级的打分方

式。但在实际运行中，又感觉到这种打分方式导致对价值观的要求有所放松，因此从 2019 年 10 月截至本书发稿时，阿里巴巴又采用了新的打分的方法。在新的六条核心价值观中，除了最后一条"认真生活、快乐工作"不考核，其他五条需要考核，每一条有四个行为项，一共二十项行为指标。上级要和政委商议之后，对下级的每一项进行打分，打分要么是 0，要么是 1，没有中间项。最后二十项分数相加，得出员工的价值观分数，然后再把这个分数分成优、良、待改进等不同的档次。

表 4-2 列出了阿里巴巴公司新的核心价值观，包括了六个方面，以及每个方面的具体含义和行为指标。这种使用行为指标的方法对应第 1 章提到的口诀，"能量化则量化，不能量化行为化"。阿里巴巴的价值观考核体现了"不能量化行为化"。以"唯一不变的是变化"为例，这一条对应的四个行为指标分别是：面对变化不抱怨，充分沟通，全力配合；对变化产生的困难和挫折，能自我调整，并正面影响和带动同事；在工作中有前瞻思维，建立新方法、新思路；创造变化，带来突破性的结果。上级要根据下级在这些方面的表现，在 0 和 1 之间做选择。这四个行为指标难度递增，所以最后一项"创造变化，带来突破性的结果"一般默认分数为 0，如果上级给下级打 1 分，需要给出具体的理由和例证。

表 4-2　阿里巴巴公司的核心价值观

| 核心价值观 | 诠释 | 行为描述 |
| --- | --- | --- |
| 客户第一、员工第二、股东第三 | • 这就是我们的选择，是我们的优先级<br>• 只有持续为客户创造价值，员工才能成长，股东才能获得长远利益 | • 心怀感恩，尊重客户，保持谦和<br>• 面对客户，即使不是自己的责任，也不推诿<br>• 把客户价值当作我们最重要的 KPI<br>• 洞察客户需求，探索创新机会 |
| 因为信任，所以简单 | • 世界上最宝贵的是信任，最脆弱的也是信任<br>• 阿里巴巴成长的历史是建立信任、珍惜信任的历史<br>• 你复杂，世界便复杂；你简单，世界也简单<br>• 阿里人真实不装，互相信任，没那么多顾虑猜忌，问题就简单了，事情也因此高效 | • 诚实正直，言行一致，真实不装<br>• 不唯上欺下，不抢功甩锅，不能只报喜不报忧<br>• 善于倾听，尊重不同意见，决策前充分表达，决策后坚决执行<br>• 敢于把自己的后背交给伙伴，也能赢得伙伴的信任 |

（续）

| 核心价值观 | 诠释 | 行为描述 |
|---|---|---|
| 唯一不变的是变化 | • 无论你变不变化，世界在变，客户在变，竞争环境在变<br>• 我们要心怀敬畏和谦卑，避免"看不见、看不起、看不懂、追不上"<br>• 改变自己，创造变化，都是最好的变化<br>• 拥抱变化是我们最独特的 DNA | • 面对变化不抱怨，充分沟通，全力配合<br>• 对变化产生的困难和挫折，能自我调整，并正面影响和带动同事<br>• 在工作中有前瞻意识，建立新方法、新思路<br>• 创造变化，带来突破性的结果 |
| 今天最好的表现是明天最低的要求 | • 在阿里最困难的时候，正是这样的精神，帮助我们渡过难关，活了下来<br>• 逆境时，我们懂得自我激励；顺境时，我们敢于设定 dream target<br>• 面向未来，不进则退，我们仍要敢想敢拼，自我挑战，自我超越 | • 认真踏实，完成本职工作<br>• 保持好奇，持续学习，学以致用<br>• 不为失败找借口，只为成功找方法，全力以赴拿结果<br>• 不满足现状，不自我设限，打破"不可能"边界 |
| 此时此刻，非你莫属 | • 这是阿里第一个招聘广告，也是阿里第一句土话，是阿里人对使命的相信和"舍我其谁"的担当 | • 独立思考，独立判断，不随波逐流<br>• 工作中敢于做取舍，敢于担责任<br>• 打破边界，主动补位，坚持做正确的事<br>• 在需要的时候，不计较个人得失，挺身而出，勇于担当 |
| 认真生活，快乐工作 | • 工作只是一阵子，生活才是一辈子。工作属于你，而你属于生活，属于家人<br>• 像享受生活一样快乐工作，像对待工作一样认真地生活。只有认真对待生活，生活才会公平地对待你<br>• 阿里因你而不同，家人因你而骄傲<br>• 我们每个人都有自己的工作和生活态度，我们尊重每个阿里人的选择。这条价值观的考核，留给生活本身 | |

除了刚才提到的价值观考核，阿里巴巴公司也会在其他具体的制度中体现价值观。例如，阿里巴巴有一条价值观叫作"今天最好的表现是明天最低的要求"，曾经在它的销售队伍中得到过很严格的贯彻。核心的操作要点是：销售员当月的业绩决定下个月的提成。提成比例分成三档，月销售额 10 万元以上为金牌，金牌的提成比例是 15%，月销售额 6

万～10万元为银牌，银牌的提成比例是12%，月销售额6万元以下为铜牌，铜牌的提成比例是9%。如果一个销售员本月的业绩达到了金牌的水准，这种机制会促使销售人员全力以赴地把下个月的业绩做好。这是因为下个月的销售提成比例是15%，一旦销售员有所松懈，下个月的销售额下降，那么下下个月的提成比例就偏低了，而且在上个月获得的金牌资格，也有可能在本月丢掉了。这个例子说明，对于价值观的落地和推广，除了通过明确的价值观考核，也可以通过将价值观与业务相关的激励方案联系在一起，推动价值观的落地。

关于文化如何落地，我再强调两点：第一，最有效的方法是领导以身作则、知行合一，即英文中所谓的walk the talk，这也是本·霍洛维茨（Ben Horowitz）在《你所做即你所是：打造企业文化的策略和技巧》一书中最核心的观点。用通俗的话说，就是"一级带着一级干，一级做给一级看"，在做关键决策和对危机事件的应对中，明确和传递核心价值观。第二，外力促进内力。这是指企业需要树立自己的外部形象，尤其是在客户心目中的形象，通过优秀的产品和服务，让客户认同和赞美企业的核心价值观。我在调研中收集过不少例子，员工对CEO或上级宣传的理念和价值观不一定相信，认为这些是灌输和洗脑，但如果是客户甚至是竞争对手夸赞某个价值观，员工会觉得更有说服力，也更能接受，这就是外力促进内力。

## 企业文化变革

企业只有不断适应环境的变化，才能基业长青，这涉及企业文化的变革。企业文化变革是组织变革的核心，应该分层次进行，即有些部分应该不变，有些部分应该变。在变的部分中，变化的速度也不一样。什么应该不变呢？文化核心应该不变，或者即使有变化，变化也非常缓慢。什么应该变呢？反映文化核心的理念应该与时俱进，不能因循守旧。而具体的经营和管理的手段和方法，变化得应该更快一些。推动企业文化变化的外因是内外部环境的变化,内因是领导力的力量。在图 4-1 中,最中间的文化核心部分变化应该最缓慢,经营和管理理念的变化较缓慢,制度行为层则需要与时俱进,最外层的物质表象层,最应该响应市场变化,体现时代特色。

图 4-1　企业文化的不同层面

企业文化中应该变的部分中,最重要的是经营和管理理念。经营和管理理念的调整将指导企业制度行为层的改变。根据美国学者奎因和卡梅隆的研究,内部－外部和控制－发展是企业面对的两对基本矛盾。其中内部－外部反映了企业对经营管理重点的思考和选择,即在资源有限的情况下,是把资源更多投入内部,还是更多投入外部。控制－发展是指企业采取的经营管理理念是以控制为主,追求稳定;还是以发展为主,追求灵活。这两对矛盾交叉,把平面分成四个象限,四个象限分别代表团队型、灵活型、目标型和层级型,这四种类型代表了四种经营和管理理念的显著特征(见图 4-2)。如果用比喻来形容这四种类型,团队型对应家庭,灵活型对应学校,目标型对应运动队,层级型对应军队。大部分企业是四种类型的混合体。这种混合体可以直观地用四边形表示出来。

这个四边形会随着时间的推移而发生变动，即内部和外部之间，以及控制和发展之间会发生不同程度的变化。

图 4-2　经营和管理理念的四种典型类型

图 4-3 描述了企业发展的过程。企业刚刚成立的时候，和人才管理相关的只有两个核心职能：招聘和薪酬。企业的核心文化一开始不明显，使命和愿景可能没有，或者即使有，后期也会发生比较大的调整。企业的核心价值观相对使命和愿景来说，往往形成得更早，尽管文字表述上有变化，但内容基本不变。企业的核心文化定型之后，企业需要把它们提炼出来，形成正式的文字。同时，企业的经营和管理理念是随着成立时间的推移而变化的，一般一开始以灵活为主，逐渐变成以控制为主。当企业达到一定规模之后，又需要重新找回灵活性，最终越来越均衡发展。企业成立的时间越长，正式化或制度化越明显，表现为有更多正式的制度和流程。

经营和管理理念的变化，对人力资源管理有着显著的影响。如果某企业需要增加外部导向，那么所有能够增加外部导向的人力资源管理手段都值得使用。例如，从外部引进人才，薪酬和竞争对手对标，通过和竞争对手对标来制定目标或评价业绩等。相反，如果企业需要增加内部导向，那么内部培养人才、管理培训生计划、团队建设等都值得推广。如果该企业需要增加控制，那么强调岗位职责的人才管理体系，以及强调结果和流程的管控手段都值得使用，如关键业绩指标、数字化流程改造等。相反，如果该企业需要突出发展，那么就需要重视以开发能力和潜力为主的人才管理体系，例如建立和落实多条职业发展通道、建立鼓励创新的容错机制等。

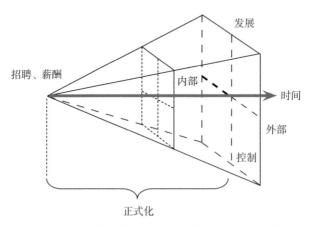

图 4-3　经营和管理理念随时间变化示意图

我在教学中发现，这个工具如果使用得当，往往能取得很好的效果，特别是能鼓励参与者参与到解决问题的过程中。例如，如果学员来自同一家企业，我会把大家分成小组，通过互动练习，让大家看到企业文化的现状，以及和战略相匹配的、未来的文化应该是什么样子。我会接着问大家，如果文化要发生这样的转变，企业需要在人才管理方面做出什么改变？用这种方式动员大家集思广益，寻求解决方法。教师在这个过程中，并不只是教授内容。每个企业背景不同，面临的具体问题不同，教师也不可能有万应灵药。教师的定位应该是一个好的教练，擅长发问，尤其是问出学员们想问又不好问，或者由于习以为常而忽略了的重要问题，启发学员们的思考，帮助学员找到答案。当然，好的教练需要让学员们找到的答案得到升华，让学员们发现看似零散的答案背后，其实有一个系统的框架。

## 思考

1. 你所在企业的使命、愿景是什么?它们在多大程度上影响了企业的战略?
2. 你所在企业的核心价值观是什么?它们在多大程度上影响了企业的人力资源管理?
3. 请查阅历史上西汉时期苏武的生平和事迹,并对苏武的信仰和行为做出点评。
4. 一家美国公司的文化宣言如下:"作为集团及其子公司、附属公司的管理者和雇员,我们有责任按照所有适用的法律,以道德和虔诚的方式开展经营活动……我们要为公司感到骄傲,要分享公司因公平和诚实而享有的声誉和受到的尊重……公司的声誉最终取决于公司所有人,取决于你和我。让我们共同维护公司的良好声誉。尊重:我们对待他人如同对待自己。我们不能容忍谩骂或不敬。粗鲁、无情和傲慢不属于这里。正直:我们开诚布公、忠实、热情地与我们的客户和潜在客户并肩工作。我们要言必行,行必果。沟通:我们有沟通的义务。在这里,我们要花时间与别人交流……同时要倾听。优秀:我们对我们所做的每一件优秀的事情感到满意……在本公司最大的乐趣在于我们所有人都能发现自己到底有多优秀。"请在网络上查询以上是哪一家公司的文化宣言,并谈谈你的感受和体会。
5. 你所在公司的人力资源管理制度在多大程度上和公司的价值观保持了一致?有没有矛盾或冲突的地方?

CHAPTER 5
第5章

# 组织层级和权责关系

　　组织设计的目的是通过优化权责分工和沟通，建立有利于实现组织目标的协作体系。有观点认为，很多中国公司的成功秘诀是少部分人的创造力加上强大的组织执行力。一些公司特别重视人的因素，强调把人选对用对了，组织就会发展好。这种观点突出人的重要性，但同时组织也需要被看作一种客观的结构，这种结构代表理性的力量。企业在发展的过程中，应该重视这种理性的力量，避免过度地依赖人来推动组织的发展。

　　用我看过的一则故事来说明职位和人的联系与区别。欧洲封建时期，一个国王建立了丰功伟绩，临终之前，传位给自己的儿子。他告诉儿子："我死后你登基的时候，大臣和民众会向你高呼'国王万岁'，但你要记住，他们臣服的是国王这个位子的权威，而不是你个人的权威。"国王告诫儿子，要分清楚王位和坐在王位上的人的区别，建立起个人的权威，王位才能坐得稳。

强调企业组织结构的流派认为，清晰的组织边界有利于员工主动性和创造性的发挥。结构对了，组织才能健康发展。但这个观点和不少公司的现状不符，在这些公司中，边界没有那么清楚，公司的文化甚至鼓励人们相互竞争。金钱和晋升的激励促使人们多完成目标和任务，这样才能获得更大的回报，并且这些公司用适当的模糊来激发人们的"狼性"或狠劲。我认为要辩证地看待这种做法，边界僵化当然不好，但边界不清晰，过于强调依靠人的责任心，或者用内部竞争来推动组织发展，同样存在问题。

需要注意，岗位职责和岗位承担者的责任心之间存在差异，岗位职责是一种制度规定，而责任心是一种个人品质，两者不可以混淆。有的组织强调人在工作中的主动性，所以当事情做得不好的时候，倾向于把原因归结为人的责任心，容易忽略结果有可能是职责不清晰造成的。即使是责任心很强的人，如果职责不清晰，也不能自如地开展工作，反而可能被各种负面反馈消耗掉责任心。同样，如果一个企业不注意责任心的培养和鼓励，仅仅有职责，也不行。例如，即使一个员工不是保安，当看到有人盗窃公司的财物时，也应该做出保护公司利益不受损的行为。

层级制组织存在于人类社会中已有几千年的历史。据《圣经》旧约全书的《出埃及记》中记载，希伯来人的领袖摩西事必躬亲，其岳父对此提出了批评："你应当把有才能的人挑选出来，让他们充当千夫长、百夫长、五十夫长、十夫长。"摩西听从了岳父的建议，带出了一支有强大力量的队伍。明晰的角色间关系对于层级制组织的正常运行很重要。人们往往习惯于把组织中的协作不畅和人际冲突问题归结为人的因素（例如性格、态度等），但实际上，很多问题的根源是角色间的关系不清晰。组织层级和创造力不一定是对立的，组织层级适当，权责关系清晰，有利于个体充分发挥自身能力、激发最大潜力。组织层级设置的目的是应对不同复杂程度的目标和任务，任务复杂程度越高，对人的综合素质（例如眼界、品德、价值观等）和能力的要求就越高。只要人的能力有差异，层级制就一定会存在，即使不以传统的方式表现出来，也会存在于组织中。

## 组织层级

企业内部的组织层级随着企业规模的发展壮大而逐渐增加，尽管扁平化管理是一个趋势，但由于管理者的时间和精力有限，即使他再有能力，向他直接汇报的人数也会有上限。根据管理学家杰奎斯和克莱门特的研究，组织的上下级汇报关系一般不超过七层为宜。他们举例说，美国军队的核心层级在和平时期可能超过七个层级，但是在战时，核心层级不会超过七层。他们对比了军队和企业层级之间的关系，认为很少有企业需要超过七层的汇报关系，个别发展成超大型规模的企业层级可以达到八层，因此八层可以看作企业层级的上限。

每个层级可以细分级别，级别反映了不同的能力和资历，这样可以把同一层级内不同能力和资历的岗位承担者区分开。

组织设计多少层级为宜？这和企业需要实现的目标相关。需要实现的目标难度越大，实现目标需要花费的时间越长，层级就越多。因此，组织层级越高，意味着在这个层级上的人需要规划的时间就越长。一个基层员工可能只需要想1天的规划，或者只需要在一天中被动地服从命令，但一个大型企业的CEO可能需要思考15年甚至更长时间的规划。一些超大型企业的创始人更是需要从企业的具体运营管理中脱离出来，思考更长远的规划。

图5-1中三层及之内是组织的操作层，负责直接的产出。组织中的层级Ⅲ一般对应部门经理/项目经理，层级Ⅱ对应基层经理/工程师，层级Ⅰ对应专业工作者和助理等基层员工。层级Ⅲ的经理能认识所有的下属。300～500人是一个领导能直接交流的下属，或者说有直接印象的下属的数量上限。

与负责直接产出的操作层不同，第四层和第五层负责战略实施、管理预算，而且关注重点在外部，尤其关注与客户的交互。第六层和第七层负责战略和政策制定、公司治理、制定公司的发展方向、管理战略不确定性。

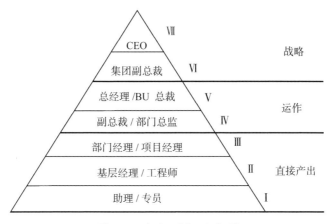

图 5-1 组织层级示意图

图 5-1 是一个已经发展成为七级层级的组织。企业在发展过程中，层级逐渐增加。举几个不同层级的例子：Ⅱ级：小型连锁店的店长；Ⅲ级：大零售店的店长；Ⅳ级：美的集团某事业部的工厂厂长；Ⅴ级：美的集团某事业部总裁；Ⅵ级：美的集团副总裁；Ⅶ级：美的集团总裁。Ⅷ级的人最少，对应世界500强企业中排名靠前的企业的CEO。因此，一个规模不大的企业，它的一把手可能也叫CEO，但可能只对应Ⅲ级，而它的企业总监可能只对应Ⅱ级。层级需要根据这个企业战略目标的难度和企业规模来判断。

杰奎斯和克莱门特认为，可以根据管理者需要进行规划的时间长度，判断管理者大致处于哪一层级。表 5-1 列出了参考标准。例如，一个 Ⅴ 级管理者，需要思考和负责 5～7 年的目标和计划。

表 5-1 不同层级的任务和时间长度

| 层级 | 任务 | 时间长度 |
| --- | --- | --- |
| Ⅷ | 公司治理、战略和政策制定、管理不确定性 | 15～20+ 年 |
| Ⅶ | | 10～15 年 |
| Ⅵ | | 7～10 年 |
| Ⅴ | 负责战略实施、管理预算，以及重点与外部利益相关者，尤其是与客户的互动 | 5～7 年 |
| Ⅳ | | 3～5 年 |

(续)

| 层级 | 任务 | 时间长度 |
|---|---|---|
| Ⅲ | 负责直接的产出 | 1～2年 |
| Ⅱ | | 3个月到1年 |
| Ⅰ | | 3个月之内 |

资料来源：JAQUES E. The CEQ's guide to creative structure and leadership [M]. Arlington, VA: Cason Hall, 1989.

## 纵向的权责关系

纵向关系主要包括五类关系：①上下级关系；②隔级上下级关系；③经理助理－下属关系；④项目经理－下级关系；⑤项目经理－同事关系。图5-2是一张汇总图，表示不同的纵向角色间关系中包括的权责关系。

为什么要设置管理人员？可能不少人的第一反应是，需要管理者来管人呗。但是，这并没有界定清楚管理人员存在的意义。杰奎斯认为，设置管理人员的意义在于：第一，为所管理的团队的产出负责；第二，提供下属完成工作所需要的资源和支持。

这两条带来的启示如下：首先，因为管理人员要为所管理的团队的产出负责，所以当下属没有完成工作时，组织不能先问责下属，这个下属的管理者要承担责任。管理者有权力分配任务，但是最终团队任务完成得好不好，从组织的角度看，是管理者的责任。如果给员工下达KPI，管理者需要考虑：他们有完成工作的必要资源吗？有他们不可控的因素出现吗？如果员工没有必要的资源或存在不可控的因素，组织只能要求员工尽职尽责地努力工作，而达成KPI的责任在员工的管理者。同样，基层管理者是否完成指标，相当大的责任在他们的上级，最终一个组织完成目标的最大责任人是组织的CEO。如果这条责任链不明确，错误地把责任一级一级向下推，往往得到的是缺乏信任、鼓励欺骗的组织氛围。第二，管理人员最大的价值，在于在下属搞不定工作的时候，根据具体情况针对性地帮助下属完成工作，例如在职辅导或者给予资源，而不仅仅是听取汇报、上传下达和监督。对于下属来说，工作中遇到无法解决的困难，或者发现对团队工作有影响的因素，一定要及时汇报。越不及时准确地汇报，下属需要承担的责任就越大。

| 任务分配关系 | 上下级关系 | 隔级上下级关系 | 经理助理－下属关系 | 项目经理－下级关系 | 项目经理－同事关系 | |
|---|---|---|---|---|---|---|
| 责任和权力<br>D：决策权<br>R：建议权<br>－：无此权力 | D | D | R | D | D | 拒绝任命 |
| | D | － | R | D | － | 任命；交代工作背景 |
| | D | － | R | D | － | 决定工作类型 |
| | D | － | D | D | D | 分配工作 |
| | D | － | R | D | － | 教练 |
| | D | － | D | D | D | 口头上的评估（认可） |
| | D | － | D | D | － | 布置工作任务 |
| | D | － | R | R | － | 书面评估（认可） |
| | D | － | R | R | － | 增加或减少工作类型 |
| | D | － | R | R | － | 奖金决策 |
| | D | － | R | D | D | 安排工作职责 |
| | R | D | R | － | － | 评价潜力；职业建议 |
| | R | D | R | － | － | 调整工资等级 |
| | R | D | R | － | － | 启动岗位调整 |
| | R | D | R | － | － | 升职－降职 |
| | R | D | R | － | － | 遣散 |
| | － | D | － | － | － | 申诉 |

图 5-2　纵向权责关系

资料来源：Requisite Organization。

上级对直接下属有什么样的权力？杰奎斯认为，必要的权力有四条。第一，有权不接受组织安排的新成员；第二，给下属分派工作；第三，评价下属的工作表现，以及给予相应的薪酬调整；第四，有权把不符合要求的下属退给组织。这四条中，大部分组织在第二条和第三条上做得不错，但在第一条和第四条上做得往往不够好。

不少组织的部门或团队在进人的时候，最有发言权的是部门或团队的管理者。这种做法的逻辑是，组织让管理者负责业绩，如果不让管理者招人，怎么行？杰奎斯认为，在进人的决策中，管理者有否决权，但不一定有直接决策权。如果有直接决策权，部门管理者往往会按照自己的标准来招人，部门或团队也容易扩编，出现人员冗余的情况，而且个人喜好、偏见、人情关系等会拉低进人的标准。按照杰奎斯的理论，公司应该成立招聘委员会，根据岗位要求，统一招人，但把招进来的人向某个部门分派的时候，该部门的管理者有权根据合理的理由，拒绝接受。

什么是有权把不符合要求的下属退给组织呢？主要是指管理者不能直接开除下属，除非下属有违法或违纪行为。但是，管理者有权判断下属是否胜任岗位工作。当下属不能胜任时，负责人可以把这个人"退还"给组织，组织根据情况，给这个被退到"资源池"里的员工安排其他可能合适的工作，如果员工的确不适合组织，可以走解聘程序。这不仅仅出于劳动法的要求，而且有管理意义。如果"资源池"的作用发挥出来，甚至员工的工作状态真的能因为换岗而变得焕然一新，那就可以大大缓解管理者和下属员工双方的心理压力，双方可以更坦然地面对流动。企业的人力资源应该是个活水池，而不是死水池，池子的出口不畅，水就很难"活"起来。

隔级上级对于隔级下级应该有什么样的权责？第一，隔级上级应该对隔级下级的能力发展负责。隔级上级应该通过参与隔级下级的招聘、做隔级下级的导师、和隔级下级就职业发展进行交流、参与隔级下级能力评价的审核等方式，关注隔级下级的能力。第二，决定一个员工的晋升，应该是隔级上级的权力，而不是直接上级的权力。为什么？一方面，如果直接上级决定员工的晋升，这会导致直接上级的权力过大。直接上级适合有推荐权，而不适合有决定权；另一方面，一般来说，以直接上级的能力和视野，还不能很好地判断直接下级的潜能，隔级上级能站在一个更高的层面来判断员工的能力，更有可能提拔合格的员工。不过，在一些企业中，领导不愿意在人事权上分权，造成在一定职级以上，一个人能不能得到晋升，都是一把手说了算。

隔级上级在提拔某个员工时，还应该考虑一些其他因素：如果把某个人提拔起来，其他人在心理上是否平衡，提拔的人能不能服众；还应该征求有合作关系的其他部门经理的意见，看他们愿不愿意与这个人合作共事，或是过去和这个人合作是否愉快，这个人有没有一些别人不喜欢的工作方法、习惯等。

隔级上级在一般情况下不能越级指挥，越级指挥是层级管理中的大忌。给下属分派工作是直接上级的权力，隔级上级需要通过自己的下级，再向下分派工作。

图 5-3 包含的信息很丰富。在阅读这张图的时候，建议先找到具体角色关系对应的一栏，然后看具体的权责关系。例如，上下级关系对应的是图 5-3 中带有阴影的一栏。可以看到，上级对直接下级有从拒绝任命到安排工作职责的决策权，但是对于从评价潜力到遣散员工，只有（向自己的上级或上级组织的）建议权，没有决策权，而在处理下属申诉方面，没有任何权力。读者可以对比上级关系和隔级上下级关系之间的角色间权责关系。可以看到，隔级上级在与任务安排相关的方面，对隔级下级是没有什么权力的。但是，在与人员能力相关的方面（包括评价潜力、薪酬等级调整、晋升等），隔级上级对隔级下级有决策权，直接上级反而只有建议权。

权责关系图是对组织中纵向权责关系高度浓缩的一张图，需要花时间慢慢品味和理解。我介绍如下几个重要的点：经理助理是指所谓的副职。杰奎斯的观点是，尽量不要设立专职（即所谓分管一块）副职，因为设立专职副职很容易引起层级膨胀。例如，一个本来只需要四层的组织，如果从第二层开始设副职，那组织层级实际上会变成七层！杰奎斯认为，对生产与销售的基层经理来说，有时候下属人数太多，的确管不过来，可以设置专职副职，称为一线经理助理，在给下级分配工作、进行口头上的表扬或批评、安排具体的任务这三个方面有决策权，在其他很多方面只有建议权。除了生产和销售部门，其他部门如果人数不多，不必设专职副职。但是，如果管理人员觉得的确需要有人辅助自己来做管理工作怎么办？可以授权设置名义上的副职，但担任副职的人应该本来就有一个岗位称呼，副职只是附加的称呼。例如，某个公司的人力资源部有一名经理，八名员工，该经理需要有人辅助他的工作，通过观察，主管薪酬的员工能力较强，该经理可以授权让该薪酬主管来辅助管理，但薪酬主管的名片上应该写作"薪酬主管（经理助理）"，而不是"经理助理（薪酬主管）"，即应突出其原本的岗位。人力资源经理可以授予薪酬主管更多的横向角色关系中的权力，例如本书将在后面提到的监督权和协调权。被授权的人虽然只是名义上的副职，并不是严格意义上的管理岗，但对这个人来说这是一种很好的锻炼，能为他未来的晋升做准备。

| 任务分配关系 | 上下级关系 | 隔级上下级关系 | 经理助理–下属关系 | 项目经理–下级关系 | 项目经理–同事关系 | |
|---|---|---|---|---|---|---|
| 责任和权力<br><br>D：决策权<br>R：建议权<br>–：无此权力 | D | D | R | D | D | 拒绝任命 |
| | D | – | R | D | – | 任命；交代工作背景 |
| | D | – | R | D | – | 决定工作类型 |
| | D | – | D | D | D | 分配工作 |
| | D | – | R | D | – | 教练 |
| | D | – | D | D | – | 口头上的评估（认可） |
| | D | – | D | D | – | 布置工作任务 |
| | D | – | R | R | – | 书面评估（认可） |
| | D | – | R | R | – | 增加或减少工作类型 |
| | D | – | R | R | – | 奖金决策 |
| | D | – | R | D | D | 安排工作职责 |
| | R | D | R | – | – | 评价潜力；职业建议 |
| | R | D | R | – | – | 调整工资等级 |
| | R | D | R | – | – | 启动岗位调整 |
| | R | D | R | – | – | 升职–降职 |
| | R | D | R | – | – | 遣散 |
| | – | D | – | – | – | 申诉 |

图 5-3　纵向权责关系：上下级关系

曾在惠普公司工作过的经理人高建华先生在《笑着离开惠普》一书中提到，惠普公司没有专职的副总裁或副总经理，所有的副总裁或副总经理只是一种荣誉头衔，他们一定是某个部门的总监或总经理，对某项职能负100%的责任。少一个层级，既加快了决策进程，也降低了运营成本，更避免了相互推诿的现象出现。

在项目经理和下级的角色关系中，对于项目经理来说，下级是从其他部门"借调"来的员工，两者的上下级关系限定在具体的项目进行期间。而且，这种上下级关系也是有限制的，从图 5-3 中可以看到，在三项责任（书面评估、增加或减少工作类型、奖金决策）方面，项目经理对下级只有建议权，而没有决策权。这三项决策权仍然属于直线上级，直线上级应该参考项目经理的意见，但决策权还是在自己手里。个别情况下，项目经理和下级之间更像是同事关系，例如，某个项目中的某位成员被上级或上级组织安排"牵头"负责这个项目，那么这位成员虽然也可以叫作项目经理，但他的决策权是很受限制的，只在拒绝任命、分配工作和安排工作职责（例如，认为某个团队成员不合格，需要换掉）方面有决策权，在其他方面没有权力，包括没有建议权。

## 横向的权责关系

组织中除了纵向角色间关系，还有大量的横向角色间关系。但是，已有的管理书籍对横向角色间的权责关系描述得很少，甚至忽略了这种关系。

读者可以试着找两个有协作关系的人（A 和 B），问问 A 认为自己能对 B 做什么，B 认为 A 能对自己做什么，A 认为 B 能对自己做什么，B 认为自己能对 A 做什么。通常情况下，你会发现双方对很多问题的判断是不一致的，有时差异非常大。这些问题包括：假如你告知 X 做某事，X 必须做吗？假如你告知 X 暂停某项工作，X 必须停吗？假如你告知 X 暂缓某项工作，X 必须暂缓吗？假如你和 X 意见不一，你能决策吗？你是否有权被告知 X 的工作进展？你是否有权尝试说服 X 采取某种行动？假如 X 没有被你说服，你必须向上级报告吗？你能召集其他人一起开会并有机会说服他们达成某种一致吗？你有正式的途径向 X 提出建议吗？

图 5-4 是一张汇总图，表示不同的横向角色间关系中包含的权责关

系。其中A是任务发起者，B是任务响应者。

| 任务发起关系 | 命令(prescribe) | 审计(audit) | 协调(coordinate) | 监督(monitor) | 服务(service) | 建议(advise) | 并行(collateral) | |
|---|---|---|---|---|---|---|---|---|
| 责任和权力<br>A：发起者<br>B：响应者 | √ | - | - | - | √ | - | - | A能指示B做某件事 |
| | √ | √ | - | - | - | - | - | A能指示B停下来，B需要停下来 |
| | √ | √ | √ | √ | - | - | - | A能指示B推迟某事，B需要推迟 |
| | √ | √ | √ | - | - | - | - | A和B意见不同，由A决策 |
| | √ | √ | √ | - | - | √ | - | A能被通报B的工作 |
| | √ | √ | √ | - | - | - | √ | A有途径劝说B |
| | √ | - | - | - | √ | √ | - | A有途径向B解释 |
| | √ | - | √ | - | - | - | - | A能发起和B等的协调会议 |
| | √ | √ | √ | √ | - | - | - | A能向更高层汇报B的情况 |

图 5-4　横向权责关系

并行（collateral）：这种横向关系专指同一管理者下的多名下级之间的关系。A尝试说服B1、B2、B3（这只是个例子，表示A和多名B之间的关系，实际可能不是三个人）采取合适的行动，以方便A的工作。A说服B时，需要考虑到B在工作中的需求。当A和B意见不一时，A和B应该首先自己思考上级期待他们如何行动，并尝试达成共识。如果问题仍然不能解决，再找上级。

建议（advise）：组织任命A负责某个特别的信息，A负责把信息传递给B1、B2、B3等，并保证他们了解信息的最新进展。B必须听A的通知，但是A没有权力让他们用这些信息做任何的事情。A仅仅是通知B。

值得一提的是，在上下级关系中，下级对上级有建议权，即下级有权提出自己认为对上级的工作有帮助的任何建议。在建议的情景中，下级是任务发起者A，上级是任务响应者B。上级必须听取下级的建议，但是否采用下级的建议，取决于上级。

服务（service）：上级或上级组织授权或安排B1、B2、B3等从A那里获得某种特定的服务。A 负责根据排队顺序或事先制定的优先权规则，提供他们需要的服务。假如 B 对于提供服务的时间不满意，B 不能说服 A 优先给自己提供服务，A 也无权决定更改优先权规则。B 必须把问题告知自己的上级，看自己的上级是否能和 A 的上级交流，提升自己的优先权。

监督（monitor）：上级或上级组织希望确保 B1、B2、B3 按照说好的政策和条款工作，可能委派 A 监督他们。A 有权被通知 B 正在做什么。假如 A 判断 B 越线了，A 有权劝说 B 改变，假如 B 不同意改变，A 必须把问题告知自己的上级，由上级做出判断。

协调（coordinate）：管理者把任务授权给下级 A、B1、B2 和 B3。管理者进一步授权 A 起协调的作用，以保证下级层面的工作协调一致。假如协调性不够，A 有权把 B1、B2 和 B3 召集在一起开会，假如 A 不能说服其他人，A 必须报告给自己的上级，由上级来解决。

审计（audit）：在监督的情景基础上，管理者有时希望 A 有更多的权力。例如，在安全、质量或环保审计的情景中。假如 A 不能让 B 改变，而且 A 判断事情严重，A 有权通知 B 停工，B 必须停工，假如 B 不满意，B 必须向自己的上级汇报。

命令（prescribe）：在审计的情景基础上，为了应对更危险或可能造成严重后果的情形，组织可能分配给 A 权力，让 B 做 A 认为能避免严重后果的事情，B 必须执行。假如 B 对情形不满意，必须上报，但应该在执行 A 的指令之后。

克莱门特简化了杰奎斯的分析，针对图 5-5 中对角线（斜向）和横向的关系做了更新。对角线有四种关系：命令（prescribe）、监察（oversight）、监督（monitor）以及建议（advise），这四种关系由强到弱。对角线的任务发起者和任务响应者不一定存在层级差异，任务发起者也可能层级比任务响应者层级低。

命令（prescribe）和正式的上下级关系差不多，有权给接受方分派任务。这种关系一般很少使用，因为会破坏正式的上下级关系。在一些特殊情况下，例如，在任务涉及安全、财务等情况下，任务一旦失败会造成灾难性的后果，可能出现命令的权责关系。例如，护士的上级是护士长，但医生可以在病房里给护士下命令。即使护士不认可医生的命令，也可以事后提出来，但现场必须执行。

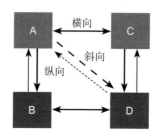

图 5-5　克莱门特的权责关系分析

监察（oversight）一般多见于政策流程的看门人角色或部门。以图 5-5 为例，A 可以让 D 停止做某事，但 A 不能指示 D 具体怎么办。例如，公司的审计员对日常开销有监察的职权，法务部对合同签署和合同语言使用有监察的职权。

监督（monitor）的职责是识别潜在的问题，以及和被监督的人商议可能的解决方法。监督者有权获知运作的信息，以及说服被监督的人，如果说服不了，可以要求推迟行动，但不能取消行动。被监督的 D 需要定期提供数据和信息给 A。例如，人力资源专家有权力监督运营经理，确保他们的行为和决策符合公司的人事政策。质量工程师可以监督产品线的运作，以确保生产过程和产品符合质量的要求。

建议（advise）的职责是通知和给出信息。例如许多运营经理需要 HR 专家提供建议，保证符合人事管理要求。专家需要主动提供必要的专业建议。以图 5-5 为例，D 可以接受或拒绝 A 提供的建议，A 不能强迫 D 接受建议。D 应该分享信息，以便从 A 那里获取最有可能的建议。例如维修工程师（A）向生产线人员（D）提供如何降低维修成本的一些建议。

平级有两种关系：合作（collaborate）和协调（coordinate）。合作的原则是：如果两个人之间不能达成一致，他们应该尝试设想他们的上级将如何希望他们去做，如果还是解决不了，再找上级。跨部门的成员在项目中合作时，需要这种明确关系。协调是指作为协调人 B，有权力说服 D，但在 D 没有被说服的情况下，B 不能发出指令。B 有权力告知自己的上级 A。

克莱门特注意到，工作关系是一种动态变化的关系。杰奎斯的分析发生在 20 世纪 70 年代到 90 年代，当时的分析主要针对的是岗位或角色之间的关系。但在当今时代，工作可以细分为各种任务，如果考察任务承担者之间的关系，职责和职权关系又可能根据具体的任务有所不同。另外，当今时代，工作的节奏加快了，对达到同样的产出要求的时间缩短了，出现了时间压缩的现象，即过去需要一年做出来的工作，现在可能需要一两个月就做出来。时间压缩不代表对能力的要求低了，反而意味着需要用比过去能力更强的人，这样才能在更短的时间内实现产出，这对应着管理实践中的"大萝卜小坑"现象。华为的任正非先生提出过"少将连长"的概念，其中军衔代表能力，职务代表权力，少将连长指的是特种兵在作战的时候，需要短时间内完成高难度的军事任务，这就需要能力强的少将临时承担连长的岗位。

## 思考

1. 可以越级向上汇报吗？
2. 你有没有遇到过向下越级管理的现象？这种越级管理会不会影响直接下级的权威或工作积极性？如何减少越级管理的负面影响？
3. 你有没有遇到过平级之间因为对彼此的权责关系理解不一致而产生冲突的例子？
4. 请找到华为的任正非先生在 2003 年的讲话《在理性与平实中存活》，谈谈你的感受和体会。
5. 请思考你所在的组织在权责关系设计和规定方面有哪些不合理的地方，如何改进？

CHAPTER 6
第6章

# 组 织 设 计

组织设计的目的是绘制组织结构图,编制职位说明书。所谓组织结构图,就是用图形的方式表示的组织内的职权关系和重要职能。职位说明书也叫作工作说明书或岗位说明书,它包括了各职位的工作内容、职责和权力、与其他部门和其他职位的关系,以及担任该职位所必备的条件有哪些。

## 组织设计原则

很早就有学者研究组织设计原则,其中两位要重点提到。一位是德国人,叫马克斯·韦伯(Max Weber),另一位是法国人,叫亨利·法约尔(Henri Fayol),他们建立起来的组织理论是当今组织结构设计的基石。

## 组织目标至上

企业作为一个经济体，有明确的经济目标，也有和经济目标相伴的社会目标。当企业规模越来越大的时候，企业往往更像不同的利益群体形成的联盟。企业不同的利益群体的目标有可能不一致，这会给企业的设计带来一些不良的影响。所以，在做组织设计的时候，需要从全局出发，把整个组织的目标放在最高的位置。

企业不完全是一个单纯的经济体，它也是一个政治联盟。关于这一点，相信大家有共鸣，尤其是来自大型企业的读者体会更深。另外，一些快速增长的企业中，很多员工来自不同的公司，容易把公司的整体目标放在局部目标，例如部门目标之下。如果放在一些非正式群体的目标之下，那就更糟糕了。总之，做组织设计的时候，应该特别重视"组织目标至上"原则。

## 恰当的管理幅度

管理幅度是指对于一个管理者来说，有几名下属向他直接汇报。当然，有些人走的是专家职业发展路线，没有下属。如果管理幅度太小，企业需要的管理者就多，就会给企业带来更高的成本。当然，管理幅度太大，管理者顾不过来，也会带来问题。

管理幅度取决于一些因素，和管理者的素质和能力、被管理者的素质和能力，以及采用的技术，都有很大的关系。当有技术能够很好地帮助管理者管理时，管理幅度还可以加大。例如，在一些生产型企业中，基层的班组长直接管理的下属可能达到20～30人，甚至更多。对于组织中高层而言，一般推荐的管理幅度为5～8人。当然，这个原则不绝对，有些管理者能力特别强，管理幅度就可以适当放大。

亚马逊公司创始人贝佐斯曾经提出"两个比萨原则"。亚马逊在管理技术工作者时，认为团队的规模应该控制为午餐能够吃掉两个大比萨为宜，这个数量大概是8～12人。京东公司曾提出8150原则，即一般情况下，管理人员包括实线和虚线下级在内的管理幅度不低于8人，仅在实线下级多于 15 人时才能设置平级或下级部门。对于业务相对单一（如分拣、包装、配送、客服等）的最基层部门，其管理者的管理幅度应较大，在满足管理幅度不低于 8 人的情况下，仅在实线下级多于 50 人时才能设置平级或下级部门，或设置副职。

如果管理幅度过大，就要进行拆分。浑水摸鱼的现象最容易在团队变大的时候出现。在一个中等规模的团队中，如果每个人承担的工作职责边界比较清晰，会起到相互监督和督促的作用。

## 统一指挥

法约尔的观点特别明确，认为一个下级有且只能有一个上级发号施令。如果不遵守统一指挥原则，就会造成命令混乱，而命令混乱是组织设计的大敌。

后来的管理实践对这一条放松了，认为可以有多重领导。矩阵结构实际上就是典型的双重领导。矩阵结构虽然可能有偏重，但仍属于双重领导。按照法约尔的想法，即使放松了这个原则，在发出命令之前，不同的领导也必须达成统一意见。比如，两个领导都要对下级下命令，但下命令之前两个领导得协商一致，不能这个人发一个号令，另一个人再发一个冲突的号令，下级将无所适从。如果在特殊情况下，无法事先达成一致，比如一件事情很紧急，一个领导要先下达这个命令，但也需要在下达命令以后，尽快地和其他领导沟通、协商，最大限度取得一致。

大部分情况下，组织设计最好遵循统一指挥的原则，虽然不见得只是一个领导，但领导不能发出不一致的命令，否则会带来混乱、降低效率。公司即使要设矩阵结构，也最好通过一些机制，例如职责界定清楚、沟通机制、奖励机制，让两条命令链条之间不发生冲突。当矩阵的两条命令链条特别不一致的时候，对被管理者的负面影响很大。

## 权责相称

权责很难做到完全相称，但只有在权责基本相称的情况下，人们才能发挥自己的能力。如果权责不相称,肯定有各种问题出现。要么权力缺乏监督,岗位上的人滥用权力,造成人事风险。要么责任大于权力,岗位上的人受到种种限制,没有办法正常开展工作。权责应该尽可能相称,完全相称是一个理想状态。本书第 5 章中管理学家杰奎斯的观点对形成良好的权责关系很有用。

这条原则还可以加上一个"利"字,变成"权责利"相称原则,责任是核心。如果责任和利益不对等,当责任大于利益时,岗位上的人可能缺乏动力,或者可能使用权力获得不合法的利益。而利益大于责任会引发组织中其他人员的不公平感,容易引发冲突和内耗。

## 分工与协作

劳动分工的概念来自经济学,对组织设计来说也非常重要。在组织设计中,需要思考:如何分工能最高效地完成组织目标。这决定了企业怎么划分部门,怎么设置机构。任何形式的劳动分工,在带来某些好处的同时,也有它的缺点。比如,事业部制带来的问题是什么呢?公司共有的资源不容易共享,每个事业部都从扩展自己的地盘出发,设置了自己的一套东西,对整个企业发挥规模经济效应是不够好的,也是有缺陷的。

在一个组织当中既要有分工,也要有协作,而且随着时代的发展,协作的好坏对企业的发展越来越重要。因此,企业在做组织设计的时候,要重视在分工的基础上,考虑怎么让部门、团队之间保持良好的协作关系,避免部门和团队之间形成相互不交流、不协作的部门墙。我把促进横向协作的一些常见方式总结成表 6-1。

表 6-1 促进横向协作的常见方式

1. 采用项目组的结构,项目负责人负责项目实现,主管领导评估
2. 加大项目负责人的评估权
3. 增强项目负责人的项目管理能力
4. 项目组成为独立单元,项目负责人是项目成员的直属领导
5. 合并不同的部门或团队,向同一个领导汇报
6. 需要协作的部门和团队之间互派联络员
7. 不同部门或团队之间对协作效果进行评估
8. 在必要的情况下,进行管理层之间的轮岗
9. 促进需要协作的管理者之间的沟通和交流

由于后三点比较易懂，我重点介绍前六点。表6-1中的1、2、3点涉及矩阵结构，即项目成员纵向上归属于不同的部门或团队，而横向上设立了项目负责人负责项目的实现。在矩阵结构中，横向的项目负责人需要调用纵向的职权关系，通过高层主管领导来推动部门经理或团队经理，让他们愿意把项目成员的工作优先权放在该项目上。一些情况下，增强项目负责人的考核评估权，也能增强项目负责人对项目成员的管理权。亚马逊公司使用了第4点的方法，把项目组做成了独立的业务单元，项目负责人对项目成员有完全的人事权。第5点针对向不同的上级汇报工作的部门之间不易协调好关系的问题。把它们调整为向同一个上级汇报，常常能在很大程度上解决部门之间的协作问题。第6点是指在有些组织当中，部门或者团队之间互派联络员，联络员的人事关系还在原来的部门或者团队，他们主要发挥沟通和协作的作用。

## 执行与监督分离

在做组织设计的时候，应该将执行人和监督人分开，避免两者一体化。如果这两者利益一体化，监督职能就名存实亡了。例如，当企业外派审计人员和财务人员的时候，这些人员的薪酬应该由总公司发放，而不是由所在的分支机构发放，否则外派人员很可能起不到应该起到的监督作用。

## 精简与效率

组织精简才能实现高效率。所以，必须控制人员的数量。因为人一多，不只是数量增长，而且协调工作量也会成倍增长，所以一定要让人数得到控制。可以通过人均效能的指标来判断组织是否精简，但也不绝对。有些情况下，组织需要保持适度的冗员，才能更有弹性地应对一些突发情况。因此，需要大家在工作当中灵活地运用组织设计的原则。

## 组织结构

常见的组织结构有直线职能、矩阵式、事业部制、分子公司等，这些不同的组织结构各有优劣，不存在哪一种组织结构更先进或更高级。选择什么样的组织结构，需要和公司的实际情况相符。

### 经典的组织结构

西方学者威廉姆森将组织结构分为三种基本类型。这几种结构都是层级制组织的不同形式。第一种是集中的一元结构，简称 U 型结构，其特点是层级的集中控制；第二种是控股公司结构，简称 H 型结构。严格来说，它并不是一个企业的组织结构形态，而是企业集团的组织形式。在 H 型公司中，控股公司持有子公司或分公司的部分或全部股份，下属各子公司具有独立的法人资格，是相对独立的利润中心。控股公司依据其所从事的活动，可分为纯粹控股公司和混合控股公司。纯粹控股公司是指，只掌握子公司的股份，支配被控股子公司的重大决策和生产经营活动，而本身不直接从事生产经营活动的公司。混合控股公司指既控制股权，又从事某种实际经营活动的公司。H 型结构中包含了 U 型结构，构成控股公司结构的子公司往往是 U 型结构；第三种是多分支单位结构，或称事业部制，即 M 型结构。运用这种结构，可以针对单个产品、服务、产品组合、主要工程或项目、地理分布、商务或利润中心来组织事业部。

实行事业部制的企业，可以按职能机构设置层次，以及事业部取得职能部门支持性服务的方式划分为三种类型。①产品事业部结构：总公司设置研究与开发、设计、采购、销售等职能部门，事业部主要从事生产，总公司有关职能部门为其提供所需要的支持性服务。②多事业部结构：总公司下设多个事业部，各个事业部都设立自己的职能部门，提供科研、设计、采购、销售等支持性服务。各个事业部生产自己设计的产品，自行采购和自行销售。③矩阵式结构：是职能部门化和产品部门化两种形式相融合的一种管理形式，通过使用双重权威及报告关系把职能设计和产品设计结合起来，同时实现纵向联系与横向联系。

M 型控股公司组织结构由三个互相关联的层次组成，第一个层次是由董事会和经理班子组成的总部，这是公司的最高决策层，是 M 型公司的核心。它的主要职能一是战略研究，向下游各公司输出战略与规划；二是交易协调，目的是最大限度地协同资源和战略。第二个层次由职能部门和支持、服务部门组成。其中计划部门是公司战略研究的执行部门。财务部门负责全公司的资金筹措、运用和税务安排，子公司财务只是一个相对独立的核算单位。第三个层次是围绕公司的主导业务或核心业务的互相依存又互相独立的子公司。子公司不是完整意义上的利润中心，更不是投资中心，它本质上是一个在统一的经营战略下提供某种产品或某种服务的生产或经营单位。子公司负责人是受总公司委托管理这部分资产或业务的代理人，更多的情况下是由上级单位派驻的，直接对上级负责，而不是该公司自身利益的代表。

### 创新的组织结构

随着 VUCA 时代<sup>⊖</sup>的到来，一些新的组织形态层出不穷。我选择性地简要介绍其中三种，分别对应强调市场、结构和文化的机制。

1. 海尔的"平台＋小微"

海尔曾经是一家层级制大型企业，经过多年的变革转型，宣称已经转型为"平台＋小微"的组织结构。所谓小微，就是指微型企业。海尔实施了"人单合一"的组织管理模式，其中"人"指的是小微主和创客，而"单"指的是客户需求。"人单合一"的目的就是让工作效果和市场直接对接，从而由企业给员工付薪酬，变成由用户给小微主和创客付薪酬。

根据 2020 年的相关报道，海尔有 4000 多个小微。这些小微大体上可以分成三大类：转型小微，对应以前传统主营家电板块的各个事业部；节点小微，对应以前的职能部门，向转型小微和孵化小微提供支持服务；孵化小微，就是创新商业模式的一些新公司，类似于公司内部的创业。

---

⊖ 指经营环境易变性、不确定性、复杂性和模糊性增强的时代。

像海尔孕育出来的雷神笔记本、馨厨冰箱等都是孵化小微的代表产品。小微的权力非常大,小微具有战略决策权、人事权和分配权。市场机遇选择、合作契约签订这些战略决策权都被授予了小微,同时小微也有团队人事权,能自主招聘,能调整具体的权责内容,也能自主设置薪资和奖金。

海尔同时提供给小微赋能的平台,为小微的发展提供外部公司难以提供的价值,所以小微愿意在海尔这个平台上发展。例如,海尔的COSMOPlat工业互联网平台能帮助小微灵活地实现订单生产,海尔还为小微提供了技术研发平台、金融服务平台等。

### 2. 合弄制

合弄制(holacracy)的思路不同,它与层级制并不冲突。相反,合弄制的提出者认为层级制是把人组织起来的最有效的方法,所以合弄制的体系中有严格的层级。但是,虽然合弄制中有层级,但没有传统意义上的管理者,管理的职责被分散到正式的契约和流程中。合弄制的组织结构像"俄罗斯套娃",一个圈子(circle)里面可能套一个或多个圈子,圈子下面有子圈,子圈还可能发展出子圈,一层层嵌套。最大的圈子叫作根圈(root circle),最小的圈子是一个角色(role),如图6-1所示。

图6-1显示了Holacracy One公司的组织结构图。Holacracy One公司开发和推广合弄制,并提供合弄制管理咨询和服务。圈子代表一个自组织的单元,一般有四个基本的角色,分别是向导(lead link)、代表(representative link)、协调人(coordinator)和秘书(secretary)。向导是上一级圈子任命的,代表是圈子选举出来的,这两个角色负责上下层圈子之间的沟通协调。向导的主要职责是通过分配资源,保证所在的圈子为实现上一级圈子的目标服务。但是,向导并不能指挥圈子里的其他人。代表的主要职责是及时把所在圈子遇到的、本圈内不能解决的张力(tension),向上一级圈子反映。所谓张力,是指每个角色的承担者在感到"事情可以做得更好"时,发现的种种限制。

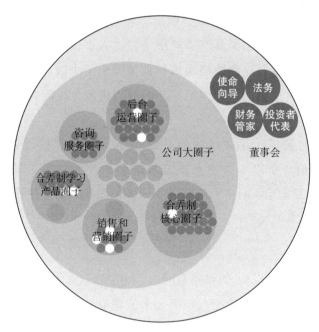

图 6-1　Holacracy One 公司的组织结构图

圈子是怎么出现的呢？如果是初创企业，在最开始的时候，只有一个圈子，即根圈。根圈里面最开始只有最基本的角色，例如负责销售、运营、技术的三个角色。随着企业发展，角色需要细化，圈子中开始裂变出更多的角色。当几个角色在功能上类似，而且需要一个边界时，就成立一个子圈。圈子发展起来后，也可以继续裂变。如果是从传统管理方式转型到合弄制的公司，一开始可以按照现有的部门来划分圈子，然后根据运行中出现的张力来不断调整、不断优化圈子的结构。

合弄制强调每个角色职责清晰，角色之间的边界要清清楚楚。在这个基础上，每个角色承担者都没有上级，他需要发挥自己的判断力去解决工作中不断出现的张力。角色承担者是角色的主人，在不伤害组织整体利益和其他角色利益的情况下，可以自主地在角色职权范围内做出决策。合弄制的角色，类似于传统岗位说明书里面的岗位职责，只不过区别在于，岗位说明书中一般包含好几条职责，而角色常常是把传统岗位说明书里面的一条职责细化，把内容规定得清清楚楚。

和传统的岗位职责不同,合弄制的角色是动态变化的。角色承担者是角色的主人,当他们感到角色现有的职责或职权阻碍了张力的解决时,可以通过圈子的协调机制来修改角色职责,子圈可以通过上一级圈子的协调机制来修改圈子职责。每个圈子(包括最基本的角色)都有这样的机制,不断根据实际出现的情况迭代优化,整个组织就获得了灵活性,具有了自我进化的机制。

合弄制公司的每名员工(在合弄制公司中喜欢用"伙伴"这个词)承担多个角色,而且可以根据自己的特长和爱好在不同的圈子里申请承担角色。这种机制打破了传统的部门和层级的藩篱。在合弄制公司中,一个人可以在不同的圈子里承担不同的角色。合弄制公司没有管理者,没有向上的管理职位发展通道,但是可以为员工提供丰富的角色组合体验,以及与业绩和技能相关联的薪酬。

这个机制还有一个益处,就是有利于组织的更新和变革。传统的企业变革往往是到了不得不改的时候才启动,可是惯例和沉淀的利益使得变革的阻力很大。合弄制的思路是通过不断地微调,保持不断的自我更新,使组织结构始终在动态进化中。变革不是轰轰烈烈,而是润物细无声。用管理学者卡尔·维克(Karl Weick)的话来说,组织和人都不是存在(being),而是变化(becoming)。

合弄制中没有传统意义上的管理者,管理的职责被分散了。具体是如何分散的呢?第一,给予角色承担者角色领域内最大的自主权,没有任何人命令他们做什么,但是他们需要为自己的工作成果负责,也就是自我管理;第二,通过圈子会议,包括战术会议和治理会议。这两种会议是合弄制体系中重要的沟通协调机制。圈子会议是非常结构化的,实施的方法在《合弄制宪章》里面有详细的说明。在两种圈子会议上,协调人主持会议,保证会议按照结构化流程进行。图6-2以两种会议为重点,展示了合弄制运作的流程。

在战术会议上,圈子里的每个成员向其他人通告所负责的相关角色的工作进展,保持圈子工作的透明度,解决不涉及组织结构调整和政策改变的张力。向导介绍圈子整体的工作进展情况,秘书记录重要的会议信息，并在必要的时候，负责配合协调人解释《合弄制宪章》。

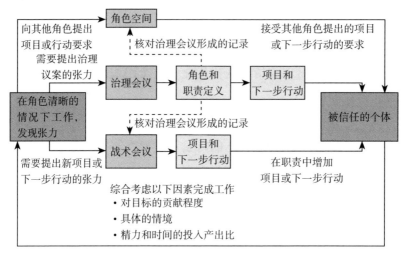

图 6-2　战术会议和治理会议示意图

在治理会议上，圈子里的成员代表向其他成员通告他们在工作中遇到的张力，并提出解决方案。解决方案需要经过其他成员的征询和质疑，保证方案没有损害公司整体和其他角色的利益。如果没有有效的反对意见，那么解决方案生效。治理会议和战术会议不同，治理会议关注的是和组织结构调整及政策改变有关的张力，即这种张力在现有的结构和政策下无法得到有效解决，而战术会议关注的是日常工作中遇到的张力，通常是在工作优先权、工作所需资源、工作进展上遇到的张力，不涉及组织结构调整和政策改变。在治理会议上，协调人需要依据《合弄制宪章》的标准，判断解决方案和反对方案是否有效。秘书在治理会议上的职责和在战术会议上的职责一样。

每一个圈子都有代表，代表和向导一起，代表圈子参加上一层圈子的会议，以保证上下层圈子的沟通和协调。另外，在圈子和圈子之间，如果的确存在协调的张力，圈子可以单向或双向派驻使节来实现及时的沟通。

合弄制强调角色职责清晰，重视建立组织结构的动态调整机制，重视给组织中的人员分权。这些思想和做法值得层级制组织借鉴，能改进不少层级制组织因为过度集权带来的种种弊端。但是，合弄制完全去掉管理者的做法是激进的，忽视了文化和管理者在组织中的重要性，可能带来战略不聚焦、效率降低、协调成本增加等问题。

3. 阿米巴组织

阿米巴组织是日本企业家稻盛和夫创立的一种组织形式。阿米巴经营是在经营实践中产生的，它是经营者为了更有效地经营企业而采用的管理会计体制。它不仅是京瓷和 KDDI 公司发展到今天这样的规模的巨大原动力，还在日本航空的重建、经营改善中发挥着巨大的作用。

很多制造业企业，都由财务部门进行事后的会计处理，成本等数据都是事后算出来的。但是，市场价格瞬息万变，以过去的成本为依据，就会与经营脱节，难以采取适宜的改进措施。为此，稻盛和夫将所有的工序，按需要分割成被称为"阿米巴"的小组织，每个阿米巴都能即时掌握销售和费用等实际的经营数据。

也就是说，所谓的阿米巴经营是指将市场的波动直接传递给企业内的阿米巴，然后企业全体能够根据市场变化，即时做出反应，这正是与市场挂钩的经营管理体制。

随着公司规模的扩大，由领导者一人管理整个企业越发困难。于是，稻盛和夫将组织分割成小单位，为那些小单位安排领导者，赋予他们各自的经营职责，让他们必须将细小的收支核算把握得一清二楚。如此一来，通过将各个阿米巴当作一个个独立的中小企业，阿米巴的领导者就会具有像中小企业经营者一样的经营意识，其结果，就是培养出共同经营者。

京瓷创立之初，是日本劳资对立非常激烈的时期。稻盛和夫认为，如果经营者和劳动者始终怀有同样的想法，意识能够统一，那么劳资对立就一定能消除。基于这种思考，稻盛和夫把"大家族主义"融入了京瓷经营哲学。通过在公司内弘扬"追求全体员工物质和精神两方面的幸福，为人类和社会进步发展做贡献"这样的愿景感召，超越了经营者和劳动者各自以自己为中心的对立格局，从而实现了"全员参与经营"。

在实际运用阿米巴经营时，首先需要注意阿米巴组织的划分方式。

第一点是，"部门的收入和费用必须清晰，必须是一个可以独立核算的单位"。也就是说，这个部门的收入一定要是明确存在的，并且为取得这部分收入所用的经费也要能明确算出，划分阿米巴组织时必须要满足这个条件。

第二点是，"可以作为一个独立完成的事业进行细分"。只有当细分后的单位是一个独立的公司时，领导者才能把自己当作经营者，不断钻研创新，切实感受到工作的价值。

第三点是，"能够贯彻公司原本的整体目的"。即使满足了进行独立核算的组织条件，但如果让这个组织作为一个独立的阿米巴，反而会破坏公司整体一贯的经营方针时，就不能让它成为一个独立的阿米巴。

在实践阿米巴经营时，应该注意的另外一个方面是"阿米巴之间的定价"。各道工序的阿米巴组织设定后，各阿米巴之间就要进行买卖，就必须决定各阿米巴之间的买卖价格。但是，因为各个阿米巴都要尽力提高自己阿米巴的核算效益，所以定价变得非常困难。这时，就需要对各个阿米巴的工作内容相当了解的领导者，考察各阿米巴的费用和劳动力成本，来制定与之相对称的售价，做到公平定价。

然而，即便这样对阿米巴进行定价，阿米巴之间也依然会产生利益冲突和争执。这种对立，都是"利己主义"产生的结果。在阿米巴经营中，因为把公司分成了许多小组织，分别独立核算、独立经营，所以很容易产生尽量让自己的阿米巴多盈利的强烈想法。然而按理说，各阿米巴在拼命努力维护和发展自身的同时，也必须竭尽全力让公司整体利益最大化。也就是说，个体和整体的平衡协调是非常重要的。

要解决阿米巴之间的矛盾，就需要一种使人在追求个体利益的同时，能够超越彼此所处立场，在更高的层次上进行经营判断的坚定的"哲学"。如果这样的普遍性哲学能够渗透到企业内部，那么阿米巴领导者就会摒弃独善其身的恶念，转而立足于善的想法，思考自己为了公司整体究竟应该做什么。这一点是一些企业在学习阿米巴经营模式时，容易忽略，也不易做到的地方。

# 工作设计和工作分析

## 工作设计

工作设计是指界定工作如何完成，以及某项工作包括哪些具体任务的过程。工作设计的目的可以从不同的角度去认识，例如可以从工业工程、人类工程、组织行为和人力资源等角度认识到工作设计的不同目的。从工业工程的角度来看，工作设计是为了让工作开展起来更加具有有效性。从人类工程的角度来看，工作设计的目的是提高健康和安全。

本书主要从人力资源的角度来讲，工作设计的目的是激发员工在工作中的努力和热情。工作设计的常见形式包括：工作扩大化和丰富化、AB 岗、工作授权、自我管理团队、灵活工作安排等。工作扩大化和丰富化，是指扩大或丰富工作内容和类型。例如，定期的工作轮换，以及 AB 岗的方法。AB 岗是指每个人有一个主要的岗位，称为 A 岗，在完成 A 岗工作的同时这个人也要参与另外一个岗位的工作，担任辅助的角色，这个岗位叫作 B 岗。当 A 岗的人因为某种情况缺席的时候，B 岗的人可以灵活顶上。

工作授权是指授予员工在工作中更大的决策权，从而激发员工的工作热情。例如，餐饮企业海底捞在授权方面做得很有特色，海底捞的店长有相当大的财务权，基层的服务员有免单权，员工认为有必要的话，可以免费送客人一些菜，甚至免掉客人一单的费用。

自我管理团队是指团队被授予负责整个工作流程的权力。灵活工作安排的具体形式有很多，包括弹性工作时间、远程办公、工作分享、压缩工作时间等。在我国，尤其是前两种灵活工作安排的形式已经变得越来越普遍。2020 年在全球范围内蔓延的新冠疫情加速了远程办公的应用，一些欧美企业已经把远程办公作为一种常态。

## 工作分析的重要概念

工作分析的作用在于对企业内所有职位的工作职责、内容、特征、环境和任职资格进行清晰明确的界定。本节介绍常见的一些概念，包括职务、职级和级别、职位、岗位、工作、职责、任职资格、胜任力、职位评价。

职务：从公务员体系借鉴过来，主要是针对管理人员的，企业中可以不用这个概念。

职位：和职务类似，在企业里面使用。

职级和级别：像是军队里面的军衔或公务员的级别。专业级别可能导致公司里面的层级关系，级别应该有，但不应该变成上下级的汇报关系，因此需要企业文化来调和专业级别造成的负面影响。

岗位：和编制有关系，一个岗位对应一个人。岗位设置可以规定得细致，表现为有很多条职责规定，每条的内容都很具体，也可以规定得粗一些，表现为职责规定的条目数量不多，每条的内容相对宽泛，需根据情况选择。

工作：一种工作可以由多个人来完成，因此一种工作可能有多个岗位。例如，软件开发工作可能有多名软件开发工程师。

职责：指岗位包括的具体工作内容，负责同一工作但在不同岗位上的人尽管在工作的大方向上是一致的，但是细化到每个岗位，岗位职责可能存在差异。岗位职责规定可以细，可以粗，需根据情况选择。

任职资格：规定了什么样的人能胜任对应的岗位，一般在学历、专业证书、工作经验、体能、健康状况方面有要求。

胜任力：是指能将某一工作中的表现优异者和表现一般者区分开来的个人潜在的、深层次特征，可以是某领域的知识、认知或行为技能，也可以是动机、特质、自我形象、态度或价值观等。

职位评价：评定企业内各个职位之间相对价值大小的体系，它是制定薪酬体系的重要依据之一。

## 工作职责迭代

工作说明书很重要，被认为是人力资源管理的基石。但是，不少公司由于并没有把岗位职责梳理得很清楚，所以在现实中用不上工作说明书。有的公司虽然有详细的工作说明书，但缺少更新机制，导致职责往往跟不上实际情况的变化，因此工作说明书就闲置不用了。

我给大家提供一个解决的思路。图 6-3 的左边代表传统的层级结构，这是一个简单的三层结构，H 代表高层，M 代表中层，G 代表基层，但如果把这个结构压扁，压到一个平面上，大家看到的就是右边这张图，是一个圈套圈的图。在这张图中，层级依然存在，但是，这些不同的工作职位都被压扁到了一个平面上。

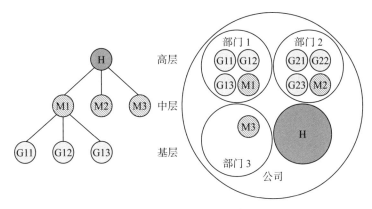

图 6-3　层级结构示意图

在工作当中可以不必把工作职责看作静态的，所谓静态是指一旦确定下来就不能变动，而应该把它看作可以动态调整的，也就是说图 6-3 中的高层和 3 个中层可以定期讨论部门或者团队之间的边界是否清晰。为了更好地完成组织的目标，是不是需要调整职责。如果需要调整，就及时调整。但需要注意，要把调整的具体内容写入部门职责的文件文本。

这种方法同样可以复制到部门或者团队的内部。M1 回到自己所管理的团队或者部门，同样可以定期与下属讨论岗位之间的边界是否清晰，讨论为了更好地完成部门或团队的目标，需不需要调整职责。如果需要调整，就马上做出调整。但要把调整后的职责记录下来，因为这意味着不同岗位上的人对团队的贡献不同。如果公司有 HR，尤其是有 HRBP（人力资源的业务伙伴），他们也应该定期参与这样的讨论，HRBP 应该从人力资源专业的角度，以及公司整体的人力资源安排的角度，考虑应该怎么样去调整职责，然后发表意见，以保证这样的调整符合公司整体发展需要。

把不清晰的部分做清晰，及时更新、迭代，这样才能让工作职责真正符合工作的实际情况，才能把工作说明书真正用起来。为了做到及时迭代，职责最好能够模块化。也就是说，工作说明书包括多个方面的职责，而且一般来讲这些职责应该做得细一些，以方便及时调整和更新。打个比方来说，如果把一个工作说明书里面所包括的各个职责看作一块一块的积木，一个岗位实际上是由多块积木组成的。积木是可以灵活组合的，应该根据具体需求去调整这个岗位的职责，让岗位职责和人的能力更好地匹配起来。

近些年来，组织行为学领域出现了对工作塑造（job crafting）的研究。所谓工作塑造，是指员工并不是被动地接受岗位职责，而是可以发挥自己的主动性，增加或修改自己的岗位职责。但是，组织行为学的研究把工作塑造看作员工的积极主动的行为，是一种个人行为。本节介绍的方法实际上提供了一种机制，让员工有机会利用正式的机制来灵活地调整自己的工作内容。

把人的能力和兴趣充分发掘出来，是人力资源管理的重要任务。传统的因岗设人、因岗选人，在稳定的组织中是有效的，在岗位对人的能力要求不是很高的情况下是适用的。但是，在 VUCA 时代，需要有创新的机制，让岗位和人的匹配程度提升。

## 思考

1. 中国古代历代政权的政治制度，可以分为中央政治制度、地方政治制度和选官用官政治制度。中国古代政治历史的三大主线是：中央集权不断加强、君主专制不断加强、人才选拔不断公正规范化。

    **历朝制度继承与发展**

    中央集权脉络：西周（分封制、宗法制）——秦（郡县制）——西汉

（推恩令、刺史制）——唐（节度使）——宋（收精兵、文官制）——元（行省制）——明清（沿用行省制，明废行中书省、设三司、厂卫制）。

君主专制脉络：西周（分封制）——秦（三公九卿制）——西汉（中外朝制）——魏晋南北朝（三长制）——隋唐（三省六部制）——宋（二府三司制）——元（中书省制）——明（废宰相，设内阁、司礼监）——清（南书房、军机处）。

选官用官制度脉络：西周（世卿世禄制）——秦（军功爵制）——汉（察举制、征辟制）——魏晋南北朝（九品中正制）——隋（科举制）——唐至清（沿用科举制，唐武则天首创武举、殿试，明朝开始限定考试内容为四书五经，采取八股取士）。

**古代政治制度的变化**

（1）夏讷时期初步建立官制，在地方封侯伯。

（2）周朝建立分封制和宗法制，在地方封诸侯，实行森严的等级制度。

分封制使地方诸侯势力逐渐扩大，在东周时严重威胁中央政权的稳定。

（3）秦朝建立中央集权制，在中央实行皇帝制度和三公九卿制度，在地方实行郡县制，用于加强中央集权。

（4）汉初郡县制和分封制并存，封国逐渐强大，出现"七国之乱"。汉武帝推行"推恩令"削弱侯国力量，加强中央集权。

（5）隋唐朝时实行"三省六部制"，削弱相权，加强了中央集权。

（6）宋朝把地方的财权、兵权、行政权收归中央，削弱了地方权力。

（7）元朝建立行省制度，加强了中央对地方的控制，有效地维护了多民族国家的统一。

（8）明朝废丞相，六部分权，加强中央集权。

（9）清朝设南书房，设军机处，废内阁，取消议政王大臣会议，使中央集权达到中国封建社会的最高峰。

请找到你最感兴趣的一段历史，查阅信息，研究当时的皇权和国家治理之间的关系，并思考中国民营企业管理和这些历史有没有关联，如何看待这些关联？
2. 请查阅京东公司的《人事和组织效率铁律十条》，并对这个规定做出评价。
3. 你认为因岗设人和因人设岗各有什么利弊？如何做到人和岗位的更好匹配？
4. 你有没有见到过其他的能让人和事结合得更好的创新组织形式？
5. 你所在组织的结构有什么很有特色的地方？这种特色深层次的原因是什么？
6. 通用工作分析问卷（Common Metric Questionnaire）是一种定量工作分析方法。如果你是一位 HR 专业工作者，建议你详细查阅相关资料，谈谈这种方法的概要、原理和具体实施方法。

第三部分

# 人才战略与规划

CHAPTER 7
第 7 章

# 人才战略基本内容

企业战略和人才战略之间有密切的关系。总的来说，企业战略需要问答两个基本问题：①企业的目标是什么？②达到目标的基本思路和手段是什么？战略有多个流派，从不同的角度出发解读和分析战略，各有千秋。从人力的角度出发，偏向于以资源为基础的战略观点。人是企业宝贵的资源，大部分情况下，企业战略决定了人才战略，但是人才反过来也决定了企业战略的质量，以及在多大程度上战略能够得到执行。例如，以企业家为核心的关键人才，决定了企业战略的高度和质量，而企业各级管理者、专业和操作人才，又决定了企业战略在多大程度上得到贯彻和执行。

人力资源战略是指根据企业内外环境的变化，在企业战略的基础上，分析企业人力资源管理相关的挑战和要求，确定人力资源管理需要聚焦的方面，使公司更具有竞争力和吸引力。企业的人才战略包括对以下三个问题的思考和回答：第一，为了支持企业达成战略目标，企业需要什么样的组织能力？第二，为了实现或提升这样的组织能力，企业需要什么样的人才配备？第三，为了利用和开发这样的人才配备，基本的思路和手段是什么？这三个问题，简要来说，就是企业为什么用人、用什么样的人以及如何用人的问题。图7-1描述了人才战略体系的主要模块。

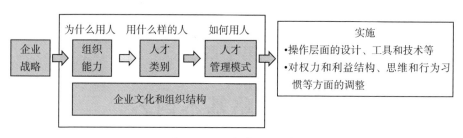

图7-1　人才战略体系

## 组织能力

人才战略往往始于企业战略。不同的企业战略对组织能力有不同的要求。所谓组织能力，是指一个企业将其人员和其他资源聚集在一起，以应对商业环境的变化，并为其客户和利益相关者提供价值的能力。不同的组织能力对应不同的人才需求，以及不同的人才管理思路和手段。这一步是连接企业战略和人才管理的关键，由于企业的资源有限，管理者应该识别出最重要的挑战是什么，即在哪些方面开展工作，能很好地建设或提升企业战略需要的组织能力。

组织能力包括两个部分，一个是核心能力，另一个是动态能力。根据资源基础观，组织核心能力是指组织内部的资源的集合，这些资源是有价值的、稀缺的、不可完全模仿的，并且难以替代，从而为组织提供了竞争优势。组织动态能力是指组织适应和塑造环境变化的能力，即整合、重构和重新配置内部和外部资源的能力。从企业文化的视角来看，核心价值观是一种核心能力，而如何在经营和管理中体现出核心价值观是一种动态能力。企业的核心价值观一般是稳定的，很少变化。体现核心价值观的经营和管理理念，需要根据环境的变化做出必要的调整。而进一步体现经营和管理理念的具体手段和做法，则更应该根据环境的变化做出调整。

举例来说，人工智能企业服务是一个新的市场，企业迫切需要人工智能，但对于如何通过人工智能获得价值并不明确。百度公司拥有多年在互联网 to C 业务中积累的大量技术和数据，需要将这些能力赋予企业客户。在人工智能企业服务的实践中，发现有六个关键因素：销售力、方案力、产品力、场景力、交付力和运营力，与传统的 to B 软件服务相比有很大的不同。在销售力方面，需要人员对技术和产品理解深刻，同时要面对高度不确定的需求，此外还需要协调内部资源来满足不确定的情况，对于人工智能类项目的长周期、客情复杂，也需要有把控和抗压能力。在方案力方面，面对新的业务机会，缺乏成熟的方案，需要在实践中摸索和总结。在产品力方面，需要将先进的技术转变为易用、适应各种产业实际问题的技术产品，并且还要能够部署和维护，这对相关人员的技术和产品的综合能力提出了很高的要求。在场景力方面，需要面向企业各种细分场景对性能、效果以及外部界面做针对性的设计。在交付力方面，面临非常大的挑战，主要是面向复杂的产品，需要与客户系统结合、针对客户场景进行调优，以免交付成本居高不下以及交付周期过长。在运营力方面，需要激发企业内部使用和创新的原动力，从而为企业持续带来价值，同时也为人工智能企业级服务商带来更多需求和商机，形成正向循环。

这六个关键成功因素，需要匹配相应的组织能力：客户意识、行业理解和创新力、跨职能协作能力、经营管理能力以及研发和交付能力。这些方面的能力和过去面向消费者所需要的能力不同，对人力资源管理的主要挑战是：①在 to C 环境中建立起来的企业文化，与企业服务所需要匹配的企业文化存在冲突，包括客户意识、多角色协同、资源效率、员工成就感来源等；②人才能力的缺失，包括独立贡献者对行业的理解以及管理者精细化经营的能力；③重要角色的缺失，例如运营人才、解决方案人才等。

## 人才类别

学者戴维·勒帕克（David Lepak）和斯科特·斯内尔（Scott Snell）从人力资本理论视角出发，认为人力资本的特征主要是价值性和独特性。越有利于战略实现的人力资本，价值越大。人力资本越是专门化或专属于企业，即越不易从市场获得，或越不易被转移到其他企业的，独特性越高。按照这两个特征，可以将员工划分为核心员工、独特员工、通用员工和辅助员工。

核心员工是指高价值—高稀缺的员工。他们掌握了特殊的知识和技能，而这些知识和技能与企业的核心能力密切相关，能够为企业战略目标做出卓越贡献。独特员工是指低价值—高稀缺的员工。他们有非常特殊的、不易习得的知识和技能，因此相对紧缺，但其价值贡献不与企业核心能力直接相关。通用员工是指高价值—低稀缺的员工。他们掌握的知识、技能能够为实现企业的战略目标贡献价值，与企业核心能力相关，但是在劳动力市场却容易获得。辅助员工是指低价值—低稀缺的员工。他们掌握普通的知识和技能，极易在劳动力市场获得，对于企业来讲，他们主要从事操作性工作。

对于这四类员工的管理，应有所区别。企业应该注重核心员工的内部开发和长期承诺，为了使他们的贡献最大化，企业可以考虑适当授权，鼓励他们参与决策。此外，可以考虑因人设岗、量身定制，根据员工的特点建立以培训开发为导向的考核制度和以激励为目的的高薪酬制度。对独特员工的管理，主要是建立长期合作的伙伴关系，注重合作、联盟关系的维护，注重与这些知识员工的沟通、信息共享以及为其知识支付合理报酬等。对通用员工的管理，要以职位为核心，关注围绕岗位需要来考察任职者的专业特长和技能，注重获取员工的生产效率和价值。因此，在招聘环节，要建立合理的工作分析，明确任职资格，执行严格的招聘流程；在培训开发环节，要让员工在短期内熟悉业务，尽快上岗；

建立内部相对公平、外部具有竞争力的薪酬体系。最后，对于辅助员工，可采用租用式、短期合同等方式来获取。

德国学者阿明·特罗斯特（Armin Trost）用战略相关性和劳动力市场上的供给程度两个维度来对与企业有劳动关系的人才进行划分，并引入了需求量的角度来描述企业对不同人才的需求程度。在图 7-2 中，A 和 B 落在战略相关性高、劳动力市场供给紧缺的象限，属于核心人才，其中 A 的面积比 B 小，说明企业对 B 的需求量比对 A 的需求量大。B 需要通过高于市场价值的薪酬来吸引，对于 A 来说，不但需要开出的薪酬高，而且需要通过猎头或者主动寻找策略来获得。C 落在战略相关性低，但劳动力市场供给紧缺的象限。C 被称为瓶颈人才，表示虽然和核心人才相比，没有那么重要，但由于企业需求量大，劳动力市场供给稀缺，也比较重要。这种情况下需要企业应用市场营销领域的思想和手段，主动出击，例如采用类似客户关系管理的思路，做人才关系管理，包括雇主品牌建设、主动联络潜在的候选人、主动构建一个人才圈子等。D 落在战略相关性低，并且劳动力市场供给充分的象限，说明获取并不困难，但为了提升人才质量，需要建立有效的招聘选拔机制和方法。

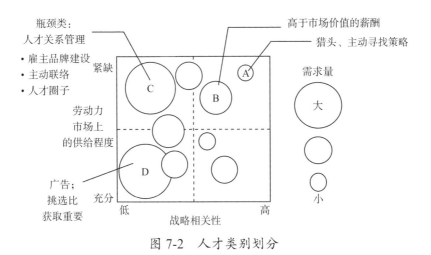

图 7-2　人才类别划分

资料来源：TROST A. Human resources strategies: balancing stability and agility in times of digitization [M]. Berlin: Springer, 2020.

企业应该特别关注关键人才。特罗斯特认为，假如有100个单位的财务资源用于招募人才，应该把其中的70个单位用来招募A和B，20个单位用来招募C，剩下的10个单位用来招募D。

核心员工应该尽量全职，但在某些情况下，可以采取变通的措施。某新能源燃气轮机企业刚刚成立一年多，拥有关键研发人员20名，其中全职15名，均实施股权激励，兼职人员5名。这些兼职人员虽然不是全职员工，但他们是设计研发队伍的核心。该企业曾经和行业内的其他顶尖人才合作过，要求对方全职，但由于对方有稳定的工作，而创业风险很大，对方最终撤出了团队。因此，该企业放松了要求，允许部分核心人才兼职。对于兼职的核心人才实施不同的激励措施，有的采用高额年薪，其中一位最核心的人员按照小时付费，另一位按照天付费，还有暂不领取薪酬等其他多种薪酬方式。这些兼职员工发挥各自优势，形成的知识产权归企业所有。

对于多数公司来说，建立良好的雇主品牌有利于吸引稀缺的劳动力。雇主采取的一系列有意识、主动提升雇主品牌的举措，就是雇主品牌建设。在竞争性的劳动力市场上，劳动力供小于求，雇主应该说服潜在的劳动力，愿意来公司工作。这和劳动力供大于求的情况不同，在供给充足的情况下，候选人需要说服雇主，为什么自己能够胜任空缺的工作岗位。随着时代对人才质量要求的提升，雇主如何打动潜在的候选人，变得非常重要。

埃德·迈克尔斯（Ed Michaels）等人借鉴营销领域的研究，在2001年出版的《人才争夺战：麦肯锡打造伟大公司的五条人才法则》一书中提出"员工价值主张"（employee value proposition）的概念，即公司告诉潜在的候选人，选择这家公司，候选人能得到什么样的益处，尤其是既能满足候选人的需求，同时又是相对独特的益处，即只有这家公司有而其他公司没有或少有的益处。这种相对独特的益处，相当于公司在劳动力市场上吸引和保留员工的营销定位。

深圳韶音科技公司把长期人文主义、健康和学习作为吸引和保留员工的价值主张。这家公司在对外宣传时，明确表示公司没有"996"工作制和文化，公司提供运动和学习的机会。公司成立了十几个体育运动小组，并提供各种学习的机会。公司提出了双百计划，要求员工每个月运动量达到 100 公里，每年写 100 篇学习报告。公司通过考核来督促员工重视健康和学习，在绩效考核的百分制分数构成中，体现工作结果的目标和指标占 50 分，体现工作过程的奋斗态度占 20 分，剩下的 30 分中，运动占 15 分，学习占 15 分。

制造业企业遇到当下的年轻人不愿意进工厂的现象，而且具有一定的普遍性。这可以视为瓶颈人才的获取和保留问题：虽然生产线基层岗位不属于战略性重要的岗位，但如果没有充足的人力供给，也会给企业经营带来显著的阻碍。如下的经验可供参考：①在经济相对不发达的地区或国家建厂，更容易招到当地的年轻人。我走访过的一家半导体芯片创业公司，研发部门在北京，但生产线设在了外地。②给员工提供一些福利，吸引和保留员工。例如，提供运动场地和体育设施，宿舍环境好，食堂饭菜质量好等。③改善工厂的物理环境，例如提供空调设施，保障员工拥有较满意的工作条件。④在一些可以替代人工的环节，采用自动化生产线，减少生产岗位的工作单调性。不过，也有不少企业或者因为实施自动化的成本相对人工的成本更大，或者由于自动化还无法替代一些要求精细的手工生产，仍在采用人工为主的生产方式。

## 关键人才管理职能

针对人才管理面临的挑战，需要进一步聚焦在某个或某些人才管理职能上，常见的人才管理职能如表 7-1 所示。这些职能和传统人力资源管理各项职能名称相比，一来更新了名称，例如把培训升级为学习和知识；二来加入了一些新的内容，例如管理变革主题下的数字化 HR。尽管这些职能都很重要，但因为企业的资源有限，并且在不同职能上的基础不同，因此，需要对这些职能有所选择和聚焦。

表 7-1 常见的人才管理职能

| 人才获取和选择 | 学习和知识 | 敬业度和员工保持 |
|---|---|---|
| • 雇主品牌<br>• 招聘渠道<br>• 选拔 | • 职业培训<br>• 管理者开发<br>• 知识管理 | • 工作环境塑造<br>• 员工调查<br>• 员工保持 |
| 目标、评价和反馈 | 人才开发和职业发展 | 薪酬 |
| • 目标设定<br>• 反馈<br>• 正式评价 | • 人才识别<br>• 人才发展<br>• 职业发展通道 | • 薪酬政策<br>• 工资<br>• 和绩效挂钩的薪酬 |
| 人力运营 | 管理变革 | 企业文化建设 |
| • HR 组织<br>• 人力成本效益分析<br>• 人力分析 | • 变革<br>• 数字化 HR<br>• 裁员 | • 文化推广和沟通<br>• 文化活动<br>• 文化诊断和评估 |

人才管理需要聚焦于某个或某些关键职能，并运用这些职能下的技术和手段，建立或强化企业需要的能力。在这个过程中，需要注意围绕关键职能开展的人才管理实践应与企业战略和文化保持匹配，以适应内外部环境的变化。另外，人才管理系统应该保持一致性，一致性在建立或强化企业需要的能力，进而塑造企业竞争优势的过程中发挥重要的作用。

一致性是指事物之间保持协调或稳定的特性。清华大学王雪莉教授提出人力资源管理的一致性包括三个方面：第一是人力资源系统的一致性，也就是人力资源管理关键职能之间是互相支持的，而不是矛盾的；第二是对于情况相似的员工，相应的管理政策应该是一致的；第三是在相当一段时期内，企业的人力资源管理理念应该保持相对的稳定性，相关政策不宜变动频繁，员工才有行为适应的时间。

京东商城希望给消费者提供"价格优惠、正品、送货快、服务可靠"的形象，即使京东的规模已经很大，文化中也坚持强调要有家的温度，用"兄弟"的称呼来感召和凝聚一线员工。京东从 2007 年开始自建物流，2017 年成立京东物流集团，并于 2021 年在香港联交所主板上市。截至 2023 年 6 月 30 日，京东物流已拥有一线员工超 41 万，其中自有配送人员超 30 万。也就是说，京东和超 30 万的自有配送人员签订了劳动合同，并坚持为所有一线员工缴纳"五险一金"，提供有行业竞争力的薪酬福利保障。

美国西南航空公司无论在财务上还是在企业声誉上都获得了长期的成功。该公司成功的奥秘来自它所奉行的价值观以及用于执行企业战略和价值观的管理体系和实务。更重要的是，该公司保持了这两者之间的协调一致。西南航空公司的战略可以归纳为：低票价、高效率和服务好。它的服务好并不体现在额外的附加服务，而是在对低票价航空公司来说最重要的三个服务指标上做得很好：航班准点率高，包裹丢失率和客户投诉率低。该公司有三条基本的价值观：工作充满乐趣，每位员工应该享受工作的乐趣；工作具有价值，要认真对待而不懈怠；员工具有价值，每一个人都能发挥独特的作用。

西南航空公司的创始人之一，前CEO凯莱赫在被问到如何对利益相关者进行排序时，明确地表示应该员工第一。他的逻辑是：如果员工充满乐趣并感到满足，能够以充沛的精力和专注的热情投入工作，他们就能为顾客提供无微不至的服务。如果顾客感到愉快，就会再次光顾。最后，公司获得的利润会让股东感到满意。该公司的人力资源管理各项职能之间保持了很好的一致性，有力地支撑了公司的战略和价值观。公司严格招聘、选拔具有团队精神和客户服务意识的员工；重视内部培训，培训内容与公司的业务和文化紧密相关；保持一种协作性的劳动关系；注重集体奖励而不是个人奖励，控制高管和基层员工的收入比例，管理人员也较少实施业绩工资制；员工能得到充分的经营信息，了解公司的经营状况，公司注重培养管理层和员工之间的信任关系。

## 思考

1. 你所在企业的战略是什么？这个战略对人才提出了什么样的要求？目前公司的人才储备是否足以支持战略目标的实现？
2. 当前，年轻人普遍对工厂工作缺乏兴趣。除了本章提到的一些方法，你还有什么对策和方法？
3. 人才管理系统的一致性至关重要，你所在公司有没有不一致的例子？

CHAPTER 8
# 第8章

# 人才管理模式

## 人才管理哲学和理念

人才管理哲学和理念反映了企业对用什么样的人，以及如何用人的思考，它们驱动着与人力相关的政策、制度和流程。人才管理哲学反映了管理层对人的一些基本信念和假设，是非常稳定的，很少发生变化。人才管理理念是在人才管理哲学的基础上，对用什么样的人，以及如何用人所遵循的基本原则，通常简称为人才观。这些基本原则相对稳定，但随着企业的发展，例如规模的扩大、进入不同的生命周期，基本原则会发生一些变化。人才管理理念根据人力资源管理的不同职能，还可以细分为不同的分支理念，例如招聘、培训、激励、雇佣关系等分支理念。如果用守正创新来描述人才管理哲学和理念之间的关系，哲学是守正的部分，需要长时间的坚持，而理念是创新的部分，需要与时俱进，保持与环境的匹配，做到支持战略，以及根据新的环境做出必要的调整，将人才管理哲学发扬光大。

华为公司的人才管理哲学是"以奋斗者为本"，它影响了该公司人才管理的方方面面。这条人才管理哲学将在未来长期有效，只有遇到企业实控人发生重大变化或企业被收购这种极端的情况，才有可能发生变化。"胸怀大志、一贫如洗"曾一度是华为的选人理念，但随着华为从跟跑者变成一些领域里面的领跑者，对创新型人才的需求越来越明显，因此选人理念发生了一些变化，百万年薪的"天才少年计划"就反映了这种变化。华为在激励理念方面，重视"给火车头加满油"，即给绩效突出的员工提供丰厚的物质奖励，但同时也意识到不同层次的员工需求不同，因此提出"基层员工要有饥饿感，中层员工要有危机感，高层员工要有使命感"。

美国惠普公司的核心价值观包括：相信、尊重个人，尊重员工；追求最高的成就，追求最好；做事情一定要非常正直，不可以欺骗用户，也不可以欺骗员工，不能做不道德的事；公司的成功是靠大家的力量来完成的，并不是靠某个个人的力量来完成的；相信不断的创新，做事情要有一定的灵活性。这些核心价值观基本都和人相关，反映了惠普公司的人才管理哲学。可惜的是，惠普公司在变革的过程中，不仅在人才管理理念层面有改变，而且在很大程度上放弃了这些核心价值观。变革后的惠普公司体现了市场导向的商业文化，但因为失去了自己的特色，所以业绩表现受到市场环境变化的影响很大。

人才管理理念影响人才管理的关键决策。决策的核心是根据某些依据，对不同选项进行选择。人才管理理念给关键决策提供了依据，把这些依据和做出的选择写下来，就形成了人才政策。人才政策用于指导人才管理的各个职能领域如何开展具体的实践。例如，在某个层面或类别的人才获取方面，企业既可以选择以内部培养为主，也可以选择以外部引进为主。这就涉及内部培养和外部引进的选择。当然，一些情况下，还可以通过不直接和劳动者签订劳动合同，但使用劳动力的方式，例如劳务派遣、劳务外包、其他灵活用工方式，即企业需要根据它的人才理念，在 build（内部培养）、buy（外部引进）、borrow（外部租赁）、alliance（合作联盟）之间做出选择，或者考虑选择什么样的组合配比。京东公司的人才政策有一条叫作"七上八下"，其中"七上"是指岗位候选人具备岗位 70% 的素质和能力要求，就可以大胆地提拔到岗位上使用；"八下"是指管理人员要有 80% 的人是内部晋升的。从这条人才政策可以看出，京东公司在人才获取方面，偏向于内部培养。

再比如，在绩效考核方面，企业需要选择以考核为主，还是以发展为主。以考核为主的企业强调结果导向，注重短期的业绩产出；而以发展为主的企业注重结果和过程的平衡，以及员工的能力发展。在薪酬激励方面，企业需要选择以个体奖励为主，还是以团队奖励为主。在人才发展方面，企业需要选择培养和发展人才更多由企业负责，还是更多由员工个体负责。例如，我国很多航空公司中飞行员的成长是由企业负责的，航空公司提供培训的机会和费用；在使用外籍飞行员时，采用员工个体负责的方式，招募具备上岗资格和技能的飞行员上岗，很少对他们进行额外的培训。美国一些航空公司很少给飞行员提供培训机会，飞行员需要自己花钱到市场上购买飞行培训训练，或者加入军队，在军队获得培训训练。飞行员一旦获得证书和技能，在航空公司上岗后，获得和技能等级对应的工资。

学者詹姆斯·巴伦（James Baron）和戴维·克雷普斯（David Kreps）总结了企业在选择人力资源管理理念时，需要考虑的一些关键决策点，如表 8-1 所示。

表 8-1 人力资源管理的关键决策点

| 人力资源管理的关键决策点 |
| --- |
| • 公司看起来像致力于赚钱的经济实体，还是像致力于维护成员关系的非经济实体，又或是服务于某种使命和愿景的组织 |
| • 公司给员工提供的是"工作"还是"事业" |
| • 在公司与员工的关系中，公司认为应该信任还是不信任员工 |
| • 公司假定员工有内在的做好工作的愿望，还是假定员工天生就有逃避工作的倾向，除非受到激励或监督 |
| • 权力集中还是分散？强调竞争还是合作？公开还是保密 |
| • 强调集体努力还是精英主义？强调个人还是群体 |
| • 是产出和结果重要，还是过程和规则重要 |

资料来源：巴伦，克雷普斯. 战略人力资源管理：总经理的思考框架[M]. 王垒，潘莹欣，等译. 北京：清华大学出版社，2005.

这些不同的选项往往本身没有绝对的好或差，清华大学王雪莉教授认为，企业具有清晰和一致的理念很重要，这样才能做到决策的一致性。不同的选项都可能成功，人才战略是在不同的选项中做出的选择或组合，通过建立和竞争对手有区别的竞争力来实现目标。例如，可口可乐和百事可乐在可乐饮品上几乎是雷同的产品，但两家公司的战略以及对应的人才管理战略几乎相反。

可口可乐是世界上最被认可的品牌之一。可口可乐比百事可乐早70年进入市场，它已成了美国历史和文化的一部分。有了它的统治地位，可口可乐的品牌成了类似独有技术的东西，可口可乐的商业战略是利用品牌声誉做细致的市场决策。所以，管理可口可乐要求对该公司和其品牌有深层理解，而这种深层理解在公司内外部都不能很快获得。可口可乐做的是传播并坚持它的文化与价值观。可口可乐一般雇用大学毕业生，通常是文科学生和极少的MBA学生。这些人没有或者只有很少的在公司工作的经验，可口可乐为他们提供集中的培训。可口可乐的工作很安全，对表现好的人来说实际上是终身工作，并且它有一套内部提拔、以工龄为基础的工资制。公司文化通常被描述成家庭一样，雇员都很忠诚。决策制定是很集中的：人力资源管理系统确保只有那些完全被同化的，并且为公司整体利益而操心的职业经理才有权做出影响公司的决策。该公司给予员工的自主权和自我管理程度低，以避免无监督的低层决策破坏品牌。为了加强集中的模式，工作的业绩表现在公司或部门的层次上评估。

百事可乐是通过寻找不被可口可乐控制的市场，然后和可口可乐区分开来而发展起来的。从它早期的低价格定位到现在的发现"新一代消费者"的努力，百事可乐在可口可乐的品牌背后获利。百事可乐更积极地向旅馆和饭店这一类机构消费者推销，而可口可乐关注的是个体消费者。百事可乐拥有更多的、有一定自主权的授权装瓶商。运用这样的市场策略，百事可乐面对了更多样化和更复杂的管理上的挑战。它需要更有创新性的点子来确立市场定位，需要快速行动的能力。百事可乐雇用富有经验和有高学历的雇员，这些高效率的人带来了好点子，尤其带进了先进的技术。在公司内部，百事可乐鼓励个人之间的竞争，那些在竞争中取胜的人能快速升职。公司权力更分散，每个部门都被给予了相当的自主权，工作表现也是在个人层次上被评估，并且实施股权项目，这些都是为了把企业家精神推广给每个职员。百事可乐从这样的人力资源管理系统中得到的是持续不断的新点子、快速变化的能力，以及用不同的方法应对不同的市场。

## 典型模式

人力资源管理体系中的哲学、理念、政策、制度和流程之间越清晰一致，越能表现出一种整体上的共性，可以归纳为某种类型，或者称为模式。在人力资源管理模式方面，学者们提出了不同的模式，常见的经典模式包括高绩效人力资源管理模式、高承诺人力资源管理模式、高参与人力资源管理模式等。这些模式有类似的地方，即实施这些模式都是为了企业获得好的绩效结果，特别是经济绩效。其中高绩效人力资源管理模式过于强调结果，没有深入研究达到绩效的过程，因此如何达到高绩效，其实并不明确。对高绩效的判断，一般做法是看效果，企业搞得好，就说明采用了高绩效人力资源管理模式，搞得不好就不是。因此，虽然这个高绩效人力资源管理模式的叫法应用很广，但我觉得这个思路有问题，有循环论证逻辑的嫌疑。一些学术同行也意识到这一点，例如姜凯丰教授在2020年的研究中，放弃了高绩效人力资源管理模式的称谓，改用高投入人力资源管理模式。

高承诺人力资源管理模式源自控制型和承诺型的类型划分，这两种类型是对立的。高承诺人力资源管理模式的核心是通过培养员工对企业的忠诚感、认同感，以及对工作的责任心，来实现企业的高绩效。高参与人力资源管理模式的核心是通过提高员工参与程度和对员工的授权，来实现企业的高绩效，同时高参与人力资源管理模式也会带来员工的满意感等积极态度和行为的提升。高承诺和高参与不一定强相关，高承诺可以通过员工参与之外的其他方式来实现。例如一个家族企业中，员工可能对企业很忠诚，但这个企业实施的是集权式家长领导，员工并没有太多参与企业决策的机会。

学者杰弗里·佩弗（Jeffrey Pfeffer）教授通过20世纪90年代对美国硅谷公司进行的调研，总结了16条实践做法，大致对应着高承诺或高参与人力资源管理模式。以下介绍其中具有代表性的六种实践。

第一，就业安全。这里的就业安全不是指铁饭碗，而是当员工在工作的时候，应该有一种基本的安全感。例如，公司不会因为业务波动，轻易裁掉一些部门或者岗位，员工在工作中不会因为一些小的失误而受到过多的惩罚。如果没有就业安全感，员工的心理负担过大，就难以把精神集中于工作上。在我国，一些国有企业虽然名义上打破了铁饭碗，但是实际上很少或几乎不裁员，物质方面没有根据绩效拉开同级之间的收入差距，而在精神方面，一些曾经发挥作用的文化要素，例如"奉献"精神又不被新一代的员工所接受，造成员工动力不足。

第二，招聘时仔细挑选。很多优秀公司在招聘方面下的功夫很大。例如谷歌公司认为，如果一旦招错人的话，试错成本很大，这是因为：一方面，招人容易裁人难；另一方面，招进来不合适的人，不光是这一个人的问题，还可能会带坏团队，破坏氛围。

第三，团队合作和授权。首先是授权，作为管理者应该向下属授权，发挥下属的积极性和主动性。尤其是能力强、有成长意愿的下属，授权能激励他们，并帮助他们更快成长。其次，发挥团队的作用。团队不是简单的个体叠加，而是形成一种协同。

第四，根据绩效付给相对高的薪水。这似乎显得有点老生常谈，但前提是有科学合理的绩效考核，以及公平合理的利益分配机制，真正实现起来并不容易。谷歌公司有一个薪酬理念：有差异的薪酬才是公平的，没有差异的薪酬会扼杀员工的积极性。这个理念和管理的二八原则是一致的，认为20%的人创造了80%的工作业绩。尤其是和创新相关的领域，核心人员的作用更大，所以更需要有差异的薪酬。对于合伙人机制，佩弗教授认为，只有合伙人机制是不够的，还需要和其他的方面结合起来才能起到显著的效果。如果员工仅仅是被合伙人机制激励，但是缺乏必要的技能、信息和权力，也起不到好的效果。

第五，要有细致培训。培训是保证员工技能跟上企业发展的重要一环。尤其是目前有些职业或岗位，所需要的知识更新很快，所以持续的培训很重要。培训在完成业务的过程中可能起到重要的作用。例如，有一位市级国有商业银行的行长，曾经是教师出身，他把业务目标和培训结合起来，通过培训让员工认同目标，学习完成目标的知识和技能，取得了很好的效果。友邦保险公司在员工培训方面有很多好的做法，既促进了团队凝聚力，又使业务员们有机会相互学习、相互鼓励，取得了很好的效果。

第六，减少等级差别。这个方面和现在企业组织结构变化的大趋势一样，即从传统的金字塔结构变得扁平化。减少等级差别有多种方法来实现，比如建立多条职业发展通道。在传统金字塔式的组织下，很多人想要向上升，就得走行政级别，但行政级别毕竟有限，所以会让很多有抱负的人施展不出才华，多条职业发展路径为不同特质的员工提供了机会。

发展至今，以上这些高承诺或高参与的人力资源管理实践仍然很有借鉴价值。不过，也发生了一些明显的变化，尤其是员工和公司之间雇佣关系的稳定性在降低。另外，雇佣关系中的经济交换关系成分更明显，社会互惠交换关系成分减弱。例如，在网飞、字节跳动这样追求"高人才密度"的公司，员工的就业安全感并不高。另外，一些公司不给员工参加学历教育和培训提供费用的支持，但如果员工自费学习，并取得证书，公司会考虑增加工资。这种做法背后的理念是提升能力的主要责任在员工而不在企业，而且认为员工花自己的钱选择教育或培训，会更合理，投入产出比高。企业认可这种学习的价值，因此在获得证书后，会在工资中予以体现，相当于购买这种证书所代表的技能或能力的价值。

学者苏中兴教授认为，不同的经济社会发展阶段，面对不同的管理情境，高绩效的人力资源管理实践从内涵到表现形式都应有所不同。苏中兴认为在经济转型期，需要承诺型和控制型混合使用，才能实现高绩效。表8-2中列出的高绩效人力资源管理实践，尽管大部分属于承诺型，但员工竞争流动和纪律管理属于明显的控制型，体现出混合的特点。

表 8-2　高绩效人力资源管理实践

**广泛培训**
1. 有系统的培训内容，涉及企业文化、管理技能、专业技能等
2. 比竞争对手投入更多的培训时间和资金
3. 有规范的培训流程

**员工竞争流动和纪律管理**
4. 坚决处罚违纪员工
5. 实行末位淘汰
6. 比竞争对手有更严格的纪律
7. 管理人员根据业绩能上能下
8. 重要岗位实行竞争上岗

**信息分享**
9. 向员工反馈企业生产和财务信息
10. 员工能及时了解部门的工作目标和进度
11. 经常宣传企业的发展战略

**严格招聘**
12. 招聘中注意考察员工是否认可企业价值观
13. 与技能相比，招聘中更重视员工的基本素质
14. 有严格的选拔流程，包括笔试、面试等步骤
15. 从大量候选人中选拔优秀人员

**基于结果的考核**
16. 考核以结果为导向
17. 严格根据考核结果实施奖惩
18. 收入与考核结果挂钩
19. 有明确具体的考核指标

**薪酬管理**
20. 提供短期激励性薪酬，如绩效奖金
21. 为关键人才提供优厚待遇
22. 整体薪酬水平有竞争力

**内部劳动力市场**
23. 制定员工职业发展规划
24. 员工有内部晋升机会
25. 员工有内部工作调动机会

**员工参与管理**
26. 有员工建议系统
27. 让员工参与管理小组
28. 开展员工态度和意见方面的调查

资料来源：苏中兴. 转型期中国企业的高绩效人力资源管理系统：一个本土化的实证研究 [J]. 南开管理评论，2010，13（4）：99-108.

近些年来，随着人们对可持续发展和社会责任的重视，开始对以短期经济绩效为主要目标的模式进行反思，并出现了新的趋势，认为人力资源管理应该促进人的全面发展，以及有利于企业和社会的共同发展、可持续发展。因此，学者提出了重视员工福祉的人力资源管理模式、强调可持续发展的人力资源管理模式、高人文人力资源管理模式等。我的同事曲庆教授开创了高人文人力资源管理模式研究，强调人文关怀、人文教育、人文评估、社会公益、工作安全感等方面。这种模式强调企业经济绩效和员工福祉之间的平衡，并指出通过员工人文素养和能力的提升，来实现企业的长期发展绩效。这种模式和中国传统儒家文化重视"以文化人"的传统，以及中国共产党重视意识形态管理、重视思想政治教育的传统是一致的，反映了中国的国情和特色。

## 实施的过程

人力资源管理是注重实践的学科，对于很多看起来有效的方法和工具，企业在学习和推广后，发现并不能起到很好的效果。分析原因，主要是以下两个方面的因素。第一，有没有很好地根据内外部情景因素，对采用的方式进行选择；第二，对实施的过程是否重视。

清华大学张德教授对人力资源管理的常见情景因素做了总结，如表 8-3 所示。

表 8-3　人力资源管理的常见情景因素

| 人力资源管理的常见情景因素 |
| --- |
| （1）法律和社会价值观 |
| （2）劳动力市场条件 |
| （3）工会的地位和作用 |
| （4）企业所有制 |
| （5）企业发展期 |
| （6）企业经营战略 |
| （7）管理理念和企业文化 |
| （8）企业的业务和技术特性 |
| （9）企业的经济效益和经济实力 |
| （10）劳动力特征 |

所谓实施的过程，主要是指社会交互过程，包括上下级之间的交互、同事之间的交互，即建立在利益、权力、信任关系上的各种沟通和协作。很多管理体系，表面上看是一系列方法和手段，但其实和人的因素非常相关。例如华为公司发展至今，已经形成了细致和系统的管理系统，这些系统内部的各个部分之间环环相扣。不少企业试图学习华为，但其实非常困难。一来不容易学习到华为的系统，往往只能学到部分做法，而这些部分的做法一旦脱离了华为的系统，就变得似乎不再那么有效。二来在华为文化基础上形成的管理者和员工之间的交互关系、员工和员工之间的交互关系，其他公司更难以学到。

有人把企业比喻成一部经济机器，这个机器上哪个部分的零件失效了，或者是出现了性价比更好的零件，把零件拆下来换成新的就能解决问题。从人才管理的角度来说，这种做法可能难以奏效，需要考虑到更全面的因素，才能起到好的作用。原因是人和机器零件不同，人和人之间的社会交互，可能会因为人的变动受到影响，导致社会交互质量变差，从而影响改变的效果。

一种新的方案的引入，不光给企业带来了新的方法，而且给现有利益和权力结构，以及思维和行为习惯带来了改变。以绩效管理的一种方法——目标和关键结果（OKR）的推广为例，最难的部分不是OKR的方法，而是OKR所需要的思想，以及对管理者领导力要求的转变。OKR需要的是赋能的思想，而目前绝大部分的绩效考核体系是控制的思想。赋能对管理者领导力的要求包括：重视上下级之间的双向沟通、善于授权、加强对员工的内激等。当管理者习惯控制的思想后，要转变成赋能的思想，非常不容易。

实施过程中的管理者不仅是指人力资源管理专业人员，更多是指带队伍的用人经理，这些人是否具有某种人力资源管理模式所需要的领导力，对于企业的人力资源管理水平至关重要。而且，管理者的职位越高，这名管理者能够影响的员工人数就越多，对人力资源管理影响的杠杆作用越大。因此，企业从一把手开始，应该重视人力资源管理的实施过程。

任何人力资源管理变革，如果想获得成功，应该考虑如下因素：管理人员是否认同相应的观念？管理人员是否掌握相应的行为技能？管理人员有没有以身作则、身体力行？如果管理人员具备了相应的领导力，人力资源管理制度和实践就能取得更显著的效果。管理人员的领导力强，能在一定程度上弥补因人力资源管理制度和实践不健全而可能带来的弊端。

以价值观考核这种方法为例，实践中效果不好，常常是因为对实施的过程不够重视。有些公司在绩效考核中实施价值观考核，并把价值观考核视为落地价值观的重要制度手段。价值观和量化指标相比较，偏主观。尽管价值观可以用行为化的方式来细化，但如果管理者不重视价值观，不掌握价值观考核的方法，也不在工作中认真对下级进行价值观的考核，很难想象价值观考核能起到作用。如果企业希望价值观考核起到作用，就需要从最高管理者开始，认真对待这个考核体系，学习价值观考核的方法，对下级做认真的考核和反馈。这样，下级才能对价值观考核体系真正重视起来，掌握相应的技能，并向下传递。

## 思考

1. 我国国有企业和私营企业的人力资源管理模式有什么不同？你认为这些差异有多少是体制的不同带来的，有多少是规模的不同带来的？
2. 你所在的组织的人力资源管理有没有某种鲜明的模式？至少在哪一方面你认为很有特色？
3. 对于本章列出的几种人力资源管理模式，你觉得它们各自适合什么情况下的企业？
4. 华为公司的人力资源管理和实践有不少创新的地方，请在网络上查找并阅读《华为人力资源管理纲要2.0：总纲（公开讨论稿）》，对这个方案进行评价。
5. 你有没有遇到过所在的企业学习其他企业某种人力资源管理做法但失败的例子？你认为失败的原因是什么？

CHAPTER 9
# 第 9 章

# 人 才 规 划

## 人才规划的意义

人才规划是指企业根据战略发展目标与任务要求,科学地预测、分析自己在变化环境中的人力资源供给和需求情况,制定必要的政策与措施,以确保企业在需要的时间和需要的岗位上获得各种需要的人力资源的过程。

凡事预则立,不预则废。这句话说明了规划的重要性,但是,在当今这个 VUCA 时代,人们也越来越看到:规划赶不上变化。这似乎说明规划的必要性在下降。我认为,虽然规划赶不上变化,但是规划还是必要的,只不过在做规划的同时,需要保持一定的灵活性。

规划最大的意义不在于规划本身,而在于做规划的过程中,对趋势和可能性的判断和分析。做规划需要聚焦问题，收集信息，并对未来可能发生的变化做出预判，这些对规划的制定者都是非常好的锻炼。因此，哪怕最后规划有变化和调整，甚至是大的调整，做规划仍然是有意义的。怕的是规划没有灵活性，死板地执行规划。

规划的层次不同，需要灵活调整的程度不同。企业规模小的时候，需要根据市场的变化灵活调整，因此规划变动的可能性大。但企业规模大的时候，对市场有一定的影响，规划就需要一定的坚持和定力。同样，组织的不同层级制定的规划，需要调整的程度不同，越是组织的高层制定的规划，例如公司战略的规划，就越需要坚持，而组织的基层需要在实现目标的具体方式上做出调整，甚至在必要的情况下调整目标。另外，规划的时间不同，需要调整的程度也不同。长期的规划需要坚持，即使短期不见效，也要坚持，在过程中通过积极调配和整合资源，最终实现规划。而中短期的规划则可以根据具体情况来调整。

预测-控制（predict-control）是经典的管理规划和控制思想，即先对未来做出预判，制定出规划，然后根据规划来做控制，例如，通过阶段性的目标来判断是否正常按规划进行。这种模式更适合稳定的环境。感知-响应（sense-respond）是在VUCA环境下被提倡的一种思想，强调感知变化，并针对变化迅速做出调整。感知-响应并不意味着组织的发展没有方向和规则。管理学家卡尔·维克曾提出组织即兴的概念，用爵士乐来比喻组织中一些即兴而为的行为。爵士乐作为音乐的一种形式，虽然听起来随意，但其实也有规律，即爵士乐必须在蓝调音阶的基础上创造。

自组织是最极端的感知-响应思想，非常重视变化的力量，尤其是自下而上的涌现。对于由很多企业组成的组织群落而言，自组织会让创新得以出现，只不过难以提前预料到具体是群落中的哪个企业产生创新。企业做大以后，往往追求确定性，所以很难接受感知-响应的思想。相反，在小规模的企业中，感知-响应的思想更加盛行。当一家企业由小变大的时候，需要加强和增加预测-控制，但是当企业达到一定的规模，又需要适当增加感知-响应，创造新的成长机会。例如，对于一些大规模的企业，需要分拆出一些小规模的公司，甚至新建公司，并最好让这些新生的公司在地理位置上和原来的公司不在一起,这样新生的公司才能更好地采用感知-响应的方式来发展。

缺乏人才规划会给企业带来问题。某企业在业绩不好的年景冻结了招聘,但几年后发现,公司的人才梯队出现了断档,这给企业发展造成了不利影响。在一些周期性的行业中,当年景不好的时候,有的企业选择了裁员,但也有个别有实力的企业不仅没有裁员,反而适当地招募人才。当上行周期来临的时候,由于做好了人才储备,企业因此获益颇丰。在业务量快速变化的行业中,如果不提前做好人才规划,就难以支撑业务激增时的用人需求。

对人才需求的规划有时需要采取长期眼光。当石油价格在20世纪90年代末达到最低点时,许多能源公司缩减了勘探活动并解雇了有经验的员工。但不到五年,石油价格走势相反时,它们又不得不以更高的价格从外部聘请员工。在某些情况下,它们甚至不得不放弃重要的机会,因为根本没有足够的经验丰富的员工来管理项目。一些公司注意到行业周期性的特点,采取了反其道而行之的做法,在其他公司裁员的时候吸纳新员工,获得了不错的收益。

## 人才规划内容

人才规划的目的在于支撑经营目标的实现。企业的战略规划、业务目标、预算制定和人才规划是紧密相关的。当战略规划被细化为业务目标和预算时,人才规划也同时具体化了。有了业务目标和预算,就能确定企业在一段时间内需要多少人,需要什么样的人,以及各项人才管理职能的内容和目标。

根据战略和经营计划,企业可能需要调整组织、岗位和流程,这也会影响到人力规划。企业需要把排兵和布阵结合起来,规划组织和流程如何调整,以及人员如何配置,最有利于实现战略和经营计划。例如,在一些面向消费者的行业中,由于业务变化大,因此经常发生组织和岗位的变动,人员变动也随之变得频繁。企业在企业资源规划(ERP)软件中,要能看到排兵布阵的结果,并能方便地进行预演和调整,达到业务、财务、人力一体化的效果。

图 9-1 展示了人才规划的一般阶段。人才规划涉及两个大的方面:数量和质量,其中质量又可以细分成人力资源结构优化和人力资源素质提升。整体来说,人力资源规划由以下步骤构成:收集分析相关信息,分析和预测人力资源需求,分析和预测人力资源供给,确定净需求,确定人力资源规划的目标,制定方案,以及对计划的审核和实施后的评估。人才规划的内容不仅包括进人,也可能包括淘汰人,例如裁员规划和方案。

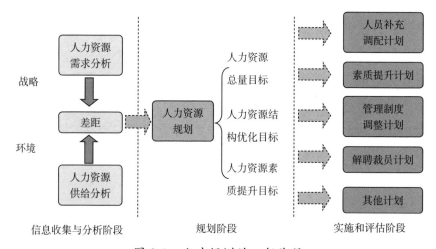

图 9-1 人才规划的一般阶段

在收集分析相关信息的时候,关键的信息包括:外部环境特征(例如:人口、市场等)、企业文化、企业战略、人力资源战略、企业生命周期,以及企业所处行业特征等。在做人才规划之前,企业往往已经制定了企业战略,以及战略指导下的经营目标和指标,这些是最关键的信息。

在开展人才规划的过程中,有如下一些关键点需要注意:第一,需要得到高管对人力资源规划的重视和支持;第二,战略规划和人力资源规划结合起来;第三,人力资源专业人员(HR)和直线经理需要紧密合作;第四,人力资源专业人员要有强烈的商业意识,掌握人员成本效益指标,并在规划中合理应用。

某快递公司的人力规划效果很好。该规划由公司的人力部门开发,得到了总经理的大力支持。公司的企业文化非常强调团队精神,公司的人力规划过程就是一个团队协作的过程。这个过程涉及各个部门,高级管理者和各级主管都参与到这个过程中。公司既强调全面化,也强调专业化,每个管理者既要熟悉自己所在的领域,又要了解其他部门在做什么,这样,管理者就能够从公司整体的角度来考虑问题,而不是仅仅看到自己的部门。

整个人力规划过程是一个综合的、互动的过程,公司的高级经理和主管都参与其中,包括三个阶段。第一阶段,市场部根据历史因素、总部战略、市场调查情况等提出企业战略,并提交给由不同职能经理组成的高级管理小组,人力资源主管也是这个小组中的一员。然后,职能经理开始共同讨论企业战略对各部门职能的影响。这种头脑风暴式的讨论结束后,紧接着是一场持续两天的管理层会议,讨论企业战略中10个左右关键性的方面,与会的经理要熟悉其中的每一个方面并再次讨论这些问题对本部门运作的影响。

第二阶段由一系列的专门小组会议构成,参与会议的核心成员包括总经理、人力负责人、财务负责人、行政负责人。各部门经理向专门小组汇报本部门的:①人力计划,包括未来一年的人数和人员结构;②培训计划;③财务支出;④IT设备计划。讨论财务支出和IT设备计划的原因是它们影响到人力资源和培训资源的安排。与会者讨论并做出必要的修改,最终结果由人力资源部门存档,通过的计划将成为各部门制订行动计划的基础。

第三阶段是制订行动计划,主要内容包括:各部门的人数、加班时间、预计人员流动、激励计划、培训计划。每个职能经理保留本部门的行动计划,总经理则掌握各部门的行动计划。职能经理对行动计划的执行负责,绩效评估以行动计划为基础,每季度和年底都要对行动计划的执行情况进行审核。

该公司的人力规划过程有三个优点:第一,所有部门共同参与,从高级主管到最高管理层都参与其中。为了提出一个完整细致的计划，部门经理需要高级主管和助理经理为他们提供信息。第二，所有部门都顾及共同目标，从而使各部门的思考方式更富于战略性。第三，对于人力部门来说，由于它较早介入了战略规划阶段，人力计划和企业计划保持了一致性。而且，人力部门也通过这一过程理解了一线经理面临的困难，了解了他们是如何工作的。

在开始的时候，来自一线经理的阻力很大。一些经理想建立自己的势力范围，不愿意人力部门控制他们部门的人数。为了保证各部门提供信息的准确性，人力部门要反复核对。对那些不能很好地理解资源投资概念的经理，人力部门就选做得最好的部门作为样本，并把他们的人力计划发给这些部门作为参考。克服阻力的其他方法还包括在进行工作分析时，吸收别的部门经理来讨论如何进行绩效测定。

## 人才需求和人才供给的预测方法

在做人才规划时，需要从人才需求和人才供给两个方面，对完成经营目标或工作量所需要人员的数量和质量进行预测。

### 人才需求预测方法

人才需求预测需要围绕业务目标开展。首先，抓住主要因素，例如销售收入，对人才需求做出预测。其次，根据可获得的财务资源、员工流动率、员工的质量、战略决策、技术和管理方面的变化等因素对预测做出修正和调整。为此人力部门应该做好人效指标的数据积累工作，表 9-1 列出了常见的人效指标和计算方式。

表 9-1 常见的人效指标和计算方式

| 人效指标 | 计算方式 |
| --- | --- |
| 1.人均类指标 | |
| 人均销售额 | 销售额 ÷ 员工人数 |

(续)

| 人效指标 | 计算方式 |
| --- | --- |
| 人均产值 | 总产值 ÷ 员工人数 |
| 人均利润 | 净利润 ÷ 员工人数 |
| 人均薪酬福利 | 薪酬福利总额 ÷ 员工人数 |
| 2. 投入产出指标 | |
| 人力资本投资回报率 | 净利润 ÷ 薪酬福利总额 |
| 薪酬福利贡献指数 | 人均利润 ÷ 人均薪酬 |
| 3. 占比类指标 | |
| 人事费用率 | 薪酬福利总额 ÷ 总销售额或总产值 |
| 人员费用率 | 薪酬福利总额 ÷ 总运营成本 |

有时需要通过对人力指标增长设置一定目标，控制在人力上的投资不能超过一定的范围，从而确保人效的质量。例如：员工人数增速＜组织收入或销售额增速；薪酬福利增速＜组织销售额或利润增速；人均薪酬福利增速＜人均销售额或人均利润增速。

在对人效指标做数据分析时，单纯看每个指标的绝对数字意义不大。数据只有在对比的时候才有意义。数据分析时，一般做以下两个维度的对比。第一，和自己的历史数据对比。先计算出组织的人效指标，然后在时间维度上按年度、季度或月度来纵向比较，不断地和自己比，不断地和历史数据比。例如，将企业的人均指标按月度绘制曲线图，观察曲线的变化趋势，尤其针对其中的拐点、异常值等，深挖背后的原因，直到找到解决问题的真正答案。第二，标杆分析。尤其要和行业标杆企业对比，来找到企业自身和标杆企业之间的差距。需要注意的是，标杆企业的选择很重要，应该优先选择同等规模的同行。

以大学的人力规划为例。大学在做教师需求预测时，一般以教学量作为最主要的因素，这个因素又是由学生人数来决定的。人均教学小时数和师生比是重要的指标。这时需要做标杆分析，了解同等级别的大学教师的人均教学小时数以及同等级别大学的师生比，然后根据计划增加的学生人数和教学量，确定对新增教师的需求。作为核心教学群体的教帅的需求确定后，再分析对辅助教学人员的需求。不过，不同的大学的核心教学人员和辅助教学人员配比有可能存在较大的差异。有研究对美国哈佛大学、斯坦福大学、普林斯顿大学、加州大学伯克利分校、哥伦比亚大学的数据做了分析，这些学校的师均辅助人员配比为208%。普林斯顿大学最高，为543%，即一位专任教师可得到超过五个辅助人员的支持。

如果是创业公司，需要依赖管理人员的经验，对人员需求做出估计。具体做法是：先由企业各职能部门的基层领导根据本部门在未来各时期的业务增减情况，提出本部门各类人员的需求量，再由上一层领导估算平衡，最后由最高管理层决策。

## 人才供给预测方法

人力资源供给预测包含两个主要方面：其一是内部人员拥有量预测，这主要根据现有的人力资源状况及其未来的变化趋势，对计划期内各时间点的人员数量进行预测；其二是外部供给量预测，也就是预测在计划期内各时间点上可以从企业外部获取的各种人员的数量。通常来说，内部人员拥有量预测的准确性较高，而外部供给量预测则具有较大的不确定性。因此，企业在做人力资源供给预测时，应将重点放在内部人员拥有量预测上，而对于外部供给量预测，则应重点关注关键人员，例如高级管理人员、核心技术人员等。

内部人员拥有量预测需要结合员工内部档案资料、人才盘点和管理者继任计划进行。员工内部档案通常包含一些客观的信息，如员工年龄、性别、工作经历、受教育经历、技能、参加过的培训课程、本人的职业兴趣、过往业绩评估记录等。人才盘点是对员工的能力、潜力和价值观进行综合评价，其中能力评价是分析员工在现在和过去的岗位上做得如何，潜力评价是预判员工在新的岗位上取得成功的概率如何，价值观评价是评价员工在多大程度上认同企业文化。

制订管理者继任计划首先要确定计划的范围，即确定需要制订继任计划的管理职位。然后确定每个管理职位上的接替人选，所有可能的接替人选都应该考虑到。评价接替人选时，需要在人才盘点结果的基础上，判断其目前的工作情况是否达到职位提升要求，可以将评价结果分成不同的等级，如可以马上接任、中等准备程度、初级准备程度等。评价接替人选后，进一步分析这些人选的职业发展需要，根据评价结果，做出晋升、调岗、安排项目任务、培训等人事决策。

企业外部人力供给预测是指预测劳动力市场多大程度上能为企业提供必要的人员补充。企业在预测外部人力供给时，主要需要考虑如下因素：竞争对手，包括竞争对手的业务发展状况、薪酬水平、工作条件、在吸引人才方面采取的措施等；由企业地理位置决定的交通方便程度、住房条件、子女就学条件等；社会经济状况；劳动力市场供给紧张程度；人口统计数据等。

## 思考

1. 找到《国家中长期人才发展规划纲要（2010—2020年）》，并分析这个规划纲要的结构，对制订企业人才发展规划有什么借鉴意义？
2. 在高科技等变化比较快的行业，一些企业的管理者认为"连经营目标都难以确定，所以也不要做人力资源计划了"，你对这种看法有何评价？
3. 表9-2展示了我国通信行业两家公司的发展情况，从这张表中你能得出什么结论？
4. 在人才竞争激烈的时期，个别行业内的头部企业采取高薪资策略，尽量把同一届毕业生全部招聘，这样在强化自己人才队伍的同时，也减少了竞争对手的人才供给。你如何评价这种现象？
5. 假如你所在的公司已经确定了人力资源目标是"在未来两年内将人员主动离职率降低到10%以内"，请你制定相应的政策和措施。

表 9-2 我国通信行业两家公司的发展情况

| 公司 | 营业收入（亿元） | 同比增长（%） | 人工成本（亿元） | 人工成本率（%） | 净利润（亿元） | 员工人数（万人） | 人均利润（万元） | 员工平均收入（万元） | 人均销售额（万元） |
|---|---|---|---|---|---|---|---|---|---|
| A公司（2010年） | 1852.76 | 19.5 | 306.64 | 16.55 | 237.57 | 11.2 | 21 | 27 | 166 |
| B公司（2010年） | 702.64 | −21.4 | 96.79 | 13.78 | 34.76 | 8.5 | 4 | 11 | 82 |
| A公司（2017年） | 6036.21 | 15.7 | 1402.85 | 23.24 | 474.55 | 18 | 26 | 78 | 335 |
| B公司（2017年） | 1088.15 | 7.49 | 196.83 | 18.09 | 53.86 | 7.5 | 7 | 26 | 145 |
| A公司（2018年） | 7212.02 | 19.5 | 1465.84 | 20.32 | 593.45 | 18.8 | 32 | 78 | 384 |
| B公司（2018年） | 855.13 | −21.4 | 207.92 | 24.31 | −69.49 | 6.8 | −10 | 30 | 125 |

第四部分

# 人才获取

CHAPTER 10
# 第 10 章

# 社 会 网 络

社会中存在着两种形态，一种是市场形态，一种是正式组织的形态，它们像是一个连续体的两端，一端代表"看不见的手"的力量，一端代表"看得见的手"的力量。市场和组织之间没有明确的分割线，存在一些模糊地带，通过社会网络在起作用。

社会网络在人力资源管理的多个职能模块都有应用，本章介绍在招聘过程当中，怎么运用社会网络。随着互联网时代的到来，社会网络的思想在招聘中用得越来越多了，例如，形式多样的企业内部举荐，或者叫内部推荐，就是一种社会网络思想的应用。

## 强关系和弱关系

社会网络关系，通常叫作人脉，好像是司空见惯的。弱关系是和强关系相对而言的。什么是强关系？最强的关系是亲属和熟人的关系，弱关系一般是指在职场中形成的一种一般性的关系，即了解但没有深交的关系。关系的强弱可以从认识的时间、交流的频率和情感的密切程度这三个方面来判断。如果一个人的网络以强关系为主，那么他的关系网络规模不会很大，这些人彼此认识，形成一个黏合度高的圈子，但不能带来多样化的信息。

在这个领域中，已经有大量的研究，形成了一些关于社会网络的理论，其中一些对实践工作很有启发。比如，社会学家马克·格兰诺维特（Mark Granovetter）研究了关系和找工作之间的联系。他发现，对于求职来说，弱关系是非常重要的。弱关系在求职中之所以重要，是因为弱关系能够提供多样化的信息，扩大了信息的来源范围。他认为，只有把信息的来源范围扩大，才有机会找到质量比较好的信息。

关系是对市场强有力的补充。社会学家认为，经济行为嵌在社会当中，强调不能只看经济行为，还要看到经济行为背后是社会关系，社会关系对经济行为有很大的制约作用。在市场当中，存在着很多的信息不对称，比如，有些人购买大件商品，习惯性地找熟人。为什么要找熟人呢？因为担心被宰，担心信息不对称。想获得高质量信息，如果只靠市场，要付出很高的搜寻成本，所以关系就为高质量的信息带来了保证。

社会学家边燕杰的一项研究用了20世纪90年代天津很多人找工作的数据，该研究发现，实际上决定能不能得到工作机会的"临门一脚"是强关系，强关系起到了至关重要的作用。目前，经济越发达的地区，对强关系的要求越低。相反，经济越欠发达的地区，强关系的作用越大。但是，随着竞争加剧，强关系变得越来越重要。即使在经济发达的地区，一些公司的用人也受到强关系的显著影响。

对于强关系和弱关系的区别，我们可以从社交媒体网站的差异看出来，像推特（Twitter）和微博，属于弱关系的社交媒体。脸书（Facebook）

是强关系的社交媒体，一般来说平台上是朋友与朋友之间点赞，朋友和朋友之间交流信息。QQ和微信是强关系和弱关系的混合体。有人说中国的文化是扩散性的文化，大家喜欢把很多功能集中在一个平台上统一解决，这反映了扩散性的文化特点。

六度空间理论也叫小世界理论，认为世界上任何两个人之间都可以通过平均六个或以内的中间人联系上，世界上人和人之间的距离没有我们想象的那么远。生活中其实也能感受到这一点：有的时候你在外面和偶遇的陌生人聊起来，突然发现你们都认识某个人，感觉是一种巧合。六度空间理论是弱关系的一个扩展，它的意义在于，一些不属于熟人的联系人非常关键，他们会帮助我们突破熟人圈子，大大扩展我们能触及的联系人范围。

社会网络还有一个分支——社会资本学派，认为每个人的人脉关系都有可能形成社会资本。有一种社会资本的衡量方法，认为一个人认识的高社会地位的人越多、越广泛，社会资本价值越高。脉脉使用了二度空间，这个app在得到你的同意后，会上传你的微信好友、社交软件通讯录联系人信息，通过这些信息形成一个圈，让你们在这个圈里面相互交流工作上的信息。

和强关系相关的还有一个三度影响力原则。三度影响力原则出自美国尼古拉斯·克里斯塔基斯（Nicholas A. Christakis）和詹姆斯·富勒（James H. Fowler）的《大连接》一书。他们认为，社交中相距三度之内是强关系，强关系影响人的行为；相距超过三度是弱关系，弱关系的主要功能是传递信息。人们所做或所说的任何事情，都会在网络上产生涟漪，影响朋友（一度）、朋友的朋友（二度），甚至朋友的朋友的朋友（三度）。超出三度分隔，影响就会逐渐消失。

三度影响力原则不仅在行为、态度的传播过程中适用，也在抑郁、悲伤等情绪的传播过程中适用，甚至创新能力也遵循着三度影响力原则，这就意味着如果一个人的创新能力特别强，其周边相距三度以内的人会受到影响而提高创新能力。但是，为什么影响力的传播会受限在三度以内呢？主要有以下原因。第一，固有衰减性。随着传播距离不断延长，信息的准确度和有效性不断衰减；第二，社会网络结构的不断变化带来的不稳定性。社会网络结构的变化是不可避免的，这会导致影响力减弱，造成三度之外的关系不稳定。

以领英（LinkedIn）为例，这个公司就运用了三度影响力原则和六度空间理论。在领英平台上，你和其他人的人脉关系一目了然，这些人脉关系可以分为一度人脉、二度人脉、三度人脉以及三度人脉以外的人脉。一度人脉就是自己的领英好友，二度人脉就是自己领英好友的好友，三度人脉就是自己领英好友的好友的好友。打开领英一度人脉的领英个人主页，你可以直接向对方发送消息，也可以查看对方联系方式，还可以通过对方来扩展属于你的领英人脉关系网。打开领英二度人脉的领英个人主页，你无法直接向对方发送消息，也无法查看对方的联系方式，但是你可以连接对方，向对方发送添加好友的申请，也可以查看你与对方的共同好友有哪些，以此来进行间接关系推荐。打开领英三度人脉的领英个人主页，可以操作和查看的类型和二度人脉相同，但无法查看你与对方的共同好友有哪些，也就无法进行间接关系推荐，并且大部分情况下，你无法像联系二度人脉那样发送添加好友的申请。如果打开领英三度人脉以外的领英个人主页，那么会有提示告诉你，你无法查看任何资料，你必须要等到和对方产生了人脉关系后才有机会与对方建立直接的联系。如果想添加三度人脉为好友，就需要向领英付费，这也是领英重要的收入来源。

## 结构洞理论

什么样的人脉结构对于我们是最有利的呢？罗纳德·博特（Ronald Burt）教授发现，当一个人在社会网络当中扮演桥梁（或者称为经纪人、中介）这一角色的时候，会从中得到好处。博特的观点是，你要想办法让网络的效用最大化。怎么做呢？应该建立异质性强的网络，比如说如果你只能认识三个人，那么这三个人最好来自三个不同的群体，而且这些群体之间相互不联系,这样你就能把三个群体连接起来,就能从经纪人的角色中得到好处。博特总结出扮演经纪人角色的好处:获得多元化的信息,能够控制这些信息的传递,甚至操控信息的内容。结构洞理论的核心观点是:人们能因在异质性强的网络中占据中介位置而获得好处。所谓结构洞是一个比喻,形容群体和群体之间缺乏联系的情况。博特认为,麦肯锡这样的咨询公司在很大程度上发挥了桥梁的作用,即从一家公司发现好的实践并学习过来,卖到另外一家公司。

博特的理论是弱关系的深化,指出不能只有弱关系,还要看弱关系的构造。强关系的好处是有利于心理健康,遇到事情有人能替你分担,真正能够分享喜乐、分担压力。但是,博特认为,多数情况下,强关系对于找工作或创业等与商业相关的事情帮助有限。和商业有关的事情,信息越多元、越分散越好。根据结构洞理论,弱关系只数量多还不够,还要多元化、差异化。

如果我们自己不是经纪人的角色,但认识好几个经纪人,能不能把这些经纪人的好处借用过来呢?博特做了一项实证研究,发现这种好处很难转移。因此,如果你想和目标对象建立联系,最好找一个认识目标对象的经纪人,让他帮你和目标对象直接建立联系。

结构洞理论启发人们多拓展弱关系,并且在拓展关系时,多和不同背景、经历、性格、爱好、行业、年龄的人交流,避免圈子的同质化,避免信息的同质化,这样有利于眼界提升和职业发展。

## 齐美尔连带

如果三个人两两认识,而且每两个人之间都是强关系,这就是齐美尔连带。之所以叫这个名字,是因为关于这个概念的思想最早是由社会学家格奥尔格·齐美尔(Georg Simmel)提出来的。

三方强关系和两方强关系有本质的不同。最大的不同在于三方关系比两方关系要稳定很多。两方强关系中,有时两方虽然看起来亲密,但产生冲突以后，就可能从朋友变成仇人。三方强关系中，如果有两方出了问题，第三方会起到调节作用，还会起到监督作用。在两方关系中，有时候一方背叛另一方，背叛的一方会感到无所谓，但如果还有第三方，背叛的坏名声就传出去了，这会约束人们之间的行为，促进合作。总之，三方关系就像三角形结构一样具有稳定性，可以维护和协调三方内部两两之间的关系。

特锐德公司为了弘扬传统孝道并激发员工家庭对员工工作的支持，给每位员工的父母发孝心工资（每月200～400元，取决于员工任期）。大多数员工的父母生活在农村地区，收到这笔钱后，他们在和邻居聊起这件事情时都感到很自豪。当员工想辞职时，他们的父母会劝说他们留下来。父母认为，能给员工父母发孝心工资的公司，是一家值得留下来的好公司。图10-1演示了把两方关系变成三方关系的过程。本来公司和员工之间、员工和员工家庭之间都是两方强关系，特锐德建立了公司-员工-员工家庭的三方强关系，形成了齐美尔连带，强化了公司和员工的关系，降低了员工离职率。

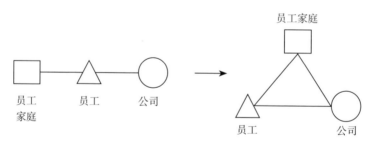

图 10-1 两方关系和三方关系

中国传统文化非常强调强关系。如果不是强关系，很少有人愿意分享高质量的信息，所以很多时候就需要通过第三方的介绍，或者通过某种共同经历，比如以前曾经在共同的公司工作过、在共同的学校学习过等，和目标对象建立一定的强关系。在美国也有类似的现象，一些美国创业企业家需要找投资人或者其他关键人物的时候，也是通过第三方牵线搭桥，和感兴趣的目标对象建立联系。

## 思考

1. 我们介绍了社会网络的基础知识和应用，你有没有受到启发？写出一个应用社会网络的例子。
2. 近年来，有公司在面向高校毕业生的招聘公告中明确要求："应聘人员不得应聘录用后即构成干部任职回避情形的岗位，也不得应聘与本人有夫妻关系、直系血亲关系、三代以内旁系血亲关系以及近姻亲关系的人员担任领导成员的单位系统的岗位。"如何评价以上信息？

CHAPTER 11
# 第11章

# 招　　聘

## 招聘的重要性

如果招聘反复失败，将带给企业很高的成本。谷歌公司的做法是严把进人关，它的理念是，如果有100个单位的资源投入人力资源管理，应该把70个单位用在招聘上。如果招错了人，要替换掉这个人，会带来各种损失和成本。因此，把好进人关很重要。

正式开始招聘之前，要确认招聘是否必要。一些情况下，可以考虑，是否不招人就能弥补岗位空缺。例如，考虑如下一些常见的对策：通过加班能不能把现在的岗位空缺填补上呢？可不可以进行工作的再设计，优化现有的工作流程，使得不再需要额外的岗位呢？可不可以通过降低离职率来减少出现岗位空缺的情况？再有，一些公司倡导精简用人的理念，比如，如果把薪酬提高一些，两个人给三个人的工资，是不是就不再需要三个人？而且因为少了协调的成本，管理成本可能更低，效果可能更好。

如果的确需要招人来弥补岗位空缺，那么又要考虑两种常见的情况。第一种，如果需要弥补的是一些临时性、应急性的岗位，那么更多地考虑临时工或者劳务外包。第二种，对于那些核心的岗位，才采用正式招聘的方式。例如，在一些互联网公司，数据标注的工作被外包出去，信息推送的工作使用劳务派遣人员，公司做好对这两类人员工作质量的管理就可以满足业务上的要求。

华联超市在2018年左右实施了从普通超市向精品超市转型的战略。战略转型过程中，既要精减人员，又要提高工作质量。他们在工作设计方面采取了一些措施：一是大量轮岗，培养员工一专多能，这样就能减少编制。反之，如果员工岗位职责定得很细很窄，编制自然要多。他们大量轮岗，并把轮岗制度化，员工胜任多种工作后，就减少了编制的需求。二是整合一些部门，整合部门自然能够精减人员。过去，业务来了之后，增加一个又一个部门，编制越来越多，现在把业务相近的部门整合，不需要的岗位和编制就浮现出来了。三是在用工方式上也开创了一些创新的手段。例如和厂家共享导购。厂家的导购工作量往往是不饱和的，厂家要求工作几个小时就可以了，但导购认为在超市只需要工作几个小时，赚得少。超市跟厂家商量，采取共享导购的用工方式，例如，导购一天工作8个小时，4个小时干厂家的活，4个小时干超市的活，这样就实现了双赢，厂家高兴，导购也高兴，工作积极性高了，跳槽少了。

候选人的背调也很重要，有经验的管理者或猎头公司能发现候选人是否存在问题。背调一般会让候选人推荐两个上级、两个同事、两个下级，或者更多，然后电话联系这些人。背调的关键是问一些具体的问题。首先，核实基本事实；其次，询问联系人：你觉得这个人哪方面的能力最强？你觉得这个人哪里最需要改进？这个人在沟通、合作方面有哪些问题？你对这个人总体怎么看？如何形容他？一位创业公司的CEO告诉我，如果大家都说一个候选人很不错，可信度还是高的，如果有人说"还行"，那就需要警惕，需要多问问、多了解。

## 内部和外部招聘

有两种招聘渠道，一种是从内部现有的人员中发掘，一种是从外部招聘，两种渠道各有利弊。内部招聘的优点在于企业对这些员工了解得比较全面；从内部提拔人员可以鼓舞士气，激励员工进取；内部选拔的人更适应企业文化，能够很快地进入工作状态；组织可能对这些员工已经有了培训投入，内部招聘能够让培训投资得到回报；内部招聘的费用也比较低等。但是，内部招聘也有缺点，主要包括：来源比较局限，员工可能能力水平有限；领导有可能任人唯亲；如果在提拔谁、不提拔谁这个问题上处理得不好，可能引发内部矛盾；可能导致信息和观念封闭、拉帮结派、相互维系关系，降低企业活力；内部人员可能带着公司既有的一些不好的风气和工作方式，不能给公司带来新鲜血液和新气象；另外，大家对内部人员或多或少会有一些"刻板印象"，这在一定程度上限制了被提拔的内部人员改变管理策略和风格。

外部招聘也有优缺点。第一个优点是当我们把视野扩大到企业外部的时候，选择余地也就大了，有利于招到一流人才。尤其是当企业从一个本地企业发展成经营范围更广的企业时，需要从外部招聘。例如，从一个县市级的企业变成一个省级的企业，甚至变成全国级、跨国级的企业，企业就需要通过外部招聘来让选拔人才的视野更大。第二个优点是带来新思维、新方法，也会平息或者缓和内部竞争者之间的某些矛盾。第三个优点是这些人才是现成的，他们在其他企业已经获得了足够多的工作经验，来了就能上岗，节省了培训的成本。但外部招聘也有缺点，招聘是一项很有挑战性的工作，企业可能对外部招聘来的人员了解比较少，从而判断失误。外部招聘来的人员进入工作角色相对来说也会慢一些。而且，如果企业大量用外部招聘的人，就会影响内部人员的积极性。

大家都渴望晋升，但发现上级是外部人员的时候，内部人员的士气可能受到一些打击。

一项实证研究探讨了内部招聘与外部招聘对员工在新职位上的表现、薪酬和离职率的影响，马修·比德韦尔（Matthew J. Bidwell）分析了美国一家金融服务公司投资银行部门2003～2009年的人事数据。研究发现：内部招聘的员工在新职位上的初始表现通常优于外部招聘的员工，并且离职率较低。内部招聘的员工由于在公司内部积累的特定技能（例如，公司人际沟通和交流的方式）只对所在公司有价值，在劳动力市场上难以体现出价值，因此薪酬较低，但随着时间的推移，他们的薪酬会逐渐接近外部招聘的员工。内部招聘并同时横向调动的员工在新职位上的初始表现比其他内部招聘的员工表现差，之后的晋升速度较慢，同时离职率较高。外部招聘的员工初始薪酬大约比内部晋升的员工高出18%，并且具有更高的经验和教育水平，一旦能留在公司，晋升速度更快。外部招聘的员工由于具有更强的外部可见能力指标（如教育和经验），因此薪酬更高。不过，外部招聘的员工由于缺乏公司的特定技能，适应企业文化存在困难，离职率较高。

对于企业来说，应该根据具体情况结合内外部招聘两种招聘渠道。越有文化特色的公司，越难外部招聘。这是因为文化太有特色，会使从外部招聘来的人才"成活率"低。在企业中，有的职位更通用一些，适合外部招聘；而有的职位更"本土特色"一些，就更适合内部招聘。在使用两种渠道的过程中，应该公平对待内部和外部人选，选拔的标准应该是一致的。在选拔外部人选的时候，要特别注意外部人选和本企业的文化匹配度。

## 常见招聘渠道

对于一个公司来说，找到有效的招聘渠道是非常有利的。因此，应该积累数据，在数据的基础上，对不同渠道的招聘效果进行分析。公司员工规模越大,越有必要进行分析。常见的招聘渠道包括:招聘网站、社交网络、企业专属招聘门户、内部推荐、内部招聘等。我推荐的首选是通过社交网络的内部推荐,当职位有空缺的时候,先向内部员工发送人员需求信息,鼓励员工内部推荐,如果没有合适的人选,再去外面寻找相应的人选。

招聘过程类似销售漏斗,多少人被吸引过来,多少人进行了初试,多少人进行了面试,多少人被录用,录用后的表现,根据这些数据,可以计算出百分比指标,用于指导改进招聘工作。因此,企业应该分析不同招聘渠道的效率和效果:每个渠道分别吸引了多少候选人,成功概率是多少,成本是多少等。这些数据积累起来以后,意义重大。

### 内部推荐

内部推荐是用得越来越多的招聘渠道,是指发动员工调动自己的人脉网络,帮助企业推荐优秀的候选人。根据2016年北森公司的招聘渠道分析报告,内部推荐渠道整体应用率是66.8%,而互联网行业有高达84%的企业使用内部推荐渠道。

工作现实预览是指向潜在的求职者提供关于职位的全面、真实的信息,包括工作的优点和挑战。这种方法旨在帮助求职者做出更明智的决策,同时也帮助公司吸引那些更有可能适应工作要求和公司文化的候选人。工作现实预览理论认为,当应聘者对应聘的公司和岗位有准确的信息时,会产生现实的预期,上岗后不容易产生落差,也更容易融入公司。内部推荐给应聘者的信息相较其他渠道更准确,因此效果往往更好。我做过相应的研究,发现通过内部推荐渠道招聘的人,比通过其他渠道招聘的人工作满意度明显更高,离职意愿更低。其他同行的研究也发现,通过内部推荐产生的候选人,相对于其他渠道质量更高,有更多的人进入到面试环节,而且虽然要向内部推荐的员工支付一些奖金,但这个渠道的成本相对于其他招聘渠道仍然更低。

谷歌公司非常重视内部推荐,积累了丰富的经验。谷歌公司做内部推荐的时候，不建议问"谁可以来这里工作"，而是建议用一些更具体的问题，例如"你认识的人中，有没有适合在谷歌纽约公司做 HR 工作的"。另外，谷歌公司发现，如果仅仅增加推荐成功以后给推荐人的报酬，比如成功推荐一个部门经理以前给 4000 元，现在增加到 8000 元，效果并不理想。谷歌公司认为，大多数的员工是因为自己喜欢公司才推荐，而不是想赚那笔额外的钱。

介绍两项针对呼叫中心的员工做的研究。之所以选择呼叫中心的员工做样本，是因为这些员工的业绩能够被量化衡量。研究者发现，被推荐的候选人比没有被推荐的候选人被录用的可能性更大，被推荐的员工更有可能坚持完成录用后两个月的培训项目，而且从工作业绩来看，这些被推荐的员工，在一开始的时候业绩的确比那些没有被推荐的员工要高，不过这种业绩上的差异会随着时间而逐渐消失。也就是说，不管是不是通过内部推荐进来的，员工慢慢熟悉了企业并留下来以后，表现都差不多。这说明被推荐的员工并不是能力更强，而是相较于没有被推荐的员工，对工作有更现实的预期，因此更早地适应了工作。另一项研究把新招进公司的员工分成三组，有一组是通过公开招聘的网络招来的，有一组是由高绩效的员工推荐的，还有一组是绩效表现一般的员工推荐的。研究发现，高绩效员工推荐的新员工质量更高，研究使用了客观的指标，包括客观工作绩效、离职率等。这个发现说明不仅内部推荐重要，内部推荐人是谁也很重要，高绩效的员工推荐的人更好。这说明人才是有凝聚效应的，一个高水平员工推荐的人，多半也不会差。不过，研究也发现被推荐人被招进公司后，如果和推荐人过度互动，工作绩效会受到负面影响而降低。

## 外部招聘

外部招聘渠道有很多，公司自建招聘网站是其中一个。以宝洁公司为例，其招聘网页做得详细、清晰、具体。说明宝洁把招聘不仅看作一项找人的工作，而且看作公司品牌形象的宣传机会，招聘流程一步步非常清晰。宝洁也是一家非常重视公司文化的公司，最重视校园招聘，所以其招聘对象绝大多数是应届毕业生。

感兴趣的读者可以关注宝洁招聘的微信订阅号，从中很容易找到哪些工作是有空缺的。如果应聘者想知道这个工作是怎样的，还可以找到具体的例子，也可以通过视频，看到别人对工作的描述，内容非常具体、鲜活。还有不少其他公司自建了招聘网站，各有特色。例如，阿里巴巴公司建立了自己的"采蜜"系统，凡是向阿里巴巴投过简历，或者内部员工举荐过的人选，信息都会被收集起来，以便阿里巴巴在将来有用人需求的时候高效地招聘。

学者戴维·艾伦（David G. Allen）的一项研究发现，如果公司在网站上的招聘信息清晰、丰富、具体，公司会对应聘者更有吸引力。根据工作现实预览理论，如果在招聘广告中放入带有以上特点的信息会引起应聘者的兴趣，让应聘者更好地了解公司，避免应聘者进入公司后产生期望和认知落差，可以提高人和企业的匹配程度。艾伦的另一项研究发现，应聘者对公司网站满不满意，主要取决于三点：第一是公司的形象；第二是应聘者对公司的熟悉程度，在没有负面新闻的前提下，人们对熟悉的公司更容易形成正面的态度；第三是网站提供的工作信息和公司信息的丰富程度。

越来越多的公司重视公司的招聘网站，它们意识到，公司的招聘网站也是公司文化宣传的窗口。公众可以通过浏览和查阅公司给出的信息来了解公司。建议向一些做得比较好的公司学习，看一看如何让你所在公司的招聘网站上的信息也丰富、具体。另外，越来越多的公司开始把移动互联网招聘视为一个重要的渠道。

最后，作为用人部门的经理，应该知道招聘一个人是需要时间的，再能干的HR也做不到即需即招，让员工马上到岗。当然，具体需要多长时间，还要看职位级别。一般来说，最快也需要一个月左右。简单计算一下，发信息、收简历需要一个星期，简历来了，先要进行筛选，再安排第一次面试、第二次面试、背调，接下来发录用通知、入职，总共至少需要一个月的时间。有一个HR圈子里流传的段子，一个业务部门的经理到人力资源部门说要一个人，人力资源部门问什么时候要，业务部门经理说："昨天。"

## 思考

1. Glassdoor 是美国的一个关于企业点评与职位搜索的职场社区。在 Glassdoor 社区中可以匿名点评公司，包括其工资待遇、职场环境、面试问题等。你在求职中有没有用过类似的网站？你会通过脉脉职言功能或知乎等网站来查阅信息吗？你觉得通过什么样的渠道获取的职场信息最吸引你？
2. 根据图 7-2 的人才类别划分模型，梳理你所在的公司是如何针对不同类型的人才分别开展招聘活动的？
3. 企业在选拔管理人员时，会根据不同的情况选择使用自家成长的经理人或"空降兵"，请分析一些例子，试着发现有没有规律，即什么时候用自家成长的经理人好，什么时候用"空降兵"好？

招聘。在她读书的时候，马士基是很多人理想的雇主，因此应聘的学生很多，竞争激烈。让她没有想到的是，马士基最终录用了一位学业成绩不如她的同学。马士基给出的理由是，这个学生在价值观测试中的结果，和马士基公司的文化非常契合。马士基对自己的培训体系很有信心，认为知识和经验都是可以培训和训练出来的，但唯独价值观是无法通过培训和训练塑造的。在这个例子中，作为一家成熟的大型航运公司，马士基公司最看重的是人和企业文化的匹配程度。

一些企业对需要的员工类型有比较清晰稳定的画像。例如，华为公司把对员工的核心要求形象地表达为"胸怀大志，一贫如洗"，认为具有这样特征的员工能够更好地践行华为"以客户为中心，以奋斗者为本"的价值观。阿里巴巴公司把对员工的核心要求形象地表达为"聪明、乐观、皮实、自省"，聪明是干好工作的脑力基础，而乐观、皮实、自省对于阿里巴巴这家"唯一不变的是变化"的公司来说，也特别契合。

有一位企业高管提到，在选拔的时候要考虑三个方面：智商、情商和逆商。这种说法有一定的道理。智商相当于人脑的认知加工能力等级，反映了一个人的聪明程度，高智商通常表现为能够在一个需要用脑力的领域很快上手，并且取得出色的成绩。情商是指感知、评估和表达情绪的能力，理解情绪和情绪知识的能力，调节情绪以促进思考的能力。情商可以分为四个方面：情绪调节能力、他人情绪评估能力、自我情绪使用能力、自我情绪评估能力。和逆商最接近的学术概念是成长型思维，也被称为学习目标导向，已经有较多的研究发现，成长型思维有利于改变和创新。成长型思维越高的人，越倾向于把失败和挫折看作学习和成长的机会，因此越适合开拓性的工作。

来自加拿大多伦多大学的两位学者做的一项研究很有意思。他们对实验人员的情商和智商做了非常详细的测试，测试情商用了141道题，这些题目不是通常见到的那种自我陈述的题目，而是用照片、具体任务判断人的情商，另外用了50道题目测试智商。他们的样本来自一所大学做不同工作的职员。该项研究发现，智商和情商之间是有相关性的，智商高的人，情商其实也不错，它们之间的相关系数是0.47（相关系数的最大值是1,0.47代表中等程度相关)。他们继续研究智商、情商和这些人的工作绩效之间的关系。他们发现，对于智商高的人来说，情商和工作绩效没关系，但对于智商低的人来说，情商越高，工作绩效越高。

谷歌公司在招聘的时候看重以下四个方面。第一,一般认知能力。谷歌希望聘用聪明人，希望员工有学习能力，善于适应新的环境。谷歌认为要重视应聘者的一般认知能力，即应聘者在现实生活中如何解决难题和如何学习，而不是查看他们的SAT（相当于高考）成绩或其他的课程成绩。第二，领导力。谷歌寻找的是某种特别类型的领导力，也被称为浮现式领导力。这种领导力并非来自正式的头衔，而是指在工作当中，人们自发、主动地表现出领导的意愿和领导的能力，从而获得追随者。第三，谷歌范。其实这个并没有明确的定义，但可以从一些特点看出应聘者有没有谷歌范。比如享受欢乐、谦虚、责任心很强，尤其是能够接受模棱两可的情形，曾经有过有趣的经历，等等。第四，与职务相关的知识。这种知识是指职务所需要的底层的、基础性的知识，而不是经验。谷歌看重应聘者是否真正了解自己要承担的工作，并且希望找到有创造力的员工。谷歌认为，多年来成功地完成同样工作的人，在遇到一些新的挑战时，可能还会复制以前的做法。相反，那些有好奇心、有诚意学习的人，在很多情况下，能想出正确的答案，尤其是，这些人的创造力要比一般人强很多。

通过时间有限的面试来准确判断应聘者和公司文化是否匹配存在难度。美国美捷步公司（Zappos）非常重视公司文化，员工被招聘到公司以后，会接受为期五周的培训，培训结束的时候，公司会给这些培训的员工一个选项，告诉他们：现在如果不想在公司待下去，可以离开。公司甚至会通过给钱来鼓励他们离开。对于那些经过培训之后觉得这家公司没有想象中那么好、正想着要不要离开的人来说，这笔钱是个诱惑。公司创始人认为，公司很重视文化，美捷步是传递幸福的企业，人和文化的匹配度很重要。虽然大约有10%的人会离开，但这对公司来说未尝不是一件好事，因为就算这10%的人勉强留下来，绩效也会越来越低，甚至会变成负能量的代言人，对团队和公司造成的负面影响可能更大。

## 不同选拔方法的有效性

对于人的选拔,我国历史上积累了丰富的经验。例如,人性很难识别,那怎么知人性呢?诸葛亮在《将苑·知人性》中提出七观法,即通过实践对人进行判断。比如,一个人的应变能力怎么样,诸葛亮认为应该"穷之以辞辩而观其变";一个人廉洁不廉洁,诸葛亮建议钓鱼执法,"临之以利而观其廉";一个人忠心不忠心,诸葛亮建议"醉之以酒而观其性"。这种方法相当于"伯乐相马",相马的效果好不好,和伯乐的水平有很大的关系。

这里介绍一项在人力资源研究领域非常有名的研究。两位研究者施密特(Frank Schmidt)和亨特(John Hunter)对关于人才选拔的大量研究做了一个综合性的汇总。他们对招聘中经常使用的一些方法的有效性,做了一个总结表。表 12-1 展示了预测工作业绩比较有效的一些选拔方法。

表 12-1 常见选拔方法对员工入职后工作业绩的预测情况(节选)

| 选拔方法 | 有效性<br>(简单相关度)a | 在 GMA 测试基础<br>上增加的有效性 b | 在 GMA 测试基础上<br>增加的有效性百分比<br>c=b/a×100 |
| --- | --- | --- | --- |
| 一般认知能力(GMA)测试 | 0.51 | | |
| 工作样本测试 | 0.54 | 0.12 | 24% |
| 诚信测试 | 0.41 | 0.14 | 27% |
| 责任心测试 | 0.31 | 0.09 | 18% |
| 结构化面试 | 0.51 | 0.12 | 24% |
| 非结构化面试 | 0.38 | 0.04 | 8% |

资料来源:Schmidt, FL, Hunter, JE. The validity and utility of selection methods in personnel psychology: practical and theoretical implications of 85 years of research findings[J]. Psychological bulletin, 1998, 124(2), 262-273.

这个表的第一列是各种选拔方法,第二列是每种选拔方法对招聘效果的有效性。有效性是根据员工进入公司后的绩效表现来评判的。第一种方法是一般认知能力(GMA),还有工作样本测试、结构化面试、非结构化面试、诚信测试、责任心测试等。根据表 12-1,如果在选拔时只能用一种方法,那么可以在一般认知能力测试、工作样本测试、结构化面试中选择一种。一般认知能力测试最好是有专门的测试，而不是靠高考成绩或者平时的学业成绩来判断。但是，如果没有更好的判断一般认知能力的方法，比较偏向于逻辑的课程成绩，也可以作为一般认知能力的替代指标，例如数学成绩。施密特认为一般认知能力很重要，他曾经在非正式场合对学术同行说，如果你们把一般认知能力也作为一个预测变量，那么很多你们曾经认为的对工作绩效有影响的因素，很可能实际上并没有什么影响。工作样本测试是指，拿出几个要完成的工作样本，让面试者或者候选人实际做一做。比如，面试一个秘书，而且对英文有要求，就可以让候选人现场翻译一段英文或起草一份英文文件，马上就可以测试出来；面试编程开发人员，可以现场给应聘者一个题目，让应聘者通过某种计算机语言实现。但是，还有一些岗位，比如管理人员的岗位，使用工作样本测试就比较困难，或者开发和使用工作样本的成本很高，这个时候就可能用到结构化面试。

如果在招聘中能用两种方法，推荐以一般认知能力测试作为基础，在诚信测试、工作样本测试、结构化面试三者中再选择一种。这三种方法都在一般认知能力测试的基础上，对应聘者进入公司后的实际表现有额外的预测效度。诚信测试很重要，这是因为研究发现人们的能力和品德之间没有什么相关性，而品德对工作绩效有影响。

随着时代的发展，越来越多的人使用社交媒体。一项在美国开展的研究考察了社交媒体使用状况对于人员选拔是否有效。研究者对求职者在脸书上的信息打了分，用于预测这些学生毕业一年后的工作表现、离职意向和离职行为，研究结果发现，学生在社交媒体上的表现和工作表现、离职相关行为之间基本上没有什么关系。在另一项研究中，研究者探讨了社交媒体在招聘过程中的作用，特别是政治立场信息如何影响招聘经理对求职者的评价。研究发现，即使求职者在社交媒体上分享的信息与工作无关，比如他们的政治观点，这些信息也会影响招聘经理的决策。招聘经理更可能对那些政治立场与自己相似的求职者产生好感，这种好感可能会转化为更高的雇用概率。不同的社交媒体平台（如领英和脸书）对招聘经理的决策有不同程度的影响，领英上的信息比脸书上的信息对招聘决策影响更大。

不少管理者对心理测试感兴趣,并在招聘时采用心理测试。心理测试在多大程度上有效,取决于做心理测试的人面临的情景。需要注意弱情景和强情景两种情况。弱情景是指人在其中比较放松的情景,比如朋友聚会、家庭聚会,人在弱情景中感受不到比较强的社会压力。强情景是指人们感觉到有正式的社会规范的情景,比如正式的求职等。心理测试在弱情景中有相当程度的有效性,但在强情景中,表现不一定好。比如招聘过程中,应聘者为了得到工作,会琢磨题目的用意,其回答可能并不是其真实想法,这样也就不能真实反映应聘者的性格和风格。如果求职者在做心理测试时,发现测试题目一来和工作相关,二来从字面意思上判断不出来好坏,这样的心理测试往往更有效。

总的来说,心理测试是有价值的,但建议最好在人力资源管理的弱情景中使用,例如培训的一些情景。国内某航空公司对所有乘务人员进行了一种名为DISC的心理测试和培训,帮助乘务人员迅速地判断乘客大体属于哪一种心理类型,以便在与乘客互动的时候采用合适的行为和语言。这种培训的情景就是弱情景,心理测试在弱情景中大有用武之地。

## 面试

面试是人员选拔中经常使用的方法,因此本书专门用一节介绍面试。我读到过多个企业的经验,不约而同地提到企业创立之初,创始人或创始人团队非常重视进人关,所有的直接下级,以及隔级下级的招聘,创始人或创始人团队都亲自参与面试,为企业招来了一批好员工。企业后来的发展很大程度上得益于企业创立之初对进人的重视。企业规模变大了,管理者不可能再参与所有空缺岗位的面试,但往下管两级,即参与下级和隔级下级的候选人面试,还是很有必要的,在这方面花的时间和精力会很值得。

### 行为化面试

所谓行为化面试，就是面试官在对候选人提问的时候，问一些基于事实和行为的问题。这种方法是本书在第 1 章提到的"能量化则量化，不能量化行为化"原则在面试中的体现。比如，如果我们考察某个人的领导力，那么应该问他有没有领导过某个团队或某个部门，在这个过程中遇到的最大的困难和挑战是什么，以及是如何克服的。

行为化面试常见的记录方法叫作 STAR。STAR 是指在问行为化问题的时候，要按照三部分问完整，包括 situation/task、action、results。首先，当时的情形是什么？你承担的是什么样的任务？这是 situation（情形）和 task（任务）。其次，你采取了哪些行为？这是行动（action）。最后，你取得了哪些好的或不好的结果？这是结果（results）。面试官把这些事件记录下来，然后进行评价。评价可以从三个方面进行。第一，这些事件的影响范围有多大？影响范围越大，说明这个人越有影响力；第二，这些事件和目标工作的相关度有多大？相关度越高，这个人的表现越好，这方面的得分越高；第三，STAR 事件是发生在近期还是远期？发生在近期的是比较好的 STAR 事件。

行为化面试需要面试官通过训练逐渐熟练掌握，但有几个要点值得注意。第一，面试官需要提前了解应聘者的简历，越熟悉应聘者的简历，就越有可能针对应聘者的履历问出有针对性的行为化问题，而且，熟悉应聘者的简历，围绕应聘者的履历来问，就不会问生硬的问题。第二，这种方法既有优点也有缺点。优点是比较具体，通过事实来对应聘者进行评价，能避免主观印象对面试官的影响。多个面试官面试后，也能围绕具体的行为实例进行交流，有利于达成一致意见。但是，这种方法的缺点是耗时。由于这种方法需要应聘者讲述一个具体的行为实例，如果应聘者不能言简意赅，那么收集一个完整的 STAR 例子，可能耗费十几分钟甚至更长的时间。对于一个应聘者，面试常常需要考察他多个方面的素质和能力，如果在一个方面花 15 分钟，可想而知，面试很容易花费比较长的时间。为了克服这个缺点，一方面，面试官要熟练掌握行为化面试的技巧；另一方面，最好让应聘者提前有所准备，组织好语言，以免在面试现场花费过多时间回忆行为实例，或者说不出最有代表性的例子。

行为化面试对于应聘者和面试官来说，都是时间成本高的一种面试方法，但考虑到它的有效性，还是值得掌握和推广的。而且这种方法对管理者在其他场景中的工作也有帮助，例如在听下级的工作汇报时，STAR方法是一种帮助管理者掌握完整信息的结构化思维方法。

行为化面试技巧掌握得好，能有效地应对应聘者撒谎。原则是"trust but verify"，即相信应聘者所说的话，但需要对这些话进行核实和求证，其中的关键是掌握追问细节的技巧。对于绝大多数应聘者来说，如果一件事情不是他自己做过的，有些细节是准备不出来的。现在面试的培训机构很多，行为化面试作为人力资源专业的一种技能，已经广为人知，有一些机构甚至专门培训应聘者如何应付行为化面试。这需要面试官在面试过程中觉察到应聘者的回答可能不可信的时候，及时而有礼貌地打断应聘者，追问行为的细节，如果有特别疑惑的地方，可以用多个问题连续追问，如果应聘者在撒谎，绝大部分人会有各种非正常的行为表现，例如用词宽泛、不能切中要害回答、语焉不详、语调改变，以及其他各种表达或掩盖内心不安的身体语言。我本人多次作为面试官参加面试，绝大部分前来面试的候选人不会造假，但有时也会遇到过于夸大成就甚至造假的应聘者，他们在追问下的局促表现，面试官是看得到的。

虽然行为化面试的适用面广泛，但也并不适合所有的应聘者。主要有两类岗位不适合行为化面试。第一是可替代性强的岗位，没有必要花费太长的时间招聘。用一些其他的选拔方法，例如工作样本法，效率更高。第二是高管人员的岗位。对高管人员，不能简单地套用行为化面试的方法，有经验的面试官可以用更自然的交流方法，例如让高管深入介绍一个做过的项目，或者谈谈面试官也希望找到答案的难题，创造一种更坦诚、更平等的交流氛围，效果更好。不过行为化面试的一些技巧，例如必要的细节追问，还是适用的。

有位学生分享过在面试中采用了变相的工作样本法，效果不错。他把在实际工作中遇到的技术性难题预先发送给应聘者，要求他们充分准备。面试过程中这位学生也得到了很大启发，最终在面试了几十个人后，选择了和所在团队规模、能力相匹配的新成员开启了新业务。

行为化面试生效的逻辑是，一个人过去的行为能够很好地预测他未来的表现，但这个说法也有限制条件，它假定这个人在未来的岗位上用的还是过去的经验，一旦岗位的工作内容发生了比较大的变化，选拔就更有挑战性，会涉及对潜力的判断，而行为化面试一般很难准确判断一个人的潜力。

### 面试重点关注的方面

面试的时间经常不宽裕，面试官很难在有限的时间内准确判断应聘者是否适合企业和相应岗位。如果面试没有规划，面试官有可能在最初的两三分钟形成印象（有人甚至是在最开始的几十秒），剩下的时间就变成求证的过程，这样很难有好的面试效果。为了让面试取得更好的效果，我介绍如下的经验和方法，供读者参考使用。

1. 岗位需要的能力

面试前要清楚空缺岗位最需要的能力是什么。建议最好听取这个空缺岗位隔级上级（上级的上级）的意见，隔级上级的经验和眼界，使他们对于该不该设置空缺岗位以及空缺岗位需要什么能力的问题，一般更有洞见。空缺岗位的直接上级不一定能抓住核心要点，而且容易短视。

不少企业建立了各个岗位的素质和胜任力模型。其实这些模型越复杂，越不实用。暂且不说这些胜任力是不是真的找准了，由于面试时间很有限，胜任力越多，反而越难在面试中考察。

我推荐如下的面试问题："你在工作中完成过的最有成就感的项目或任务是什么？"面试官要仔细听取应聘者对这件事情的描述，记录要点，遇到对方描述得不清楚的地方，或者你感到不合理的地方，一定要及时打断，追问细节。

如何评判应聘者对这个问题的回答？从两个方面分析：第一，应聘者有没有岗位需要的能力；第二，应聘者能力的强弱。一个人做过的最有成就感的事情，代表了这个人的能力上限。因此，通过对其最有成就感事例的考察，可以了解应聘者能力的强弱。评价的方法，可以参考STAR方法。

### 2. 发展潜力

发展潜力是面向未来的，需要对应聘者有没有提升空间做出判断。这其实比判断已有能力更难。基于现有的理论，我建议主要关注两个方面：第一，应聘者有没有成长型思维；第二，应聘者的复杂信息处理能力如何。

成长型思维是心理学家卡罗尔·德韦克（Carol Dweck）提出来的一个概念。具有成长型思维的人把失败看作学习的机会，认为人的潜能是巨大的，相信努力会带来成功，愿意接受改变。固定型思维的人回避失败，认为人的能力是先天决定的，是固定的，无法改变。固定型思维的人认为，如果一个人在某方面有天分，那么他并不需要在这个方面特别努力就能获得成功。

在评价成长型思维方面，我推荐如下问题："你在工作中遇到过的最大挫折是什么？你是如何应对的？"按照德韦克的理论，具有固定型思维的应聘者遇到挫折后，采取的应对方法更消极，例如回避或抱怨；具有成长型思维的应聘者会把挫折看作学习的机会，采用积极的应对方法，例如更努力去寻找各种方法。通俗地说，有过"逆袭"经历，即一开始失败或被压制，后来又反弹得更好或更高的人，更有可能是具有成长型思维的人。

复杂信息处理能力像一个人的CPU，能力强弱代表CPU好不好用。CPU不好用，就难以胜任更复杂、更有挑战性的任务。有的人反应快是因为有经验、做过类似的事情，并不一定说明脑子好使。要测试人的认知能力，就需要考察一个人面对没有经历过的事情时，能不能很快抓住核心，并有条理、有根据地做出分析、得出结论。面试的时候，可以通过询问应聘者对一些事先设计好的问题的看法，通过观察这个人对问题的分析过程和得出的结论，来判断这个人的认知能力。

字节跳动的面试就很重视人的认知能力。字节跳动在面试中强调考察所谓的底层思考能力，认为有底层思考能力的人在公司的岗位上会更有创造力，相反，公司并不欢迎那种仅仅是复制以往经验的应聘者。面试官会问应聘者过去做过什么事情，重点考察应聘者是怎么思考这些事情的，为什么采取某种方法做这些事情。美国奈飞公司的前首席人才官帕蒂·麦克德（Patty McCord）分享过这样一个例子：奈飞在面试一位当时在劳伦斯·利弗摩尔（Lawrence Livermore）国家实验室工作的应聘者，该实验室是政府核科学研究中心。那时候奈飞刚开始在 Xbox 游戏机、Roku 机顶盒和 TiVo 数字录音机上播放节目。在面试中，面试官告诉应聘者，30 天内奈飞在上述三种设备之一上获得了 100 万订阅用户，并问他们觉得是哪一种。彼时 TiVo 大火，多数应聘者都回答，当然是 TiVo 了。但有位应聘者反问，奈飞在这些设备上的订阅是否有附加条件。她告诉对方，在 Xbox 上，只有黄金会员能订阅。这位应聘者推断说，那肯定是 Xbox，因为用户已经愿意支付溢价了。在这个例子中，这位应聘者抓住了问题的核心，知道黄金会员的消费观念和习惯已经形成，他们愿意为订阅付费。在奈飞看来，这种应聘者是属于脑子好使的员工。

### 3. 价值观

有的时候，价值观的重要性高于能力和潜力，越高级别的职位越是如此。对于应聘者和企业价值观之间的匹配程度的考察，我建议问如下问题："就你以往的工作经历来说，你在什么情况下工作起来最开心，在什么情况下工作最不开心？"注意，让应聘者用具体的例子来说明他们开心和不开心的地方。我认为这个问题比问离职原因更好。从应聘者说的离职原因中往往得不到有价值的信息。人们面对压力和两难困境的时候，容易表露出真实的价值观。因此，有些公司采用了如下问题："最近一次和同事发生争执是因为什么事，为什么，你是怎么解决的？""最不能接受的同事行为是什么，在什么情况下会拒绝合作？""工作中承受过的最大压力是什么，怎么解决的？"

阿里巴巴公司在面试中，会通过问"你喜欢什么样的工作氛围""什么样的事情会给你带来巨大的压力"等与技能无关的问题，来判断求职者的"气味"。阿里巴巴的面试官除了各级管理者，还有一个"闻味官"，专门来判断求职者的"气味"是否能与团队的其他成员相融。"闻味官"不是任何人都能胜任的岗位，只有在阿里巴巴工作五年以上的老员工才有资格，这个人可以不具备招聘的专业知识，但一定要懂得识人。在这一方面，谷歌公司推荐了"机场测试"，就是让面试官想象，如果这位求职者成为自己的同事，自己和这个人在机场候机两个小时，自己愿意或感到舒适吗？如果回答是不愿意、不舒适，说明这位求职者和谷歌的文化不契合。

亚马逊公司在招聘选拔中有一个"把关者"（bar raiser）的机制。把关者是亚马逊内部的员工，他们不是招聘团队的一员，而是被选出来作为文化大使，确保新员工符合公司的14条领导力原则的。他们通常是在公司内部表现出色的员工，对公司文化有深入的理解。把关者的判断会对招聘决策起到重要作用。即使应聘者通过了所有其他面试阶段，如果把关者认为候选人不符合亚马逊的文化，应聘者也可能不会被录用。这种把关者机制体现了亚马逊对公司文化的重视，以及亚马逊在招聘过程中，对应聘者和公司文化适配性的严格把关。

在判断价值观的时候，我建议企业要注意吸收多样性的人才，对创新型企业尤其如此。如果企业中大多数人的思想都一样，创新就很难谈起。创新的重要基础是保持一定的多样性。因此，如果应聘者不喜欢的特征和企业的价值观相似，那么最好不要雇用他们。但是，如果应聘者喜欢的特征和企业的价值观不同，也不要因此轻易否定他们。

研究表明，诚信的人对待工作更认真负责、工作业绩更好。通过面试准确考察一个人的诚信程度很有挑战性，我目前还没有找到很好的问题。我曾经读到过其他人的经验，他们会问："你在工作中吃过的最大的亏是什么？"通过应聘者对吃亏的态度，间接地判断他们的诚信程度。有时面试官通过对细节的追问，能在面试时发现简历和事实的不一致。另外，背景调查也可能起到一定的作用。如果要求证应聘者的过往经历，有时只需要通过提问其一两步的社会网络关系，就可以获得可靠的信息。

此外，有必要列出一个性格负面清单，包括企业和用人团队最不能接受的两三种性格特点。例如，傲慢、无礼、防卫心态过重的员工即使能力再强，也很可能给团队造成很大的破坏。有人可能会问，面试的时候，应聘者会掩饰自己，如何看出应聘者的真实性格？有一位MBA学生介绍了自己的经验，他在面试技术问题的时候，会有意识地先问很基础性的概念或特别简单的问题，观其言行，判断性格。如果应聘者表现出不耐烦或不屑，那么就能比较合理地判断出他的傲慢。还有不少企业采用压力面试，观察面试者在压力之下的反应，据此判断是不是存在性格极端的情况。需要注意的是，压力面试并不是指刻意通过羞辱或尴尬的问题来"欺负"应聘者，而是通过营造环境，例如设置多位面试官、进行一系列的细节追问来增加压力。

### 面试的流程

面试应该由几轮组成？一般面试有多轮面试。谷歌公司通过积累起来的数据，发现面试一般控制在四轮之内比较好，轮数再增加，边际效用减小。谁来参与面试？面试的参与者一般包括用人经理、HR、用人经理的上级、用人经理的平级同事、与空缺岗位有密切关系的平级同事，甚至空缺岗位的下级等。他们在面试中关注的重点是不一样的，组合使用得好，能显著提升招进企业人员的质量。

字节跳动公司的面试一般有四轮。一面由部门直接主管负责，主要考察算法、编码、从事过的项目、能力和技能。二面由其他业务主管负责，他们和直接主管是平级的，做的是交叉面试。所谓交叉，是指其他主管帮助直接主管面试，直接主管帮助其他主管面试。二面主要考察综合素质。字节跳动对应聘者有画像，希望招到的员工有以下特征：有好奇心，能够主动学习新事物和新技能；对不确定性保持乐观；不甘于平庸；不傲娇，要具备延迟满足的能力；对重要的选择要有判断。如果一面和二面的结果有分歧，需要增加面试。三面是HR面试，主要考察稳定性、对应聘岗位的认知情况,以及对企业的认同程度。四面是高级别管理者面试,主要考察价值观、愿景和职业规划。

在招聘员工的时候,谷歌采用招聘小组的方式。谷歌公司认为,识人用人是非常有挑战性的工作,某个人的决策很可能存在偏见。而且,一个人如果是被某个经理招进公司的,往往会形成对这个经理的心理依赖,这无形中强化了这个经理在管理中的权力。而员工如果是在公司层面上由一个招聘小组招进来的,就没有这样的心理依赖。这样,员工能保持相对的独立性。员工需要接受的是整个组织体系的管理,而不是对个人的忠诚。另外,通过招聘小组招进来的员工,一旦未来发现不符合企业要求,便于按制度淘汰,避免用人经理因为怕"打脸",即被人指责看走眼,而不愿意淘汰人。

## 识人用人的心理误区

招聘中经常会存在一些误区。当然,这些误区并不只是在选拔人的时候才会出现,在其他的用人场合也有表现。有些人识人的能力更强,很少犯下面的错误,应该让这些人多做做面试工作,为企业招到合适的人才;或者,由他们培训其他的招聘经理,提高大家的招聘面试水平,也是很好的选择。以下是一些常见的误区。

(1)刻板印象。每个人都会或多或少地存在一定的刻板印象,比如我们可能会对男女形成如下的刻板印象:男性擅长逻辑,女性擅长感性分析。为什么人会受到刻板印象的影响?因为人要认识这个世界,就必须做分类,不把世界上的事物分类,就没办法认识世界,但进行分类的时候,人们倾向于消去类别里面的差异,或者将类别里的差异看得比较小,这时候就会产生刻板印象。即使整体上来讲男性擅长逻辑,女性擅长感性,但对于具体的评价对象来说,不应该先做出这样的判断。所以,我们面对个体的时候需要经常提醒自己,以减少刻板印象的影响。研究发现,有的面试官在面试中对应聘者的整体判断在开始的 10～15 秒就形成了,也就是说,应聘者刚一进来,面试官就对这个人做出了一个判断,后来只是找各种各样的证据来验证这一判断。采用招聘小组的方式有利于避免个人刻板印象的影响。

(2)过于相信介绍信和介绍人。有的介绍人名头很大,但是给人写介绍信过于大方。据说爱因斯坦慷慨大方地给很多人写过信,一开始的时候,大家觉得有爱因斯坦的介绍信,这个人一定很有本事,久而久之,大家就知道了爱因斯坦介绍信的价值并不是很高,只要有人请他写,他基本上都写,而且信上都是溢美之词。如果遇到这种情况,怎么去鉴别?需要在看介绍人的介绍信里有没有具体的、实质性的内容,有事例的介绍信往往更有可信度。

(3)面谈没有重点。面试官要清楚岗位的 KASO 是什么,K 代表知识(knowledge),A 代表能力(ability),S 代表技能(skill),O 代表其他(others),包括工作动机、价值观、个性特点等。面试官需要合理安排面试时间,尤其对不易观察的能力和动机进行考察时,往往需要用到行为化面试,即通过问一些基于事实和行为的问题来判断这个人的能力和动机。如果不提前规划好时间,就不能全面收集候选人的信息。

(4)忽视软技能。除了硬性要求,也需要考察应聘者的软技能,最重要的是考察这个人是否能够适应公司的文化。如果是对创新有较高要求的工作,还要考察其是否有内在的工作动机。关于内在的工作动机,可以问:"你上一份工作最满意和最不满意的地方是什么?"如果应聘者最满意和最不满意的都和金钱有关,那么这个人的工作动机以外部激励为主,外部激励代价高昂,并且不是真正激发人投入创新工作的因素。

高管对企业很重要,高管选用失败对企业造成的负面影响很大。数据表明,高管选用失败往往是因为高管不适合企业的文化。我曾指导一位 MBA 学生做过这方面的研究,基本研究思路如下:先对企业文化做评价,再评价高管的管理风格,然后分析这两个评价结果的匹配度。

(5)假设性的问题。不建议问一些理论上的、宽泛的问题,比如,问管理者应该怎么做比较好,团队怎么管比较好,这些属于理论上的、宽泛的问题。最好的提问方式是根据具体的工作情景,问一些假设性的问题，如果设计巧妙，有些假设性的问题也是好用的。行为化面试虽然较其他面试方法有一定优势，但它的缺点是花费的时间比较长，如果面试时间有限，想找到的具体事件也不见得那么好找，所以，可以根据工作中遇到的实际问题来设计问题。

（6）寻找"超人"。这个误区是招聘中容易出现的，凭借大部分公司给出的工资，想招来超人也是不现实、不可能的。岗位的用人标准是什么最重要。除了招聘环节，也有一些管理者在用人的时候，把"凡人"当作"超人"用。

（7）对比老员工。这个误区和岗位用人标准不清晰有关，岗位用人标准不清晰的时候，招聘环节往往会拿应聘者和上一个担任这个岗位的人去对比，这就出现人比人的现象。如果离开的人能力很强，对新招的人就很不利。应该梳理岗位的用人标准，按照标准和岗位要求找人，而不是照着老员工的样子找人。如果在某些情况下，的确需要照着某个人找，也要注意考虑这个人对应的工资水平。

## 思考

1. 中国古代选官制度基本上有四种：世官制、察举制、九品中正制、科举制。①世官制主要存在于夏、商、周时期，顾名思义，官吏主要通过"世卿世禄"制度产生。②察举制是汉武帝时建立和发展的一整套选官制度，包括地方察举和皇帝征召，主要以德、才作为选拔人才的依据，以孝廉为重要考察科目，所以人们也常说"举孝廉"。③九品中正制是魏晋南北朝时期的重要选官制度，对人物的德才进行评定，区别高下列为九等，所评定的品级成为授官的依据。曹魏后期，尤其到了晋朝，九品中正制发生了变化，中正官职为世家大族所垄断，选官任人唯看门第家世，出现了"上品无寒门，下品无士族"的等级森严的局面。④科举制是我国封建社会最重要的选官制度。始创于隋朝，完善于唐朝，发展于北宋，衰落于明清。

1. 请你通过网络或书籍，查询九品中正制的兴起、发展和衰落过程，你能从中得到什么样的启发？
2. 如果你对心理测试感兴趣，可以选择做一些心理测试，我比较推荐的是 MBTI 测试、大五人格测试、DISC 测试。你做完后觉得准确吗？你倾向于在什么样的人力资源管理场景中使用它们？
3. 请在网络上查询 AI 面试的相关资料，你在多大程度上相信 AI 在选拔人当中起到的作用？你对使用 AI 面试有什么担心吗？
4. 曾子说"用师者王，用友者霸，用徒者亡"，你如何评价这句话？如何在招聘和选拔中体现这句话的意义？
5. 岗位适配度和企业文化适配度有时候并不能同时满足。有的人很适合并胜任自己的岗位，但是对企业文化不认同。这种情况下应该如何选人用人？
6. 《将苑·知人性》的七观法全文如下："夫知人之性，莫难察焉。美恶既殊，情貌不一，有温良而为诈者，有外恭而内欺者，有外勇而内怯者，有尽力而不忠者。然知人之道有七焉：一曰问之以是非而观其志，二曰穷之以辞辩而观其变，三曰咨之以计谋而观其识，四曰告之以祸难而观其勇，五曰醉之以酒而观其性，六曰临之以利而观其廉，七曰期之以事而观其信。"你如何评价这些探查人性的方法？

# 第五部分

# 人才培育

CHAPTER 13
# 第 13 章

# 人 才 盘 点

就像物料可以盘点，人力资源也可以并应该盘点。企业规模小的时候，管理层能了解每位员工的特点和专长，有潜力的人也容易脱颖而出。但是，当企业规模变大，就需要有办法和机制来对人力资源做定期的盘点，做到心中有数，知道自己有哪些兵、哪些将可以用，尤其要为企业未来的发展做好人员储备工作。通俗地说，人才盘点（organization talent review，OTR）就像是定期整理人才账本，把员工的能力和潜力透明化、数据化和结构化。优秀的企业会以人才盘点为抓手，促进企业人才梯队建设与组织能力提升，人才盘点的核心是人才评价。

## 考核与评价的区别

考核和评价，这两者容易被混用，应该区分开。人才盘点主要采用的是评价的思路和方法，而不是考核的思路和方法。考核主要针对工作完成的情况，一般称为绩效考核，以考核量化的产出为主，辅之以考核过程的关键软性指标。即使考核包括一些软性指标，这些软性指标也必须和工作业绩有非常紧密的相关性。考核的结果一般和业绩工资或者奖金挂钩。考核常见的方法是 KPI 考核，或者其他突出业绩结果的考核方法。评价主要针对人的综合表现，也可以称为人才评价，不仅需要衡量一个人的过往业绩贡献，还要考虑发展潜力、价值观等因素。评价一般用于人才盘点、晋升、股权激励、末位淘汰等决策，常见的方法有 360 度评价或 360 度反馈、价值观评价等。考核关注的时间区间相对短一些，可以根据需要，做到月度考、季度考、半年考、一年一大考；而评价关注的时间区间就相对长一些，一般一年或更长时间进行一次。

比较差的情况，是用考核的思路做评价，用评价的思路做考核。用考核的思路做评价就是唯结果论、唯业绩论，完全用人的短期产出来评价人。例如，一个人适不适合提拔为部门经理人？唯业绩论只看这个人在过去岗位上的工作业绩。如果企业过度依赖唯业绩论，可能会把一些综合能力不够强，有些关键素质或能力并没有达到岗位要求的人提拔起来。什么是用评价的思路做考核呢？本来要对人的工作产出进行认定，却采用了评价的思路，求大、求全，不突出业绩导向，用了很多跟工作产出不紧密相关的指标，例如工作态度、团队协作等指标，用评价的思路搞考核，往往会导致人们的考核结果分不开。如果企业依赖这种方式进行考核，就会培养出不敢冒风险、不求有功但求无过的员工。

绩效管理中经常出现的量化指标的考核方法，例如 KPI 考核法，适合与经济指标挂钩做考核，但不适合对人做综合评价，不适合对人进行选拔。在政府机关和事业单位长期使用的德能勤绩廉评价法，严格地说，是一种评价，而不是业绩考核。考核更应该突出工作结果的认定。但是，在政府和事业单位对人采用评价而不是考核的方法，和体制、文化以及工作特点有关系，表现为不追求经济绩效，体现工作效果所需的时间更长，强调工作输出的稳定性，强调各项工作职责不出纰漏。其实综合来看，评价方法是比较适合政府和事业单位的。如果把 KPI 的方法引用到政府机关和事业单位中，反而可能引发很多的负面效果。在政府机关和事业单位，以及不少国有企业使用的干部民意测验，是一种典型的评价，而不应叫作干部民意考核。

## 360 度评价

人才盘点需要对人的能力、潜力、价值观等有一个综合的考察，360度评价是经常被使用的一种方法。丘奇和罗托洛调研了95家人才管理标杆企业，统计它们在人才评价上采用的方法，发现这些方法包括360度评价、胜任力访谈、各种心理测试、简历分析、角色扮演、公文筐、评价中心等。其中360度评价在高级管理人员评价中的使用率高达60%，位居第一。

360度评价，常被称为"360度反馈"或"全方位评价"，是指由员工自己、上司、下属、同事甚至顾客等从各个角度来全方位评价人员的方法。图13-1是360度评价的示意图。评价内容包括多个方面，例如沟通技巧、人际关系、领导能力、行政能力等。被评价者可以从自己、上司、下属、同事甚至客户处获得多个角度的反馈，也可以通过这些不同来源的反馈清楚地知道自己的长处、不足以及发展需求。360度评价也称为多源评价或多评价者评价，它不同于自上而下、由上级主管评定下属的传统方式。360度评价自20世纪80年代以来，迅速为国际上许多企业所采用，很多大公司都把360度评价用于人才管理和开发。

360度评价比考核要更为复杂。不同的评价主体，他们对被评价者熟悉的方面是不同的，因此能做出评价的方面不一样。这意味着，对于不同的评价主体，评价指标的设置应该有所区别。例如，上级对工作产出的评价最有发言权，同事对团队合作的评价最有发言权，客户对服务效果的评价最有发言权。这增加了体系设计的难度。另外，参与评价的主体增多，自然给这个体系增加了复杂性。和传统主要依靠上级评价的方法相比，360度评价最主要的是引入了同事评价。为了保证评价的客观公平，选取哪些同事参与评价很关键。理论上应该选取所有和被评价者有工作联系的人参加，但这有可能造成人数过多、工作量太大，所以一般是选择部分（例如5~8名）同事参加评价。在选择哪些同事参与方面，一些公司的做法值得借鉴，它们先让被评价者提名，然后由上级审核，看看被评价者选择的同事有没有代表性，被评价者是不是只选择了和自己关系好的同事。还有一些公司应用了本书第10章讲到的社会网络的方法，平时对员工的工作协作关系有数据记录，能分析出和员工工作交流最频繁的同事，然后从中随机抽取一些同事来对员工做评价。一位在谷歌工作的 MBA 学生分享过自己的经历，谷歌在做考核的时候，需要同事评价。虽然他的工作产出对另一个团队是有影响的，但他选择的同事中却没有来自另一个团队的同事。因此，虽然他的上级给他打了高分，但在绩效校准会的时候，另一个团队的负责人对他的考核结果提出了异议，认为同事对他的评价不全面，最后的结果是他的考核分数降了一档。经过这件事情后，这名学生在之后的考核中，牢牢地记住了需要选择有代表性的同事参与评价，这样自己的初评结果在绩效校准环节才能经得住考验。

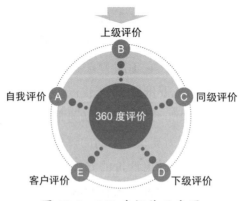

图 13-1　360 度评价示意图

我不推荐企业用360度评价的方法做考核，因为这样做，实际上是用评价的思路去做考核。由于考核和经济奖励结合得太紧密，这会促使人们把注意力放在搞好人际关系上，因此考核的结果和管理者预期的结果，经常出现差异。在竞争氛围不足的企业，把360度评价作为考核常常导致一团和气，你好我好大家好；而在竞争氛围强烈的企业，这种考核方式常常导致打击报复，往往是干活越多的人，出错的概率越大，得罪人的概率越大，导致最终得分靠后。我推荐把360度评价的结果，多应用于人才评价、晋升等场景，一般情况下，不要用于和奖金挂钩的考核场景。不过，随着工作复杂性和协作性的提升，不少公司发现360度评价可以辅助考核。例如，字节跳动和阿里巴巴在绩效考核中，有360度评价的环节，尤其是选择工作上有协作关系的多名同事进行评价，这一环节叫作环评，员工的上司会把环评的结果作为考核的一部分。

谢克海对国内一家上市公司14年间积累起来的评价问卷做了分析，数据包括超过1100名管理者的总计15.1万份问卷。这家公司的360度评价的内容比较全面，分为知识、经验、能力、价值观四大维度，共19项评价指标。他的主要发现有：360度评价分数低的管理者大多业绩表现差，而且评价分数难以提升，自身问题严重。企业不要对360度评价分数低的管理人员有不切实际的幻想，他们只会成为企业的负累，及时优化才是最明智的选择。对于360度评价分数高的管理者，企业需要做进一步的分析，找出"伪优"人员。这些"伪优"人员的特点是，虽然综合得分高，但是在某一个或多个素质单项上，得分明显偏低，或者存在明显的得分逐年下降的趋势。这种得分偏低的素质单项往往是和价值观有关的，例如清正廉洁、大局意识、尊重他人、担当敬业等。这类"伪优"人员是综合能力强但是品质有严重缺陷的管理人员，他们能力越强，给企业带来的伤害越大，因此也应该及时识别出来，并坚决清除。

美国摩根士丹利公司从20世纪90年代开始使用360度评价，持续至今，成为360度评价的经典案例。国内的中金公司在管理上受摩根士丹利公司的影响非常大，因此也长期使用360度评价。摩根士丹利当时的CEO约翰·麦克（John Mack）认为，公司面临的最大问题是各个分支结构相对独立，缺少协作性，没有发挥出规模效应。因此，需要借助于360度评价推动组织变革。另外，在引入360度评价之前，摩根士丹利对员工的评价是比较粗放的，主要是年末每个分支机构的高级管理人员开会，对每个员工进行评价，但会议缺少数据支持，受管理者的主观印象影响大。在约翰·麦克的大力支持下，公司的首席发展官德隆启动了360度评价，目的在于让被评价的人收到来自多位同事的反馈意见，这样一来可以促进协作，二来员工评价有了多元化的数据来源。评价人员包括自己、上级、同事，管理人员的评价人员还有下级，评价包括一张多维度的打分表，以及文字内容的评价，例如：描述该员工三个具备优势的方面并举例，描述三个需要提高的方面并举例。评价是按照年度进行的，每年一次，工作量很大，每位被评价的员工可以拿到一份总结表。不过，摩根士丹利公司是把360度评价和年度考核联系在一起的，这和我推荐的一般不要把360度评价和考核联系在一起不同。摩根士丹利这么做有利有弊。有利的一面是，员工的考核有了丰富的定量和定性数据的支持，对于难以用KPI来考核的员工，有了一个还算行之有效的替代方案；不利的一面是，这个方式把与经济激励相关的考核和以发展为主的评价混在了一起，因此有一些内在的冲突。例如，同事想对被评价者提出改进的意见，但又担心意见影响考核结果，所以写出的文字意见往往很委婉，甚至难以分辨是肯定还是改进意见。有的部门内部竞争非常激烈，也会导致360度评价的结果有偏差。

在VUCA时代，敏捷成为管理的显著特征，因此像摩根士丹利公司这样的360度评价体系，就显得不够灵活、缺乏及时反馈。美国的通用电气公司开发了一个叫作PD@GE的绩效发展工具，在移动设备的app上运行，PD是performance development的缩写，即绩效发展。这个app的主要功能包括：每位员工在这个app平台上设定自己的工作重点；直属经理可以随时多次就工作重点与员工快速交流；同时，不仅是直属经理，团队内的任何人都可以随时通过这个app平台给该员工反馈"真知灼见"（insights）；员工可以主动邀请某人提出反馈意见，这个人并不局限于员工所在的团队，而是来源范围很广。这是一种完全打破时间限制、打破团队限制、打破自上而下的传统的全新的绩效沟通与反馈工具。目前这种工具正在进一步完善，旨在运用人工智能和大数据分析的手段，提炼总结反馈信息，把员工的强项和弱项总结成结构化的要点，给予员工评价和反馈。

360度评价的效果和文化氛围也有密切的关系。为了达到好的效果，企业需要鼓励坦率真诚的文化，鼓励相对直接的、具体的、行为化的反馈，而不是宽泛的、空洞的反馈。虽然有时人们照顾人情面子，会有意识地避开一些信息，避免引发冲突，但如果评价体系设计得当，例如，评价的结果主要用于人才发展而不是经济奖励，评价人员的信息能严格匿名，加上一些培训或指导，同样能够得到有价值的反馈。美国网飞公司发现，美国员工习以为常的当面反馈，特别是直来直去的改进建议，对网飞日本公司的日本员工来说非常痛苦。但公司发现，日本文化中有严谨较真的一面，因此采取了让日本员工先把对同事的反馈写成书面文字，再沟通反馈的方式，取得了良好的效果。

## 人才盘点实践

渣打银行的人才盘点是由公司领导和各个部门的一把手组成小组，梳理高级管理人员，渣打银行的人才盘点有两个特点：第一，促进人才流动，避免人才在某一个部门里一直待着出不去；第二，围绕继任计划进行。员工是否晋升不在人才盘点里做，而是在绩效考核的环节里，在经理都打完考核分以后，单独拿出来考虑。经理们会考虑，今年有多少个晋升的名额，具体的晋升决定放在部门内部做。人才盘点涉及的是整个公司。由于人才盘点不涉及员工当下的利益，所以公司在做人才盘点的时候，HR会告诉部门经理，要保持相对开放的心态。人才盘点的目的之一是促进人才流动，对于某个部门经理来说，虽然他的下属可能被拿走，但他有可能也会去拿别人的下属，保持这种心态会减少部门经理们的抵触心理。

公司领导可能对于下属有预设的判断，但应该保持一个开放的心态，听听自己可能不知道的信息和反馈。例如，某员工本职工作做得非常好，给公司领导留下的印象非常好，但是该员工在工作中和别的部门合作的时候，有一些欠妥之处、缺少协作精神，领导可能不知道该员工在这方面的缺陷。相反，对于本来印象中不是特别好的员工，领导也可能通过听取其他部门经理的意见，全面了解该员工，对这位员工的印象有所改观。渣打银行希望通过人才盘点这种机制，全方位地收集信息，从而对人才做出更准确的评价。

渣打银行的人才盘点和公司的继任计划联系在一起，按岗位来盘点，而不是按人来盘点。针对重要的职位，人才盘点考察有哪些潜在的继任者，以及这些继任者是什么情况，把组织的发展跟人才发展联系到一起。渣打银行的人才盘点针对一定级别以上的员工，而不是所有员工。人才盘点过程中，公司会发现一些高潜人才，统计不在继任者计划里的高潜人才，然后考虑这些高潜人才在所在的团队有没有发展，或者有没有其他的一些机会可以给这些高潜人才。除此之外，公司也会在人才盘点中讨论，公司层面需不需要给高潜人才安排专门的发展计划，例如高级别的培训或者轮岗等。

很多企业的人才盘点用到了九宫图。所谓九宫图，实际上是把横纵两个轴分别分成三个等级，这样就形成了九块（见图13-2）。一个轴代表能力，一般用过去一段时间的绩效来评价，例如，一个人几年以来取得的成绩；另一个轴代表潜力或价值观。一些企业选择了对人的潜力进行评价，例如苹果公司等。另一些企业会选择价值观，例如阿里巴巴、京东、通用电气等公司。到底应该选择潜力，还是价值观呢？这和公司所重视的方面有关系。简要来说，如果公司非常重视价值观的塑造和培养，往往会选择价值观作为一个轴。其实更理想的是从能力、潜力、价值观三个维度去评价，其中能力衡量的是岗位上的人对目前岗位的胜任程度，潜力是在预测一个人在未来能成长到胜任什么样的组织层级，而价值观衡量的是一个人和企业文化在多大程度上匹配。但是，在实际操作中，分成三个维度会过细，因此常常使用两个维度来评价。

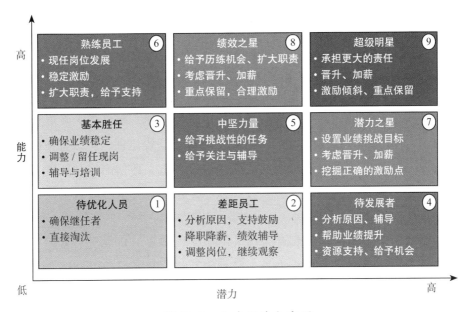

图 13-2 人才评价九宫图

美国 SAS 公司是一家软件企业，1974 年成立至今，长期保持很好的业绩表现，在人才培养方面很有积累和成就。SAS 公司的人才盘点，有大量的工作是由组织授权各级管理者来完成的。上级一般会对下属在四个方面进行评价：第一，人才九宫图。SAS 公司九宫图考察的两个维度包括过往业绩和成长潜力。其中，成长潜力主要是指，被评价的员工在一定时间内成长的速度有多快。例如，一位员工在几年中比同期的员工更频繁地得到了晋升，说明这位有更高的成长潜力；第二，上级要判断，某员工一旦离职，会对团队造成多大的损失；第三，每名上级要根据公司反馈的大数据分析结果，以及平时自己对每名员工的观察，评估每位员工的离职风险；第四，晋升的成熟度。上级根据对下级各个方面的了解，尤其是人才九宫图的评价结果，评价员工是否已经具备了晋升的条件。

在 SAS 公司，九宫图的九个格子不设名额限制。每个被评价的员工都可以在九个格子当中的任何一个格子中。评价遵循八二原则，即当难以决定某个员工的位置时，如果这个员工的情况有 80% 是符合某个位置的描述的，就放入对应的格子里。通过这种人才九宫图的机制，企业就可以比较清晰地了解员工处在这九个格子里面的哪一个,从而为人力资源规划、人才发展、继任计划等提供有力的基础。

宇通客车公司在干部培养方面也有值得学习的经验。首先,宇通的干部候选人需要经历数年的基层历练,在有业绩支撑且被部门领导认可的情况下会被纳入部门管理后备,指定管理导师,制订个人发展计划(IDP),并针对个人短板,进行一系列的领导力课程培训,考核合格则培训出库,然后经过下级-平级-上级360度评价,评估岗位胜任度和文化素质契合度,无异常则可进入晋升程序,在晋升公示阶段若无投诉和典型事件,则宣布干部任命,这是整个晋升程序。

宇通对干部的核心要求简称为"五项基本原则",即文化、素质、专业符合,内驱力强,工作标准高,管理刚性好,具备组织管理能力。这些在前期是通过360度定性评价来进行测评的,延续了相当长的时间,2021下半年开始有了较大的转变,原因在于,360度评价选出的干部越来越表现出"老好人"的特点,做事畏首畏尾,缺乏管理刚性,所以宇通在后期干部选拔时加入了模拟场景演练的环节,由2名集团高层和1名干部管理部副部长担任面试官,模拟晋升岗位的实际工作场景中会面临的各种问题,整个过程全封闭持续6~8个小时,只有至少2名面试官评价通过才具备晋升资格。晋升后的干部会有6个月到1年的试用期,试用期期间干部管理部跟踪干部的履职情况,结合周围同事的评价,试用期结束后做全面的复盘,试用合格方能转正。经过以上程序,从更高级别管理层的视角去审视候选人的能力和素质,用实际工作场景来考验领导力,并通过试用期来对新任干部的胜任度进行验证,宇通公司用人的成功率较以往提升较多。

## 思考

1. 你所在公司在干部评价方面有没有一些好的做法?
2. 360度评价是否需要和考核联系起来?有两种不同的意见,一种意见认为360度评价的目的是员工得到反馈、改进工作，因此应该以发展为主，不应该用来做考核，至少应该分成两个不同的环节。另一种意见认为如果360度评价和考核不绑定，只是反馈，员工对这项工作就不会重视，得不到认真的反馈意见，因此360度评价应该用于考核。你对这个问题有怎样的观点？

CHAPTER 14
第 14 章

# 人 才 发 展

## 在职训练

学习的 721 法则指出,员工所学的知识和技能,有 70% 源于现实生活和在职工作经验,有 20% 源于上级或同事的指导,有 10% 源于正式的培训。在职训练是员工获取知识、提升技能最常见的渠道,除了通过做好本职工作积累经验,常见的方式有轮岗、师徒制等。

责任促进人在工作中的成长,让一个人最快成长的方式就是给他压担子。当人们发现自己没有人能依赖,需要独立自主承担责任的时候,往往工作得最认真投入。美国网飞公司的用人理念是充分给予权力,但也需承担相应的职责。一位刚刚加入网飞公司不久的员工发现自己需要全权代表公司和合作商签订几千万美元合同的时候，感到自己的责任非常重大，所以会小心翼翼地处理工作中的每一个环节。

　　干部轮岗是一种重要的在职训练手段。根据银保监会的政策规定，我国商业化银行采用干部定期轮岗的制度，轮岗的周期在3～5年之间浮动。在同一职级的不同岗位之间，有广泛的平级轮岗，包括前、后台之间的轮岗，以及不同地区、不同职能部门之间的轮岗。轮岗主要具备以下好处：第一，有利于干部的成长。丰富的工作经历，能培养干部更广泛的视野以及丰富的人脉关系，有利于干部胜任更高职级的岗位。第二，促进了企业内部的知识和资源流动。干部的流动可以把组织中一个局部的经验扩展到另一个局部，有利于知识扩散和资源利用。例如，某国有商业银行沿海某省的省会城市行行长，调到一个西部省的省会城市做行长，他带领新任行的管理层到自己原任职的银行参观交流，触动和改变了管理层的一些认知，之后他推行一些改革方案遇到的阻力就比较小。第三，防范人事风险。干部在一个地方工作的时间越长，越存在思想固化和"诸侯化"的风险，对于组织整体不利，因此，定期调动干部，让企业的能力沉淀在体系中，而不是被某些人左右，有利于组织的长远发展。当然，干部轮岗也有缺点，常见的问题是因为不能在一个岗位上长期工作，所以工作思路倾向于短期化，不考虑长期的发展。针对这一缺点，可以设置合理的任期，给任职者有所作为的时间。最开始华为公司在政企市场一线基本上是三年一轮岗，后来最长调整到六年。原因是政企市场周期长、金额大，其他业务领域通行的三年一轮岗的方式不合适。另外，公司也应该加强离任审计，防止涸泽而渔或隐藏问题，给继任者留下隐患。轮岗机制也需要根据实际情况来设计和执行，需要掌握岗位促进员工成熟的规律，从而避免一刀切的情况。

　　轮岗不仅可以在管理者层面进行，甚至可以在基层员工层面进行。腾讯在2012年底启动了活水计划，希望建立通畅的内部人才流动市场机制，形成一种文化，既帮助员工在公司内自由寻找发展机会，也快速支持公司重点产品和业务的人才需求，实现员工发展和企业战略共赢。自

2013年起,活水计划已累计帮助9000多名员工在内部找到新的发展机会,既有效支持了重点业务的高速成长,也为公司培养了更多有开阔视野和复合经验的人才。经过4年多深耕,大部分员工对"活水计划"耳熟能详,"活水"已成为腾讯的一个重要文化符号。以腾讯云为例,2016年,有超过50名员工通过活水计划加入腾讯云。通过活水计划转岗的员工,转岗后的第二、三次绩效平均值显著高于转岗前的倒数第二、三次绩效平均值,转岗员工在新岗位上焕发出了更大的活力。到2021年为止,已经有超过1万人通过内部活水计划顺利转岗,避免了大量的员工流失,节省了大量成本,毕竟招聘新人、培训新人、新人适应公司文化都需要时间和成本。活水计划的转岗流程如表14-1所示。

表14-1 腾讯"活水计划"转岗流程

| |
|---|
| 1. 员工如果有更换岗位或者尝试其他业务的想法,可以在公司内部的活水网站查看招聘信息 |
| 2. 选择有意向的业务和岗位,在线投递简历,待对方筛选确认 |
| 3. 如果被选中,进入面试阶段,总监面试、助理总经理面试以及人力资源面试 |
| 4. 如果面试通过,发放录用通知,并初步沟通到岗时间 |
| 5. 现有部门领导面谈,了解相关情况,适度沟通挽留 |
| 6. 工作交接,一般会在3个月左右完成,现有部门不得扣留,必须在规定时间内放人 |

整个过程均在保密中完成,在没有发放录用通知且同现任部门面谈之前,现任部门的所有人(领导、人力、同事等)都是不知情的,这确保了员工的基本利益,如果没有面试成功,也还能在现有的部门继续工作。当然,为了防止员工产生在这个部门混不好,就换另一个部门的想法,公司规定在现岗位工作满一年且最近一次绩效不低于预期的员工才可以申请内部应聘,保证活水是真正的"活水"。

华为从2018年开始进行分层的人才流动和培养。基层员工按"认知型"周边流动:主要在本部门的不同岗位流动,掌握周边岗位的技能。中层骨干按"赋能型"前后流动:专家按需到一线作战,中基层按需在一线与机关间轮岗,以了解一线作业,积累专业能力。高管领导按"领导力发展型"流动:以任期及继任计划为牵引,跨业务、区域、职能流动,或者采用阶段性承担重大项目的方式,促使高管拓展业务经验,积累复合型领导经验。岗位间的流动需要有适应期和上手期,中小企业通常没有足够的人员，因此人才多以重大项目的方式在岗历练，积累经验、开阔眼界，建立组织内部的协作关系。

师徒制也是不少行业和企业行之有效的一种方式，外资企业类似的制度叫作导师制。国家电网公司的基层班组已有几十年的师徒制传统，师傅带徒弟，师傅传授给徒弟知识和技能，尤其是一些所谓的隐性知识，这种人际传帮带的方式，效果比正式的培训更好。我曾经收集到这样一个例子：某电力公司基层班组的一对师徒，在巡检的时候，师傅让徒弟爬到室外去查看和室内联动的开关是否断开，以便后续的安全操作。由于当时是夏天，天气炎热，徒弟认为开关是联动的，不可能室内已经断了开关，室外还合闸，因此不愿意爬到室外去检查。在师傅的坚持下，徒弟还是做了室外核检，让他震惊的是，那次室外闸确实出现了故障，没有断开。如果不核检，后续可能发生人身安全事故！从此之后，这位徒弟对"每一条安全操作规范都是用血和生命换来的"有了深刻的理解，真正地进了脑、入了心。当然，目前国家电网公司在巡检工作中已经大量应用机器人，并采用 AI 做辅助判断，提升了生产效率和安全性。

一位曾经在宝洁公司工作过的 MBA 学生分享过他的亲身经历。宝洁公司有导师制，当时他是刚进公司的管理培训生，他的导师是和上级平级的另一位管理者。其实上级和下级之间存在一定的紧张关系，上级给下级安排工作，期望下级交付工作结果，而下级可能认为上级对工作量和工作内容安排不得当、要求过高。他说，自己还是新员工的时候，有几次动了离职的念头，好在他的导师从第三方的角度，分享了在公司中成长的经历，以及宝贵的职场经验，让他打消了离职的想法。回头来想，他在管理上的基础功夫，还是在宝洁公司学习到的。如果没有导师，他很可能早早离开公司，失去了后来在公司得到的很多成长机会。

李江华在《世界 500 强人力资源总监是如何炼成的》一书中，详细地记录了一位企业的人力资源经理是如何把一位新员工培养成功的，典型地反映了育才型领导如何培养出能干的下级。可能因为李先生本人是做 HR 的，所以愿意投入大量的时间和精力培养人。业务经理应该意识到，培养下级不是一件立竿见影的事情，需要有种田种地的心态，通过压担子、做榜样、宽严并济等各种方法来培育下级。

管理者能不能教会部下解决问题很重要，不能让员工凡事都依赖领导，而要让下属学会动脑筋。管理者可以不急于给出答案，而要让下级去思考。曾任我国驻非洲某国的大使分享过他的管理经验：在任大使期间，他注重锻炼下属的能力，当下属找他汇报工作上的难题、请示方案的时候，他并不轻易接过问题、直接给出答案，而是给下属一定的压力。他会直视对方，问："你是不是已经穷尽了所有的方案？"这样会激发下属的主观能动性。如果下属没有全力以赴做好功课，不敢轻易回答"已经穷尽"。当然，如果问题的确需要他解决，他会和下属一起想办法、解决难题。

餐饮企业海底捞把师徒制和激励机制联系起来。店长的激励机制为基薪＋以下方案二选一：①本店分红（利润的2.8%），②本店分红（利润的0.4%）＋徒弟当店长的店的利润提成（3.1%，10个店封顶）＋徒孙当店长的店的利润提成（1.5%）。在以上两个方案中，第二种方案的收入上限远高于第一种方案，因此在推广方案时，大部分店长选择了第二种。店长培养出越多合格的徒弟店长，店长本人的收入也会越高。这种激励机制让店长愿意花时间发现有潜力的店员，并加以培养。出师的徒弟需要通过总部的选拔，进入店长后备队。等到有了在老店的周边开新店的机会，老店长可以在已经入选后备队的徒弟中推荐人选，公司一般也会采纳老店长的推荐。通过这种方式，海底捞在较短的时间内培养了足以支撑新店开店速度的新店长。其实，这种方式在保险销售业务中也已经得到了使用，在这种机制下，业务代表有动力培养新人。海底捞方案二的方式适合增量市场，如果进入存量市场，竞争加剧，方案二的作用会减弱。同时，采用哪种方案也和企业的发展阶段有关，如果企业处于扩张期，就比较适合方案二；如果企业处于收缩期，更适合方案一。

## 培训

企业是否应该对员工进行培训？有的管理者说："不培训是等死，培训是找死。"在他们看来，不培训会导致员工知识和技能老化，而培训会导致员工能力提升后离职。我认为培训有积极的意义：第一，培训可以提升员工的技能和能力，传递核心价值观，实际上降低了经营风险；第二，培训是一个公司重视员工的信号，表明公司愿意在培养人才方面下功夫，会给在职员工、应聘者等带来积极的预期，有助于员工对企业建立起忠诚感。人力资本理论认为，培训可以分成普适性培训和特殊性培训，员工通过普适性培训获得的知识和技能，带到其他公司也能用；而员工通过特殊性培训获得的知识和技能，带有浓厚的本地化色彩，和公司文化以及独特的方法论有关。有的公司不提供或很少提供普适性培训，主张员工自己付费从市场中获得此类培训，但在特殊性培训上会有较大的投入。不过，也有研究质疑"企业要尽可能避免普适性培训"的观点，该研究发现：普适性培训能够提升员工对组织的忠诚感、巩固员工和组织间的心理契约，从而使员工能为组织贡献更大的价值。

尽管学习的721法则指出，员工所学的知识和技能，只有10%源于正式的培训，但这10%可能是至关重要的部分，是通过其他的渠道难以学到的。如果企业采用正式的培训，应该思考如下问题：这些知识和技能是不是通过其他的渠道难以学到？是不是只能通过培训学到？这样才能把资源用到刀刃上。

正式的培训由几个关键部分组成，包括需求分析、目标设定、培训实施和效果评估。其中需求分析和效果评估相对较难，效果评估尤其是难点。目标设定是指在明确培训需求后，把需求转化成培训目标，培训目标的设定同样需要符合目标制定的SMART原则。

培训是一个学习的过程，来自成人教育学领域的学习理论对培训工作的指导意义很大。根据学习理论，抓住以下三个要点，能获得最佳的学习效果。第一，学员受到激励，愿意学、乐意学。主动学习和被动学习的效果是很不一样的，前者要比后者效果好很多。当然，学员愿意学是有原因的。如果学员认为学习的东西很重要、学习的内容有乐趣、学习后有很好的回报，学员的学习热情就会被激发；第二，学习提供了内容清晰、目的明确的资料。这就要求学习的设计者精心设计结构化的学习体系，让学员感到学习有抓手，有一整套方法论的指导。循序渐进，能强化学员的学习信心；第三，提供将所学内容实际应用的机会。让学员有机会把学习到的东西，在实际情景中加以应用，取得好的效果，反过来又可以促进学员学习。

根据培训对象不同，培训可以分成新员工培训、新管理干部培训和高级管理培训。当员工从一个没有管理经验的人，被提拔到管理岗开始带队伍的时候，其实是有压力的。如果公司能及时提供培训，可以很好地帮助这些新任的管理者克服焦虑，做好角色转换，掌握一些必备的技能。其中有三个要点：第一，管人比管事更重要。有的经验认为，基层经理起码需要用30%的时间来管人，到了中层，管人的时间比例上升到50%，而到了高层，管人的时间比例可能是80%。第二，要把员工当作自己的内部客户。第三，要站在公司的立场上看问题。推荐感兴趣的读者阅读哈佛大学琳达·希尔（Linda Hill）教授写的《上任第一年1：从业务骨干到团队管理者的成功转型》，这本书专门探讨了以往没有管理经验的员工担任团队管理者后，应该避开哪些陷阱、哪些是正确的做法。希尔教授近年来又出版了一本关于管理者角色转换的书《上任第一年2：从团队管理者到卓越领导者的成功转型》，总结了从中层到高层的管理者的注意事项和应对策略。

## 培训需求

培训需求分析可以从三个层面开展，分别是企业层面、岗位层面和个体层面。企业层面的培训需求分析是指根据企业战略或者组织变革的要求，分析目前的员工已经掌握的技能、能力、态度和实现企业战略或完成组织变革所需要的条件之间存在什么样的差距，分析的目的在于弥补这些差距。有的差距是可以通过培训减少的，有的差距不行，只能通过引进外部人才来解决。有一些工具可以帮助我们把企业层面的需求分析做得结构化。

在教学和咨询中，我比较熟悉的是，依靠奎因和卡麦隆的对立竞争价值观模型，分析和明确企业变革的方向，并确定支持变革所需要的管理者能力，设计培训的时候，主要围绕这些管理者能力开展。这种做法依据的理论是对立竞争价值观模型，这个模型把企业的文化分成四种大的类型，分别是：团队型、活力型、竞争型、层级型。相关研究已经开发了一套比较成熟的问卷，能诊断企业文化的现状，以及测量企业希望达到的文化目标。我曾对一家公司的文化进行诊断，发现公司应该增加团队型文化。因此，在设计培训时，增加团队型文化就是一个明确的培训需求。需求明确了，就可以制定培训目标和内容，例如，培训目标可以是：中层管理者管理沟通培训覆盖率达到100%；员工本年度主动离职率较去年降低5%；员工内部的沟通满意度调查分数在90分以上等。培训内容应该以管理沟通、鼓励协作为主。

再讲一个因为培训需求沟通不明确而导致培训效果不佳的例子。某管理者供职于友邦保险公司，该公司的文化以"关爱"和"尊重"为特色，员工凝聚力高，公司在保险行业的业绩也很好。该管理者受邀去一家机械制造行业的上市企业做培训，培训的主题是高绩效团队建设。他精心做了准备，在培训课上分享了不少他所在的保险公司如何凝聚团队，取得好业绩的案例。但是，培训课后，他了解到参加培训的对方公司领导对内容表示了不满，认为这不是他们想要的团队建设的培训。该管理者做了分析，发现问题出在，对方理解的高绩效团队建设，是怎么塑造一支"有狼性文化"的高执行力队伍。而他在培训中根据友邦保险的经验总结出来的是用关爱和尊重赢得人心，因此无法和对方领导产生共鸣。选择这个例子无意评价这两家公司的文化孰优孰劣，而是想强调，如果不明确培训需求，培训就无法达到满意的效果。

岗位层面的培训需求分析就是针对岗位对任职者的要求，发现一些岗位普遍存在的培训需求，常见的有新员工培训需求、外派人员培训需求等。为了帮助这些人胜任新的岗位，需要对他们进行统一的培训。这种需求来自岗位任职资格，当企业注意到现有人员普遍缺失一些岗位要求的技能时，就可能组织开展相关的培训。

新员工培训对于新员工融入企业非常重要，刚进企业的员工，尤其是刚从学校毕业走向工作岗位的员工，处于新鲜期，这个阶段接收的信息会对他们认同企业文化、熟悉本职岗位等产生很大的影响。这个培训环节做得好，通过正式的渠道告诉新员工准确的信息，帮助员工建立明确的期望，能大大减少新员工进入企业后，由于期望和现实的差异带来的心理冲击。不少知名企业都很重视新员工培训，例如联想的"入模子"、华为的新员工培训，都很有特点，其共同的特点是把企业文化培训作为一个重要内容。

一些成规模的企业有自己的培训体系，会针对不同的工作系列（例如，管理、销售、技术等）建立起不同层面的培训体系。例如，针对管理系列建立起对应的从基层主管到高层管理者的不同培训课程。这些课程中，概念化技能的内容针对高层管理者的比例最多，人际技能针对中层管理者的比例较多，而技术技能针对基层管理者的比例最多。在这样的培训体系中，培训需求来自对每个层级管理者实用的技能和能力的总结。这种需求分析可以视为岗位层面的培训需求分析。

个体层面的培训需求分析是针对员工个体量体裁衣的，一般和员工绩效管理的发展部分紧密结合。所谓绩效管理的发展部分，是指上级在绩效管理中，除了给出考核分数，也对员工在工作中的优缺点给予评价，尤其是通过和下级沟通，指出在哪些方面可以帮助下级提升业绩表现。当然，提升业绩表现的渠道不只是培训，有时上级及时反馈，或者鼓励下级参加同事小组的互帮互学，就可以帮助下级改进。对于一些通过其他渠道和方式不容易改变的部分，才采用培训的方式。

以下是某企业的绩效评估和发展总结表（见表14-2），这家企业是一家同时重视绩效评估结果和员工发展的公司。这张表里有不少和员工发展导向相关的评价内容，这些内容不仅可以用于上下级之间的正式绩效沟通，也是培训需求的重要来源。例如，HR部门在汇总公司或部门员工需要发展的领域的数据后，如果发现在某些方面有共性，就可以组织针对这些方面的培训。这对于改进企业的绩效管理是很有意义的，绩效管理不仅是给出一个针对过往业绩的考核结果，同样也应该注重对人的评价，这种面向未来的人才评价能提供重要的信息，有助于公司发现应该在哪些方面进行培训。

表 14-2　绩效评估和发展总结表

**绩效评估和发展总结表**

被评估人：_____　　评估上级：
职位：_____　　签名：
时间：

年度绩效总结

I. 绩效总结，包括业绩成就

请结合上一年度的绩效评估和发展总结表中的目标，以及年初设定的商业绩效目标对该被评估者给出整体评价。参考自评的结果。

II. 评估要点

A. 优势和强项　　　　　　　　　　　具体评语

1.

2.

3.

B. 需要发展的领域　　　　　　　　　具体评语

1.

2.

3.

III. 下个年度绩效目标

A. 业务目标（列出重要的商业目标）

B. 专业发展目标（列出重要的能够提升被评估者专业水平的建议）

IV. 职业目标：

V. 被评估人意见

被评估人签名：_____　　时间：

有的公司可能没有绩效评估和发展总结表这样的发展导向绩效管理体系，不过也可以通过其他的工具和手段来做个体层面的培训需求分析。例如对立竞争价值观模型的文化四象限，每个象限代表的文化类型又可以细分成管理方式的几种表现形式。研究发现，每个象限包括3个小类，团队型文化包括鼓励参与、开发潜力、直觉诉求，竞争型文化包括关注竞争、强调执行、竞争导向，活力型文化包括激发他人、发起变化、感知顾客，层级型文化包括管控过程、阐明规则、结果准确。12个小类下，每个小类均有3个题目，描述对应表现形式中的具体管理行为，如"在业绩评价中，会强调竞争导向，即大家都应该知晓工作中存在竞争，适者生存"。在设计管理培训之前，可以通过评价来了解每位管理者在12个小类上的得分，然后和文化变革的方向做对比。例如，如果需要增加活力型文化，而有些管理者在活力型文化对应的三个小类上得分较低，意味着这些管理者有必要参加活力型文化管理能力提升的培训。有些管理者在活力型文化对应的三个小类上得分高，培训师可以有意识地安排他们在培训课上做分享。培训师不见得有非常贴合本企业的案例，而管理者的经验正好来自本企业的实践，和培训师的知识和理论结合在一起，往往能取得好的效果。

## 培训实施

培训的需求和目标确立后，可以通过多种途径实施培训。负责培训的组织一般设在企业的人力资源管理机构下，有的叫作培训部，有的叫作培训中心，规模大的企业的培训组织，可能叫作企业学院或企业大学。华为大学承担了为公司近20万名员工提供培训和学习机会的任务，截至2021年底，算上华为和外包的资源，差不多有300人在承担这一任务，和公司的总人数比起来，对投入产出比的要求很高。从一些公开的材料中可以看到华为大学的特点：第一，在公司中扮演的角色很重要，是公司人才战略落地的核心，华为大学的常务副校长直接向华为的最高领导汇报；第二，华为大学服务公司内部和客户，内部业务部门接受培训要付费，且费用比较高，反向督促大学提供高质量的培训；第三，培训讲师很多是由高水平的员工兼职的，而且越是能力突出的员工，华为大学越有可能找他们来担任兼职培训讲师。华为的理念是"让优秀的人培养更优秀的人"。

有些企业的培训已经很成体系，而且传授的知识和技能有市场价值，因此会单独成立公司，让运营和管理更加市场化，更有成本效益意识。例如，用友公司把原属于集团公司培训部的重要业务拆分成一家独立运营的子公司，叫作新道科技，承揽数字化人才教育和培训业务，面向社会培养和输出人才。同时，用友公司也能从新道科技的学员中，选拔一些人才纳入用友公司。

不少公司借助数字化平台和技术，建立了数字化学习平台，能够打破地域和时间的限制，让公司员工方便地利用数字化学习平台学习。平安公司的知鸟是一个在线培训平台app，面向公司内外开放，员工获得账号后可以登录app学习课程，完成学习任务。这个平台有自己的特色，例如，互动直播可以提升学员们学习的热情；大数据看板可以多维度、多层次地收集数据，构建学习地图；平台还推出了"千人千面"智能学习产品，这个产品用"AI+培训"模式实现按需定制学习。这种类似的平台还有阿里的ATA（Alibaba Technology Association）、东风公司的在线学习平台等。不过，这种在线学习平台的效果需要评估，据一些使用者反映，虽然企业要求员工必须学习，但不少员工只是习惯性地在线挂机，实际上并没有学习。我建议学习之后应该有考试，形成闭环。中小企业还没有能力像大企业那样构建自己的培训体系，也没有必要建立专门的培训部门，培训课开展得也比较零散，例如，企业招聘进来的新人是比较零散地进入企业的，专门组织新员工培训的话成本较高。有了这种在线培训的app，中小企业也可以定制一些培训课程，灵活机动地开展必要的培训。

这种在数字化平台上开展的培训属于学习管理系统（learning management system，LMS）领域，这是HR领域近些年发展最迅速、得到投资资本关注最多的方向之一。当今的时代是一个知识大爆炸的时代，网络上的各种知识和经验分享很多。LMS 解决的痛点是：帮助员工在海量的资源中，高效地找到解决问题的内容，以便员工有效地利用碎片化的时间学习。字节跳动公司的飞书提供的学习方案包括采用 AI 技术来优化学习内容、定制学习方案，以及建立公司内部的知识库来提供实用内容，甚至能做到让知识主动找人。其中重要的知识贡献来源是公司内部的同事，这个学习方案鼓励员工上传有价值的经验和方案，以促进知识在公司内更敏捷有效地传播。

2007 年，我参加了合作者的一项企业咨询课题，课题是关于某国有商业银行对于客户经理和风险控制经理的胜任力模型构建和培训体系建设工作的。在构建胜任力模型的过程中，该银行收集了全国各地分支行很多精彩的案例，编写到培训教材中。以往的培训教材理论多，即便有案例，多数也不是在这家银行发生的案例，甚至不是银行业的案例。这个项目把大量的知识和对应的鲜活案例汇总起来，通过培训课堂，传播给培训学员。从学员的反馈来看，这个项目的效果好过传统的培训方式。而且在讲案例的过程中，学员们会根据案例中讲到的细节（例如客户信息）来交换彼此的资源信息，甚至直接促成了新的业务。企业未来的培训部门应该发展成企业的知识管理部门。

北京科技大学的魏钧教授近年来在企业培训方向有创新的举措，他推出了"知识创造视频"，其基本做法是，访谈业绩突出的员工时，把员工的经验分享拍摄下来，剪辑制作成视频微课。魏钧教授和项目组成员善于从访谈视频和文字结果中发掘出有价值的知识和技能点，把它们成体系地总结成知识图谱，甚至形成一些源自企业实践的理论。这个过程是知识创造的过程。然后，魏钧教授和项目组把每个知识和技能点对应的最典型的案例的视频剪辑出来，一般 5~8 分钟为一个短视频。由于视频的形式更吸引人，包含的信息量更大，因此通过这种方法积累起来的大量短视频，在企业内网或专门的在线学习平台上受到了企业管理者和员工的好评和欢迎。这种培训方法已经在中国建设银行、中国银行、中国邮政集团、中国移动集团等企业得到了推广，获得了不错的反响。

在诸多培训和学习方法中，有两种方法值得管理者掌握。一种是费曼学习法，这种方法被物理学家费曼所推崇，基本道理很简单：教别人是有效的学习方法。在教其他人之前，人们必须先尽力弄明白教授的内容，而且因为有教别人的责任，教不好可能会没有面子，因此学习起来会更投入、更有效率。另外，在教别人的过程中，学员会问出各种各样的问题，作为教师，需要积极地运用所学的知识做出回答，或者和学员开展深入的讨论。另一种是行动学习法，以学习小组的形式，让参与者共同努力解决没有现成答案的真实问题，采取行动，在过程中学习，同时开发参与者、团队和组织的能力。行动学习法的精髓在于通过对已有经验的质疑和反思，探索出解决没有现成答案的问题的策略和方法，并在主动的实践中检验这些策略和方法。这种行动学习法对于管理者获得管理经验很有实效，是课堂教学的有力补充，效果甚至好过课堂教学。

企业在培训方面的最高境界是建设学习型组织，让学习型文化深入人心。企业只有保持开放学习的心态，才能更好地从培训中获益。否则，培训往往出现一种"囊化效应"，即学员在培训课堂上感觉学习了很多东西，也有很多感悟，信心满满地回到工作岗位中，但一旦尝试改变，就会发现很难改变周围的氛围，过一段时间，重新回到以往的状态中。"囊化"就是指在培训中学习到的东西仅限于培训课堂，很难迁移到实际工作中。企业建立起学习型文化，就能显著减少这种"囊化效应"，让培训的效果表现为实际工作的改进。学习型文化的要点包括学习的领导、学习的投入和学习的机制。学习的领导是指领导干部重视学习，以身作则带头学，做学习的榜样。学习的投入是指对学习有各个方面的资源投入，包括对培训部门人员和资金的投入，更重要的是，企业为了长期发展，愿意牺牲一定的短期收益，愿意鼓励员工参加学习，让业绩能力最出色的领导和员工花时间分享经验。学习的机制是指建立学习的政策、制度和氛围，让学习有具体可执行的抓手，鼓励企业内部形成分享和学习的氛围。学习的机制并不仅限于培训的方式，例如，团队定期召开的复盘会议也是行之有效的学习的机制。

学习涉及学习新的经验，更新旧的经验。如果旧的经验根深蒂固，学习就会遇到阻力，人会出现所谓的防御心态，即不愿意接受新的事物、不愿意做出改变。究其根本，是因为一方面学习目标可能不具备吸引力，另一方面学习是需要付出努力的，而保持现状则不必付出努力，比学习更舒适。一些学习理论总结了如何做出改变，例如，夏莫和奥托的 U 型理论，罗伯特·凯根的成人发展理论。我在教学中发现，一些本土化的实践经验值得学习推广，尤其是"批评和自我批评"等方式，能够有效地让企业中的成员保持警醒，保持一种危机感，有利于减少员工对学习的防御心态。

青岛特锐德公司针对不同层面的员工建立不同的学习机制。对于基层员工，公司要求他们能在所在的团队中定期做分享，把自己工作的心得和经验分享给团队其他成员；对于中基层干部，公司要求他们能做定期的自我批评，反省工作中的失误和不理想的地方，分享给同级的同事们；对于高层干部的要求更高，公司要求高层干部定期开展民主生活会，坚持"红红脸，出出汗"，干部之间要相互批评。由公司的董事长于德翔带头，先是其他高管向他提意见，然后其他高管之间互相提意见，最后他再向其他高管提意见。我曾经向他请教过，这种方式会不会太激烈，会不会伤害团队信任，他回答了两点：第一，这个团队有共同的成长经历，用他的话说，是一起"爬过雪山，走过草地"的，坦率地提意见没有问题；第二，民主生活会也不只有批评，也有相互表达欣赏的时候。尤其是在企业困难的时候，就减少批评，以表扬和相互鼓励为主。而越是看起来前方一片坦途的时候，越需要开展批评，以保持必要的危机感。其实，这些实践方法在理论上和前面提到的 U 型理论或成人发展理论是相通的，只不过有些西方学习理论对应的实践方法可能并不适合中国员工的培训和学习。

## 培训效果评估

培训需要资源的投入，企业和管理者自然关心培训有没有达到目标，取得了什么样的效果，这就需要对培训效果进行评估。一般来说，培训效果可以从四个层面来进行评估，表 14-3 列出了这四个层面。

表 14-3　培训效果评估的四个层面

| 层面 | 关注点 | 常见的指标 | 难度 |
| --- | --- | --- | --- |
| 反应层 | 受训者对培训的感觉怎么样 | 对培训教师、培训内容和培训组织过程的满意度 | 非常容易 |
| 知识层 | 在培训中学到了什么原理、事实和概念 | 考试、作业评估、答辩评估 | 容易 |
| 行为层 | 受训者的工作行为因培训改变了吗 | 技能/能力的评价 | 困难 |
| 结果层 | 培训的绩效结果是什么 | 业绩、离职率等客观的结果数据 | 非常困难 |

资料来源：KIRKPATRICK JD, KIRKPATRICK WK. Kirkpatrick's four levels of training evaluation.Alexandria, VA: Association for Talent Development, 2016.

我推荐培训效果评估应该至少包括反应层和知识层。在这四个层面中，最容易实施的是反应层的评估，这也是目前使用最广泛的评估方式。反应层的评估是偏主观的，主要反映了学员对培训课程整体，以及各个组成部分的满意程度。学员在参加完培训课程后，给各个维度的满意度打分即可。这种评估方式虽然容易设计指标，也容易实施，但并不能保证学员真正学到东西。知识层关注的是学员有没有从培训中学到知识，主要的方法是考试等。考试虽然不能测试出学员有没有学会技能、提升能力，但起码能测试出学员有没有掌握知识。考试的题目可以由公司或培训讲师来出，有些公司积累了题库。如果采用权威的第三方机构组织的考试，通过考试后取得证书，效果可能更好。举个例子，人们去驾校学习驾驶车辆，要参加4个科目，其中科目一是道路交通安全法律、法规和相关知识理论考试，科目四是安全文明驾驶常识知识理论考试，这两个科目都是采用考试的形式来评估的。

华为大学对培训效果很看重，因此华为大学的培训基本上都有考试，多年的工作积累下来，截至2021年底，华为大学已经有了12 000个左右的考试模块，而且形成了"以终为始"的工作模式。培训设计之初，华为大学先考虑考试包括哪些内容，一旦考试的内容定下来，华为大学再根据考试内容组织培训内容，负责教学实施。华为公司的教学和考试是由两个机构分开来负责的，这样一方面保证了考试的公允程度，另一方面也使得华为大学有压力，促使华为大学做好教学工作。因为如果考试效果不佳，派出学员的部门可以不选择华为大学，而从公司外部广泛的培训提供商中，选择能够达到培训效果的机构。

一些管理培训课比较难以采用考试的方法评价，但也应该有其他形式的知识层面的评估环节。例如，清华经管学院高管教育中心在一些培训天数较长的培训项目中，采取了结业论文撰写和优秀论文分享的方式。为了检验培训效果，学员们需要结合课堂所学，针对实际工作中遇到的问题，撰写结业论文。高管教育中心邀请一些教师作为论文指导老师，学员在写作过程中可以根据论文的议题，和不同专业方向的指导老师沟通交流，指导老师们负责评审论文，给出评语，给出成绩（优秀、通过、不通过），其中优秀的比例不超过20%。培训班会专门拿出半天的时间，安排优秀论文交流，所有的学员和指导教师都要参加，并现场点评和交流。

行为层的评估难度就一下子加大了。这相当于需要拿出证据证明，经过培训后，学员对应的技能和能力得到了提升。有的技能相对好评估，例如驾校培训的科目二和科目三，科目二是场地驾驶技能考试，科目三是道路驾驶技能考试。在实地测试中，考官观察驾驶员的行为是否准确到位，就能判断驾驶员是否已经掌握必要的驾驶技能。但是，还有一些技能和能力不好评估，就像我在第1章讲过的冰山模型，越是在水面以下的部分，建立行为化指标和实施评估的难度越大，实施评估的成本也越高。

我和合作者曾经在行为层的评估方面做过探索。2007年我的合作者负责了某国有商业银行客户经理和风险控制经理的胜任力模型构建和培训体系建设项目，在胜任力模型中，每个胜任力下都有对应的行为指标。例如，客户经理有六个维度，对应六种胜任力，每个维度下面有4~6个行为指标。我们设计了一项研究，在学员参加培训之前，请他们每个人所在部门的上级和同事通过胜任力行为指标问卷对他们的胜任力现状做了评价。在学员参加完培训，回到工作岗位三周后，又请他们每个人所在部门的上级和同事通过同样的行为指标问卷，对他们的胜任力做了评价。我们发现他们的胜任力得分提升了。我们还发现，他们不但提升了自己的胜任力得分，而且积极影响了和他们在工作沟通上关系紧密的同事，也就是说，他们把培训中的一些新知识和技能传播给了这些同事。我参与这个项目后的体会是，行为层培训效果评估虽然提供了更有说服力的证据，但就评估花费的成本来说，暂时缺少实用性。不过，随着获取行为数据的技术逐渐普及，如果获取行为改变的数据所需的成本大大降低，行为层的效果评估将更加普遍。

至于结果层的评估，是对培训效果最有说服力的评估方式，但也是最难实施的评估方式。之所以难，是因为培训前后的业绩改变有很多的原因，很难把培训在业绩改变中起到的作用分离出来。如果按照学术研究的标准来单独分离出培训的效果，虽然在理论上可以做到，但会产生很高的成本，而且推广的可行性不高。我的咨询经验中，也只有2007年的那家商业银行培训项目，讲的内容中很多案例是胜任力模型构建时收集的鲜活案例，由于案例中包括具体的人和事，参加培训的一些学员在培训课上发现了合作的机会，或者找到了潜在的业务机会，我的合作者做了跟踪调查，发现有一部分机会的确在之后得以实现，产生了经济效益。这些潜在机会数目的数据以及项目做成的经济效益数据，被用作新的培训方式有效的证据之一。由于结果层面评估难度很大，除此之外，我没有收集到更多的例子。但是，我建议在有可能的情况下，尝试用其他的结果指标衡量。例如，新人达到熟练工种的时间是不是缩短了等。

携程的创始人梁建章博士，于2010年在携程公司开展了一项研究，研究目的在于判断在家办公的效果。当时携程做了一个实验，抽取了255名员工，他们都具备符合要求的家庭办公环境和硬件设备，实验把这些员工随机分成两部分，一部分员工像往常一样，每天到公司办公，另一部分员工在家办公。研究发现，在家办公的员工业绩有显著提升，在9个月里业绩提升了13%。而留在办公室工作的员工，业绩则没有任何改变。另外，员工们在报告中称，在家办公能保证更好的工作状态和更高的满意度，员工的离职率下降了50%。2020年新冠疫情期间，携程11条业务线近70%的客服员工迅速实施"在家办公"的方案，部分部门在家办公人员比例近85%。结果显示，由于不受办公室干扰和通勤时间等因素的影响，在家办公的人可以完成更多的工作。2021年，携程进一步开展了"2021 混合办公试验",参加实验的员工由原来的以客户服务人员为主,扩展至覆盖技术、产品、业务、市场营销以及职能岗位的员工,试验时间共计 6 个月。"2021 混合办公试验"实验组的员工每周三和周五在家办公,试验对总计 5 个维度的效果进行监测。试验结果显示,参与员工对混合办公制度的态度,在试验后持续向好:混合办公制度的不支持率由 1% 下降为 0.1%,中立态度比例降低 5.3%,而强烈支持的占比提升约 6.3% 至近 60%。有部分员工和主管表达了对这种办公模式的担忧,在担忧事项中"担心影响同事关系"占比近 50%。而对主管来说,还会有"担心难以管理"等问题。在对支持混合办公的员工的调研中,支持这种模式的理由中投票最高的 3 个理由是:减少了通勤时间,时间利用更高效;便于平衡工作和生活;幸福度高,工作上更有创造力。

之所以提携程这个例子,是想给读者一个形象的类比:如果企业想获取结果层的效果评估数据,需要采取类似的方式,即至少把员工随机分成两组,一组作为实验组,参加培训,另一组作为对照组,不参加培训。实验组和对照组的结果表现,需要在培训开始前(测量结果称为前测)和结束后(测量结果称为后测)分两次测量,然后观察实验组培训学员的后测和前测之间的变化,并将这一变化与对照组实验学员后测和前测之间的变化对比,如果这一对比说明业绩结果有明显的提升,才能在一定程度上说明培训是有效的。随着数据获取技术的进步,对于产出容易量化的岗位来说,在结果层评估培训效果还是很有可能实施的。

## 职业发展

职业生涯是一个人从首次参加工作开始,一生中所有的工作活动和工作经历按时间顺序串接组成的整个过程。职业发展是指员工在整个职业生涯周期内获得的职位上的发展,职业发展路径就是由员工一系列的职位组成的发展轨迹。企业开展职业生涯管理,可以考虑表 14-4 列出的一些做法。

表 14-4 职业生涯管理的常见做法

| HR 职能领域 | 常见做法 |
|---|---|
| 选拔 | 招聘时重视应聘者的职业兴趣并提供发展机会 |
| 培训 | 多样化、多层次的培训 |
| 评价 | 以职业发展为导向的评价 |
| 任用 | 为员工提供职业发展咨询 |
| 任用 | 提供阶段性的工作轮换 |
| 任用 | 晋升与调动管理 |

员工本人应该是自己职业发展的第一责任人，自己对自己的职业规划负责，减少依赖心理。有两点对每个人的自我职业生涯管理很重要：第一，努力工作，取得好的工作业绩，这是基础。第二，和企业内外部有经验的人交流，听取意见。这些有经验的人可以被称为职业规划的导师，不仅包括直接上级，还包括其他上级。我的建议是最好选隔级上级，以及和隔级上级（即上级的上级）平级的管理者，相对隔级下级来说，这些层级的导师最适合给出职业成长建议。因为导师们最清楚他们对下级的期望和要求是什么，所以他们的意见最适合作为隔级下级向上晋升的努力方向的参考。导师也不限于企业内部，也可以来自企业外部，这些人往往能提供丰富的信息，甚至提供好的工作机会。

## 职业锚

我推荐掌握职业锚理论。从员工个人角度来说，该理论有助于确定自己最适合的职业发展方向。管理者掌握这个理论，也有助于分析下属的职业发展，做好人－岗匹配、人－工作匹配。表 14-5 列出了麻省理工学院埃德加·沙因（Edgar Schein）教授的职业锚理论，他把人们的职业锚分成不同类型。职业锚是一种形象的表述，它是指人们随着年龄和工作经验的增加，会意识到选择和发展自己的职业时围绕的中心是什么，就像船的锚能使船稳定地停泊在某个港口一样，人的职业锚也会让人稳定地处在某种职业类型中。职业锚强调的是，当一个人不得不做出选择的时候，他无论如何都不会放弃的职业中的至关重要的东西或价值观。职业锚不一定对应一个人最喜欢的或者最想要的东西或价值观。虽然有的时候最喜欢的东西或价值观也是最不愿意放弃的，但有时两者并不相同。这个要点和沙因对企业文化的观点是一致的。沙因认为，企业文化的核心是企业经营管理中至关重要的目标和价值观，是企业无论如何都不会放弃的，而不是企业想要的。这个道理很朴素，即越是对自己的优劣势认识得不够深刻，越容易受"外面的青草更绿"的影响，这是对自己的定位不够坚定。

表 14-5 八种职业锚

职能型（technical functional competence）：技术/职能型的人，追求在技术/职能领域的成长和技能的不断提升，以及应用技术/职能的机会。他们对自己的认可来自他们的专业水平，他们喜欢面对来自专业领域的挑战。他们一般不喜欢从事全面的管理工作，因为这意味着他们将要放弃自己在技术/职能领域的成就

管理型（general managerial competence）：管理型的人追求并致力于工作晋升，倾心于全面管理，独自负责一个单元，可以跨部门整合其他人的努力成果，他们想去承担整个单元的责任，并将公司成功与否看成自己的工作。具体的技术/职能工作仅仅被他们看作通向更高、更全面管理层的必经之路

独立型（autonomy independence）：自主/独立型的人希望随心所欲地安排自己的工作方式、工作习惯和生活方式，追求能施展个人能力的工作环境，希望最大限度地摆脱组织的限制和制约。他们宁愿放弃职位晋升或工作职责扩展机会，也不愿意放弃自由与独立

稳定型（security stability）：安全/稳定型的人追求工作中的安全与稳定感。他们希望可以预测将来的成功从而感到放松。他们关心财务安全，例如，他们关心退休金和退休计划。稳定感包括诚信、忠诚，以及能够完成老板交代的工作。尽管有时他们可以达到一个高的职位，但他们并不关心具体的职位和工作内容

创业型（entrepreneurial creativity）：创业型的人希望使用自己能力去创建属于自己的公司或创建完全属于自己的产品（或服务），而且他们愿意去冒风险，并克服面临的障碍。他们想向世界证明公司是他们靠自己的努力创建的。他们可能正在别人的公司工作，但同时在学习并评估将来的机会。一旦他们感觉时机到了，他们便会走出去创建自己的事业

服务型（service dedication）：服务型的人一直追求他们认可的核心价值，例如：帮助他人，保障人们的安全，使用新产品消除疾病。他们一直追寻这种机会，这意味着即使变换公司，他们也不会接受不允许他们实现这种价值的工作变换或职位提升

挑战型（pure challenge）：挑战型的人喜欢解决看上去无法解决的问题，战胜强硬的对手，克服无法克服的困难障碍等。对他们而言，参加工作或从事职业的原因是工作允许他们去战胜各种不可能。新奇、变化和困难是他们的终极目标。如果事情非常容易，他们会马上觉得非常厌烦

生活型（lifestyle）：生活型的人喜欢允许他们平衡并结合个人需求、家庭需求和职业需求的工作环境。他们希望将生活的各个主要方面整合为一个整体。正因为如此，他们需要能够提供足够的弹性让他们实现这一目标的职业环境，为此他们甚至可以牺牲自己职业的一些方面，如：晋升带来的职业转换。他们将成功定义得比职业成功更广泛

资料来源：SCHEIN EH. Career anchors revisited: implications for career development in the 21st century [J]. Academy of management perspectives, 1996, 10(4): 80-88.

## 多条职业通道

传统的职业发展通道是 h 形的，h 中突出的一竖表示行政管理的发展通道。行政管理的职位是有限的，这意味着只有少数人能在行政管理岗位上持续发展下去，而且越往企业的高层走，可以晋升的职位越少，竞争越激烈。为了鼓励员工的发展，不少企业建立了专业发展通道。不是所有的员工都想走行政管理发展通道，也可以选择专业发展通道。员工的专业能力强，就可以评专业职级。这样 h 就变成了 H，H 中的两竖，一竖代表行政管理发展通道，越往上走，行政级别越高；另一竖代表专业发展通道，越往上走，专业级别越高。中间的一横代表在一定的范围内，行政管理发展通道和专业发展通道的人员可以互换。

以腾讯公司的员工职业发展体系为例。腾讯的员工晋升体系，按照大类分成了两大职业发展通道，一条是管理发展通道，另一条是专业发展通道，如图 14-1 所示。企业这样划分的目的就是将合适的人放到合适的岗位，做到真正的"人岗匹配"。

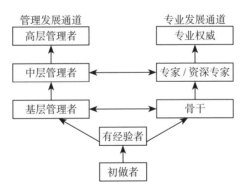

图 14-1 双通道员工职业发展体系

管理发展通道分成三个梯队：基层管理者、中层管理者、高层管理者。在腾讯，基层管理者包括团队管理者（组长）和总监，总监一般负责多个团队；中层管理者特指各部门总经理或同级别待遇者；高层管理者则是高层副总裁及以上。

员工在正式得到晋升前，都会经历一个"独立负责业务→负责重要业务→带团队负责重要业务"的过程。也就是说，一名员工在被任命为基层管理者之前，就已经开始承担管理工作了。这些即将被任命的员工，不仅要接受较为严格的管理培训，还要被发起360度考评，考评人员包括：未来的合作团队管理者、上级、下属。通过考评和人力资源（HR）评价后，通常还会有正式的答辩，完成后才能被正式任命。被任命为基层管理者后，之后的晋升主要依赖于团队的整体考评、个人的考评和组织架构的需要，总监一般都会同时负责多个团队的管理。

企业的管理岗位毕竟数量有限，既不能毫无原则地增加管理岗位，也不能坐视技术专家离开，只有通过与管理发展通道相得益彰的专业发展通道，为技术专家提供企业内部的各级技术职称，并配合设置相应的薪资制度和福利待遇，才能让无意于管理岗位的技术人才通过提升专业技能获得地位和薪酬上的提升，提升他们的满意度和忠诚度。

腾讯在专业发展通道上设置了四个子类，分别是：技术（T）、产品/项目（P）、市场（M）、专业职能（S）（见表14-6）。每个专业发展通道子类都进行了细分，如表14-6所示。每个专业发展通道都分成了六个级别：初做者（entry）、有经验者（intermediate）、骨干（specialist）、专家（expert）、资深专家（master）、权威（fellow）。目前腾讯的专业发展通道从低到高，一共有16个级别。不过，能做到资深专家和权威级别的员工很少。员工的职级表述是由两部分构成的：通道名称+职级。目前，一年有一次评估，如果评估合格就会晋升一个子级别，子级别到三以后再升就提升一个大级别。每次晋升至少间隔一年，员工有充分的时间提升技能水平。

表14-6 多条专业发展通道类别

| 专业发展通道子类 | 具体类别 |
| --- | --- |
| 技术（T） | 研发、视觉设计、交互、运维等 |
| 产品/项目（P） | 策划、运营、项目管理等 |
| 市场（M） | 市场、战略、网站编辑、商务拓展 |
| 专业职能（S） | 行政、秘书、采购、法务、财务、会计、人力资源、公关等 |

专业发展通道和管理发展通道是可以互换的，这就为一些专业能力很强，但不愿意走管理路线的员工提供了更大的发展空间。两条通道不

是非此即彼的关系，即：基层管理者，本身都保留着高级专业通道，要不断提升专业度，积累项目经验，提升自己的专业等级，只不过到了中层管理者之后，专业通道的作用会逐步淡化。

腾讯内部成立的技术职业发展通道委员会（简称 TTCP 委员会）负责腾讯全公司技术人员的职业发展通道管理。腾讯各个部门都成立了 TTCP 委员会分会，负责该部门技术人员的职业发展通道的管理。人力资源部门负责建设和维护腾讯公司的技术人员的职业发展通道体系，并作为 TTCP 委员会的秘书机构，负责体系的运作和管理。TTCP 委员会为了培育技术人才，专门为技术专业发展通道各职级的员工制订了详细而有效的培训计划。

图 14-2 展示了某企业的三维立体职级体系。第一个维度是该公司的板块（也称为生态），即集团公司中不同的事业部（BG）和子公司。每个板块被分成了多个序列，序列是第二个维度。这家企业对序列的分类比较细，包括生态管理序列、职能序列、产品序列、技术研发序列等。第三个维度是职级。不同板块的序列和职级数量不同，如图 14-2 所示，A 板块有 8 个序列，最高 12 个职级；B 板块有 6 个序列，最高 7 个职级。

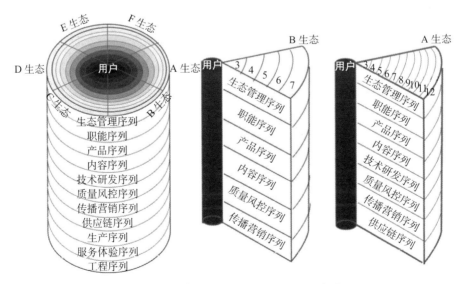

图 14-2　某公司的三维立体职级体系

新兴际华集团某子公司提出了"井"字形人才培养通道，旨在为职工实现个人价值提供一条清晰的职业发展路径，实现人企共进。所谓"井"字形职业发展通道，是指针对每个职工的不同特长，设定了管理干部人才、技术职能人才（专业技术、营销类）、高技能人才（操作技能）、党工团及劳模先进人才等四种类型的人才晋升通道（见图14-3），公司可以发掘职工的专长，职工也可以根据自己的专长，在这四类通道中找到适合自己发展的通道，这样的职业发展通道设定能最大限度地发挥全体职工的专长和潜能。

图14-3 "井"字形职业发展通道

管理干部人才的发展通道是：表现优异的普通员工→班组长→轮班长、工段长→一般干部→中层干部→公司高层。发展通道让每个有一定专业技术，并且具备一定管理能力的职工可以逐步实现职业晋升。技术职能人才包括专业技术人才和市场营销人才。专业技术人才的发展通道是：专业带头人→工程师→高级工程师→首席工程师→总工程师，在本职工作中，积累工作经验、专业知识及操作技能，在满足更高层级的职务任职要求的前提下，通过考试、考核或评审，可以向上晋升。市场营销人才的发展通道是：业务员→营销师→高级营销师→营销区区域经理→营销副总经理，员工通过不断提升业务技能得到职业晋升。"井"字形职业发展通道最有特色的是两道横线，包括高技能人才、党工团及劳模先进人才。之所以用横线来表示，是为了突出这两类人才的发展不强调职务晋升。其中高技能人才成长道路是：星级员工→技师→高级技师→

首席技师→技能专家，旨在淡化官本意识，最大限度地应用他们的操作技能，发挥他们的辐射作用。普通职工通过"双培双带"培养成团员、党员；普通职工通过正向激励表彰，培养成公司级—市级—省级—国家级先进典型。

我从2004年开始接触多条职业发展通道体系构建，在之后的教学中，逐年发现越来越多的公司开始构建多条职业发展通道。由于在层级制公司中，权力最大的还是管理岗位，因此，虽然很多公司已经有多条职业发展通道，但公司中有抱负的人还是更愿意走管理发展通道。如果走专业发展通道，即使职级高，但因为没有对下属的指挥权，实际上权力也并不大，这限制了他们发挥出专家的作用。还有一些公司把专业职级当作了一种手段，在精简组织的时候，用来安置从管理岗上下来的一批人，给这批人专业职级是为了保持其薪酬待遇不变。其实，就算是为了安置这些管理人员，也应该给他们设立名实相符的通道名称，给他们合适的工作职责，发挥他们的作用，避免冲击已有的专业发展通道。应该真正重视走专业发展通道的员工，在企业决策中给予他们权力，例如，参与战略决策、参与重要项目的评审，并真正提高专家意见在决策中的权重，才能让走专业发展通道的人体会到成就感。

目前专业技术在企业中的重要性逐渐提高，因此，即使是走管理发展通道的人，如果对专业技术不了解，也无法做好管理工作。相对于下级，管理者的优势在于信息来源更广泛，但如果管理者不能很好地理解工作中的专业技术，也很难做出好的决策。当然，管理者并不需要了解专业技术细节的方方面面，而要能抓住基本规律、能把握方向，在业务方向的思考上具有前瞻性。同样，走专业发展通道的人也不能只懂专业技术，也要提升影响力、掌握沟通和协作技能，以便更好地施展自己的专业能力。

## 通才和专才

根据个人经验的广度和深度，可以把人分为四类。那些在广度和深度上都不突出的个体，通常不足以被视为人才。常见的人才包括以下两类：广度高而深度低的通才（generalist），以及深度高而广度低的专才（specialist）。而那些在广度和深度上都表现卓越的个体非常罕见，能真正脱颖而出，打破通才和专才的界限。

通才的职业发展通道往往呈现"π形"，他们在多个领域积累经验，掌握多种技能，并建立起广泛的人际网络。通才的优势在于能够从多个领域的角度理解和应用知识，以及采用技能组合来解决问题。他们通常在积累足够的经验后，晋升至更高的管理岗位，走上"Z形"发展道路。优秀的通才能够从跨领域经验中迅速学习，并通过整合不同视角、经验和人脉，创造性地解决问题。然而，通才在面对技术性问题时缺乏深入的专业知识，难以解决专家级难题。

专才则沿着"I形"通道发展，专注于某一领域，深入掌握该领域的高级技能，人际网络也主要集中于此领域。专才在某一领域拥有深入的专业知识和独到见解，随着经验的积累，专才学习该领域的新知识更容易。专业发展通道的员工通常在积累了专业经验和知识后，不断提升专业水平，在专业职级上得到晋升。专才在解决技术性问题上非常有价值，但受限于经验，在解决不确定性强的适应性问题时不如通才。另外，当企业不再需要某一领域的知识和经验，甚至整个专业领域处于衰退期时，"I形"专才转型更困难，会面临更大的失业风险。

专才的专业化能力容易被识别，容易被归类，专才也容易快速取得业绩。而对通才的能力评估更具挑战性。因此，通才往往需要先在某个领域具备专才声誉，才能发挥其通才优势。然而，通才一旦在横向上发展出广阔的视野以及整合多种经验和技能的能力，往往非常有价值，能够领导专才解决问题。

当前的趋势是培养通用化的专才和专业化的通才。通用化的专才是"T形"人才，他们不仅在专业领域有深度，在横向也有积累，即他们也擅长将专业经验和知识应用到不同的领域或情境中。"T形"中的横向经验是在应用纵向专长的过程中发展出来的。例如，在多个领域都有应用经验的软件架构师、在多个行业里工作过的财务总监等，都是"T形"

人才。专业化的通才则在人际关系、思维和亚文化的整合方面构建专长，通过整合资源和知识，创造性地解决问题。例如，专业投资者对目标行业的技术、商业模式、财务等都有相当程度的了解，但又不如专业研发人员那样懂技术。如果把视野广阔、整合资源和知识也视为一种专长，那么专业化的通才也可以用"T形"来描述，只不过这个"T形"中的纵向专长是从横向经验中发展出来的。

也有观点认为，人才应该是"工形"的，即在"T形"的基础上，要求底部增加足够长的一横，代表基础素养，包括道德和伦理意识、强调终身学习的成长型思维、批判性思维能力、跨领域基础知识、沟通能力、共情力、创造性解决问题的能力、跨文化敏感度等。这些基础素养对于专才和通才未来的发展来说都很重要。

## 思考

1. 你所在的公司在人才发展方面有没有什么有特色且实用的做法？
2. 找到评测职业锚的问卷，并自测你的职业锚是什么，这对你未来的职业发展有什么启示？
3. 在 AI 时代，你认为通才和专才谁更有优势？
4. 你所在的公司有没有把绩效管理和培训发展结合起来？具体是如何做的？
5. 如何实现从"人找知识"到"知识找人"的转变？请查找这方面的案例并点评其做法。

CHAPTER 15
第 15 章

# 能力和潜力评价

评价人是人才管理中很有挑战性的领域,可以从三个方面对人进行评价:能力、潜力和价值观。这三个方面中,能力相对好评价,潜力和价值观都不易评价,尤其是潜力很难评价,目前学术领域的相关研究成果最少。价值观评价的基本原则是通过人们表现出来的行为进行评价。本书在面试和考核的部分对价值观评价的具体方法有较多的介绍,因此不在本章重复。

## 能力评价

关于人的能力评价,本节介绍两种思路和方法。第一种是胜任力

（competence）模型，第二种是基于时间跨度（time span）理论的方法。这两种方法都强调对被评价人实际做的事的评价，都包含着"能力由结果（业绩）反映"的思想，即用人们做过的事、做出的成绩来评价能力的强弱。华为公司也有类似的观点，认为人的能力如何，应该通过业绩表现来评价，并用《韩非子·显学》里的"宰相必起于州部，猛将必发于卒伍"来表达用人理念。这句名言强调国家的文臣武将，特别是高层的官员和将领，一定要从有基层实际工作经验的人中选拔。否则处理政务、领兵作战就可能是纸上谈兵，会耽误国家大事。

## 胜任力模型

戴维·麦克利兰（David McClelland）把胜任力定义为"能够将某一工作中表现卓越者与普通者区分开来的个人的深层次特征。这些特征可以是动机、特质、自我形象、态度或价值观、某领域知识、认知或行为技能等，它们是任何可以被可靠测量或计数的，并且能显著区分优秀与一般绩效的个体特征"。胜任力模型的基本思想是，对比在某个岗位上业绩优异的员工和业绩一般的员工，就可以通过他们之间的差异，找到影响业绩最大的地方在哪里。差异往往是多个维度的，把这些维度总结归纳起来，就是胜任力模型。

实践中往往简化了这种对比操作，把注意力聚集在优秀员工的身上，通过访谈，问一些行为化的问题。例如："讲述一件您认为完成得最出色的工作""讲述一件您在工作中遇到最难办的事情""您认为干好您这份工作最重要的素质是什么？请举例说明"等，通过这些问题收集优秀员工实例，然后由具备专业知识的 HR 或咨询专家对这些实例进行提炼，提炼出一些具备共性的维度，例如，魏钧教授对某银行的客户经理进行访谈，提炼出六个维度的胜任力模型，维度包括客户关系管理、沟通协调、参谋顾问、信息把握、拓展演示、自我激励。每个维度下有典型行为表现，例如，客户关系管理的典型行为表现有："了解客户的个人爱好，找让客户兴奋的话题来谈；关心客户生活，帮助客户处理个人事务，想在客户

CHAPTER 12
# 第12章

# 选　　拔

## 选拔时需要考察的内容

选拔时主要需要考察两大方面：一个是人和岗位的匹配程度，另一个是人和企业文化或价值观的匹配程度。选拔时，比较好判断的是一些硬性标准，例如学历、工作年限、专业资格证书等；难判断的是隐形部分，例如人的能力、潜力、工作动机、价值观等。对于隐形部分，选拔时需要关注候选人的行为表现。

一位企业高管和我分享过如下的例子：她当时在大连海运学院（现大连海事大学）读书，学业成绩优异，临毕业时参加了马士基航运公司的前面，做在客户前面；对大客户定期走访，举办高层会谈、研讨会、培训活动，为中型客户举办较大规模的联谊活动，让客户在活动中发言并赠送客户礼品，为小客户发送贺卡，征求客户意见，以表示关注；说服企业内部的关键人物，让他们起到积极宣传的作用；领会客户的非言语信息，观察客户情绪，判断对方的心理变化。"胜任力模型的维度和典型行为表现可以用于员工能力评价和员工招聘，越符合典型行为表现的人或应聘者，能力越强。每个维度下典型的例子可以用于编写教材和培训。

胜任力模型的构建有一定的专业 HR 技术门槛，即需要掌握行为化访谈技能，能准确总结和提炼胜任力维度，并在人才选拔和评价中准确运用。不过，目前有很多咨询公司和 HR 专业工作者熟悉胜任力模型的构建和应用，胜任力模型已经在越来越多的公司中得到了应用。模型得到广泛应用的一个明显的证据是，在网络上搜索"胜任力模型"，会找到大量相关的结果。不过，这种胜任力模型也存在缺点，主要是缺少坚实的理论依据。虽然胜任力模型在实践中已经得到大量应用，但是，在学术期刊上发表的相关研究数量有限，同时也存在不认同胜任力模型的观点，认为胜任力这个概念不清晰，过于情景化，不具备可以用于学术研究的普遍性。

## 基于时间跨度理论的能力评价

加拿大籍学者艾略特·杰奎斯提出了时间跨度理论。这个理论认为，人的能力需要根据人完成过多大量级的目标来评价，评价的核心是如何度量不同目标的量级。目标用一个简单的公式来表达，可以写成：目标 = 做什么事 + 做到什么程度 + 什么时间内做完。杰奎斯认为，什么时间内做完是一个重要的指标，可以用来衡量人的能力。这是因为，上级给下级交代目标的时候，对于越难的目标，越有挑战性的目标，允许下级完成的时间往往越长。上级允许下级完成的时间就是时间跨度。当然，如果是一个很难的目标，需要在短时间内达成，那就需要能力很强的人才能做到。

时间是人们用来感知变化的概念。通常人们认为时间是单维度的，即时间是自然流逝的。杰奎斯认为时间可以从两个维度来理解，一个是自然流逝的维度，一个是面向未来的维度。面向未来的维度反映了人的计划性，反映了人类通过活动来改造世界的意图。杰奎斯认为，应该从面向未来的时间维度入手，来考察人的能力。

能力强的人在面向未来的时间维度上的特点是，规划的时间会更长。按照杰奎斯的观点，思考并规划更远的未来的人，能力强于习惯被一两天内的事占据大脑的人。在组织中层级越高的人，对未来的规划期越长。即便跳出工作领域，这个规律也存在。例如，能力强的旅游达人规划的旅游计划，会延伸到更远的未来。

规划不能仅仅是空想。能力强的人不但规划更长的时间，而且能制订可行的计划。杰奎斯提出了一种通过实践来检验人的能力的方法，即时间跨度的方法。简要地说，假如你是一位管理者，当你给下属安排工作的时候，你需要根据你的经验估计一下完成这项工作应该需要多长时间。然后，给下属交代清楚这项工作，并告诉他要优先完成这项工作。你的期待是到了截止时间，下属交出你期望的结果。杰奎斯说，能力越强的下属，越能自主地完成需要更长时间的任务。这里面的逻辑是，能力越强的人能自主地完成越难的任务，而任务的难度用管理者估计的应该花费的时间来判断。需要强调，不要根据下属实际完成工作的时间长短来判断他们的能力，而要用你作为管理者估计的这项工作应该花费的时间来判断。这个方法最大的意义，在于管理者不仅能知道下属的能力排序，而且知道每个下属用时间跨度来衡量的能力的具体范围。

某央企的董事长在一次演讲中提到，他在职业发展历程中，做过六个五年计划，每次到了五年的时间点后，会检查计划执行得如何。他还提到自己有一个工作习惯，即不论天气如何，工作日每天七点钟开始上班，坚持了30年。他的经历对我有两点启发：第一，能力强的人做的规划时间长度比一般人更长。他的五年计划可能比多数人的时间规划要长，一般人可能也有远大的抱负，但是执行得不够坚定，分阶段实现远大目标的计划要么没有，要么比较短。第二，他能做到30年每个工作日坚持七点钟上班，说明他非常自律，这是他能实现计划的基础。有些人有计划，甚至也有较长远的计划，但是执行起来做不到严格自律，三天打鱼两天晒网，最终不了了之。

这种基于时间跨度的方法在操作时也有难点，即上级或上级组织要准确判断这个时间跨度，有一定的难度。虽然杰奎斯给出了详细的操作方法，但方法理解起来有难度，也不易推广。尽管如此，这种方法仍然有一定的价值。作为一个管理者，可以思考，对于不同能力的下级，你允许他们自主安排工作的时间有多长，即多长时间之后你验收安排给下级的目标？你允许某位下级自主工作的时间越长，说明这位下级的能力就越强。尽管在这个过程中，也有组织规定的考核期，下级也会来找你汇报工作，但这些时间点都不是最终验收目标的时间点。

通俗来说，如果你是一位管理者，对于能力越强的下属，你相信他不跑偏的时间周期越长；但是，对于能力不足的下属，就需要更频繁地监督、检查和更正。另外，有学生提出了时间精度的概念，认为时间精度也能反映人的能力。这种观点认为，能力强的人对时间的规划更细、更合理，能够在同样的时间内做到更多事情。

## 潜力评价

以冰山模型打比方，潜力是比能力更深藏于水下的部分。如果能力难以评价，潜力就更难以评价了。但是，对潜力评价也有必要，有些人虽然当下表现出来的能力弱，但是随着知识、经验的积累，他们的能力增长得比其他人快，这些人的潜力就高。如果企业在员工职业生涯的早期，就能通过潜力评价，识别出员工里的高潜力人才，这对于整个人才梯队的培养和建设，无疑大有裨益。例如，刚刚出校门的大学生，由于缺乏经验，一开始的工作业绩不一定出色，但是假以时日，潜力高的人就会脱颖而出。

我曾经给清华大学体育专长班的本科生授课，其中一位学生是奥运射击冠军。我问她，启蒙教练是如何选上她的？她介绍了教练采取的一些选材方法，其中一个环节是垒空弹壳，让候选人把空弹壳一个接一个地往上垒，看谁垒得多。当时包括她在内的候选人，年纪都很小，都还没有接触过射击，但她在一众候选人中脱颖而出，垒得又高又稳，一下子就被教练相中了。这些选材方法目的在于测试射击运动员需要的协调性、稳定性、心理素质等。另一位学生是我国女子国际象棋大师，我问了她同样的问题，她的回答是，教练在选材时重点考察专注力、自信心和记忆力。她的教练认为，孩子的眼神很重要，眼神放光的，往往专注力强，很有自信。

有的企业采取"通过实践考验人"的方法来判断员工的潜力。具体来说，就是让有潜力的员工承担他们也没有经验的任务，通过实际成效和员工在过程中的表现来判断员工潜力大小。对于过程中的表现可以在以下几个方面重点考察：在认知方面考察复杂信息处理能力，在心态方面考察成长型思维，在行为方面考察学习敏锐度，在人际方面考察情绪智力（情商）。本书在第12章已经介绍了情商和成长型思维，这里不再重复，下面重点介绍复杂信息处理能力和学习敏锐度。

## 复杂信息处理能力

杰奎斯认为能力是通过已经取得的成就表现出来的，而潜力是内生的。图 15-1 表示了能力和潜力之间的区别。这幅图说明，人有一个能力上限，但这个能力上限在哪里，是没有办法精确测量出来的。因此，虽然我们能用一些方法来评价人的潜力，但正确的态度是，潜力评价的结果只是一个重要的参考，不要过早地给一个人的潜力下最终结论。通常我们说一个人的能力强，指的是这个人通过实际的事情表现出来的能力。表现出来的能力和能力上限之间存在潜在的差距，这个差距越大，潜力越大。

图 15-1 反映了人的潜力和能力的关系。上面的线代表人的能力上限，但能力上限是非常难以评估的。下面的线代表人实际表现出来的能

力,可以看到,实际表现出来的能力在一段时间后,可能发生一次"跃迁",即从一个层级的能力突变到上一个层级的能力。这种现象我们在实践中往往可以观察和体会到。我曾经访谈过射击、国际象棋和围棋领域的冠军级学员,他们都提到自己在成长的过程中,曾经有过能力"突破"的体验。在公司中,人们也会遇到类似的现象,当突破自我、获得重要的晋升后,很多人都会感到一种"跃迁"式的能力提升。

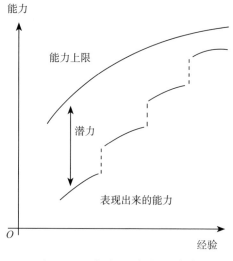

图 15-1　能力和潜力的关系

杰奎斯认为考察人的潜力可以关注以下几个方面:复杂信息加工、价值观、知识和技能、个性。其中知识和技能可以通过一个人的专业,以及拥有的学历和证书来判断。价值观是指一个人认为自己所做的事情在多大程度上是重要的,反映了一个人对事务的优先级安排。个性反映了一个人稳定的行为倾向,可以通过一个人过往的行为习惯和模式判断。杰奎斯认为,对人的个性不能要求得面面俱到,而是需要注意一个人有没有特别不适合从事某项工作的个性。例如,如果一个人需要和其他人合作,那么为人傲慢、防卫心态重,就是需要避免的负面个性。如果管理者需要选择承担某项工作的人,就要把这种个性和"个性负面清单"相符的候选人筛掉。

重点介绍复杂信息处理能力。正如人们在身体素质上的天分不一样，人们在脑力方面也存在差异。杰奎斯认为，人的能力是有差异的，对于需要用脑子的任务，差异来自人们的大脑处理信息的能力。根据艾什比的必要多样性理论，只有复杂程度高的系统才能有效地管理或控制复杂程度低的系统。这种更基础的能力被称为复杂信息处理能力（complexity of mental processing，CMP）。不同人的 CMP 等级不同。CMP 分成四个大等级，每个大等级中又分成同样结构的四个小等级。复杂信息处理能力取决于两个因素，可以形象地比喻成电脑的 CPU 和内存，其中 CPU 是大脑的信息处理能力，内存是大脑的记忆力。

在四个大等级中，最低等级的 CMP 处理的是实物信息，即只能理解在实物存在的前提下发生的信息，人类在幼儿阶段，大部分的 CMP 处于这个等级，因此需要借助实物来学习；第二等级的 CMP 处理的是和实物联系的语言信息，即在实物不在场的情况下，我们仍然可以自如地讨论这些实物，以及它们之间的关系。大部分成年人的 CMP 都能发展到这个等级；第三等级的 CMP 处理的是抽象的概念，即我们可以自如地讨论诸如客户满意度、核心价值观这样看不见、摸不着的概念。当员工转变成管理者，越往组织上层走的时候，就越需要这个等级的 CMP。第四等级的 CMP 处理的是普遍性的规律。只有少部分人的 CMP 能成长到这个等级。例如，在物理学中，对智力挑战最高的，也是最吸引科学家的，是建立一个统一的理论来解释所有的自然力。大部分人的 CMP 处在第二等级和第三等级。

每个大等级下有四个小等级，反映了人们在处理信息时依赖的逻辑关系。用逻辑关系式来表达，最低的小等级是 or…or…的逻辑。例如，大部分的试错式（error and trial）工作法就是这样的逻辑。第二小等级是 and…and…的逻辑，例如，分析问题时，借助某个框架，从多个角度来给出理由。第三小等级是 if…then…的逻辑，也就是因果逻辑分析的思维方式，不但给出理由，而且分析问题的产生过程。第四小等级是 if…and…only if…then…这是因果逻辑分析的升级版，一个结果的产生可能有多个原因，这个等级的思维会说清楚，什么情况下的结果是由什么原因引起的。我在决策领域做的研究表明,最复杂的信息处理能力可能会超越因果逻辑的分析,是一种"聚变"的思维方式。这种思维方式有点儿因缘际会的意思,认为一件事情的发生有多个同时存在的因果链,多个"因"碰巧同时聚在一起,导致结果发生。

评价一个人的复杂信息处理能力时,可以让被评价者分析某个问题,给出解决的方案,然后从被评价者思考和解决问题的方式中来做出判断。那些越是善于运用抽象概念、高等级的思维方式来思考的人,复杂信息处理能力越强。被评价者最好没有关于这个问题的相关经验,因为一个人根据已有的经验做出的方案,反映的是已经获得的能力,而不是潜力。

**学习敏锐度**

学习敏锐度主要是衡量适应性的指标,而不是衡量智力的指标。学习敏锐度是指个体从经验中学习,并将所学运用于新的环境的意愿和能力。这个概念认为,人们从经验中学习到的技能是不能迁移到新的情境中的,能够迁移的是底层的认知模式和文化视角。学习敏锐度高的人不会被具体的方法所困,而是能把经验合适地迁移到新的情形和经验中。这个概念被光辉国际咨询公司在企业客户中进行了推广和应用,尤其用于对领导潜能的评价。

隆巴多和艾兴格认为,学习敏锐度可以从四个方面来评价:①心智敏锐度:善于思考,乐于处理复杂问题,以非常规的独特方式审视问题、求知探新,以及在不同的概念之间建立全新的联系。②人际敏锐度:以开放的态度对待他人,喜欢与各种各样的人交往、了解他人独特的优势、兴趣与不足,并充分利用他人来达成组织目标。③变革敏锐度:喜欢改变,不断探索新的方案和解决办法,热衷于引领组织变革。④结果敏锐度:激励团队和发挥影响力,能够在初次面对问题的情况下创造成效。

一些新的研究认为,具备较高学习敏锐度具备以下几个有助于提升工作业绩的特征:第一是有学习型的思维,第二是认知上有灵活性,第三是情绪调节能力强,第四是行为上的灵活性。商业化的学习敏锐度测评有版权,我在这里给出一个由 Bedford(2011)开发的简短的评价问卷(见表 15-1)。管理者可以根据这个评价问卷里面的项目,给有潜力的下属打分,越符合的得分越高,并判断得分结果是否有鉴别效果。

表 15-1 Bedford(2011)学习敏锐度问卷

1. 是好奇的、爱求真的
2. 接受并根据他人的反馈行事
3. 是灵活的,当方法行不通时能予以调整
4. 是自知的,知道自己的优势和能力缺陷
5. 展现了对新知识和新技能的渴望
6. 积极追求自身的成长与提升
7. 寻求挑战和全新的经历
8. 思维开阔,善于接受挑战和新的想法
9. 对错误进行反思并从中学习

资料来源:BEDFORD C L. The role of learning agility in workplace performance and career advancement[D]. University of Minnesota, 2011.

# 团队建设

本节所说的团队建设是狭义的团队建设,指如何优化团队人员的组合以实现工作目标。广义的团队建设可能包括更一般的管理实践,例如目标管理、沟通、奖惩等。狭义的团队建设是指从团队组合的角度来分析,如何让团队成员达到 1+1>2 的效果。

学者们创造了"人力资本资源"(human capital resources)的概念,用于强调团队成员的知识和技能如何在团队或公司层面上发挥作用。从这个概念发展出的理论认为:每个员工都有不同的知识和技能,这些知识和技能可以以不同的方式组合,为公司带来不同的价值。组合方式包括相互补充(比如,一个人擅长解决复杂问题,另一个人擅长处理人际关系)、相互影响形成的涌现(比如,团队成员的技能相互促进,共同创造出新的价值)。团队成员之间的信任和尊重可以促进信息的分享和知识的传递,而共同的目标和文化可以帮助团队成员更有效地协调行动,有利于团队成员知识和技能的组合。

美国管理咨询顾问艾迪斯曾经用手做过一个形象的比喻。手有五根手指，各有各的特点。团队领导就像大拇指，最有力量，其他成员像食指、中指、无名指和小拇指，灵巧程度不同，但是缺了任何一个，都不能组成一个完整有力的拳头，尤其是缺了大拇指。大拇指也是最常和其他的手指配合的，在很多情况下起到支撑的作用。

团队建设应该做到目标清晰一致、职责分工清楚。明确了目标，成员的理解没有偏差，才能明确方向。职责分工清楚也很重要，职责不清晰，协作中容易冲突和扯皮，不容易做到角色的要求和人的特点匹配。可以存在多人共同负责的职责，但最好将这种职责控制得尽可能少。即使是在创业团队中，工作目标和内容可能频繁变动，但团队中每个人的角色是什么，也应该有清晰的划分，对于不断出现的新情况，可以通过协商，明确当下的职责划分。当然，作为一个团队，职责划分并不能替代责任心。遇到对实现团队目标有利的事情，或者遇到对团队可能造成损害的事情，需要成员有责任心地站出来，先承接下来，或者先应对下来然后交给具体负责的其他成员。

团队用人要用人所长，而不能求全责备。把不同人的一技之长组合在一起，就可能形成强大的力量。德鲁克先生非常强调用人要用人所长。基本的思路是：当我们接到一个目标时，需要思考，完成这个目标需要什么样的能力？什么样的人有这样的能力？选择团队成员时，要根据团队角色的职责分工来选拔。每个成员一定要优势突出，他的能力优势要足以保证完成某项职责，而且发挥自己的长处，人们往往工作起来会更快乐。因此，团队成员要长板足够长，短板不太短。把团队成员组合好，就会有一个能盛很多水而不漏掉的木桶。相反，对人的各个方面要求都要高，找来的可能都是平均水平的人才，反而不能起到好的作用。我之所以强调这一点，是因为现有的大部分人才评价是对个人进行评价的，但仅仅对个人进行评价是不够的，还需要懂得如何组合人，用团队的力量完成个体无法达到的目标。

团队成员应该做到能力互补、价值观一致，或至少不冲突。能力互补就是指每个人的长板不一样，组合起来就能形成团队的力量。价值观一致是指团队成员在对各种事情重要性的判断上，尽量保持一致，至少没有大的差异。这一点能解释为什么有的团队成员单独拿出来看很强，但是组合在一起却会失败。从不同企业来的人，价值观可能存在很大的差异。乐视公司在发展鼎盛的时候，曾经从各个知名公司挖来了能力强、过往业绩突出的员工，但这批人组合在一起，并没有取得预料中的效果。其中一个重要的原因是，他们的价值观差异大，管理内耗比较严重，降低了效率。现在回头反思，乐视公司需要更重视价值观的一致性。

团队成员的信任也很重要。通俗地说，信任是敢把自己的后背留给对方，而不担心对方有恶意。已有的研究表明，信任可以分成能力（ability）、善意（benevolence）和品格（integrity）三个维度。能力维度是指成员之间彼此相信对方的专业和工作能力足以胜任各自承担的职责。善意维度是指成员之间彼此相信对方有协作的意向，工作中会考虑对方的利益，行为动机没有恶意。品格维度是指价值观和品格，指团队成员互动时言行一致，待人真诚，有共同接受的价值观。团队成员之间的信任会在很大程度上降低沟通成本。

贝尔宾角色理论认为，团队中除了根据职责划分的不同角色，还存在因人的个性不同而形成的角色。高效的团队工作有赖于默契协作。团队成员必须清楚其他人所扮演的角色，了解如何相互弥补不足、发挥优势。成功的团队协作可以提高生产力、鼓舞士气、激励创新。利用个人的行为优势创造一个和谐的团队，可以极大地提升团队和个人绩效。没有完美的个人，但有完美的团队。在中国古典名著《西游记》中，唐僧师徒四人各有所长。唐僧虽然在战斗技能上不如其他三位徒弟，但他坚定的信仰是团队的核心。孙悟空、猪八戒和沙僧则分别具有独特的能力和性格特点，孙悟空武艺高强，猪八戒机智幽默，沙僧忠诚稳重，他们共同克服困难，完成了取经的艰巨任务。还有一部以二战为背景的美国战争题材电视剧《加里森敢死队》，中尉加里森从监狱里找到了几位各有一技之长的囚犯，有的擅长表演，有的擅长盗窃，有的擅长观察和用刀，这些人由队长加里森带队，深入敌军占领区，完成了一个又一个看似不可能完成的任务。

## 思考

1. 《史记·项羽本纪》记载："秦始皇帝游会稽，渡浙江，梁与籍俱观。籍曰：'彼可取而代也。'"这段文字中的籍，就是项羽。项羽（公元前232年—公元前202年）说这句话的时候，年龄约为24岁。项羽24岁起兵，公元前207年秦朝灭，项羽30岁在和刘邦争天下的过程中，于乌江战败自刎。《史记·高祖本纪》记载："高祖常繇咸阳，纵观，观秦皇帝，喟然太息曰：'嗟乎，大丈夫当如此也！'"刘邦（公元前256年—公元前195年）说这句话的时候，年龄约为36岁。刘邦比项羽大24岁，比秦始皇（公元前259年—公元前210年）小3岁，和秦始皇属于同龄人。刘邦48岁起兵，55岁当皇帝，61岁去世。根据这两个人的两句话，结合你了解的其他背景信息，你如何评价这两个人的才干？

2. 如果一家公司招聘刚出校门的大学生，是不是985院校毕业的学生比211院校毕业的学生潜力更大？如果是来自同一档次大学的学生，如何判断哪些学生的潜力更大？

3. 请观看电影《我是马布里》，并总结这部电影对团队建设有什么启发。

第六部分

# 人 才 使 用

HR

CHAPTER 16
# 第 16 章

# 目 标 管 理

谈目标管理之前,先说说绩效管理。绩效管理的目的是围绕客户需求创造价值,弥补业绩差距和机会差距,从而最终实现商业和社会价值。从实践操作的角度来说,目标管理是落实绩效管理的工具。

## 目标设置的原则

目标听起来是一个很简单的概念。但是,无论对于企业还是个人来说,目标定得不合适,或者目标数量太多,都容易导致目标管理做不好。从根本上来说,目标是企业使命和愿景的层层落实。图 16-1 像一座金字塔,它的顶端是企业的使命和愿景。使命和愿景引导企业的战略,而战略在企业中层层分解，就形成了各级管理者拥有的目标和指标，随后再往执行层面落实，就表现为员工在日常工作中进行的一项一项的具体行动。

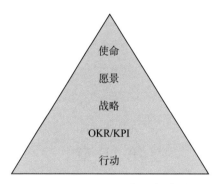

图 16-1　目标体系的金字塔

在目标管理中，目标的制定非常重要。在了解如何制定目标之前，先介绍一些基本概念。目标是指需要聚焦的工作，它对上一层目标的达成有显著贡献，反映管理的意图，目标制定的时间周期一般是季度或更长。关键结果是指具体量化的指标，用来衡量目标是否达成，或者做到了什么程度。计划是指为了实现目标，需要分解出来的一系列步骤或任务组合。任务是指具体的一项短期工作，一般按照周、日来计划。任务是目标管理的最小单元。

用一个简单的式子来表达什么是目标，就是：目标 = 干什么 + 干到什么程度 + 什么时间内干完。其中什么时间内干完反映了目标制定者的一种综合性预判，目标制定者需要根据目标的量级和难度，结合自己能调动的资源来预判时间。指标或者关键成果用来衡量目标做到了什么程度、是否达成。不管是指标还是关键成果，都应该做到清晰、简洁、量化。指标和关键成果可以用于考核。上面关于目标的公式还可以扩展一下，加上为什么干和怎么干，这两个部分不是考核能解决的，而是需要管理者通过沟通和辅导来完成的。

德鲁克先生是目标管理学说的提出者。作为一位非常注重企业实践的学者，他的学说和观念往往来自经验的归纳和综合。从德鲁克先生提出的目标管理学说内容来看，来自组织行为学的人性假设理论、动机理论和目标设置理论都和目标管理密切相关。德鲁克先生的目标管理学说在企业实践过程中得到了发展，麦肯锡咨询公司在德鲁克目标管理学说的基础上发展出了关键业绩指标（key performance indicators，KPI）法。另外，它和战略管理的一些思想和理论相结合，衍生出了诸如平衡计分卡（BSC）、业务领先模型（BLM）等可以用于企业绩效管理的方法。

简要介绍一下作为目标管理学说基础之一的目标设置理论。有关目标设置理论的研究已经有很多，从研究发现中可以总结出两条简洁有力的结论。第一，有目标好过没有目标。尤其是有具体的目标，好过没有具体的目标。这一条听上去好像很简单，但是，在现实生活中，有些人其实并没有明确的目标，而是被各种外力和事务推着走的。另外，有些人干工作的时候，或者给其他人安排工作的时候，可能会说"尽力去做"，并没有安排具体的目标。根据目标设置理论，没有目标或目标不清晰，就意味着最终很有可能拿不到什么结果。第二，有挑战性的目标胜过一般性的目标。这条结论成立有一个前提，就是人们对完成挑战性目标有信心。但是，在目前的企业管理实践当中，这条结论的作用往往得不到发挥。很多企业目前采用的绩效管理的做法往往限制了被管理者，导致他们不愿意主动接受或尝试有挑战性的目标。所以，需要想办法来解决这个问题，本章讲到的 OKR，主要就是为了解决这个问题。

在目标设置方面，已经有比较成熟的 SMART 原则，即一个好的目标，在形式上应该具备以下五个特征：具体的、可衡量的、可以达到的、与职责相关的、有时间限制的。把每一条特征对应的英文首字母的缩写总结起来，就称为 SMART 原则。随着 VUCA 时代的来临，也有的公司在实践中总结出创新的目标设置原则，这一原则中目标应该具备的特征包括协作性的、聚焦的、挑战性的、敏捷的、可迭代的。把每一条对应的英文首字母的缩写总结起来，称为 CLEAR 原则。表 16-1 列出了这两个原则，读者可以对比体会和学习。作为企业的管理者，需要结合所在企业的具体情况，应用这两个原则。

表 16-1　目标设置的参考原则

| 传统的特征 | 创新的特征 |
| --- | --- |
| 1.specific：具体的 | 1.collaborative：协作性的 |
| 2.measurable：可衡量的 | 2.limited：聚焦的 |
| 3.attainable：可达到的 | 3.energizing：挑战性的 |
| 4.relevant：与职责相关的 | 4.agile：敏捷的 |
| 5.time-bounded：有时间限制的 | 5.refinable：可迭代的 |

以上两个原则虽然能够帮助我们在形式上对目标制定有所了解，但要确定目标的内容是什么，还需要对目标的来源有更深入的了解和分析。如何制定出内容合适的目标？答案的核心可以概括为：管理者和被管理者越是对自己所做的事情有透彻的理解，越有可能制定出内容合适的目标。

根据目标管理的对象不同，应该选择不同的目标制定方法。当管理的对象是大的实体，也就是公司和事业部的时候，目标制定方法和公司采取什么样的战略紧密相关。通常可以采用的方法有平衡计分卡、业务领先模型，以及经济附加值（economic value added，EVA）的方法。这些方法属于战略、市场、财务分析和目标管理的结合，比较适合有一定规模的企业，特别是大型企业。这些方法提供了一种体系化的思考框架，帮助管理者们找到目标、找准目标。其中每一种方法都包含非常丰富的内容，战略或运营的课程中也常常提到。本书从人力资源管理的角度，阐述其中的两个方法 BSC 和 BLM 的要点。当管理的对象是团队或个体的时候，可以用 KPI 的方法。

平衡计分卡强调企业的战略应该注重可持续发展。因此，企业在制定战略的时候，不但要考虑企业在财务方面的表现，而且要重视客户满意、内部管理、员工学习。要应用好平衡计分卡需要掌握一个非常重要的观点，即财务表现是滞后的结果。也就是说，要想拿到好的财务表现（结果），必须在关键因素上下功夫。平衡计分卡主张如下的因果链：要得到好的财务结果，需要让客户满意。怎么让客户满意？需要内部管理做得好，往往表现为一些关键的流程和制度做得好，从而使客户满意（例如更高的性价比、更高的质量、更快的交付速度、更好的服务体验等）。进一步问，内部管理如何做得好？答案是企业的创新、学习做得好。这条因果链的观点对找准 KPI 有很大帮助。例如，海底捞的张勇特别关注客户满意，而不是那么强烈地关注财务表现。张勇对两者关系的思考，符合因果链的观点。财务表现是一个结果，要想得到好的财务表现，一定要抓住关键的过程因素，做实、做好、做精。对于海底捞这样的火锅店来说，关键的过程因素是让来吃火锅的客户体验好、满意度高，这样才能得到好的财务结果。在关键的过程因素上做得越好，海底捞的财务表现才能越好。

常见的业务领先模型如图 16-2 所示。这个模型的核心包括两个部分，一个是战略制定，一个是战略执行。战略执行是困扰不少企业的问题，BLM 把战略执行分成了四个相互影响的部分：关键任务、人才、正式组织、氛围文化。其中关键任务表现为制定出的一系列指标和关键结果。这个模型最早由 IBM 公司提出，在华为公司得到了很好的应用。阿里巴巴公司也提炼了类似的框架，包括六个关键词：使命、愿景、价值观、组织、人才、KPI。其中使命、愿景、价值观决定组织的方向，组织、人才、KPI 决定组织的执行。华为在制定战略时，总结出"五看三定"，其中"五看"是看宏观/趋势、看市场/行业、看客户、看竞争/对手、看自己/机会，"三定"是定目标、定策略、定控制点。

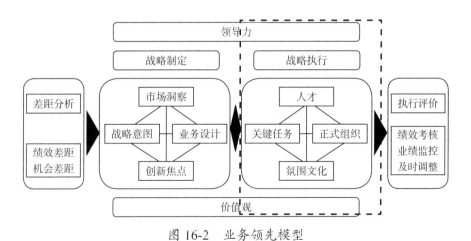

图 16-2　业务领先模型

对于大多数的中小企业来说，不必被这些方法论的细节所局限。这些方法论本质是为了帮助管理者厘清思路，让分析过程变得更成体系、更富有逻辑性。但是，这些方法论本身其实并没有回答目标的内容是什么，所以单靠这些方法论本身并不能找准目标。建议还是回归目标制定的本源，摸索出适合自己企业的方法。例如，青岛特锐德公司实践目标管理的过程中，探索出一个实用的方法，称为336高效管理法。这个管理方法的核心思想是，通过"先分类、再聚焦"的思维方式来找到目标、找准目标。分类是指不管什么问题，即使是困难的问题，也都可以通过分类来解决。如果不分类，把所有的问题混在一起，就难以解决了。实践特锐德336高效管理法首先要做分类，找到工作当中的三个痛点、三个重点和三个难点。然后，分别针对每个方面，制定三个目标。接下来，制定六个左右的措施。最后，制定KPI，进行评估，形成管理闭环。

聚焦是指任何组织和人在干工作的时候，要懂得集中精力、重点突破。就连华为这样大规模的公司，也强调要实行针尖战略，只有把力量用在针尖那么大的一个地方的时候，才能产生很大的压强，取得突破性的成果。在聚焦的思想指导下，在制定目标的时候，不能制定一堆目标，而要制定少而精的目标。当目标和指标太多的时候，不但没有聚焦，反而失焦了。"干工作要聚焦"这一条虽然听起来简单，但往往是企业和个人平时在做目标管理的时候容易走偏的。常常是做着做着，就忘记了自己最应该聚焦的目标是什么，被一些突发的、临时性的事务带着跑，这样就会变得非常被动。管理者可以尝试把分类加聚焦的方式运用在目标管理中。当然，不见得所有的内容都要模仿特锐德的做法，非要找到三个痛点、三个重点、三个难点。例如，找三个痛点、三个重点就可以了，可以没有三个难点。管理者也可以根据其他的分类方式，针对自身面对的问题，做出降低问题难度的分类，并在分类的基础上做到聚焦。

特锐德公司高层制定目标的过程不是简单的上级定好目标后，给下级单向派目标，而是有一个叫作目标研讨会的重要环节。开目标研讨会的时候，人数不能太多，太多就容易出现搭便车，或者责任分散的现象，达不到好的效果，当然也不能太少，一般以9～12个人为宜。在开会的时候，主持人一般不是最高领导者，而是将来要牵头或者主导目标的部门或者项目的负责人。主持人被称为领教，主要职责是带领大家集思广益，充分发挥团队的智慧，通过讨论产生目标。例如，在第一轮，与会者可以在不干胶贴上，各自写下自己认为重要的痛点、重点、难点，领教收集这些不干胶贴并贴在一个白板上，便于大家发现有哪些意见比较集中的痛点、重点和难点。反复几轮以后，大家会发现，小组的意见越来越接近，这样就能够找到目标。一旦定下来目标，执行过程中需要承担者全力以赴地完成。

有的管理者觉得这个方法比较烦琐，不如让有决策能力的人一言堂，然后由上向下派目标，下属执行好就行。这种一言堂和自上而下强推目标的方式，优势是快。而且，如果制定目标者的决策能力很强，制定和分解的目标往往也比较准确。但是这种方法也有缺点，它会导致承接目标的人缺乏对这个目标的参与感，以及缺乏由于参与目标制定而产生的承诺感。而且一旦这个决策者出现了失误，那就满盘皆输。如果人们参与了目标制定，就有一种内在的动力，想去完成这个目标。相反，如果没有这种参与感，在碰到挫折的时候，人就容易打退堂鼓，不容易坚持下去。

总之，目标管理有基本的原理，但并不存在一个标准的模板。所谓标准模板是指只有按照模板中的做法，才叫作目标管理，这样的模板是不存在的。希望管理者在具体的工作当中，能够以本节介绍的内容为基础，探索出适合本企业特点的目标管理法。

## 目标管理创新

首先分析一下目标管理的传统做法。传统上，目标管理和绩效考核是强绑定的。绩效考核是对被考核对象工作成果如何的一种评定，一般和薪酬奖励挂钩。所谓强绑定，是指 KPI 完成情况（特别是完成率）和薪酬奖励直接挂钩。KPI 完成得如何，决定了被管理者在考核之后能拿到什么样的薪酬奖励。关键业绩指标（KPI）是最常见的一种目标管理应用，它基于管理的二八原则。这个原则认为，80%的产出来自20%的投入。基于这个原则，管理要抓重点、抓关键。传统上，KPI完成率决定了考核得分。这种方式适用于产出容易量化、确定性强的岗位，销售和生产的岗位往往比较适合用这种方式。当然，也有一些不确定性比较强的销售岗位，例如，toB、toG行业长周期的大项目上的销售岗位，其实并不适用这种方式，需要采用其他方式。

这种强绑定的方式可能产生什么样的弊端呢？我总结了以下几个方面。第一，它促使被考核者变得保守，千方百计给自己争取容易完成的指标。根据目标设置理论，有挑战性的目标好过一般性的目标。但是，各级管理者在实际工作中往往会发现，这一条很难实施。现有的多数考核体系，很难让大家愿意接受有挑战性的目标。因为接受有挑战性的目标，就意味着实现不了目标的概率更大，或者KPI完成率更低，从而影响考核得分。第二，当目标和物质激励结合得太紧密时，或者一旦完不成目标将受到很大惩罚时，被考核者为了完成指标，会不惜损害组织利益，甚至会催生出各种花样翻新的造假。第三，KPI可能让人们变得斤斤计较，不关心超出KPI范围，但对组织实际有利的事情。在一些企业，考核不但没有激发人的主动性，反而让人变得越来越被动。让员工去做某件事情的时候，员工会问：这件事情在不在我的KPI体系之内？如果不在，我为什么要干这件事情？如果绩效考核体系让员工的思想状态变成这样，一定需要做出改进，否则管理会很被动。第四，当考核文化深入人心，指标会变得越来越多。不少管理者碰到事情的时候，会问：这件事情重要吗？如果重要，他们习惯性地想到把它纳入考核。管理者会认为如果不考核，事情就实现不了。如果依据这样的工作思路和习惯，那么，将会有越来越多的东西被加入考核，最终使得考核不堪重负，变得形式化，丧失实际效果。指标过多的时候，由于各个部门或团队存在本位主义，很容易出现小目标之间互相矛盾的现象，导致部门之间内耗，最终反而每个人都只关注自己的小目标，没人关注总体目标。第五，如果指标设置得不合理，会达不到管理者本来希望达到的管理意图。例如，本应该团队合作的工作，偏偏突出个人的绩效，破坏了团队合作。甚至可能出现看起来每个人的绩效都不错，但团队绩效却下降了的怪现象。

迷信指标会带来一些负面效果，我举三个最近让我印象深刻的例子加以说明。第一个是在某大型企业的网上发布会上，公司的 CEO 做演讲。我注意到从一开始，点赞的数字就哗哗地上涨，一刻也没有停止过，到最后竟然出现了点赞数远超参会人数的结果。虽然这位 CEO 演讲的内容不错，但还远没有精彩到值得观众们一刻不停地点赞的程度。出现这一结果的原因，有可能是公司的公共关系部门为了体现社会对 CEO 的关注、体现工作的影响力，派专人不断地点赞，点赞的人手指可能从始至终都没有离开过点赞按键。第二个是某大型银行推广使用自动存取款机器，并规定了一个指标，要求网点客服人员引导客户用自助机器，而不是让客户在窗口办理，即通过人工柜员在窗口办理业务的比例要降低。但是，有些客户（例如年龄大的客户）就是习惯在窗口人工办理业务。网点为了避免这个指标受到影响，利用规则，多做一个让客户存 1 元钱再取钱的动作，就可以不扣分。银行推行自助机器的出发点是没有问题的，但刻板地用指标来管理，反倒造成了网点工作人员多做毫无价值的操作动作。第三个是某大型房地产公司旗下的商业中心，需要在开业较短的时间内达到一定的客流量，公司给商业中心设置了客流量增长指标，并在门口设了计数器来获得数据。因为指标过高、不切实际，而这家公司又特别强调执行力，商业中心的负责人只能花钱雇一批人来回出入门口，以达到要求。后来他们发现，不如发传单吸引周边小区里退休的大爷大妈来，大爷大妈们从大门进来能领几个鸡蛋，出去后再进来还可以领，于是商业中心让这些大爷大妈们循环进出来完成指标。

怎么解决以上弊端呢？一些企业重视上下级之间的沟通，关键举措是先由下级组织或个人拟定目标，然后上下级充分沟通和对标，这一举措取得了良好的效果。在沟通的过程中，具体的指标制定要参考历史基线、同行水平，经营类的指标还需要和预算对应，确保指标制定和配置的资源、薪酬包匹配。

目前，目标管理实践出现了一些创新。我最希望大家了解的第一点是，目标管理和考核可以分开，它们不一定要紧紧绑定在一起（强调一下，我说的是"不一定"，至于需不需要分开，视情况而定）。或者说，目标管理和考核可以是松耦合，不一定是紧耦合。它们分开以后，目标管理关注目标的实现过程，以及不同岗位和团队之间的协作过程。虽然目标完成的情况仍然需要打分，但请特别注意，这些分数的目的是反馈以及衡量工作的进展程度，而不是将目标完成率直接和最后的考核得分挂钩。这种松耦合的存在非常重要，我将在介绍 OKR 的时候，用实际的例子来做进一步的说明。

第二，目标制定过程中上下级之间应充分沟通交流。当需要完成的工作不确定性强，需要下级发挥主动性和创造力时，就要鼓励下级自己制定出目标初稿，和上级去协商，通过协商确定目标。下级在制定目标时，需要考虑以下问题：为了帮助团队达成目标，同时考虑到自己所在岗位的工作职责，自己应该做出哪些贡献？对这个问题的思考能帮助员工制定出目标初稿。当然，自己定目标对员工素质提出了更高的要求。员工在先主动定目标，然后和上级讨论的过程中，能使自己的能力得到锻炼和提升。如果员工的能力和主动性还不够，目标可以由上级组织或领导来承接，关键举措可以由下级组织或员工拟定，由上下级针对关键举措进行充分沟通。

第三，为了对齐或者同步目标，目标应该在相应的范围内公开讨论，目标和计划实现的进度要公开透明化。一些公司用自己的语言来形容这个过程，例如，有的公司把这个过程称为"拉通"，即让所有人都能看到。信息的公开透明化，也是保证最终结果评价公平的重要前提。

第四，借鉴敏捷管理的思想，让目标管理具备轻、快、活的特点，通过定期，往往是频繁（例如，每周）的核查或者复盘来调整实现目标的计划，甚至在必要的时候调整具体的目标。这一条和第一条有联系，因为这一条之所以能够实现，就是因为目标管理和考核解绑。如果它们紧紧地绑定在一起的话，被管理者是很难愿意在实施的过程当中调整目标或指标的。因为调整目标和指标，常常意味着要求更高了，提高指标或者换目标会让被管理者觉得不利于最后的考核。当然，也要注意调整适度，有的企业借敏捷的名义，非常频繁地调整和检查，员工被折腾得疲急不堪，这反而背离了敏捷的原意。

第五，对于对协作合作要求比较高的工作来说，目标管理需要通过各种工作协作的云服务软件来完成。在当下的数字化时代，已经出现了多种工作协作的云服务软件。大公司一般自己开发工作协作云服务软件，例如字节跳动的飞书、阿里巴巴的钉钉、腾讯的企业微信、美团的大象、华为的 Welink，等等。

## 目标管理实践：OKR

目标和关键结果法（OKR）大概从 2010 年开始得到关注，2015 年后，在国内的一些企业，例如华为、小米、字节跳动、理想汽车等企业的一些工作岗位（尤其是偏技术研发岗）中得到了应用。需要特别强调，OKR 和 KPI 都是目标管理的具体工具和方法，它们之间不存在孰优孰劣，也就是说 OKR 并不比 KPI 更先进、更高级，它们只是适用于不同的场景而已。

OKR 是目标管理原理的一种实践应用。Intel 公司的格鲁夫对管理学大师彼得·德鲁克的目标管理思想掌握得很透彻，他是最早提出并在公司中推广 OKR 的经理人。德鲁克对目标管理的基本思想是：如果上下级之间能协商并共同制定目标，那么下级就会对通过谈判确定下来的目标有承诺感。这样，上级就可以放松命令式的监管，让下级主动去实现目标。德鲁克心中的目标管理是一种自我驱动型的管理方式。但是，在实践中，很多公司并没有贯彻德鲁克目标管理的核心理念，变成了一级压一级、一级考核一级，目标完成情况和经济收入紧密挂钩的方式。

绩效管理在理论基础上可以分为两类，一类是以控制为主的方法，一类是以承诺或赋能为主的方法。以控制为主的方法把考核作为一种控制和保证执行力的手段，用考核来约束人、用经济刺激来激励人。控制的方法是先在公司整体层面制定目标，然后根据组织结构把目标层层分解下去，下级主要执行上级分解下来的目标。以承诺为主，尤其是以赋能为主的方法鼓励被管理者参与到管理过程当中来，除了经济手段，这种方法也看重工作中内在动机对员工的激励。以承诺为主的方法在分解目标时，注重下级和上级之间的沟通和协调，注重发挥下级的主动性和创造性。

OKR是以赋能为主的目标管理应用，重在塑造和发挥人的积极主动性，这是OKR最本质的特点。只要体现了这个特点的做法，都可以叫作OKR。并不存在标准的模板，规定了只有怎么做才能叫作OKR。不过，虽然没有标准的模板，但典型的OKR一般具有或部分具有以下五大特征。第一，强调目标聚焦。一般来说，任何层面的目标都不会超过3个。有些公司在实践过程中，把这个数字放松到了5个。其实目标越聚焦，成就往往越大。如果一个企业上下围绕一个目标来开展工作，往往能取得好的效果。目标数量多了，在分解成指标或关键结果的过程中，就会产生很多指标或关键结果，反而削弱了对核心目标的关注。第二，鼓励公开透明。这是为了公开透明带来的监督，但更重要的，是为了目标之间能够协调和对齐。第三，上下级之间要有双向沟通的过程，而不是只有上级对下级单向的工作布置。第四，目标和考核不强绑定。鼓励下级制定挑战性的目标。第五，有定期跟踪目标进展的机制。我通过研究开发出了一个绩效管理典型特征评测工具，如表16-2所示，这些测量项目的得分越高，绩效管理越符合赋能导向的特征。其中一些特征和采用KPI的公司特征并不冲突，例如在一些采用KPI的公司中，特征3、4、5也基本相符甚至高度相符。根据我的经验，主要差异在特征1、2、6上，采用KPI的公司在这三个特征上的得分一般不太高。

表16-2 绩效管理典型特征评测工具

1. 目标制定
   （1）目标聚焦，鼓励制定少而精的目标
   （2）鼓励制定有挑战性的目标
   （3）鼓励下级自主制订如何完成目标的计划
2. 意义探询
   （4）人们清楚自己所承担的工作的目标和意义
   （5）定目标的时候，注重传达或讨论目标制定的理由
   （6）不但让员工清楚在工作中干什么，也让员工了解为什么

(续)

3. 跟踪调整
（7）如果目标发生变化，及时知会相关成员
（8）允许根据内外部环境变化调整目标
（9）根据业务周期，有定期跟踪目标进展的反馈机制
4. 过程反馈
（10）成员之间了解彼此的目标和目标进展
（11）上下级之间有及时充分的沟通
（12）鼓励团队成员之间坦诚反馈，相互提供帮助
5. 复盘总结
（13）成员的目标完成情况在团队范围内公开
（14）对目标完成情况定期进行复盘，讨论如何改进工作
（15）对达成情况不如预期的目标，团队会深入分析原因以更好改进
6. 结果应用
（16）目标更多用于过程跟进，目标本身不是考核工具
（17）目标完成率和考核并不直接挂钩
（18）根据被管理对象做出的综合贡献进行考核，而不仅仅是目标完成率

需要注意的是，OKR 更像是目标沟通工具，不是考核工具。因为 OKR 存在的主要目的，并不是短期考核某个团队或是员工，而是提醒每个人，当前的目标是什么、做到了什么程度，让每个人在干工作的时候不跑偏、不失焦。OKR 要打分，但是 OKR 的分数是用来衡量目标进展的，不是职位晋升的依据，也不和薪酬激励直接挂钩。很多企业是按照季度做 OKR 的核对和复盘的，季度 OKR 的打分是年度绩效考核的参考，但和年度绩效考核并没有直接关联。采用 OKR 的公司，大部分仍然有考核。关于如何考核，我放在本书第 18 章"绩效考核创新"一节中说明，让大家了解在目标和考核解绑之后，考核可以如何做。

我以谷歌公司为例，介绍一些更具体的 OKR 做法。不过我首先强调，谷歌的 OKR 不是标准模板，并不是普适性的。这个案例是为了帮助大家了解 OKR 的典型做法是什么样的，并理解背后的道理。在谷歌公司，目标分成两类，一类是挑战性目标，另一类是承诺性目标。承诺性目标是必须实现的刚性目标，而挑战性目标是需要付出很大的努力，有时甚至需要创造性的工作才能实现的高目标。挑战性目标反映 OKR 的特点，而承诺性目标其实和传统的 KPI 差异不大。有咨询顾问对挑战性目

标有一个操作性的建议，认为挑战性目标是指只有 50% 的实现可能性的目标。谷歌鼓励各个层级的员工制定挑战性的目标。在谷歌，OKR 每个季度评价一次，评分分成三档：$0 \sim 0.3$ 分、$0.4 \sim 0.7$ 分、$0.7 \sim 1$ 分，三档评分分别用红、黄、绿三种颜色来表示。每个 OKR 的得分在 0 到 1 之间，1 代表目标顺利达成了，0 代表目标彻底失败。

在谷歌公司，正常情况下 OKR 的得分应该在 0.6 或 0.7。如果员工得分很高，比如说，设置了三个目标，全部都是 1，这好不好呢？在 KPI 的逻辑下，这当然是好的。但是，在 OKR 的逻辑下，得分都是 1，反而说明目标设定得太简单了。当然，OKR 得分太低也不行。如果 OKR 得分低于 0.4，员工需要认真地反省，找到原因，加以改进。初次接触 OKR 的人可能会想，如果得 1 分表明目标设定得太简单，管理者认为不好，那我就定个简单的目标，而且刻意地做到 $0.6 \sim 0.7$，不就好了吗？不是这样。在 OKR 体系中，目标完成的程度和对结果的评价是解绑的。如果你刻意去制定一些简单的目标，并且干到 0.6、0.7 就完事，这并不能让你得到好的考评结果。年度业绩考核的时候，上级要看你做出的结果对部门的贡献和价值有多大。所以，还是靠结果说话，只不过考核得分是由贡献度决定的，并不是由 OKR 的完成度得分决定的。对于那些已经习惯了 KPI 打分方式的人来说，转变思维需要一段时间。总之，需要明白 OKR 只是一种目标沟通工具，而不是考核工具，这一点非常关键。在谷歌，所有人的 OKR 和得分是向全公司公开的，而且公开程度非常高。公司的所有员工，可以看到彼此的 OKR 和得分，甚至可以看到集团公司的两位创始人的 OKR 和得分。

接着介绍谷歌如何做员工考核。谷歌采用了五级考评量表，将考核结果分成杰出、明显超出预期、超出预期、达到预期、需要改进五级。员工的直属上级根据员工在考核期期间完成得出色的目标，以及其他的工作表现，综合判断该员工相对于其岗位职责来说，对部门或团队做出的贡献。其他的工作表现包括对团队绩效有帮助的活动，甚至会考虑一些员工不可控的环境因素。如果员工因为不可控的环境因素而没有完成目标，虽然不会被评为不称职，但不会得到高的考核分数。在谷歌，直属上级要对下级的考核做出初评。为了保证公允，会在人力的主持下，同级团队的主管在一起开绩效校准会，参会人员一般包括5～10个主管。通常这5～10个主管向同一个上级汇报，主管会把手下所有员工的考评情况投影出来，然后对每一个员工的评级进行讨论，最终确定一个公平的评级。这个过程确实很花时间，在谷歌，一次绩效校准会要花三个小时甚至更长的时间。这个做法不见得值得所有公司模仿。谷歌之所以这么做，是因为这些员工对公司的价值大，因此谷歌愿意在这些员工身上花费时间。在其他一些实施OKR的公司，员工的业绩和贡献不只由上级评定，在上级评定之前，要先由与该员工合作过的同事评价。例如，有些公司从技能水平、产量输出、团队贡献度、产品贡献度四个维度，让同事对该名员工对组织做出的贡献进行评价，以提高考核的公允性。

这种考核方式实际上是让员工先把活干出来，即事先没有特别清晰的考核标准，事后"论功行赏"，而且，这种考核需要依靠管理者的判断，难免会有一定的主观性。为了减少这种主观性的影响，整个体系的完整性很重要，包括目标和任务的公开、同事环评的加入、隔级上级参加的绩效校准会。在谷歌，为了防止管理者的权力过大，下级可以对上级的管理效果打分，HR对管理者反馈下级的分数和意见，以减少上级对下管理时可能出现的随意性。这个下对上的评估体系被形象地称为"氧气计划"，意思是管理者要注意团队的氛围，下级要有足够的"氧气"，才能健康地工作和成长。如果管理者的管理效果糟糕，团队氛围压抑，下级会感到"缺氧"。不过，这个体系对公司文化、管理者和员工都提出了较高的要求。在国内一些公司的OKR实践中，出现了"向上管理"的现象，即下级发现得高分的关键是想办法让上级对自己有好的印象，从而催生出刻意造成这种好印象的各种手段，个别公司这种现象甚至很严重。

在实践中，推广OKR会遇到一些困难，常见的有以下几点。第一，OKR需要对应的企业文化土壤。它需要企业的管理者，尤其是领导者转变观念，管理的特点要从以控制为主、重物质激励和惩罚，向激活员工的积极主动性、激发创造力做出转变。有这样的文化土壤的企业比例暂时还不够高，因此目前OKR主要在一些科技类公司得到了推广。但是，我认为 OKR 主张的核心特征，即目标管理和结果评价解绑，很多的公司都可以实现，并可以从中获益。第二，OKR 需要企业的管理者，尤其是领导者，在行动上率先践行 OKR。领导者需要以身作则，行胜于言地支持 OKR，OKR 才有可能在企业中扎根并取得成功。理想汽车在 2018 年由战略部引入 OKR，起初并不顺利，创始人及 CEO 李想在 2019 年初仔细研读了 OKR 的相关书籍，认同并身体力行，而且不断关注其他高管的 OKR 制定和执行，OKR 在公司层面才得到了一次真正意义上的推广。第三，员工素质、认知水平、思维方式也很重要，OKR 对员工有较高的要求，需要员工素质较高，有自律性、责任感，以及成长型思维。第四，员工不信任 OKR，认为 OKR 还是一种变了花样的考核。事实上，的确有些公司不理解为什么 OKR 不是考核，错误地应用了 OKR。因此，这些公司虽然实施了 OKR，也鼓励员工制定挑战性的目标，但在员工制定挑战性的目标以后，又拿挑战性的目标考核员工，OKR 自然搞不好，甚至背负了"又是一种花招"的骂名。所以，如果不能理解为什么目标制定可以不和结果考核强绑定，最好就不要使用 OKR。第五，缺少主动制定目标的方法和工具，以及相应的习惯。这个困难我觉得是以上几种里最容易解决的，可以通过内容准确的培训，帮助企业各级员工逐步掌握主动制定目标的方法和工具。

OKR 和 KPI 是目标管理的不同体系。企业需要根据情况，在 OKR 和 KPI 之间进行选择。我把选择 OKR 还是 KPI 的主要影响因素总结成表 16-3。在同一家公司中，可以根据不同部门或团队的特点分别采用 OKR 或 KPI。例如，华为公司的整体风格适用 KPI，因此在如服务、市场等面向客户的部门使用 KPI 体系，但对研发部门等需要发挥主动性的部门推广和使用了 OKR 体系。

表 16-3 选择 OKR 还是 KPI 的主要影响因素

| 目标管理体系 | 文化氛围 | 管理者的人性假设 | 员工的工作动机 | 业务特点 |
| --- | --- | --- | --- | --- |
| OKR | 灵活发展 | Y 人性假设 | 自主动机 | 不确定性强 |
| KPI | 稳定控制 | X 人性假设 | 受控动机 | 确定性强 |

## 思考

1. 在网络上找到索尼前董事天外伺朗写的《绩效主义毁了索尼》,点评作者的观点。你同意他的看法吗?为什么?
2. 如何对远程工作者开展绩效管理?试着找找有没有相应的例子。
3. 人性的 X/Y 假设理论是由管理学家麦格雷戈提出的,该理论认为管理者对人性有不同的假设和判断。请根据表 16-4,判断你所在公司或团队更偏向 X 人性假设还是 Y 人性假设?这种人性假设是否影响到你所在公司或团队绩效管理的特点?

表 16-4　X 人性假设和 Y 人性假设

| X 人性假设 | Y 人性假设 |
| --- | --- |
| 1. 人生来就是懒惰的,只要有可能就会逃避工作 | 1. 工作是人的本性 |
| 2. 人生来就缺乏进取心,不愿承担责任,宁愿听从指挥 | 2. 在适当条件下,人们不但愿意,而且能够主动承担责任 |
| 3. 人天生就以自我为中心,漠视组织需要 | 3. 个人满足欲望的需要与组织需要可以协调 |
| 4. 人习惯于守旧,本性就反对变革 | 4. 基于自己参与的工作的目标,人能进行自我指挥和自我控制 |
| 5. 只有极少数人具有解决组织问题所需的想象力和创造力 | 5. 大多数人都具有解决组织问题所需的想象力和创造力 |

4. 请通过网络找到并阅读彼得·卡佩利(Peter Cappelli)和安娜·塔维斯(Anna Tavis)在《哈佛商业评论》(2016 年 10 月)上发表的文章《绩效管理新方向》。这篇文章较详细地介绍了美国企业开展绩效管理的历史、现状和发展趋势,有的趋势目前正在变成现实。你阅读后,在哪些方面最受启发?

CHAPTER 17
# 第 17 章

# 绩 效 沟 通

绩效管理包括两大部分,一个是体系设计,包括体系设计是否合理、高层领导的支持程度、获取信息的渠道是否合适、遇到不公平之后有没有申诉的渠道;另一个是过程执行,其中最重要的是上下级之间的沟通,以及管理者在互动中体现出来的领导力。由于有专门的管理沟通和领导力课程来介绍相关的知识和技能,本章主要聚焦在绩效管理情景下的沟通。大概从 2010 年开始,有越来越多的公司意识到传统的年度绩效考核过于强调经济激励,而且迫使员工为过去的表现负责,难以提升当前表现并培养未来技能,而提升当前表现并培养未来技能才是企业长期生存的关键。因此,重视员工工作及时改进和能力发展的绩效沟通,变得越来越重要和流行。

## 绩效沟通的内容

要做好目标管理，不仅仅是目标管理的体系要设计好，企业上下的员工能认同目标也很重要，甚至更重要。不少企业感到战略不落地，分解出来的目标得不到执行，关键的问题是上下级之间的目标不能达成一致，员工觉得不能得到公平的回报，不能得到提升。我认为，目标管理即 MBO（management by objects）应该加上两个 H，变成 MBH2O。这两个 H，一个是脑（head），一个是心（heart），分别代表员工能不能从认知和情感上理解目标、接受目标、认同目标。为了让目标入脑入心，沟通很重要。目标管理不仅仅是作战室的人员动动脑子，规划出方案，然后让战斗人员去执行就可以了，执行人员的思想和情绪状态，会在很大程度上影响方案的效果。这和本书讲过的既要关注任务又要关注人的理念是一致的。有的管理者会有意识地在布置工作时运用这个理念，采用如下的原则：第一，让员工知道这个任务对公司或团队有多重要；第二，让员工知道做这件事情能学习到什么。有一位 MBA 学生在课堂上分享了 KUAE（know-understand-accept-execute，了解－明白－接受－执行）的观点，说明员工只有从心底里认同了目标，才可能不折不扣地执行，最终实现目标。

在这里我介绍一下 CFR。什么是 CFR 呢？CFR 是三个英文单词 conversation、feedback、recognition 的首字母缩写，中文分别对应对话、反馈、认可。其中对话是指员工希望和上级有真诚深入的对话。对话的内容不仅限于讨论目标和布置任务，而是围绕工作开展高质量的深入交流。大家在实际工作中可能有这样的感受，有些深入的对话并不是在正式的会议，甚至不是在工作地点发生的；更轻松的场合，包括聚餐、喝咖啡等非正式社交场合，反倒能让人们的对话质量、效果更好。反馈是指员工希望得到上级、同事、客户等的反馈。大量的研究表明反馈对人们提升工作表现有积极的作用。认可是指表达对人们工作的赞同和欣赏。当工作得到他人真诚的认可，员工会受到很大的激励。认可的方式很多，尽管物质激励是常见的方式，但认可的方式远远不止物质激励这一种。

美国咨询顾问鲍勃·纳尔逊（Bob Nelson）写过如何表达对员工认可的系列书籍，如《1001 种提高员工积极性的方法》《1501 种奖励员工的方法》，总结了很多公司对员工、上级对下级表达认可的实用方法。

反馈不仅包括正反馈（如表扬），也包括负反馈（如批评）。有研究发现，负反馈做得好，一样可以起到作用。有的负反馈引起人们的绩效下降，原因可能是负反馈的方式不当，从而伤害了人们的工作积极性。负反馈有必要，如果使用得当，有的人能"知耻而后勇，知弱而图强"。总的来说，负反馈如果能做到对事不对人，不轻易否定员工做事的动机，多针对工作行为本身或者工作结果来讲，那么反馈的效果就会好。另外，负反馈要及时，问题发生后最好第一时间指出，并且进行充分沟通，要比事后过很长时间再沟通更好。这些需要坦率真诚的团队氛围作为基础，并且提出负反馈的人要掌握足够的沟通反馈技巧，掌握好反馈的时机，聚焦于如何改进行为，引导对方惭愧和不满于自己的行为，而不是使对方感到被进行人格评价和指责。

绩效沟通可以分成两类：一类是以考核为沟通焦点，一类是以发展为沟通焦点。考核型绩效沟通是指通过回顾绩效管理周期内的绩效，最终对被考核者做出总的评定。这种类型的绩效沟通要求管理者将员工的绩效表现与事先设定好的目标或指标对比，或者与工作职责相比较，对被考核者做出评定。评定结果和奖励结合起来，比如奖金、加薪、股权等。发展型绩效沟通着重于如何改进工作，其着眼点在于未来的绩效。发展型绩效沟通的主要目标之一是确认员工应该提升哪些方面的知识和技能。在确认被考核者的发展需求之后，可以设定适当的发展目标。由于这种方法要求被考核者能够公开和坦诚地面对自己感知到的个人局限性和绩效表现中的不足，因此这种方法要求被考核者和考核者之间互相尊重、坦诚沟通。

Adobe 公司从 2012 年开始运用一种以发展型绩效沟通为主的思路进行绩效管理。Adobe 公司以前采用的是员工排名的绩效管理制度，即要求主管将员工按照一定标准进行排名。这种强制分配体系，自 20 世纪 80 年代开始，从 GE 公司开始流行，直到今天仍然在不少公司作为绩效管理的"利器"使用。Adobe 过去的绩效管理体系注重根据员工的排名来管理并分配薪资，然后裁掉表现不佳的员工，虽然听起来很好，但实际效果并不如人意。用 Adobe 公司员工自己的话来说，这个体系成了"一种浮夸、官僚且几乎人人痛恨的人事管理制度"。

2012 年初，Adobe 公司开始放弃以前的评级方式和年度反馈报告，推行"Check In"（直译为"签到"，如果是意译，可以翻译成"对齐谈话"，即通过交流，上下级清楚彼此对对方的期待）模式，强调更频繁却非正式的绩效沟通，核心在于用季度、月度甚至每天的绩效沟通代替过去正式、复杂的绩效考核。

"Check In"鼓励管理者和下属之间有更多的交流。公司要求每季度一次，不过有些管理人员选择将它变成每周或每月一次的一对多谈话。在这些绩效谈话中，管理人员向员工提出明确的目标。有了更为频繁的绩效谈话，员工们可以持续了解自己的工作状况和自己所处的位置，他们清楚知道自己的工作目标，无法达到期望的员工会被经常提醒，而不是只有到年末才知道自己的不足。

听起来似乎不就是在一起谈话吗？其实不容易。员工们长期以来熟悉的是正式的绩效考核和报告，当需要维持不间断的绩效交流时，管理者和员工一开始都不习惯。用 Adobe 公司人力总监莫里斯的话来说，"（一开始的）问题在于，大多数高管不知道如何在与某位直属下属的'Check In'谈话中真正地传达信息；同时，下属不知道如何获得反馈信息。高管和下属虽然都出于好意，但结果往往不尽如人意"。

为了让"Check In"发挥作用，Adobe 的人力资源部做了如下的工作，在公司上下塑造不断进步、持续改进的意识：①培训管理者，使其掌握设定目标、建立预期、给予反馈以及做出薪酬决策的技能；②利用公司内部的博客和员工互动，共同塑造持续改进的绩效反馈氛围；③提供一些工具，例如一页纸的指南、短的视频范例以及有效"Check In"的关键活动小册子；④及时沟通"Check In"取得的一些成效；⑤打破以往人力资源管理按照功能划分的传统，建立员工资源中心，提供包括绩效管理、职业辅导、管理能力开发的整体服务，提供有助于提升"Check In"

效果的工具、资源和其他各种支持；⑥在领导力的开发方面，在过去Adobe领导力模型的基础上，加入如何做好"Check In"的内容，并根据领导们的不同性格和团队文化提供有针对性的建议。目前，Adobe公司的"Check In"模式已经初见成效，并成为一些公司学习的对象。

Adobe公司的"Check In"模式并不是一个标准模板，有很多情景因素（例如美国、硅谷、软件公司）决定了并不是它所有的做法都适用于其他公司。据来自Adobe中国公司的员工反馈，这种"Check In"模式至少2020年在Adobe中国公司还没有得到实质推行。尽管如此，大家通过这个案例还是能体会到，绩效管理过程的精髓是有效沟通，需要重视它。至于具体如何做，需要因时、因地、因势来选择。

## 绩效沟通能力

在绩效管理过程中，上下级之间的互动很重要，其中好的沟通是重中之重。管理者需要确认员工接收到的信息是否与传达的信息能够达成一致，并明确下一步的发展计划。如果管理者想留人或继续和员工保持良好的合作关系，那么绩效沟通最基本的原则是从员工的立场看问题，理解对方，找到员工利益和公司利益的平衡点，让员工对公司产生信任和感情。尤其是中国文化的管理情景中，人心顺不顺是关键。因此，管理者要善于在平时和下级做好高质量的沟通。人心不顺，就相当于电池中的电阻增大了，会造成电流损耗大。员工和管理者之间出现矛盾，管理者要善于反思。即使问题是员工的不成熟造成的，管理者也要思考有没有做好教导和沟通。当然，这种在一定程度上把管理者视为员工父母的观念，有的企业并不赞同。例如，字节跳动公司就不认同这样的观念，而是认同网飞公司的文化，认为员工应该有成年人的心态，能够直面坦诚的反馈，加上字节跳动公司的工作要求高，即所谓"追求极致"，因此，在字节跳动公司，员工需要面对直截了当的反馈，需要有承受反馈压力的能力。

研究表明，绩效管理执行过程中需要的沟通能力主要包括三个方面：明确预期、充分观察、有效反馈。第一，要建立明确的目标或预期。尤其是在绩效周期的开始，上级要让下级有明确的目标，让下级知道他们的预期交付成果是什么。上级最好和下级一起，通过沟通确定下级的绩效目标和计划，以及如何提高绩效的目标和计划。第二，全面和准确地观察下级的工作表现。上级应该对下级在整个绩效周期内的表现有充分的了解，有记录下级平时工作效果的简明有效的方法，从多个信息渠道了解下级的表现，减少下级对自己的向上管理，即减少下级把过多的精力放在如何在上级面前表演，以形成一个好印象的向上管理行为上。第三，要保持有效的反馈。反馈最好是能及时进行，员工做的工作，哪些好、哪些需要改进，能够得到及时的反馈。应该针对不同下级的特点，找到合适的反馈方法。确认员工接收到的信息与传达的信息能够达成一致，并明确下一步的发展计划。表17-1是一张管理人员的绩效沟通能力自检表，管理者可以对照每一条，看看自己有没有明显的短板。

表17-1 管理人员绩效沟通能力自检表

目标明确性
1. 向下级明确地指出公司对他的期望是什么
2. 和下级一起确定他的绩效目标和计划
3. 和下级一起探讨提高绩效的目标和计划
观察充分性
1. 在过去的一年中，对下级的工作表现有充分的了解
2. 熟悉下级工作的所有方面
3. 对下级在日常状态和压力较大状态下的工作表现都比较了解
4. 在整个年度中，经常与下级讨论他的目标进展，而不仅仅是在考核时
5. 熟悉下级的个性和工作特点
反馈有效性
1. 向下级反馈对其工作表现的评价，帮助下级了解自己做得如何
2. 给下级的绩效反馈是坦诚、直率的
3. 以恰当的方式向下级反馈考核结果
4. 及时向下级反馈他的工作表现情况

## 绩效沟通方法

这里介绍几个常用的绩效沟通方法：第一，高质量地表达认可的方

法；第二，用于绩效反馈的教练技术；第三，用于行为改进的评估技术。当然，也有不少管理者认为这些方法，属于"术"的层面，因此不太重视。以我的观察，其中有的管理者是沟通高手，已经做到了"心中有剑，而手中无剑"的层面；有的则是不太重视这些软性的技能，认为这些方法虚张声势，是花架子，没有物质激励或惩罚来得实在。我认为公司的中基层管理者应该对这些方法有一定的掌握。

怎样对别人给出高质量的认可呢？可以分成三个步骤：第一，清楚地指明对方做了什么样的行为。第二，认可对方的品质，这是对第一点的升华，即指出在这个过程当中，对方展现出了一种什么样的品质。反过来，如果是批评，则不要轻易上纲上线到对方品质不好或不行。第三，对方的行为对其他人或者团队带来了一种什么样的好处。高质量的认可不是简单的称赞，而是行为化、具体化，让对方感到你的确看到了他的价值。高质量的认可需要细致的观察、总结，只有说到点子上，才能有效地激励对方。

教练技术目前在企业界也比较流行，不单是一般管理者使用教练技术和下属沟通，一些企业的高管也通过聘请教练来提升自身。教练技术的核心观点是：教练不一定知道所有的答案，但教练一定要问对问题。在教练技术当中，流行一个被称为 GROW 模型的沟通工具。如图 17-1 所示，它由四个步骤组成。第一步，确定目标、制定目标（G）。教练要通过和学员的沟通交流，通过问对问题，启发学员意识到自己应该追求什么样的目标，而不是简单地去布置目标。第二步，认清现实，了解现状（R）。这一步同样需要教练通过问对问题，让学员清楚地知道自己的现状是怎样的，离目标还有多远的距离。第三步，讨论方案（O）。教练需要用合适的问题启发学员思考有哪些备选的方案可以缩小现状和目标之间的差距。第四步，确定意愿（W）。同样地，教练要问合适的问题，让学员意识到哪个方向可行，怎么去开展行动。越是高水平的管理者，越能从复杂多变的信息中找到最值得问的地方，问出好问题。下级面对高水平的管理者时，会有这样的感觉：越是担心哪里，越容易被问到；越是想回避的细节，越会被仔细地询问。GROW 模型体现的教练技术是教练和员工一起共创的过程，明确差距、寻找改进路径、激发员工的改进意愿。

图 17-1　GROW 模型

用于行为改进的评估技术包括四个步骤：第一步，照镜子，描述看到的行为。例如，上级给下级反馈，或者同事之间反馈，可以先从确认你观察到的对方的行为事实开始，以确定你的观察是准确的。第二步，估计影响。讨论观察到的行为产生了什么样的结果。如果是好的行为，产生了什么好的结果。如果是一个负面的行为，对同事、本部门或者其他的部门与团队产生了什么样的负面影响。第三步，加强与改变。根据正面或负面的结果，启发对方思考怎样做出改变，提供建议，并帮助对方建立改变行为的承诺，或制订一个改变的行动方案。第四步，监督进展。对于在改变过程当中表现出来的正面行为，需要通过行为强化不断地维持，比如及时的认可。对负面行为要监督，注意改进的情况和进展。

这里介绍一个数字化时代的绩效沟通案例。用友网络是一家软件公司，从 2018 年开始，这家公司在工作当中使用了一个叫作"友文化"的管理工具，通过一个移动 app 来实现。这个 app 里面首先预设了一些能够代表企业价值观的勋章，例如，用友网络建立了"使命必达""勇于担当""拼命三郎"等勋章。上级可以根据下级在平时工作当中的表现，及时地发放这些勋章。例如,有员工主动地承担了工作,并且取得了很好的工作效果,就可以把"勇于担当"的勋章通过移动 app 的系统发到员工的账户上。在"友文化"发展的过程中,还建立了"金豆"体系。这个体系里的"金豆"来源于各个部门的团建经费。在不少公司,团建经费主要是通过团队聚餐的方式花掉了。有了这个"友文化"app 以后,这些部门把部门的团建经费变成了"金豆"。一个"金豆"代表一份小额的现金,例如,一个"金豆"代表一元钱。上级可以在平时的工作当中,灵活地使用这些"金豆"。这些"金豆"可以在企业兑换各种"小确幸"的福利,例如,在公司现场的咖啡机去兑换咖啡,在公司现场布置的按摩椅上去享受一下按摩。

价值观本来是很难量化的,但有了这个产品,经过一段时间,例如一年以后,积累了一定的数据,每个人在价值观上的表现,都可以清楚地量化出来。勋章的个数反映价值观的表现。例如,我在用友网络某事业部参观的时候,看到事业部走廊的墙面上,有拿勋章比较多的员工的头像,起到了激励的作用。我在和同行交流这件事情的时候,有人也会提出疑问,有的部门发得多,有的部门发得少,怎么办?实际上,发放"金豆"和勋章是一种非正式的认可方式。如果企业有正式的评价文化标兵的活动,它可以按照部门的人数,先设置一个额度。比如说,这个部门有两个文化标兵。那谁是这两个文化标兵,可以授权给部门的管理者决定。管理者可以根据下级拿到的勋章个数做出决定。虽然不同部门的勋章数量可能不同,但都需要满足公司所规定的正式名额的要求。

绩效沟通既需要方法和技能,也需要真诚的态度、信任的氛围以及坚持发展人的理念。理念应该作为方法和技能的指导原则,否则方法和技能容易走样、变味。我在 1998 年参加绩效管理技能培训时,学习了很多技能,其中有个"汉堡包法",就是当批评别人的时候,要先肯定对方,然后再指出对方的不足,批评完之后也要给出鼓励,指出努力的方向。但是,如果只学习技能,没有真诚的态度,这种"汉堡包法"容易被看成上级对下级的一种操控,下级会嘲讽地把这种"汉堡包法"评价为"给个糖豆,打一巴掌,再给个糖豆的把戏"。绩效反馈的目的是要发展人、培养人。一旦下级感觉到上级对他的反馈是为了他的成长发展和能力提升时，就能更好地接受绩效反馈，而不是充满抵触心理，不会觉得反馈是挑毛病。

因此，尽管每个人沟通风格不一样，但如果我们坚持发展人、培养人的理念，就能够找到合适的沟通方式。比如电视剧《我的团长我的团》里，演员段奕宏塑造的团长角色经常说粗话。那个团长的下属刚见到他们的上级时，觉得这个人不像个团长，但后来都听他的，因为在关键的时候，这个团长能给人方向、给人希望、给人力量。

## 思考

1. 本章介绍的绩效沟通方法，有不少属于欧美企业创造出来的实践经验，在我国外企的绩效管理中应用得比较普遍，民企也有不同程度的借鉴。如果你在国企或民企，特别是在国企，有没有什么有特色的绩效沟通理念或方法？
2. A 公司曾经推行过一种仅限公司内部流通的货币——A 币。每个月每个人会有初始额度 100 A 币，可以用来在公司的零食摊买东西（自助式的），同时每个人有分配 500 A 币的权限，在月底的时候可以在表格中填写，分配给当月对你帮助最大的同事（一般是其他部门的）。人力资源部门汇总得出前三名，全公司通报表扬，并给予物质奖励，除了会拥有对应其他同事分配的货币，还有价值几百元的京东购物卡等。

   该制度的初始目的类似于 360 度评价，同时激励内部协作。实际执行的时候发现，并没有达到预期，主要原因有两点：①部门性质差异很大，比如为员工服务的同事，如提供办公用品或者举办生日会等，很容易获得大家分配的货币；②激励员工的动作变形了，有些同事会努力搞好同事关系，而非实质提升工作效率和部门协作。

   该公司实行了几个月，最终因为以上两点愈演愈烈，最终废除了这个制度。你如何评价 A 公司经历的这件事？

CHAPTER 18
# 第 18 章

# 绩 效 考 核

## 绩效考核的流程

绩效是指一个人的工作表现,主要包括两方面:一是和这个人承担的岗位有关,即岗位职责的履行情况,属于工作角色内的表现,也称为任务绩效,它是整体工作表现的基础;二是工作角色外的表现,即做了没有在岗位职责以内,但对团队和企业有益的事情,也称为周边绩效。

管理者非常关心如何取得高绩效,但对所在企业正在实施的绩效管理体系常常不满意。根据我在清华大学经济管理学院高管人员培训课堂上做的调查,管理者们对所在企业绩效管理现状的满意程度比例分布如下:选"不满意"的占48%,选"说不好"的占27%,选"满意"的占25%。这个结果说明,做好绩效管理不容易。

应该把绩效评估和绩效管理分开，这是两个概念。绩效评估是个点的概念，主要是对工作表现的考察和审核。比如我们通常说年度评估，这就是考核的概念，主要关注某个时间点。而绩效管理强调"管理"两个字，突出"过程"的概念，它是一个确定期望或者目标、反馈辅导、评估结果和奖励绩效的全过程。绩效管理中常用到"绩效管理的PDCA循环"：P（plan）是指绩效规划；D（do）是指绩效执行；C（check）是指绩效评估；A（action）是指绩效结果的应用。这个PDCA循环叫作绩效管理的小循环。

绩效管理还有一个大循环。大循环是从实践的角度，具体分析一个企业在做绩效管理时，如何一步步开展，每一步有哪些要点。

绩效管理的第一步如何开展呢？我总结为八个字：获取支持，建立共识。首先，获取企业最高领导的支持，尤其是最高领导行动上的支持。绩效管理是和企业全局相关的事情，需要最高管理者的支持才能推动。如果没有最高管理者的支持，仅仅由人力资源部门推动，这项工作其实是做不好的。其次，绩效评估的设计者（常常是人力资源部门）应该和使用绩效管理体系和方案的各级业务部门建立共识。建立共识可以细分为两个关键的步骤：一是人力资源部门应该和各个业务部门沟通，让大家认识到绩效评估的必要性和目的；二是人力资源部门应该和业务部门共同制定评估的制度和方法。各个业务部门在业务的发展过程当中，可能已经形成了一些行之有效、独具特色的管理方法。作为设计者的人力资源部门，应该一方面根据企业的具体情况，引入一些绩效管理方法体系，比如平衡计分卡、KPI等；另一方面也有义务把业务部门积累的好经验和做法提炼出来，作为普遍性的方法推广使用。

绩效管理的推动者应该给各个业务部门的管理者阐述如下观点：第一，绩效管理不是新出现的东西，绩效管理的本质还是管理，只不过是用制度化、流程化的方式固化下来。绩效管理的目的是帮助改进工作，是让现在做事的方法更加科学化、流程化，而不是新增一个任务，这样大家就比较容易接受。"获取支持，建立共识"是思想上的保证，非常重要，在这上面多花一些时间，非常有必要。

第二，绩效管理要有组织机构上的保证。一般来说要成立一个类似考核评估委员会的组织，实践中常叫作考核评估领导小组。该领导小组的职责主要包括和考核评估权责相关的重要职责，包括审查通过或修改评价标准，审查各个单位的评估结果，处理过程当中大家认为不公平的事件，以及从整体上考虑是否需要改进绩效评估。

领导小组一般是最高管理者挂帅，主管各个业务口的副总也在这个领导小组里。同时，一些和考核全局相关的重要职能部门也在这个领导小组里，财务部门、风险控制部门对于像银行这种金融机构来说，是非常重要的数据来源部门，因此这些部门的负责人一般都会在考核评估领导小组中。

第三，考核方法的具体选择。企业选择什么样的考核方法，和企业整体管理风格有关。考核方法大体上可以分为两大类，一类是以控制为主的方法，一类是以承诺或赋能为主的方法。前一类方法把考核作为控制和保证执行力的手段。以承诺或赋能为主的方法鼓励被管理者参与管理过程，重视调动被管理者工作中的内在动机。如果用控制的方法，往往先从公司整体上制定目标，然后根据组织结构把目标层层分解下去，下级主要执行上级分解下来的目标。以承诺或赋能为主的方法在分解目标时，注重下级和上级之间的沟通和协调。

在制定目标时，比较困难的是给行政这类中后台职能部门设定目标。即使是中后台职能部门，也永远要思考这样的问题：现在部门的工作和各个岗位的工作是不是已经做到最好了？哪些地方做得不够？做得不够的地方中哪些是下一期工作最需要去解决的？应该把这些问题的答案作为工作的重点，列入考核。其他途径还包括和优秀的同行对标，或者听取其他部门对本部门工作的改进建议。

干工作需要不断地改进，不断地完善，不断地提高水平。有人说，他们公司绩效考核的特点是，放到考核表里的任务才会有人干，如果不放到考核表里大家就不干了，这就是绩效考核走入误区了。很多公司在考核中最大的错误，是把考核当管理在用，企图用考核替代管理。不过，已经有不少公司开始意识到这一点，重新把计划、沟通、反馈这些反映管理过程的东西再找回来。现在不少公司，尤其大公司的绩效考核形式化太严重了，人们在考核上花了大量时间，但收效甚微，甚至误入歧途。

第四，确定评估的主体和客体。谁来评估取决于绩效管理的目的。如果目的是业绩考核，最常见的方法就是一级考核一级，即上级对下级做业绩考核评定，隔级上级可以对隔级下级进行业绩考核结果的审核。作为管理者，给下级打分应该是其管理职责当中基本的一条。隔级上级因为观察不够，让他直接给隔级下级打分有时是打不出来的，但可以参与审核。不过，如果出现了不公平现象，遇到员工申诉时，应该有申诉渠道，让隔级上级和人力资源部门介入。

如果绩效管理的主要目的是综合评价，则应该让更多的评估者进入这个体系当中，除了上级之外，还可以有客户、平级以及下级，包括员工自评。当所有人都进入这个体系里，就是360度评价。360度评价是指通过收集与被评价者有密切工作关系的来自不同层面的人员的反馈意见，全方位地考察被评价者的综合表现。当然，由于他们是不同的评价者，因此观察的角度是不一样的。所以，一个好的360度评价应该让每一类评估者拿到不一样的评价维度，或者在权重上有区别，比如下级执行任务的表现如何，适合由上级打分，而团队合作的能力，适合由平级做出评价。

第五，确定评估的周期、时间。多长时间应该评估或考核一次？这主要取决于两个因素，第一是被考核岗位的性质，第二是考核或评估的成本有多大。对于生产和销售岗位，为了激励的及时性，考核的频率可以高一些，比如一个月一次。海尔公司曾经实施过OEC管理模式，日事日毕、日清日高，每天结一次账，要求每天比昨天进步一点点。不过，对于很多脑力劳动者，可能半年一小考、一年一大考的频率更合适。

第六，实施评估。人力资源部门要对有关人员，尤其是带团队的业务经理进行培训。业务经理要和下级确定目标，给下级打分，因此对他们的培训非常重要。一个绩效体系能不能取得好的效果，不仅取决于这个体系设计得是不是科学合理，更重要的是管理者的管理能力。越复杂的体系，越需要细致的培训。

不同的企业在评估结果公开方面的程度是不一样的。生产和营销相关的岗位，因为有量化的指标，容易做到完全公开。越是产出不易量化的岗位，评估结果越不容易做到公开透明，但应该尽量做到公开最终的评估结果，评估的细项不见得要公开。至少应该做到程序公平，即制定考核评估的流程和政策时，听取过各方面的意见，流程和政策是经过管理层和员工同意后公开的。

第七，兑现奖惩。加薪、奖金和业绩考核挂钩，业绩考核得分高，不仅奖金拿得多，工资还可以升级。很多公司的薪酬体系中，在一个大的薪级里，有一些细的档。有的公司规定，当年评估为优的员工的工资可以上调一档，有的规定连续两年评估为良也可以上调一档。不过，这种以内部公平性为主的薪酬体系设计，工资上涨一般比较慢。对多数员工来说，考核带来的工资增长比跳槽来得慢。

对于业绩表现差的员工，公司应该保留好考核记录。如果需要辞退员工，按照劳动法规定，公司应该拿出足够的证据，证明员工确实达不到公司的要求。一般来说，即使要把员工辞退，在辞退之前，也要给这名员工提供足够多的机会（换岗、培训），看看是否真的达不到公司的要求。

用人单位通知员工实行绩效改进计划（performance improvement plan，PIP）这一行为，通常能触发用人单位解除劳动关系的两个理由：不服从工作安排直至构成劳动合同法第三十九条第二项规定"严重违反用人单位的规章制度的"；实行绩效改进计划后仍绩效不佳构成劳动合同法第四十条第二项规定"劳动者不能胜任工作，经过培训或者调整工作岗位，仍不能胜任工作的"。具体来说，一般针对绩效不佳的员工，会提前几个月，约定一个明确的绩效改进的任务以及目标结果，如果未达到目标结果，则可定义为业绩不符合公司的要求。一般会签订纸质的计划书，该计划书在后期仲裁时也会作为证据被采纳。

绩效管理当中，可能出现一些不公平的现象。例如，有的上级给下级"穿小鞋"，打分比较低，这时候应该给被管理者申诉的渠道，让人力资源管理工作的作用体现出来，员工可以向人力资源部门反映不公平的现象，管理者对考核体系不满意的话，可以向人力资源部门乃至考核评估领导小组提出申诉，说明哪些方面应该做出改进。

一旦与薪酬、晋升和辞退等重要人事决策挂钩，考核就变得令人很有压力。绩效考核环节容易出现组织政治行为。所谓组织政治行为，是指在组织中，个体或团体为了自身的利益，运用各种手段为自己谋利的行为。站在个体或团队的角度，可能会觉得这些行为是"不得已而为之"。朗格内克（Longenecker）早在1987年就注意到了这个问题，他和合作者们对六十位企业高管做了访谈，研究发现：人力资源部门在设计绩效考核体系时，追求的目的是结果的准确性，而管理者在实际使用中，追求的是可行性和实用性，常常会考虑各种因素来决定考核得分怎么给，怎么反馈才能让下属们继续干好工作，怎样才能对完成工作最有利。这些因素对于管理者来说，常常比人力资源部门看重的准确性更重要。表18-1展示了朗格内克等人总结出的考核分数扭曲的常见原因。

**表18-1 考核分数扭曲的常见原因**

经理们打高分的原因（相对多见）
1. 当员工们有加薪的机会，尤其是在加薪的总额有限的情况下
2. 保护一些因为个人问题而绩效暂时下降的员工
3. 当绩效考核会被组织之外的其他人看到时，会不愿意"报家丑"
4. 避免不好的考核结果永久性地进入员工的人事档案
5. 避免和一些麻烦员工产生冲突
6. 肯定员工在绩效期内的部分进步
7. 对于不合适的员工，个别情况下可以通过"打高分送走"

经理们打低分的原因（相对少见）
1. 敲打一些下属，让他们回到高绩效的轨道上来
2. 给个别不听话的下属一个教训，让他们清楚谁是老大
3. 给一些下属发出信息，让他们知道自己该离开组织了
4. 积累证据，在开除某个员工时有足够依据

资料来源：LONGENECKER C O, SIMS JR H P, GIOIA D A. Behind the mask: The politics of employee appraisal[J]. Academy of Management Perspectives, 1987, 1(3): 183-193.

朗格内克发现，如果组织能够自上而下地认真对待考核，那么政治因素在很大程度上会得到控制，否则考核很容易走样，变成形式上的东西。为了保证绩效考核能够顺利地实施，朗格内克提出了如下意见：

（1）高层需要重视绩效考核，带头认真参与绩效考核体系的设计、培训和实施，奖励认真对待绩效考核体系的经理们。高层们自己要践行绩效考核体系。

（2）培训时，不光是介绍如何进行绩效考核，还要讲清楚为什么开展绩效考核，让各级管理者和员工清楚绩效考核的意义。

（3）在做绩效考核时，要预估员工会提出哪些有挑战性的问题，特别是对于棘手的政治因素相关的问题，要讨论并采取预防措施。

（4）当和金钱挂钩时，政治因素变得多起来，但这并不是说按照绩效付酬的方式不能用，而是需要意识到这一点并采取以上1～3点中提到的措施。

（5）公开记录可能导致不准确，因此能够看到绩效考核档案的人数应该越少越好（这里不是指考核结果不公开，而是指考核过程中的记录需要保密）。

## 绩效考核方法

绩效考核常用的方法包括关键业绩定量指标法、尺度评定法、行为观察法、关键事件法、强制排序法、强制分布法。这些方法各有优缺点，没有绝对的好和坏，需要结合具体的情景因素来选择。

具体考核方法的选择要根据考核对象的层次。当考核的对象是事业部、分公司、子公司时，可以采用以平衡计分卡、EVA、BLM为基础的关键业绩定量指标法；当考核的对象是部门或团队时，可以采用以关键业绩定量指标法为主的方法；当考核的对象是岗位上的员工时，方法就更灵活一些。总之，被考核对象的层次越高，考核越倾向于使用关键业绩定量指标法。

关键业绩定量指标法就是常说的设置KPI的方法，量化指标一般从数量、质量、成本、时效四个方面去找。具体操作时，可以借助一些指标分解的方法，例如鱼骨图法、杜邦财务指标分析法等。KPI的优势是结果导向清晰，量化指标显得比较客观，适合产出可以量化衡量的岗位，例如销售和生产岗位。缺点是：第一，越是中后台的岗位，以及越是个人的努力和结果联系不紧密的岗位，设置KPI的方法越不适合；第二，

KPI体系的设计和执行可能比较烦琐。需要注意，过度使用KPI会导致诸多负面的效果。

尺度评定法是建立多个衡量工作职责的指标，然后对这些指标进行打分。例如，对一个岗位建立四个定性指标——工作数量、工作质量、积极性、协作性，然后对每个指标的定义做出解释。具体打分的时候，评估者根据被评估者的表现，在一定的尺度内打分。例如，工作数量、工作质量、积极性、协作性四个指标的满分分别是30、30、20、20。尺度评定法的优点是适用面广，易于设计，能够比KPI更全面地考核岗位职责的履行情况，而且不需要对管理者进行太多的培训就能使用。缺点是：第一，针对性不强；第二，打分可能不如KPI客观，难以向被考核者解释。使用尺度评定法，最好清楚地定义衡量工作职责的指标，以及制定得分标准，例如，界定清楚工作数量得30分、20分、10分等的标准。

行为观察法不是对结果进行衡量，而是对过程进行衡量的方法。过程一般指的是达到结果的关键态度和能力，行为观察法是把关键态度和能力行为化，变成一些行为化的指标，然后根据被考核者在这些指标上的表现做出评估，例如出现某种行为的频率越高，得分就越高。关键态度和能力如果不进行行为化，而是对多个方面直接评估，就变成了尺度评定法。行为观察法的优点是比尺度评定法更细致，可以比较全面地衡量被考核者在关键态度和能力上的表现。缺点是：第一，设计和执行可能比较烦琐，需要培训管理者；第二，打分可能不如KPI客观，难以向被考核者解释；第三，往往需要绩效考核领域的人力资源管理专家来设计行为化指标，开发成本比尺度评定法高。

关键事件法是指把被考核者在工作中做得特别好和特别差的事件记录下来，根据情况直接加减考核分，或者作为一种辅助性的方法，和其他考核方法结合起来使用。关键事件法基于"管理要重视例外"的原则，重视特别好和特别差的事件。关键事件法用得好，有利于考核者在使用尺度评定法或行为观察法的过程中，遇到打分特别高或特别低的情况时，向被考核者解释原因。这种方法的缺点是有可能比较烦琐，管理者需要有记录关键事件的习惯，企业最好有便捷的反馈记录信息系统支持。

强制排序法是一种人比人的方法，在企业缺少正式的考核体系时，管理者往往会使用这种方法。运用这种方法最简单的方式，是管理者根据员工的整体表现，把员工做出的贡献从大到小进行排序。一种复杂一些的方式是管理者根据多个维度，例如工作数量和工作质量，对员工在这两个维度上的表现进行排序，然后把排序结果整合起来，做整体的排序。还有一种复杂一些的方式是对团队中所有人进行两两比较，然后根据比较的结果，做整体的排序。虽然这种方法常常被一些人力资源管理专家所诟病，但它在实践中往往被采纳。这种方法的优点是简洁，当管理者对员工在日常工作中的表现非常了解时，这种方法也比较准确。缺点是对管理者的依赖比较大，管理者的管理素养和水平对排序结果影响比较大。

强制分布法也是一种人比人的方法。这种方法假设不同员工的业绩表现一定存在显著差异，比较适合对员工为团队做出的综合贡献做强制性的比例要求。例如，271 的比例分布，强制要求参加排序的员工，有 20% 属于优秀，70% 排在中间，10% 排在后面。需要注意以下三点：第一，这种方法需要在同一薪级的员工之间进行比较。这是因为薪级相同的员工，即使分布在不同的部门，干的工作不同，他们对公司所做的贡献也应该是接近的，这样才能和他们的薪酬匹配。第二，参加排序的员工人数不能太少，最好不少于 30 人，这样才有足够的概率出现优秀和落后。第三，有的公司坚持使用强制分布，并淘汰最后的 10%，可能出现参加排序的员工水平都提升的情况。这时如果不增加薪酬，会导致员工觉得不公平。强制分布法使用得当，能起到拉开差距，激励优秀人才的作用。有的公司把不同薪级但属于同一部门的员工放在一起做强制分布，容易出现不公平的现象。

实践中可以根据图 18-1 所示，综合运用以上介绍的方法。

对关键结果进行考核时，一般是由上级根据下级的 KPI 完成情况进行打分。KPI 是几个设定好的结果指标，每一项结果指标有权重，上级根据下级在每个指标上的完成情况打分。关键过程是指为了达到结果，需要在工作中掌握和应用的知识、态度、能力。对关键过程的考核可以根

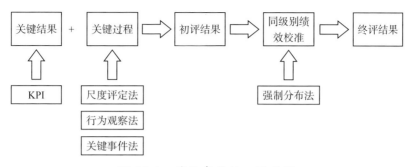

图 18-1　绩效考核核心思路图

据情况,在尺度评定法和行为观察法之间选择,并辅之以关键事件法。关键结果和关键过程各自在考核分数中占有不同的权重。结果越可量化(通常是前台的部门或岗位),关键结果部分在整个考核分数中占的权重越大;结果越不易量化(通常是中后台的部门或岗位),越强调岗位的广泛职责,关键过程部分在整个考核分数中占的权重越大。强调合作的岗位或部门,在对关键过程进行打分的时候,评估人不仅仅是上级,也包括同事甚至客户等。在采用多评估人的方式时,一般先由同事给出在合作项目上表现如何的评估分数和意见,然后由上级把信息综合起来,上级根据自己对被评估者的了解,对关键过程进行打分。

关键结果的得分和关键过程的得分合在一起,就得到了考核的初评结果。管理者在给出初评结果时,要注意考核是和被考核者承担的目标和职责相比较,而不是对整个部门做出的贡献大小。例如,一个新人刚进一个团队,如果根据他承担的目标和职责,他完成得很出色,这个新人的初评结果应该是优秀。但是,如果按照对整个团队做出的贡献来评估的话,很可能这个团队中还有其他更有经验的老员工,尽管和承担的目标和职责相比,老员工完成得并不出色,但对团队的贡献和价值,仍然比这个新人大。在这种情况下,完成得并不出色的老员工的考核等级得分应该低于这个新人。不过,发放绩效工资的时候,因为绩效工资是和工资基数相关的,即使老员工的考核等级低于新人,拿到的绩效工资仍然更高。因此,在考核打分的时候,要做到人和标准比较,不要一开始就将人和人做比较,通过人和标准比较打出来的等级分数,在和工资基数联系在一起后，反而能更公平地体现出贡献和收入对等的原则。

强制分布法是一种人比人的方法。在做比较时，一定要比较同级别的人，即把同样的管理或专业级别的人放在一起比较贡献大小。级别一样的人，拿到的工资类似，即使干的工作可能存在差异，对公司做出的贡献也应该类似，所以应该放在一起比较贡献大小。强制分布法对于人数较少的团队来说很难应用。因此，通常的做法是在二级部门的层面做强制分布，即由管理了多个一级团队的二级部门管理者，根据强制分布的比例，对一级团队管理者对下级打出的分数做必要的调整。特别重视强制分布的公司，往往需要二级部门的管理者和公司的 HR，以及一级团队的管理者一起开绩效校准会，对同级别的员工做评估。这种评估有可能比较耗时，同时需要开放坦诚的沟通氛围。

有的企业把强制分布的比例规定得很死，我认为应该有一定的灵活度。首先，可以给部门或团队的负责人一定的灵活空间，例如杰出（不超过 10%）、优秀（20%～30%）、良好（50%～60%）、合格（10%～15%）、待改进（最少 5%）。其次，对于人数特别少的部门或团队（根据咨询顾问 Grote 的经验，12 名员工及以下都属于人数少），如果有合理的理由，可以申请不参与强制分布。

有的公司把部门的业绩和部门内强制分布的比例结合起来，如图 18-2 所示。这是某家企业实际使用的比例分布关系图。这家公司首先评定部门业绩，部门考核等级分成 S、A、B、C、D 五个等级，其中 S 是最好的，D 是最靠后的、最需要改进的。从图 18-2 中可以看到，如果部门的业绩被评定为 S，那么这个部门（有可能是二级大部门）内部的个人考核等级分布比例中，靠后的 C、D 两类可以部门自定，增加了 S、A 的比例。相反，如果部门业绩不好，比如得了 D，那么这个部门内部的员工就必须有 15% 的个人考核等级被评定为 C，5% 的个人考核等级被评定为 D，得 S（5%）和 A（15%）的比例也相应减少。

需要谨慎地使用强制分布法。有的管理者简单粗暴地使用强制分布法，在给下属评分的时候，会先把下属归类到不同的类别中去，然后根据这个结果，反过来用考核表给下属打分。解决这类问题的关键是最高管理者需要带头认真执行考核，塑造整个组织的公平氛围，以及增加各级管理者对考核方法的理解和接受程度。有的企业长期执行强制分布法，造成内卷严重，有的部门的员工已经不需要淘汰了，但还是被要求执行强制分布，造成管理者不得不采取各种应对手段，增加了管理成本。对于这种情况，可以考虑调整强制分布法，例如采取图18-2中的方式，或者采取更灵活的方式。为了提高公司的敏捷性，建议给管理者提供一些更灵活的方式。例如，团队管理者可以根据实际情况，在团队奖金确定，以及遵循公司制定的分配原则的情况下，有更大的自主权决定给下属的奖金数额，以增加管理者对下属的影响力。

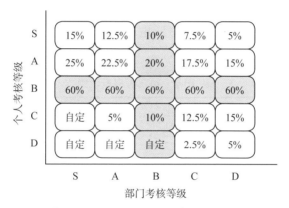

图18-2 部门考核等级和部门内个人考核等级比例分布关系

在一些企业，由于考核结果和激励或惩罚联系过于紧密，强制分布遇到了很大挑战。首先，管理者并不愿意面对给下属打低分的压力，尤其是当低分会导致末位淘汰时。实践中出现了各种各样背离强制分布体系设计者初衷的做法，例如得D的都是有计划离职或转岗到其他部门的员工等。其次，出乎设计者的预料，强制分布不但没有增加干劲，反而导致被考核者强烈抵触有挑战性的目标，甚至通过各种手段给自己争取低目标。因为争取到低目标，才是最便捷的方法。这样一来，绩效考核非但没有起到提高绩效的作用，反而拖了绩效的后腿。很多员工曾经有过的工作热情和进取精神，不但没有持续或被激发，反而被消耗殆尽。因此，需要谨慎使用强制分布，在目标制定的过程科学合理的前提下，使用强制分布的效果较好。

实践中常常需要把以上提到的方法综合起来使用，表 18-2 是一个例子。在这张表中，第一部分让被评估者列出三项在本考核期内对组织和团队最有贡献的工作成绩。第二部分用到了关键业绩定量指标法。当被评估的员工属于销售或生产岗位时，这个部分可以用来制定关键业绩指标。第三部分用到了尺度评定法和行为观察法。主管在给下级员工打分时，尤其是打低分时，需要用关键事件法来佐证。第四部分是由评估者填写一段文字，指出被评估者需要改进和提升的地方，必要时制定具体的改进目标和计划。第五部分是由评估者填写一段文字，总结被评估者在考核期内的整体表现。第六部分是评估者和被评估者交流后，被评估者的意见和反馈。这张表可以做成电子化的表格，在电脑或移动端均可以完成。

表 18-2　员工考核表示例

| 第一部分：主要贡献 |
| --- |
| 被评估者列出三项在本考核期内对组织和团队最有贡献的工作成绩。 |
| 1. |
| 2. |
| 3. |
| 第二部分：职责、目标和结果 |
| 职责 1： |
| 目标 1： |
| 结果 1： |
| 职责 2： |
| 目标 2： |
| 结果 2： |
| 职责 3： |
| 目标 3： |
| 结果 3： |
| 职责 4： |
| 目标 4： |
| 结果 4： |
| 职责 5： |
| 目标 5： |
| 结果 5： |
| 对职责、目标和结果的整体考核结果：<br>□优　□良　□中　□合格　□待改进 |

(续)

| 第三部分：工作过程考核 |
| --- |

1. 团队合作：与其他员工有效合作；在适当的时候分享声誉和机会；在个人努力和团队努力之间取得适当的平衡；在需要时帮助他人。
   自评：□ 一直如此 □ 经常如此 □ 有时如此 □ 偶尔如此
   他评：□ 一直如此 □ 经常如此 □ 有时如此 □ 偶尔如此

2. 问题解决：识别和分析与工作相关的问题；利用现有资源评估潜在的解决方案；不仅发现问题，而且提出解决方案。
   自评：□ 一直如此 □ 经常如此 □ 有时如此 □ 偶尔如此
   他评：□ 一直如此 □ 经常如此 □ 有时如此 □ 偶尔如此

3. 尽责性：在工作方法上表现出专业精神；承担所有工作领域的责任；不会为错误找借口，不因为错误而责怪别人。
   自评：□ 一直如此 □ 经常如此 □ 有时如此 □ 偶尔如此
   他评：□ 一直如此 □ 经常如此 □ 有时如此 □ 偶尔如此

4. 动机：表现出完成任务的动力和精力；同时轻松地履行多项职责；表现出对工作和公司的热情并感染他人；在完成工作任务和与他人互动时表现出积极的态度；确保任务做得好。
   自评：□ 一直如此 □ 经常如此 □ 有时如此 □ 偶尔如此
   他评：□ 一直如此 □ 经常如此 □ 有时如此 □ 偶尔如此

5. 工作知识：具备足够的技能和知识，能够有效、高效、安全地完成工作的各项任务；将当前问题与过去的经验联系起来；为他人提供技术援助；被其他人咨询技术方面的问题；积极努力保持最新的知识和信息。
   自评：□ 一直如此 □ 经常如此 □ 有时如此 □ 偶尔如此
   他评：□ 一直如此 □ 经常如此 □ 有时如此 □ 偶尔如此

6. 计划和组织：有效地计划和组织工作；确定完成项目所需的可用资源，设定适当的截止日期和检查点并满足这些要求；制订短期和长期计划；对时间分配和所需资源做出良好判断。
   自评：□ 一直如此 □ 经常如此 □ 有时如此 □ 偶尔如此
   他评：□ 一直如此 □ 经常如此 □ 有时如此 □ 偶尔如此

7. 沟通：在正式和非正式场合有效地提出想法；清晰简洁地传达思想；认真倾听并提出适当的问题；书面交流良好；审查信件、备忘录和报告以确保准确性；及时通知主管和同事。
   自评：□ 一直如此 □ 经常如此 □ 有时如此 □ 偶尔如此
   他评：□ 一直如此 □ 经常如此 □ 有时如此 □ 偶尔如此

8. 工作质量：有效地使用时间并且很少出错；在合理的时间内完成工作；将质量问题提请相关人员注意。
   自评：□ 一直如此 □ 经常如此 □ 有时如此 □ 偶尔如此
   他评：□ 一直如此 □ 经常如此 □ 有时如此 □ 偶尔如此

9. 适应性：适应工作职责中不断变化的条件和情况；接受建设性的批评和建议，并加以利用；以成熟的方式处理愤怒、沮丧和失望；在冲突局势中保持客观；寻求所有人都能接受的解决方案。
   自评：□ 一直如此 □ 经常如此 □ 有时如此 □ 偶尔如此
   他评：□ 一直如此 □ 经常如此 □ 有时如此 □ 偶尔如此

(续)

| |
|---|
| 第三部分：工作过程考核 |
| 10.时间观念：按时出勤；在工作计划开始时就做好了充分的工作准备，并一直持续到工作日结束；当出现问题可能导致无法按时上班时，做出适当的安排；遵守工作时间和时间安排。<br>自评：□一直如此 □经常如此 □有时如此 □偶尔如此<br>他评：□一直如此 □经常如此 □有时如此 □偶尔如此 |
| 第四部分：发展需要、计划和目标 |
| 第五部分：评估者总结 |
| 整体考核结果：<br>□优 □良 □中 □合格 □待改进 |
| 第六部分：员工意见 |
| 评估者签名：　　　　　　　　　　　　　　　　日期：<br>员工签名：　　　　　　　　　　　　　　　　　日期： |

资料来源：GROTE D. The complete guide to performance appraisal [M]. New York: AMACOM, 1996.

## 绩效考核创新

目标管理是企业执行战略最常用的方法，主要包括两件事：第一，目标是什么？第二，用来帮助达成目标的指标是什么？目标提供了聚焦的方向，KPI 则是达成目标的关键抓手，从达成目标的关键成功因素中找出来。KPI 基于二八原则（例如，80% 的产出来自 20% 的工作）强调"关键"，因此越少越好。

KPI 考核目前对很多企业来说，还是一种应该坚持使用的管理方法或工具。如何更好地使用 KPI？要点是把 KPI 分成两大类：结果类 KPI 和先导类 KPI。结果类 KPI 是企业追求的最终结果或者产出，而先导类 KPI 是达到结果的关键过程控制点。管理者应该思考如下问题：为了达到结果，我应该抓住哪个或哪些关键的过程控制点，即关键的"因"是什么？如果直接就奔着那个"果"去，而忽略了"因"，又怎么能达到那个"果"？结果类 KPI 需要考核，而先导类 KPI 是关键过程指标（Key Process Indicators），管理者应该频繁地关注先导类 KPI，但不一定将其纳入考核。

先举生活中的例子。我一位同事的孩子在2019年高考中发挥出色，排名为北京市前100名。我向同事请教经验，他告诉我两个要点，我很受启发。第一，一定要重视错题本。他的孩子每周回顾做错的题目，考试准备阶段再回顾易错题，反复练习，不断提高。在这个例子中，高考成绩是果，定期回顾错题是关键成功因素。虽然平时的成绩很重要，但它们都是阶段性的结果，定期回顾错题是关键的因。第二，孩子愿不愿意接受错题本这种方式也很关键。孩子在中学阶段，处在青春期，有叛逆心理。作为家长，平时注重和孩子的沟通很重要，而且要找到合适的沟通方式。管得多，孩子不接受，越是告诉孩子重视错题本，孩子可能越不听。遇到学习习惯已经养成的孩子，管得少往往效果好，但是对于学习习惯不佳和学习动力不足的孩子，管得少就不合适。总之，帮助孩子不仅是个方法问题，而且是思想问题。一些做人力资源管理的同行强调思想和动机的重要性，主张KPI还应该是指让信息传递、让参与深入、让兴趣盎然、让灵感迸发（keep people informed, involved, interested, inspired），其实很有道理。

美国管理咨询顾问戴维·帕门特在《关键绩效指标：KPI的开发、实施和应用》一书中讲了英国航空公司曾经发生过的例子。该公司的CEO最重视的关键成功因素是飞机准时到达和起飞，飞机准点率被作为先导类KPI。一旦某架飞机起飞晚点，该机场的管理者就会接到公司CEO的电话，询问原因并被要求对可能导致起飞晚点的事情做出响应。即使飞机到达前，已经发生延误，也不能推卸责任，而应该采取积极有效的措施，在保证工作质量的前提下，缩短飞机在到达机场的清洁时间（如加派人手），争取再起飞时不再延误。在这个例子中，公司并没有考核飞机准点率，而是采用了CEO高度关注的方法，取得了好的效果。

财务指标反映的是结果，而不是关键的"因"。应该考核财务指标，但是不一定考核先导类KPI。越是深入思考什么是导致组织或团队成功的关键因素，越能找到好的先导类KPI。有不少管理工具能帮助我们思考，例如平衡计分卡。平衡计分卡包含了一个因果链条：创新学习带来运营水平的提高，进而带来客户满意度的提升，最终带来好的财务表现。这个因果链条对企业管理者有如下启发：为了好的财务表现，应该关注客户，思考我们给客户创造了哪些价值，尤其是别的企业难以替代的价值。什么样的因素对这种价值的贡献最大？先导类KPI是衡量在关键成功因素上做得怎么样的指标。

一旦找到了先导类KPI，就需要频繁关注，使先导类KPI成为组织重要的纠偏机制。频繁程度根据具体的情况，可以是每天、每周或每月，但很少超过一个月。在刚才讲到的英国航空公司的例子中，高管每天会查看所有飞机的准点率。如果飞机晚点超过了设定的范围，高管就会打电话查问原因，监督改进。

绩效考核这些年来也有创新。例如，考核变得更敏捷。所谓敏捷，第一个特点是指简洁、灵活、快速地响应变化。例如，对于一些工作结果不易量化的岗位，在认定工作结果的时候，题目变得非常简单。例如，只有一个题目：该员工在本期工作中的综合表现对实现部门目标有多大程度的贡献？然后把结果分成优、良、中、合格和待改进。当然，也可以有不止一个题目，例如可以设四个指标：工作数量、工作质量、对产品的贡献、对部门的贡献。

第二个特点是更强调人员的发展，强调过程中的沟通，而不是仅和物质激励挂钩。考核的根本目的是实现目标，提高工作水平。来自德勤咨询公司的研究表明，有效的沟通和反馈是关键，它的重要性甚至高于物质激励和惩罚。在绩效管理做得非常好的公司或团队里，管理者的沟通能力强，既重视达成工作目标，又重视提升员工素质和能力，所以在实现目标的过程当中，目标沟通、结果反馈、过程辅导做得非常好，保证了考核的良好效果，其实这并不在于考核体系有多么的复杂，或者所谓的先进。

第三个特点是有些公司开始使用绩效快照。尤其是对于岗位职责比较固定的工作，例如办公室的文员，考核的频率增加，每个月考核一次。之所以能做到每个月考核一次，是因为考核变得非常简洁。例如，这个员工本月对岗位职责的履行情况如何？员工的年度考核得分可以通过综合月度得分得出。因为相对之前一年的考核周期，现在是每个月评估一次，就像每个月拍照一次，因此形象地称之为绩效快照。把这些快照积累起来，年终得到考核得分，不见得比传统上采用复杂体系考核准确率低，可能还会更好。换言之，即使没有量化指标，由于管理者对下级刚刚过去的一个月的表现印象清晰，所以能够做出准确的综合判断。

第四个特点是对绩效分布曲线的重新认识。图18-3和图18-4反映了这种认识的变化。传统上，员工的绩效分布被认为是服从正态分布的，即符合一种类似钟形的曲线，如图18-3所示。根据图18-3，大部分员工的绩效落在"绩效一般"区间内。而对于知识型、创造性的劳动，员工的绩效分布其实符合图18-4所示的幂律分布曲线，即员工之间的绩效差距很大，明星员工创造的绩效远大于一般员工创造的绩效。这说明在知识密集型企业中，应该对明星员工有更大的激励，拉开和一般员工的差距，否则难以吸引和保留明星员工。

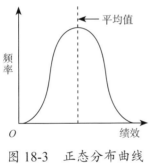
图18-3　正态分布曲线

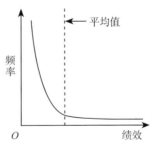
图18-4　幂律分布曲线

我在前面介绍OKR的时候，强调OKR并不是考核。在讲KPI的时候，也强调最好区别结果类KPI和先导类KPI。这些观点都是在说目标完成和最终的考核可以解绑，适度分开。如果目标完成结果情况，尤其是目标完成率和经济奖励不事先在绩效协议或合同中深度绑定，那么期末的绩效考核应该如何进行呢？

目前使用OKR的公司，绝大部分还有正式的考核，只不过考核的方式有所变化。以字节跳动公司的考核为例，其主要的流程如下：首先员工做自评，自评完以后，员工邀请有合作关系的同事来对自己进行评价，越多越好，一般来说会邀请七八名同事进行评价，评价完以后，上级会根据自评的结果和同事评价的结果对该员工进行打分，上级打完分以后，HR 要看，HR 看完以后，上级的上级要看，并做必要的调整。和传统的考核相比，上级对下级打分的主要依据是对团队的贡献大小，所以上级在这个过程中的权力还是比较大的。字节跳动公司会有一些平衡上级权力的机制，例如员工考核的结果，需要在业务经理和 HR 都在场时，由业务经理向下级进行反馈。所以，如果上级对下级打的考核分数和下级期望的偏差比较大，HR 会作为一种协调机制存在，即需要在三方之间达成一致的意见。对于员工来讲，如果夸大自己的自评结果，出现了和同事评价出入较大的情况，比如差两级的话，同样也是需要注意的，HR 会介入，考察原因。

管理咨询顾问杰里米·霍普（Jeremy Hope）认为经济奖励的发放应该考虑两个方面：第一，和相对结果而不是绝对结果挂钩；第二，鼓励在团队层面上发放经济奖励。杰里米·霍普的核心观点是对结果的评估最好事后进行，并不需要在绩效协议或合同中事先规定好。这种观点其实和 OKR 对于奖励应该如何发放的常见做法是一致的。

我用霍普举过的实际例子来说明。表 18-3 是一个法国公司曾经用过的业绩评估表，特点是其中的指标都是相对的结果，即相比上一年或竞争对手的表现。到了年底，考核评估领导小组在进行考核时，会按照百分制给每项 KPI 打分，得到每项 KPI 的分值，然后将各项分值相加，从而得到最后的总分。

表 18-3 事业部业绩评估表

| 关键结果指标 | 权重（%） | 得分 | 加权后得分 |
| --- | --- | --- | --- |
| 同上一年相比的增长率 | 20 | 50 | 10 |
| 同竞争对手相比的增长率 | 20 | 40 | 8 |
| 同上一年相比的利润率 | 20 | 60 | 12 |
| 同竞争对手相比的利润率 | 20 | 50 | 10 |
| 同上一年相比的负债 | 10 | 80 | 8 |
| 同上一年相比的质量改进 | 10 | 60 | 6 |
| 领导小组评估结果 | | | 54 |

GE 公司的传奇 CEO 杰克·韦尔奇采取过类似让经济奖励和相对结

果挂钩的方式。他执掌 GE 后,提出了"数一数二"的战略。每年各个业务单元和集团针对目标和预算进行谈判,但是韦尔奇强调这些目标和预算只是一种指导,各个业务单元做得怎么样、得到什么样的奖励,不仅取决于是否实现了这些绝对数值的目标,更重要的是和同行业的竞争对手相比,是否做到了"数一数二"。

如果没有可以用来做相对比较的量化结果怎么办?表 18-4 列举了一个职能部门的例子,表 18-4 中的指标虽然看起来似乎不够客观,需要依赖管理层的判断,但霍普指出,如果打分是基于公平、透明的原则,那么这种打分也是经得起推敲的。

表 18-4 评估某个职能团队

| 金融团队 | 管理层打分 |
| --- | --- |
| 使商业伙伴满意 | 80 |
| 管理团队 | 70 |
| 对成本的控制 | 80 |
| 能力的提升 | 60 |
| 对体系和流程的改进 | 80 |
| 总体表现 | 74 |

注:上级管理层按照各个维度上的具体表现进行打分。

杰里米·霍普建议基于团队的表现而不是个体的表现发放奖励。也许有人会担心搭便车的现象,但霍普认为,同事压力会让搭便车的人很快曝光,从而被替换掉。霍普认为他建议的奖励发放方式并不是平均分配,如表 18-4 所示,团队总体表现得分是 74,一种方案是付给该团队领导六个月薪酬的 74%,其他高管三个月薪酬的 74%,其他员工两个月薪酬的 74%。由于发放的基数不同,同样的团队总体表现得分(74),对应了不同额度的奖励。

## 思考

1. 有两名销售人员 A 和 B,A 员工 100% 完成了销售目标,B 员工没有完成。A 的成功相对容易，A 负责的市场整体上涨，如果 A 表现出色，本应该超出预期目标的 20% 完成销售任务。B 面对的行业遭受严重滑坡，B 采取了一系列补救措施，销售业绩远超同行的竞争对手。如果你是 A 和 B 的领导，你对他们如何评价？

2. 西汉建国之初，刘邦需要对群臣对新王朝的贡献做排序，在封侯时，他把萧何排在了第一位，引发了臣子的不满。请查阅历史，看看刘邦是怎么说服这些臣子的，刘邦的做法对于现代企业中对人的贡献评价有什么启发？

3. 绩效考核是很多企业特别重视的一项管理活动，但在实践中，常常出现如下一些问题：考核形式化；缺少坦诚直率的绩效反馈文化；被考核者不关心超出考核范围，但对组织有利的事情；考核造成团队合作或横向协作障碍；被考核者千方百计给自己争取容易完成的指标；上下级之间的沟通和反馈不够；过多的人为因素；甚至出现被考核者为了完成指标，不惜采用损害组织利益的做法等问题。对你来说最有感触的是哪一项？你或者你所在的公司有没有针对性的措施，或者你认为应该如何改进？

4. 你所在或管理的团队适合把目标完成率和考核深度绑定，还是适合目标完成率和考核适度解绑？如果解绑的话，怎么样开展考核效果会好？

5. 请阅读《亚马逊逆向工作法》的第六章"绩效：管理投入类而非产出类指标"，思考为什么亚马逊并不考核投入类指标。

6. 如果把你所在公司目前的绩效考核体系停掉，你的工作会受到多大的影响？如果你是团队的管理者，公司给了你总的团队奖金，你需要给下属发奖金，你是否感到很难合理发放？

第七部分

# 人才激励

CHAPTER 19
第 19 章

# 激励理论和策略

## 斜坡球理论

海尔公司曾经提出过一个关于员工管理的斜坡球理论，我对这个理论的内容进行了完善，改造成一个用来解释人才激励的综合性理论，如图 19-1 所示。图 19-1 中的推力决定了下限，而拉力决定了上限。

所有被管理的对象，不论是实体（例如，部门、事业部、分公司或子公司），还是个人，都像是放在斜坡上的一个球。斜坡的坡度象征着被管理对象承担责任时需要付出的努力，工作越难，责任越重大，坡度就越大。

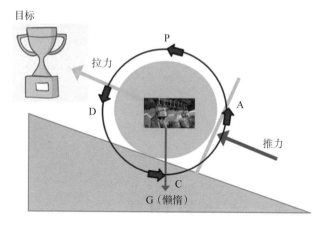

图 19-1　斜坡球理论

图 19-1 中的 G 相当于自然界的重力，反映了人性当中懒惰的一面。在自然的状态下，球会因为懒惰的重力作用向下滚动。华为公司把这种导致人或组织懈怠的力量称为熵增。怎么能做到不让球下滑呢？可以给球加上一个挡板，给它一个防止下滑的推力。推力来自以惩戒为主的管理制度，由于下滑就会受到惩罚，因此推力会防止球下滑。

可光有推力不够，球不下滑仅仅是基础。为了实现在斜坡顶部的目标，球需要向上滚动，也就是要做熵减的运动。在球的四周，我增加了 PDCA 的圆圈，代表着绩效管理的循环。通过不断地做绩效管理的循环，球在拉力和推力的共同作用下，克服重力，向上运动，最终达到目标。当然，最理想的情况是球自带发动机，即员工自驱力强。

图 19-1 说明，在推力的基础上，需要向上的拉力，即向上引导的力量。只有推力，没有拉力不行，否则推力减弱甚至没有了，球就会从坡上往下滚，而且越滚越快，形成向下的冲力，这时就很难办了。能不能把人的积极性和潜能发挥出来，关键在于运用好向上引导的力量。我把主要的拉力总结成五个方面。

## 文治和法治

对于文治和法治来说，法治是基础，文治是向上引导的力量。所谓文治，是指通过文化来管理企业；所谓法治，是指通过制度来管理企业。社会需要法治，但同时也需要文化和习俗的力量。如果管理者在商业组织中也能运用文化和习俗的力量，同样有很好的效果。如果把企业管理比喻成树，那么企业文化就是树的土壤。总的来说，制度提高了管理的下限，而文化提高了上限。

　　管人最难的是管人的思想和价值观。怎么办呢？要用制度作为管理的基础，用文化升华人们的思想境界。制度是管理的基础，如果不具备基础，企图跨越它，通过文化管理来达到目的，难度很大。优秀企业非常重视将制度作为管理的基础，只不过它们夯实制度基础的途径不一样。例如，华为公司是靠大量地吸收国外咨询公司带来的管理经验打下的制度基础。阿里巴巴公司是靠吸收来自世界500强的高级经理人，利用其带来的管理经验打下的基础。在强调文化管理的同时，不能忘记制度作为管理基础的重要性。同时，要避免"先有制度，再有文化"的思想误区。制度在某种程度上要体现出公司坚信以及需要主动建设的文化，至少不能和公司坚信的文化产生冲突。

　　企业文化体系当中，最重要的是使命、愿景和价值观。企业文化建设需要抓住三个要点：以身作则、虚功实做、守正创新。以身作则是指企业各级领导，尤其是企业的CEO需要在关键决策和行动中体现公司宣称的企业文化，做到言行一致；虚功实做是指在和员工切身利益相关的制度中，特别是各项关键人力资源管理制度中，体现出核心价值观的要求，至少不和核心价值观冲突；守正创新是指企业文化一方面需要守住文化核心，即使命、愿景和价值观，另一方面，体现文化核心的经营和管理理念需要与时俱进，体现经营和管理理念的具体做法更应该根据实际情况优化和创新。

　　愿景激励是指管理者通过清晰传达愿景，激发员工的动力。学者安德鲁·卡顿（Andrew Carton）认为，管理者清晰地向团队传达公司的使命和愿景至关重要。当员工明白他们的日常工作是如何与这些远大目标相联系时，他们会感到自己的工作更有意义，从而更有动力去完成任务。在描述公司愿景时，使用具体、生动的语言，比抽象的表述更能打动员工。例如，微软公司曾经提出的愿景"让每个家庭的桌上都有一台电脑"，就显得具体、生动。这样的愿景帮助员工在脑海中形成清晰的画面，增强他们对共同目标的认同感。通过共享愿景，管理者不仅为团队提供了明确的方向，还促进了团队成员之间的协作和创新。当团队成员都朝着同一个目标努力时，他们更有可能共同努力，减少误解，提高工作效率。

### 内激和外激

对于内激和外激来说，外激是基础，内激是向上引导的力量。外激是受控动机，包括和金钱、名誉有关的奖励。外激是基础，意味着人在基本需求没有得到满足的时候，外激发挥重要作用。内激是自主动机，包括与人的事业心、兴趣相关的奖励，例如，工作中的自主权、职业上的成长感、乐趣、好奇心等。美国心理学家理查德·瑞安（Richard Ryan）和爱德华·德西（Edward Deci）的自我决定（self-determination）理论强调自主动机的作用，认为自主动机对于创新和变革非常重要。图19-2是研究中经常使用的一种评估工作动机的测量工具，其中自主动机具体包括内激和认同，受控动机包括内投（introjection）和外激。当然，这些测量项目假定人们是愿意为工作付出努力的，如果已经不愿意努力，即缺乏任何动机，那就是"躺平"的状态了。

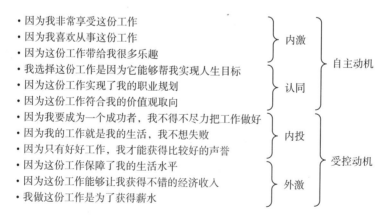

图 19-2　工作动机的不同类别

资料来源：GAGNÉ M, FOREST J, GILBERT, M-H, et al. The motivation at work scale: validation evidence in two languages[J]. Educational and psychological measurement, 2010, 70(4): 628-646.

瑞安和德西认为，自主（autonomy）、胜任（competence）和关系（relatedness）是人们的三种基本心理需求。一个人能选择工作的内容，能决定什么时候开始、什么时候结束工作，能安排工作任务的优先顺序，这都是自主的具体表现。胜任意味着当人们感到自己获得了成长，能够应对挑战性的工作时，工作积极性是非常高的。关系是指当人们感到工作有归属感、被接纳和与他人有良好的互动时，工作积极性是很高的。随着社会的发展，当人们的这三种基本需求得到满足以后，就能表现出自主动机。

外激往往是一种保健因素。所谓保健因素，是指如果少了它，工作积极性会很差。但是，增加保健因素，工作积极性并不会有显著的提高。内在的激励才能够让人真正地焕发工作的积极性。如果一个企业中大量员工，特别是管理者主要依靠外激作为动力，这很可能是一种不理想甚至危险的状态。我在以中高层管理者为主的群体中开展的研究发现，外激得分高的人，往往容易感受到更大的负面工作压力，更容易对工作和组织产生抱怨，心理健康状况也更差。相反，内激得分高的人，整体表现明显更加积极正面。

索玛拼图实验是德西和瑞安在20世纪70年代进行的一系列心理学实验，旨在探索内在动机和外部动机对个体行为的影响。这个实验以索玛立方体为工具，这是一种可以以多种方式组合的三维拼图。参与者被邀请到实验室完成一系列索玛拼图任务。这些拼图任务对参与者来说是新奇的，因此他们的参与最初是出于对任务本身的兴趣和挑战性。一开始，参与者没有外部奖励，他们完成任务纯粹出于对拼图的兴趣。随后，研究人员引入了外部奖励，告诉参与者如果他们能快速完成拼图，将获得金钱奖励。这一阶段，参与者的动机被外部因素所影响，他们的行为不再是完全出于内在的兴趣。在实验的最后阶段，参与者被告知他们将有一段休息时间，然后可以自由选择是否继续拼图。这一阶段是关键的，因为它测试了在没有外部奖励的情况下，参与者是否仍然对拼图保持兴趣。

实验结果表明，在引入外部奖励后，参与者在有奖励的条件下完成任务的速度确实加快，这表明外部奖励可以短期内提升工作表现。然而，在休息后的自由选择阶段，那些之前因为外部奖励而参与拼图的参与者，他们继续拼图的时间显著减少，显示出他们对拼图的兴趣下降。这表明，外部奖励可能会侵蚀个体的内在动机，导致他们在没有外部激励时对任务的兴趣减弱。索玛拼图实验揭示了外部奖励对内在动机的潜在负面影响，说明在激励员工时，除了考虑物质奖励，还应重视创造一个能够激发员工内在动机的环境，如提供自主性、任务的挑战性和个人成长的机会。

有没有人善于管理员工的内在动机呢？当然有，乔布斯就是一个例子。乔布斯理解技术研发人员的心理，很清楚认可他们的技术能力本身就是一种激励。乔布斯在开发麦金托什电脑的时候，对研发团队承诺，如果团队表现优异，他将把所有人的名字刻在电脑主机内的印刷电路板上。当一位工程师的名字被刻在电路板上后，他激动地把工作样机带回家，问他的几个孩子："你们相不相信爸爸的名字在里面？"孩子们表示不信，他兴冲冲地拆开电脑，把自己的名字展示给几个孩子看。在孩子们的赞叹中，这位工程师父亲得到了极大的满足。

管理咨询顾问丹尼尔·平克有一本畅销书《驱动力》，并且在 TED 有一个点击量颇高的演讲，题目是《出人意料的工作动机》，里面用生动的语言和例子，讲了不同的工作动机产生的不同效果，尤其强调了内激对于创造力和创新的重要作用。《驱动力》这本书里面提到一个发生在 20 世纪 90 年代的真实案例。两个竞争对手，一个是微软，另一个是当时名不见经传的一家公司，它们竞争同一个项目，即开发出一个百科全书式的网站。一开始，从各个方面来看，微软似乎赢定了，因为微软有很强大的财务实力，能雇用专业人员编著这些条目，能打造一支团队并由职业经理人监督这个项目的进度，还有微软平台的价值和品牌的加持，这个百科全书网站做出来应该是很有市场前景的。另外一家公司当时没有被寄予希望，它最主要的问题是没钱，它只能找在网上免费贡献劳动的人，有数量优势。结果如何呢？微软撑了 16 年，撑到 2009 年，宣布不再继续这个项目了。另外一家公司是维基百科，2009 年维基百科成了世界上最受欢迎的百科全书网站。尽管有多种商业化的可能，该公司到现在也没有商业化，依靠用户捐助的资金维持。

《驱动力》这本书把驱动力分成了三个版本，驱动力 1.0 版、驱动力

2.0 版、驱动力 3.0 版。驱动力 1.0 版的核心观点是：人受生物冲动控制，首先要保证生存下来、保全自己；其次是繁衍，即所谓的生物进化观点。人越来越社会化以后，驱动力 1.0 版开始升级为驱动力 2.0 版。这个版本对人的核心假设是：人都是趋利避害的。因此，应该采用胡萝卜加大棒的方式激励人，即一方面是金钱加名声的诱导，另一方面是各种惩罚手段。

随着人类社会进一步的发展，驱动力 2.0 版越来越受到挑战。平克认为，它最大的问题是把人变成了经济的机器，会把人工作的内在动机消磨掉，让人们觉得工作是为了某种奖励。当工作当中游戏的一面消失后，工作就变成了干苦工。有些人告诫子女，以后千万别干自己的职业，太辛苦。其实任何职业要干好都不容易，但为什么这些人会有特别的感受呢？根据驱动力 2.0 版的说法，是因为这些人的内在动机被抑制，剩下了外部动机，容易放大辛苦的感受。

驱动力 3.0 版强调内在动机。不少研究发现：在需要创造力的工作中，有形奖励给得越多，人们的表现反而越差。原因如下，首先，奖励让人们关注面变窄。有形奖励给得越多，人们受的外部刺激越大，视野就会越来越窄，缺乏放松的状态，不能发散思维，创造力反而越低。其次，奖励会把利他、做善事的内在欲望挤出去。有研究发现，当献血从无偿变成有偿的时候，献血量反而下降了。再次，奖励激发人们不断期盼奖励的欲望，会使得被奖励人一再期盼这种奖励，而且要求奖励不断递增。最后，奖励往往会导致短期行为，人们想要快速解决问题，往往置损害于不顾。

内在动机和外部动机是相辅相成的关系。在某一段时间内，一个人工作动机的总量可能是一定的，内在动机和外部动机之间存在相互补偿的关系，但不是简单的 1∶1 的替代关系，而是越缺乏的动机，效用越大。缺乏是指一个人想要但又不能得到满足的情况。内在动机越缺乏，越需要外部动机的补偿，甚至必须使用大量的经济刺激，才能保持人们工作的动力。类似地，外部动机越缺乏，越需要内在动机的补偿，甚至必须不断使用有新意的精神激励，才能保持人们工作的动力。如果只偏重于调动人们的内在动机或外部动机，管理的难度都很大。最理想的状态应该是内在动机和外部动机处在相对平衡的状态。不少企业的现状是过于重视外部动机，忽略了满足人们的内在动机，结果陷入激励的财务成本越来越高、效果越来越差的困境。尤其遇到行业下行周期，用于满足外部动机的资金不足，可能会陷入一个恶性循环。当遇到外激资源不足时，需要"无中生有"，通过激发人们的内在动机，走出困境。很多企业抱怨找不到内在动机强的人，很常见的原因是企业长期用外部动机激励人，人们得不到满足内在动机的机会，对外部动机相关激励的需求就更大了。

内在动机是具有普遍性的动机，不见得只有"高大上"的工作才需要内在动机。只要人们能在工作中感到能掌控自己的命运、能变成行家里手、能被他人需要，看起来普通的工作，也能激发出人的内在动机。例如，我国许多行业的模范人物，如王进喜、李素丽、张秉贵……他们的职业也许普通，但他们的事迹说明，当人们的内在动机得到激发，会产生巨大的动力，普通岗位上的人也能取得令人惊叹的成就。《日本新干线 7 分钟清扫奇迹》这本书介绍了当公司陷入经营困境，新上任的管理者是如何激发一线清洁工人的工作积极性，从而走出困境的。当普通的清洁工人对清洁工作产生自豪感、价值感后，就能产生强大的工作动力。

对于需要干得多和快就好的工作，往后很长一段时间驱动力 2.0 版还能起作用，但对于需要高质量产出和创新的工作，企业应该重视驱动力 3.0 版，即想办法保持和调动人们的内在动机。对于企业来说，至少不要把内在动机的部分搞丢了。如果搞丢了，容易陷入一个怪圈：企业总会遇到增长的天花板，不会有取之不尽的物质奖励资源，特别是遇到行情不好的时期，给员工物质激励多了，导致成本提升，企业竞争力下降，不增加物质激励，大家则难以产生工作积极性。只有通过重视内在动机，才能跳出这个怪圈。

## 正激和负激

对于正激和负激来说，负激是防止下滑的力量，正激是向上引导的力量。所谓负激，是指批评和其他形式的惩罚。正激就是表扬和其他形式的肯定和奖励。正激和负激的理论基础主要是强化理论，通过正激强化人们的行为是正强化，通过减少负激强化人们的行为是负强化。不过传统的强化理论只重视行为，不重视思想。而我认为，不论是正激还是负激，思想教育需要贯穿始终。

乔布斯把有功的员工的名字刻在电脑主板上，不仅调动了内激的力量，同时也是一种正激。有次我在上课时讲到这个例子，有位学员说，他们企业几年前也搞过把员工的名字列在产品上，可是不管用。他是开高档餐馆的，搞过每盘菜上都有厨师工号的举措，厨师对这个方式不买账，意见很大。为什么不买账呢？因为该举措的主要目的是如果有客户投诉，就能马上知道谁做了错事并惩罚。在苹果公司的例子里面，乔布斯用的是正激和内激。而这位学员的方法，实际上是负激和外激。可惜的是，当时我并没有能够给这位学员提供更具体的改进建议。直到有一次，我去另外一家餐厅的时候，发现端上来的菜盘子上贴了一张二维码。我当时就很好奇，问：这个二维码是干什么用的？服务员跟我说："先生，如果你觉得我们的菜好吃，请掏出手机为我们的厨师点赞。"点赞是正激，如果管理者能通过点赞排名带动"学赶超"的氛围，应该能取得比惩罚更好的效果。

不少企业和管理者把管理焦点放在推力和止滑力上。这是因为他们对人的本性的判断是偷懒和投机，所以认为必须使用大棒政策，试图用恐惧来对抗人性的这些弱点。我并不完全否定这种做法，但我认为把管理焦点放在推力和止滑力上是错误的，某些情况下甚至可能激发出更多的偷懒和投机行为。要激励员工，应该把焦点放在向上引导上，而不是防止下滑。对人的管理，应该设法激发出人性中积极的方面，而不是消极的方面。

我曾经在深圳一家制造工厂见到管理层管理基层员工时大量地采用正激的方式。例如，在机床旁贴有各种正向激励措施。这给我的印象很深，因为当时在我的认识中，管理生产型工人主要靠制度。有很多惩戒的制度，例如哪个动作做得不到位，造成什么样的损失，要扣多少分、罚多少钱。这家公司做得很有创意，机床旁边贴的条款是以奖励为主的。

两位高管人员认为制度化管理和人性化管理应该相结合，既要有健全的奖励机制，也不能"把员工的心养得太大"。在领导风格上，公司的两位高管搭配得很好，"一个唱红脸，一个唱白脸"。在人性化管理方面，员工反映"料作废了，按照规定要罚，老总会根据具体情况少罚一些""领导会和我们一起干，遇到问题不是命令，而是讨论办法，能让我们发挥聪明才智"。在招聘新员工的时候，公司和一所中专学校长线挂钩，主要从这所学校招聘新人。公司实施新工人的培训计划，也有和技能挂钩的工资体系。员工的技能越强，工时系数越高。工人拿计时工资，有动力通过多干工作积累经验，提升自己的技术水平，这样工时系数高，拿到的工资多。在被问到担不担心培养好的员工走掉时，高管们说，如果员工觉得公司蒸蒸日上，就不会走。公司把名气做出来，把规模做大后，也不担心员工走。

张德教授在《和谐管理：衡水电机管理》一书中介绍了北方电机厂的一个提法"不奖就是罚"。一个例子是禁烟，虽然是发生在20世纪90年代，但至今仍有启发意义。很多企业都靠罚款的方法来禁止人们吸烟，北方电机厂却别出心裁，他们在"企业管理单项奖"中增加了一个禁烟奖，规定无烟车间获得奖励；发现一个人在车间吸烟，则全车间当月不得评选禁烟奖。这个规定实施后，所有车间在不到一个月的时间里就都挂上了无烟车间的牌子。按照同样的思路，他们把大部分的罚款项目都变成了奖励项目，有些项目确实没法改，他们才保留了下来。

强调正激是向上引导的力量，并不是否定负激的必要性。只不过负激容易激起人们的防御机制，处理不当时，非但不能解决问题，而且可能激发怨恨和消极抵触。在绩效管理中，常常需要根据最终的考核成绩分等级，例如优、良、中、差，各占一定的百分比。给人贴上"差"的标签，很多时候效果并不好。一个人绩效不好的原因很多，有可能是不可控的环境因素，而一个"差"的标签，有可能导致被管理对象自暴自弃，对组织管理产生对抗心理。建议绩效考核体系的设计者取消"差"，改称"待改进"，绝大多数情况下，更加合情合理一些。

替代直接批评最好的方式，是让对方意识到工作的失误，能够反省和自我批评。江苏黑松林的创始人刘鹏凯,在管理中艺术地运用了提醒和间接批评的方式,重视对员工的教育,而不仅仅是形式上的惩罚。其实,只要员工有上进心,上级点到了自己工作有失误的地方,员工都会产生愧疚、羞耻的心理,会想办法将功补过。在黑松林,有一次一名员工违反操作规定,造成了原材料的损失,按制度需要罚款。制度需要严格执行,这名员工交了2000元罚款,也交了检讨书。在刘鹏凯的教育下,这名员工意识到了自己的错误,在当年之后的工作表现中有明显的改进,并有立功表现。刘鹏凯在年底员工大会的时候,专门提及了这名员工的进步,当场撕掉了检讨书,并对这名员工的立功表现做了奖励。刘鹏凯说,批评和惩罚是手段,不是目的,做好工作才是目的。

咨询专家格罗特在《不用惩罚手段的纪律:变不良雇员为优秀员工的有效策略》一书中提出,要使一家企业纪律严明,管理者有两项主要的职责:赏识并强化良好的工作表现,以及正视并纠正不良的工作表现。传统处理违反纪律的方式是逐步提高处分的等级,一般一开始是口头警告,如果再犯相同错误,就会收到书面警告,并纳入个人档案。假如员工一段时间后故态复萌,就会被停职停薪一段时间,并且收到最后警告。最后,如果该员工在某一段时间内又违反了相同的规定,该员工就会被解雇。格罗特认为,这种方式对于改造员工的效果很糟糕。员工都是有自尊、有价值的人,理应体现尊严和受到尊重。因此,格罗特提出了一种替代性的方案,取消了惩罚,代之以唤起个人责任感的方式。

这种方案最多有四步,四步并不必然都有,而是在前面的步骤起不到效果的情况下才有后续步骤。第一步是"口头提醒",不再是对当事人所做的事进行斥责,也不再是警告当事人如若再犯将会怎样,而是提醒两件事,第一是公司的期望。管理者根据工作岗位标准指出当事人未能达到要求,并明确地指出公司的期望,以及为什么违规必须得到纠正。第二是个人的责任。管理者提醒员工,达到公司和工作的标准是员工的责任。第二个步骤叫作"书面提醒"。这个步骤和第一个步骤类似,但因为情况已经变得更加严重,管理者和当事人谈话后,会有一份正式的记录。如果员工积极改正,这个记录将被撤销。第三步是短暂停职。一般停职的时间为一天，员工在停职一天后需要做决策：要么改进并承诺在工作领域各方面的表现必须是可接受的，要么不在公司工作，辞职另谋高就。格罗特建议停职并不停薪，这样有利于促使当事人反省并减少怨恨。第四步是前三步失败后采取的措施，即解雇。如果企业提供了以上充分的指导和改进机会，却没有取得效果，说明这样的员工缺乏基本的责任感，根本不值得留下。

格罗特提出的这种替代性方案在实践中取得了很好的效果。在一家采用传统违纪惩罚措施的美国工厂，9个月中因各种违纪问题而解雇了210名雇员中的58人，但顾客对产品质量的抱怨仍无减少。实施新的方案一年以后，该工厂被解雇的人数从58人降低到了19人；第二年又降低到2人。工厂的面貌也焕然一新，顾客曾经对产品质量的抱怨也销声匿迹了。

在企业里，员工出现疏漏和错误的情况在所难免。方太公司把员工的过错分成了"错"和"恶"。"错"和"恶"的区别在于是否有心为之，无心为之的是"错"，有心为之的是"恶"。方太公司把员工的过错分成A、B、C三类，A和B是属于"恶"的过错，方太对于这两类有严格的惩罚措施。C类是诸如上班迟到、忘关门窗、浪费水电等一般性错误。以前方太对C类错误罚款20元，但效果欠佳。后来方太改变了做法，一是不强调经济处分，强调教育作用，激发违纪者的羞耻心。一旦员工出现C类错误，方太会直接让主管和该员工谈话，触动员工的羞耻心。二是强调"不二过"，主要强调不反复犯同样的错误。如果员工3个月内重犯C类过错，会被记为B类过错。当方太在C类错误上采取了这两类措施后，仅仅在2015年，方太员工犯错的总量就下降了50%，重大违规违纪行为也大幅减少。

## 预防性目标和提升性目标

对于预防性目标和提升性目标，预防性目标是基础，提升性目标是向上引导的力量。预防性目标的目的是避免负面惩罚，保证履责。最明显的是在一些和安全相关的企业，安全指标就是预防性目标。预防性目标围绕的问题是：我们如何做才能不失败？提升性目标围绕的问题是：我们在哪些方面改进，才能比现状更好？这两个目标代表着不同的思维方式，前者是防止下滑的思维方式，后者是向上引导的思维方式。

在绩效管理中，职能部门被认为是最难定绩效指标的部门。而生产和销售部门，因为容易找到定量化的指标，所以绩效管理相对好做。职能部门在制定绩效指标的时候，容易把每一项工作职责都逐条地在绩效合同中写出来，达不到标准就要扣分。这其实没有必要。这些工作职责本质上都是预防性目标，是默认应该达标的，不需要考核得这么细，而应该加强日常管理，考核从工作数量、工作质量、团队合作等维度打分即可。对职能部门的管理，更多地应该考虑这些部门在哪些方面还需要改进，哪些关键的工作需要做得更好。绩效合同中包括的目标和指标，应该以精炼的提升性目标为主，辅之以特别重要的预防性目标。

这部分内容除了来自我的实践感悟，在理论方面也受到了美国心理学家托里·希金斯（Tory Higgins）研究的启发。希金斯提出一个新的人类动机理论，核心观点是：人类除了趋利避害动机之外，还有促进定向（promotion focus）和预防定向（prevention focus）的动机。促进定向的人以达到理想中的自我为奋斗目标，追求积极的结果；而预防定向的人以远离最不希望成为的自我为奋斗目标，追求避免消极的结果。

不能简单地说持有预防定向动机的人的工作绩效就一定比持有促进定向动机的人差，两者在不同的工作环境和任务要求下，可能有不同的优势。当产出和创新、改变相关时，持有促进定向动机的人表现得更出色。而当产出和合规、安全相关时，持有预防定向动机的人表现得更出色。在一家公司中，持有这两种动机的人都可能有用武之地。例如，对于银行中的销售部门和岗位来说，持有促进定向动机的人更有可能表现出色，而对于风险控制部门和岗位来说，持有预防定向动机的人更有可能表现出色。只不过，当公司规模变大后，常常出现被预防定向动机主导的趋势，因此在制定目标的时候，容易出现预防性目标增加而提升性目标减少的现象。

一些企业的绩效管理之所以做得比较被动，是因为起到的效果是让停留在斜坡上的球只受到推力，缺乏向上的动力。任何部门和岗位都有改进的空间，很少有哪个部门或者岗位上的人可以肯定地说，工作已经做到完美，没有什么改进的空间了。其实，无论是生产和销售，即那些好量化的岗位，还是产出不易量化的中后台岗位，都有可改进的空间。只要有可改进的空间，就可以从中找到提升性目标，并将其融入绩效管理系统中。例如，日本丰田公司一直信奉不断改进的精益思想，任何工作岗位都能找到改进的措施和具体计划。

《绩效心法》一书运用了这一思想，针对大型成熟型组织中存在的重免责、轻提升的现状，提出了三维绩效考核卡或考评表的方法（见表19-1）。这张三维绩效考评表的核心是把工作绩效分成三类不同的维度，底线是不违反规定（执规考评），基础是履行好工作职责（履职考评），提升是指超越现有的工作水平（超越考评）。第一个部分是执规考评，大型成熟型组织形成了成熟的管理规定，对于非常重要的规定，应该通过执规来考评，即没有违反规定的就放过，违反规定的按照制度规定执行。第二个部分是履职考评，采取了重点考评和综合考评相结合的方式，综合考评保证日常工作不下滑，重点考评突出工作重点。相对于一些大型成熟型组织过于重视综合考评的方法，引入重点考评后，突出了贡献更大的工作任务，体现出引导性。三维绩效考评表最有特点的部分是第三部分超越考评，即通过设置专项目标的方式，用额外的加分项来鼓励人们做一些提升性的工作。

表 19-1　三维绩效考评表

| 类别 | 考评内容 | | 考评标准 |
| --- | --- | --- | --- |
| 超越考评 | 特设项目 ××××<br>[设置理由][目标预期][工作思路] | | 按层级和程序确定 |
| 履职考评 | 重点考评 | 于××时间用××方法完成××任务，达到××标准 | 依既有细则标准 |
| | | 同上 | 同上 |
| | | 同上 | 同上 |
| | 综合考评 | 工作数量 | 全面完成本职工作，无积压 | ①②③④⑤ |

(续)

| 类别 | | 考评内容 | | 考评标准 |
|---|---|---|---|---|
| 履职考评 | 综合考评 | 工作质量 | 严谨细致，无差错、无纰漏 | ①②③④⑤ |
| | | 积极性 | 工作不等不靠，不回避困难 | ①②③④⑤ |
| | | 协作性 | 及时响应同事的合理配合要求 | ①②③④⑤ |
| 执规考评 | 合规、遵守党纪、廉政等 | | | 按既有规定办 |

注：①②③④⑤分别代表待改进、合格、中等、良好、优秀。
资料来源：吴向京，田勇. 绩效心法 [M]. 北京：中国人民大学出版社，2022.

一位 EMBA 学生分享了类似的经验。他所在的集团公司于 2019 年将他派到一家多年亏损的下属公司做一把手。他去了以后，发现该公司所处的行业环境并不差，具备盈利的条件，核心问题是市场的压力传导不到下属公司的员工，整个组织处于僵化状态。他通过重塑"以市场为中心，以高绩效为导向"的经营管理理念，设定了必须达到同行业平均水平的目标，重建了企业 KPI 及绩效考核体系，果断调整了供应链及销售部门负责人，改变了经营管理策略，当年就实现了扭亏为盈。他说，以前企业的干部员工总是盯着保守的目标，他们的主要精力放在对目标设定的讨价还价上，实际工作压力非常小，没有把精力放在业务的增长和市场能力的提高上面。他所在的集团是按照年度利润目标值考评的，完成集团下达的 1 个亿的目标是完成目标，完成集团下达的 10 个亿的目标也是完成目标，大家自然都追求容易完成的低目标，整个组织陷入了"目标管理的陷阱"。他的解决方法是采取直接的方式，即要增量，通过实施增量和奖励挂钩的政策，激发了员工的工作积极性。

## 能力提升和任务达成

对于能力提升和任务达成，任务达成是基础，能力提升是向上引导的力量。能力提升往大处说，是指人的发展。除了为客户创造价值之外，企业内部的成员也应该在工作中得到发展。短期导向的企业和人只关注任务达成，而不关注能力的提升。这样做的缺点是可能陷入能力的瓶颈，发展到一定阶段，遇到能力发展的天花板，无法突破。其实，能力提升和任务达成相辅相成，挑战性的任务有助于员工的能力提升，而能力提升后，又可以有效地保障任务达成。企业如果不重视员工的能力提升，可能会缺乏持续前进的动力。

要使现有人员能力提升，这些人员自身学习的意识、态度和行动非常重要。尤其是企业的骨干应该不断地挑战自我，跳出舒适区，不断提升能力，否则就跟不上环境的变化，跟不上企业的增长。能力提升不仅是企业需要关注的事情，员工自己应该是能力提升的第一责任人，企业应创造能力提升的机会。

美国赛普拉斯（Cypress）半导体公司在给予员工绩效奖金的时候，问的问题是"过去的这个财年，哪些人的业绩最突出？"而当给予股权和期权激励的时候，问的问题是"五年后我们最不希望失去谁？"它的理念很明确：奖金是对任务达成的认可，而股权和期权是对能力的认可。因此，当动用股权和期权的激励工具时，需要被激励的对象有持续奋斗的态度，以及能力提升的潜质。如果不是这样的人，但已经做出了贡献，那么奖金的奖励方式比期权更合适。对于有潜质、企业很看好但还没有做出贡献证明自身能力的人，可以考虑采用和多期业绩目标挂钩的方式来实施股权激励，激发他们向上的动力。有不少企业把奖金和股权（常常是期权）概念使用的边界模糊化了，在跟员工谈判薪酬时，期权往往是薪酬回报中的一个重要部分。虽然起到了长期保留的作用，不过没有发挥出期权应该起到的激励"持续奋斗"的作用。

联想公司在员工绩效管理的设计中重视能力提升的环节。它的绩效反馈环节由两个部分组成，第一个部分是上级反馈下级的业绩表现，这一部分决定了年度的奖金。第二部分是上级与下级探讨下级在任务达成过程中表现出来的优势和劣势。上级会对优势给予肯定，会找存在劣势的原因，尤其是找到在哪些方面存在能力缺失，制订改进的计划。一些比较普遍的能力缺失汇总到公司人力资源部门，由人力资源部门根据需求开发有针对性的培训项目。

一位管理者曾经讲过一个比喻，被管理者像马，管理者像骑手，考核像管理者手里拿的鞭子。当骑手骑马的时候，为了让马跑得快，会用鞭子抽打马。这位管理者强调，一方面要善于利用鞭子，但更重要的是，要养好你的马。因为如果马变得虚弱，即使用鞭子能够让它短期再冲刺几下，但这个阶段一过，马就不行了，就跑不到目的地了。这个比喻提醒管理者在管理的过程当中，要有更长远的眼光，关注下级的能力提升。企业和员工相互成就，是最好的合作方式。

　　如果不关注能力的提升，就可能会落入能力陷阱。所谓能力陷阱，是当人们利用某个方面的能力，获得一个好的结果的时候，往往过于依赖这方面的能力，从而导致其他的能力难以得到发挥和增强，不利于长期的发展。能力提升需要人们能够跳出舒适区，不断地去学习，自我更新。一些优秀公司会创造机会，定期给员工调岗位、调工作内容，让员工保持不断学习、自我更新的意识和状态。企业需要给员工提供成长的空间，不光是管理职位的晋升空间，也包括横向的发展空间、多条路径的发展空间。这样，每个人才能在这种多样化的职业发展通道的体系当中，找到适合自己能力发展的路径。值得一提的是，能力提升不仅仅是指培训企业内部员工，通过获取外部人才提升企业能力也很重要。

　　以上是我总结出来的五个向上引导的力量。其实最理想的状态，是在球里装上发动机，开关一打开，球自动上坡。这意味着要在球里面加上精神和物质两台发动机。精神主要是指企业文化等，物质是指和贡献相匹配的物质激励。对于企业家来说，工作不仅仅是一份谋生的差事，还是事业、责任、成就，所以工作积极性很高，自带发动机。企业里面自带发动机的人多了，企业就会很有发展前景。

## 全面激励体系

### 物质激励和非物质激励

　　全面激励（Rewards）体系（也有人翻译成全面回报体系），主要是指激励体系不仅包括物质方面，也包括非物质方面，是一个整体。美国世界薪酬协会（WorldatWork）提出全面激励体系包括五个方面：薪酬、福利、工作与生活的平衡、绩效与认可、职业生涯发展机会。表 19-2 包括了常见的内容。

表 19-2　全面激励体系

| 激励类型/体系 | | 主要构成 | 激励目标 |
| --- | --- | --- | --- |
| 物质激励 | 现金薪酬 | 固定薪酬（工资） | 保障员工基本生活质量 |
| | | 短期激励（例如季度奖金、年度奖金、销售佣金） | 激励员工创造短期价值 |
| | | 长期激励（例如股权、期权、递延奖金等） | 激励员工关注公司长期发展 |
| | 福利 | 法定福利（养老保险、医疗保险、失业保险、工伤保险和生育保险，以及住房公积金） | 体现公司关怀 |
| | | 附加福利（例如弹性福利计划、安居计划、子女教育基金、个人贷款） | |
| 非物质激励 | | 非现金回报（例如职业生涯发展，工作与生活的平衡，以及荣誉证书、奖杯、奖章等） | 实现员工职业价值，储备公司优秀人才 |

常见的物质激励包括固定薪酬、短期激励、长期激励。这些激励的目的是不一样的。固定薪酬的目的是保障员工的基本生活质量。短期激励，例如年度奖金、销售佣金等，主要是用来激励员工创造短期价值的。长期激励，如股权、递延奖金等形式，主要是激励员工关注公司的长期发展。还有一些物质激励，包括在福利模块里面，可以细分成两部分，一部分是法定福利，一部分是附加福利。福利的主要作用是体现公司关怀，法定福利主要是指通常说的五险一金，附加福利是公司可以灵活掌握的福利。例如，弹性福利计划、子女教育基金等。非物质激励的灵活性更大，可以创造出很多的形式，主要目的是实现员工职业价值，储备公司优秀人才。例如，职业生涯发展方面一些好的政策、平衡工作与家庭的政策，还有各种各样灵活的、表达认可的精神激励的方式。

以上大部分的激励是由企业整体安排的，但管理者的手头也或多或少有一些直接影响下级的激励或惩罚的机制或手段。例如，管理者给下级的绩效评估的结果，会影响到下级的奖金、绩效工资。管理者在其他评优、推优方面,也是有决定权的。企业要赋予不同层级管理者兑现激励的相应权限,以保证管理者对所负责团队成员有话语权。权责如果不对等,会导致员工不敬畏领导,领导不愿意管理员工。

我在课堂上做过一个调研,题目是"你所在企业对核心岗位或人才采取的主要物质激励措施有哪些?"。常见的措施排名如下:高额绩效工资、行业领先的工资、单项奖金/项目奖、股票期权、福利和津贴、合伙人机制、限制性股票、虚拟股权分红。

## 绩效薪酬的有效性

研究把表19-2中的短期和长期激励统称为绩效薪酬(pay for performance,P4P)。由于绩效薪酬是一次性发给员工的,因此并不会永久地增加劳动力成本。当绩效水平下降时,绩效薪酬也随之减少,因此绩效薪酬也被称为可变薪酬(variable pay)。激励理论认为绩效薪酬主要通过两种效应起作用:激励效应和分选效应。激励效应是指绩效和薪酬挂钩,会促使员工付出努力,有更好的工作绩效;而分选效应是指由于组织会根据绩效的不同给付绩效薪酬,因此有能力、对自己有信心的员工更愿意选择和留在这样的组织,而能力差、知道自己不行的员工则会回避这样的组织,因此起到了分类、筛选的作用。

期望理论能更详细地解释激励效应发挥作用的过程,如图19-3所示。根据期望理论,员工的动机由员工对三个部分的判断形成。第一部分是实现业绩目标的可能性有多大?这一部分和目标管理紧密相关,其中的关键是员工对实现业绩目标要有足够的信心,即自我效能感。这需要管理者和员工充分沟通、给予配套的资源以及提供足够的支持。第二部分是业绩和奖励相关的可能性有多大?这一部分和绩效考核紧密相关,其中的关键是增强分配的公平性。这需要科学合理的绩效考核体系以及充分的绩效沟通和反馈来做保证。第三部分是奖励有多大的效用?员工对金钱的效用感知不同,这是由员工的需求层次决定的,越是对物质生活保障有需求的员工,或是对物质生活品质有追求的员工,越会感知到金钱奖励的效用。

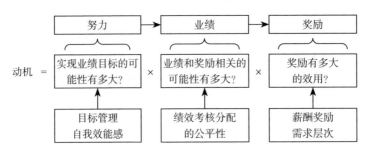

图 19-3　用期望理论解释激励效应发挥作用的过程

绝大部分的管理实践者认为绩效薪酬是有效的。绩效薪酬包括计件制、提成制、绩效奖金、股票期权等不同的具体形式。但有趣的是，研究者们对这个话题的看法并不一致，甚至差异很大。组织行为学领域的研究者倾向于认为绩效薪酬的作用是非常有限的，甚至是有害的。例如，美国斯坦福大学商学院的杰弗里·佩弗教授认为大部分的绩效薪酬伤害了员工的内在动机，进而表现出种种不良效果。学者科恩的观点更极端，他于1993年在《哈佛商业评论》上撰文《为什么奖励计划难以发挥作用？》，指出个人奖励计划往往是无效的。他的主要观点是：奖励计划能够实现暂时的服从，但无法从根本上转变人们的行为和态度，奖励和惩罚一样没有效果。一旦发放完奖励，人们又会恢复先前的行为。他认为物质奖励计划起到的作用是激发人们获得更多物质奖励的欲望，就像给口渴的人喝盐水一样。科恩的书《奖励的恶果》更系统地论述了他的观点，在强烈反对行为强化理论的基础上，他甚至提出了一个看似奇怪的观点：奖励就是惩罚。

人力资源管理领域的研究者，尤其是薪酬领域的学者偏向于肯定绩效薪酬的作用。一项经典的实证研究支持了计件工资对劳动生产率的提升作用，学者拉齐尔使用了美国一家大型汽车玻璃企业 Safelite 公司在 1994～1995 年的数据，对比了这家公司在计时工资制的基础上引入计件工资制后，工人劳动生产率发生的变化。研究发现，计件工资制激励工人提高了努力程度，提高了工人劳动生产率的上限，一些工人表现出更大的动力去提高劳动生产率。另外，计件工资制吸引了更有能力的工人，同时减少了低劳动生产率工人的留存率，从而提升了工人的平均能力。尽管计件工资制可能需要额外的监控和测量成本，但通过提高劳动生产率，企业实现了显著的利润增长。激励效应和分选效应各起到了一半的作用。

薪酬学者们对常见的一些绩效薪酬的类别和效果做了总结，如表19-3所示。学者贾森·肖（Jason Shaw）坚定地认为绩效薪酬是有作用的，批评了科恩等人的研究。在1998年发表的一篇文章中，他和同事们总结分析了39项已经发表的研究。结果表明：物质激励和衡量工作质量的绩效无关，但和衡量工作数量的绩效存在0.34的相关关系，这种关系并不受不同工作类型的影响。在2015年发表的另一项整合研究中，肖等人提供了更多支持绩效薪酬的证据。研究发现：物质激励和工作绩效之间有正相关关系；当外在激励和内在动机相结合时，它们可以共同影响工作绩效，物质激励实际上增强了内在动机对工作绩效的影响；新的证据说明物质激励不仅提升员工完成工作的数量，而且当物质激励和工作质量挂钩时，也能提升员工完成工作的质量。以上两项研究是针对员工个体的，学者安东尼·尼贝里（Anthony Nyberg）研究了集体绩效薪酬对于集体绩效的影响。他发现集体绩效薪酬与集体绩效存在0.11的相关关系，说明集体绩效薪酬对于集体绩效有一定的正面影响，但这种影响并不强，意味着集体绩效薪酬的确是影响集体绩效的一个因素，但可能不是最重要的因素。

表19-3 绩效薪酬的类别和效果

| 绩效薪酬类别 | 效果 |
| --- | --- |
| 个人激励计划（individual incentives） | 总结大量研究结论发现，会提高员工的生产率 |
| 绩效加薪（merit pay） | 尽管这个措施被用得很多，但是它对员工绩效的影响证据不足 |
| 收益分享计划（gain sharing） | 员工对这些计划的态度是正面的，计划对员工生产率有影响，但不大 |
| 股票期权计划（stock plans） | 研究发现，中高层经理80%有股权的公司比20%有股权的公司资产回报率高1/4<br>一些对股票股权计划的质疑： |

(续)

| 绩效薪酬类别 | 效果 |
| --- | --- |
| 股票期权计划（stock plans） | ①投资者对公司给除经理层之外的员工股权不满<br>②股权相关的税收政策变化可能影响股权的吸引力<br>③股价低迷的时候，股票股权计划带来麻烦<br>④出现了较多高层管理者操控股价的负面案例 |

资料来源：RYNES S L, GERHART B, PARKS L. Performance evaluation and pay for performance[J]. Annual Review of Psychology, 2005, 56（1）：571-600.

　　绩效薪酬的研究在很多问题上还不能得出一致的结论：绩效薪酬起不起作用？在多大程度上起作用？薪酬固定部分和浮动部分的比例为多少合适？不同绩效的员工之间，差距为多少合适？我的看法是，绩效薪酬的数量、比例、差距是不是起作用，以及在多大程度上起作用，关键在于如何实施，需要综合考虑体系、过程、情景因素。例如，奖励起不起积极的作用，和把奖励作为一种控制的手段，还是用于表达对工作成绩认可有关。如果管理层能引导员工们先聚焦于价值创造，蛋糕做大后通过公平的奖励表达认可，很可能起到积极的作用。员工的预期也很重要，如果员工的预期低，管理者最终给出了超出预期的奖励，就有积极的效果。反之，如果比预期低或只是符合预期，效果不明显。薪酬固定部分和浮动部分的比例和工作岗位的性质、管理层级有关，薪酬差距和业务性质、历史差距有关。目前的研究对于绩效薪酬计划之外的过程和情景因素，尤其是过程因素考虑得不够，原因是全面准确衡量过程因素很困难。对于管理者来说，在借鉴、制订和实施绩效薪酬计划的时候，要关注过程因素，特别是奖励分配的过程是否公开、公正、透明。

　　学者詹姆斯·巴伦和戴维·克雷普斯提出，绩效薪酬的有效性受到情景因素的影响。随着以下情景的出现（见表19-4），绩效薪酬的效果似乎越差。当绩效薪酬的效果不理想时，可以考虑其他的激励手段，例如明确晋升前景，激发同事压力，增加员工对企业的认同感，以及通过提供成长的机会或接受新挑战来激发内在动机。

　　对人才的激励要注意权、责、利平衡。权、责、利应该尽可能对等，一旦失衡，可能带来很多负面的影响。权力过大，容易滋生权力寻租；

利益过大，容易引发冲突和内耗；责任独大，容易产生懈怠或"躺平"。人才是被激励对象，利对应绩效薪酬的奖励计划。通常企业在做绩效薪酬激励的时候，考虑比较多的是责和利的匹配，责是指和利匹配的工作要求。其实还应该重视责和权的匹配。不仅要实施绩效薪酬激励政策，而且人才确实要有能力，认同企业文化，有足够的决策权，这些因素匹配在一起，才能取得好的效果。

**表 19-4　导致绩效薪酬效果变差的情景因素**

- 技术越复杂
- 任务越模糊
- 文化越强调合作
- 战略更多地集中于强调质量或创新
- 缺乏输入和输出间的联系
- 更多依赖于员工的内在动机
- 劳动力和/或技术的多样性会引起不公平或不合理感
- 一些文化阻碍对收入做区分

资料来源：巴伦，克雷普斯.战略人力资源：总经理的思考框架[M].王垒，潘莹欣，等译.北京：清华大学出版社，2005.

不仅高级经理人有决策权很重要，普通员工的工作自主权对于员工激励也很重要。美国国家经济研究所发布的一项有关780家美国公司的研究，探索了员工分红制以及自主性与自愿离职率（作者将之作为员工敬业度指标）之间的关系。结果表明，分红制和自主性各自对离职率都没有太大影响，但在同时为员工提供了这两项的公司，自愿离职率低于只提供一项或两项都不提供的公司的一半。只提升员工自主性而不加薪，员工会把增加的责任视为负担。反过来，如果只提供分红而不增加权限，员工还是会觉得自己只是下属。

## 高管和销售人员的绩效薪酬

高管人员的薪酬由薪酬委员会决定，这个委员会通常由公司董事会或董事会的一部分组成，给高管制定薪酬水平的方法通常是首先确定公司主要的竞争对手，然后将高管的薪酬水平设定在由竞争对手构成的对照组最高和最低薪酬之间。研究发现，公司规模（销售额或雇员人数）是

CEO 薪酬水平的最佳预测指标，其次是 CEO 的业绩历史记录。我收集了 2021 年薪酬收入排名靠前的 20 家中国上市公司高管的薪酬，以及这些公司人均年薪的薪酬数据，汇总成表 19-5。

表 19-5 中国上市公司高管薪酬和人均年薪示例

| 序号 | 高管的最高年薪（万元） | 公司所处行业 | 人均年薪（含社保）（万元） | 高管年薪和人均年薪比率 |
|---|---|---|---|---|
| 1 | 3405.3 | 工程机械 | 39.91 | 85 |
| 2 | 3325.83 | 电力 | 20.5 | 162 |
| 3 | 2603.63 | 生物制品 | 42.96 | 61 |
| 4 | 2533.49 | 医疗 | 34.80 | 73 |
| 5 | 2476.38 | 医疗服务 | 23.39 | 106 |
| 6 | 2332.43 | 房地产 | 23.44 | 100 |
| 7 | 2295.75 | 饮料乳品 | 21.54 | 107 |
| 8 | 2259.11 | 能源金属 | 20.81 | 109 |
| 9 | 2015.54 | 元件—印刷电路板 | 16.39 | 123 |
| 10 | 1926.33 | 元件—印刷电路板 | 12.09 | 159 |
| 11 | 1737 | 通用设备—金属制品 | 13.8 | 126 |
| 12 | 1688.9 | 医疗器械 | 52.75 | 32 |
| 13 | 1669.63 | 游戏Ⅱ—游戏Ⅲ | 35.91 | 46 |
| 14 | 1620 | 农产品加工 | 18.6 | 87 |
| 15 | 1613.51 | 特钢 | 17.67 | 91 |
| 16 | 1468.14 | 光学光电子 | 20.46 | 72 |
| 17 | 1406.67 | 化学制药 | 24.77 | 57 |
| 18 | 1380 | 化学制品 | 13.25 | 104 |
| 19 | 1348.6 | 化学制药 | 29.55 | 46 |
| 20 | 1340.4 | 酒类 | 22.37 | 60 |

资料来源：上海荣正资本咨询公司《中国企业家价值报告》(2022)、同花顺网站公开信息。

会计准则和税法的相关内容、在股东和机构投资者眼中的合法性对高管薪酬组成有非常大的影响。高管人员的薪酬组成中，绩效薪酬占的比重很大，一般最高可达 80%。高层人员的绩效薪酬和公司整体业绩挂钩，常见的衡量公司绩效的财务指标包括股东整体回报率、利润、资本回报率、营业收入、自由现金流等。研究发现股东整体回报率和高管薪酬之间具有正相关性，但两者之间的因果关系可能受到诸多情景和过程因素的影响，目前尚无清晰、一致的结论。

销售人员需要有高度的主动性，并能够在低监管的情况下长时间工作，标准的薪酬制度不适合这类工作。销售人员绩效薪酬占总薪酬的比例，取决于公司的产品或服务的销售在多大程度上与销售人员的能力和努力相关。越相关，绩效薪酬的占比就越高。美国世界薪酬协会认为销售人员绩效薪酬计划的制订应符合表 19-6 所示的原则。

表 19-6　销售人员绩效薪酬计划指导原则

- 计划与公司的业务战略和主要目标相一致——销售增长、盈利能力、新产品销售和其他战略计划
- 计划针对每个工作的具体职责而设计。计划区分不同级别的绩效水平。在一个具体的计划中，业绩衡量标准的绝对数量是有限的，并且在计划最终确定之前，要确认跟踪和报告结果的能力
- 销售团队的目标基于最佳绩效分配。这意味着门槛和卓越绩效水平是现实可行的，也就是说，它们的设定将使至少 90% 的销售人员达到门槛，60%～70% 达到/超过配额，10%～15% 达到/超过卓越
- 使用简单、灵活、销售人员能自行计算出收益的计划。被批准的计划是能够以一种及时且经济的方式管理的计划，并且对人工干预的需求最小
- 组织的各级管理层致力于清楚地沟通计划，并提供所需的支持

资料来源：美国世界薪酬协会. 整体回报完全指南 2.0：组织的奖酬和激励战略与架构 [M]. 张宏，唐秋勇，译. 北京：电子工业出版社，2022.

和销售人员绩效薪酬挂钩的绩效指标分为财务类与非财务类指标。其中常见的财务类指标包括销售收入、销售增长、利润；非财务类指标可以是定量的（如市场份额），也可以是定性的（如一些反映关键过程的指标）。销售人员绩效薪酬的常见形式有两种：佣金或奖金。佣金是按照销售额或利润的百分比支付的薪酬，奖金则侧重于一个或多个具体的销售目标，表 19-7 列出了常见的佣金和奖金计划类型。

表 19-7　常见的佣金和奖金计划类型

| 类型 | 例子 |
| --- | --- |
| 固定佣金率 | 销售额的 3% 或 100 元/单位 |
| 差异化佣金率 | 销售代表 1：20 万元激励目标/200 万元销售目标 =10% 的佣金率<br>销售代表 2：20 万元激励目标/300 万元销售目标 =6.7% 的佣金率 |
| 递增佣金率 | 完成销售目标的 0～100%：5% 的佣金率<br>完成销售目标的 100% 以上：7.5% 的佣金率 |
| 调整后佣金率 | 产品 A：5% 的佣金率<br>产品 B 和 C：7.5% 的佣金率 |

（续）

| 类型 | 例子 |
|---|---|
| 固定式奖金计划 | 100%完成销售目标，奖励5万元 |
| 插值式奖金计划 | 完成销售目标的0～100%：每1%获得500元<br>完成销售目标的100%以上：每1%获得550元 |
| 阶梯式奖金计划 | 完成销售目标的50%～100%：奖励1万元<br>完成销售目标的101%～120%：奖励4万元 |

资料来源：美国世界薪酬协会.整体回报完全指南2.0：组织的奖酬和激励战略与架构[M].张宏，唐秋勇，译.北京：电子工业出版社，2022.

佣金是按销售额的百分比支付的薪酬。销售目标可以与佣金结构一起使用，但不是必需的。在设计佣金计划时，可以使用以下方法：固定佣金率、差异化佣金率、递增佣金率和调整后佣金率。固定佣金率是指制定一个固定的提成比率，用于给所有相关的销售计算佣金。例如，销售额的3%或每单位100元。这种类型的佣金最常用于新公司、销售组织规模很小的公司、不分销售地理边界的公司，或没有销售历史的新产品。它反映出来的激励思想是"卖得越多，赚得越多"。差异化佣金率是指给每个销售人员制定不同的佣金率。这种方法与奖金型计划有两个共同的关键特征：它在薪酬方面具有"均衡"地区差异的效果，而且总是与销售目标一起使用。差异化佣金率反映如下指导思想：每个销售人员无论负责的销售区域大小如何，都有同样的机会获得目标激励。递增佣金率是指为低于目标或高于目标的销售提供不同的佣金率。目标可以是一个指定的销售量，或一个百分比的销售目标完成情况。它反映出来的激励思想是：低于目标的销售额不如达到或超过目标的销售额有价值。调整后佣金率的目的是区分不同类型的产品销售，每种产品的佣金率根据产品的重要性进行调整。调整后佣金率反映如下指导思想：有些产品的销售比其他产品的销售更重要。

奖金是基本薪资的一个百分比或一个固定的金额，用于激励销售人员完成目标。销售人员奖金的三个常见形式是：固定式、插值式和阶梯式。固定式奖金计划为实现特定的目标提供激励。插值式奖金计划使用了连续变化的计算方式来计算销售结果的奖励。阶梯式奖金计划使用分层奖励结构，每一层之间的奖励是离散的而不是连续的。

## 薪酬策略

### 整体策略

外激的具体形式包括工资、奖金、福利、津贴和补贴以及股权和期权，这些常见的外激形式组成一个薪酬包（package）。企业采用的薪酬策略主要包括两个方面，一个是水平，一个是结构。薪酬水平就是薪酬发放的量，有的企业采取市场领先策略，有的企业采取市场平均水平策略，有的企业采取市场跟随策略。薪酬结构主要指两个方面，一个是薪酬在工资（包括固定和浮动部分）、奖金、福利、津贴和补贴以及股权和期权之间的不同比例，另一个是薪酬在不同层级、不同工种（常见的包括前、中、后台，生产、市场、技术、一般行政事务等）之间的比例关系。

企业的薪酬水平根本上是由劳动力市场的供需关系决定的，同时具体的水平和结构也受企业自身情况的影响，包括企业所处的行业、业务模式、发展期、人才战略、盈利状况、投资人实力等。从国家层面来说，当地的经济状况、文化等都会对薪酬水平和结构有影响，有时影响还很大。以企业发展期为例，不少企业在建立初期资金紧张，业务发展对资金的需求大，缺乏足够的资金以发放薪酬，因此在吸引人才的时候，工资不会太高，而是使用"画大饼"的股权和期权。当企业进入快速成长期，需要把人才尽可能地延揽到企业中来，给的薪酬往往是行业内最高的，尤其是高额奖金和富有吸引力的股权和期权。当企业已经成了行业的老大，步入较稳定的发展期，薪酬水平往往不是行业内最高的，而且结构上也从强激励的模式变成了偏稳定的模式。当然，不同行业也有一些差异，智力密集型企业会比劳动密集型企业更加注重吸引业内精英人才。

企业薪酬作为一个硬性吸引因素，和企业的软性吸引因素有相互促进和在一定程度上相互弥补的关系。软性吸引因素包括企业文化、职业发展前景、职业稳定性等。良好的企业文化加上高水平的企业薪酬，当然最能吸引人。它们之间在一定程度上也能相互弥补，即良好的企业文化可以在一定程度上弥补企业薪酬水平的不足，至少能弥补短期的薪酬水平的不足。美国西南航空公司在招聘人才的时候，对自己的企业文化很有信心，新进员工（如飞行员）的基薪（工资中固定的部分）常常比在上一家航空公司中要少，公司以此希望来应聘的飞行员不是直接冲着高收入来的。当然，在西南航空公司，随着飞行时数的增多，工作时间较长的飞行员将从利润分享计划中得到更多的奖金，以及获得股权激励，因此后期很可能得到比其他公司更好的薪酬。

采用市场领先策略的企业，目的是从劳动力市场上吸引到尽量好的人才。它们的薪酬理念是：给高薪是否值得，除了看薪酬成本，更要看投资和收益比。这种理念和传统上把薪酬看作人工成本的想法是不同的：人工成本是一种减法思维，给每个人的薪酬都会被视为减少了薪酬预算；而人力资本投资是一种乘法思维，给每个人的薪酬会被视为是一种投资，如果肯在能力强的员工身上投资，未来能从这些员工那里得到更大的回报。

美国网飞公司秉承这样的薪酬理念，注重人才密度，即尽可能使得员工队伍中能力突出的员工比例高。因此，网飞宁愿用三个人的钱雇一个能干的人，也不愿意雇三个平均的人。在网飞的人才理念中，一个能力强的人的工作效果胜过几个人；人一多，反而因为需要协调带来管理成本；水平低的人会给团队带来负面的影响，挤占公司的资源，拉低整个团队的效率。在网飞创始人写的《不拘一格：网飞的自由与责任工作法》一书中，提到了网飞早期的一个例子。当时公司面临困难，需要裁掉1/3的人员，本来创始人非常担心裁员会让留下来的员工士气低落，但让他始料未及的是，因为裁掉的都是绩效差的员工，而留下来的员工能力普遍出色，公司员工的士气非但没有低落，反而得到提升。网飞公司从这个经验中学习到，保持高的人才密度，对公司是有益的。这条结论尤其对于智力密集型企业有借鉴价值。

网飞公司认为，吸引顶级人才需要最有竞争力的薪酬。传统上市场的薪酬排位对员工薪酬水平有很大的影响。每家企业都想知道自己在市场中的薪酬排位,但其实这点很难做到。市场上有各种用于搜集薪酬信息的复杂渠道。行业调研覆盖了各领域的薪酬,并按照层级详细分类。但网飞公司认为,工作不是产品,人才也不是。不同职位的特殊性难以在调研中体现,调研也无法量化候选人的某些能力,例如良好的判断力和协作能力。在不少公司,薪酬部门往往会花费大量时间比较职位描述信息,根据各种因素进行调整。但是,这个过程只能对市场大环境有基础性的了解。网飞公司认为,很多公司目前施行的薪酬体系往往落后于时代,判断的是员工创造的历史价值,而不是为未来增添价值的潜力。目前的市场需求和薪酬调研无法帮助公司计算出这些未来收益。虽然薪酬调研有一定的价值,但网飞的建议是,别再根据行业目前的薪酬标准煞费苦心反复计算。需要使用高水平人才的公司应该花心思想清楚,能够为所期待的绩效以及企业的未来付多少钱。

可以把公司提供的薪酬水平和组合方式视为公司向劳动力市场上的潜在员工发出的信号。公司提供的薪酬水平高,说明公司需要能力强,尤其是来了就能做出业绩的员工,也就是所谓"即战力"强的员工。公司采用低基本工资加高奖金的方式,说明公司需要风险挑战型的员工。反过来,求职者的特征(例如学历、成绩、经验)也向未来的雇主发出了信号,雇主可能偏好那些训练有素、相关课程学习成绩高、有相关工作或实习经验的求职者。

在薪酬结构方面,一些企业给员工提供选择,在总的薪酬包下,可以选择工资和奖金占比高,股权和期权占比少,或者选择工资和奖金占比少,股权和期权占比高的方式。小米公司早期的股权激励,允许员工在股票和现金之间弹性调配比例作为自己的薪酬。最终15%的员工选择全部拿现金工资,70%的员工选择70%~80%的现金工资和部分股票,有15%的员工拿一点生活费和较多股票。小米在做股权激励时,考虑员工和高管的需求不同而给出合适的激励股权。小米在B轮融资时,允许员工投钱给公司,每人限额30万元。当时70人的公司有60人左右选择投钱给公司,说明当时看好公司前景的员工比例是很高的。薪酬结构和员工级别关系密切，在 OPPO 公司，级别越高，其薪酬中现金占比越低，绩效和股票占比越高。

基于个人和基于团队的薪酬计划有各自的优势和局限性。当工作需要相互合作，以及系统的力量大于个人的能力和努力时，基于个人的薪酬计划会造成缺乏合作。反过来，当团队规模变大时，搭便车的现象会更多，将降低基于团队的薪酬计划的激励效果。如果团队抹杀了个人的贡献，一些能干的员工可能离职，导致团队平均水平降低。收益分享、利润分享和股权计划都有可能降低对个体的激励效果，但也增加了合作。

对比需要个人创造力的公司和团队能力非常强的公司，它们薪酬发放的方式是不一样的。需要个人创造力的公司通常会拉开员工之间的薪酬差距，以免业绩好的员工离开公司。而强调团队能力的公司需要控制差距，让整体的力量起作用。例如，宝洁公司对销售员的薪酬以固定部分为主，风电企业 Vestas 没有奖金激励，巴西航空的销售人员的提成也非常少。这和个体与组织的价值关系有关。如果工作目标只有个别人能实现，这些人的收入就很高；而如果工作目标的实现不是依靠个别人，而是依靠体系和集体的努力，那么员工的收入就倾向于平均，拉不开差距。

在美国西南航空公司，没有实施和年度固定目标挂钩的物质激励计划，而特别鼓励集体的努力。公司每年把税前利润的 15% 放到一个利润分享池中，所有在册的员工都有资格根据他们的基薪获得对应的收益。这笔钱用来给员工购买补充养老基金，员工也可以在公司缴纳的基础上，自行决定是否缴纳更多的养老金。这个养老基金的 25% 用来购买西南航空公司自己的股票。通过这种机制，让员工能更在意自己公司的发展。当然，对于飞行员这样的核心员工，公司根据年功和职级，实施股票激励计划。

作为一家智力密集型企业，谷歌公司强调没有差距的工资体系是不公平的。谷歌公司的前人力运营官拉斯洛·博克认为，谷歌公司员工的绩效分布曲线是幂律分布，而不是正态分布。因此，员工的薪酬收入差距应该足够大，以反映绩效对于公司的不同贡献。在谷歌，几乎每个级别的薪酬差异都很容易达到 300%～500%，甚至还为明星员工预留了更大的薪资空间。谷歌发现，如何发放薪酬和给多少薪酬同等重要，因此注重分配公平性和程序公平性。分配公平性主要是指结果公平合理，员工认为自己得到的与自己付出的相符。程序公平性是指奖励分配的过程公开、公正、透明。由于分配公平性和员工自身的主观判断有一定关系，绝对的分配公平性很难达到，而程序公平性是达到分配公平性的重要保证。因此，企业在制定薪酬和奖励方案时，要做到程序公平。

薪酬是否需要保密？很多公司推出了薪酬保密政策，有的公司还把薪酬保密列为制度红线，如果有员工跨越了这一红线，将受到严重的惩处。公司实施薪酬保密有多方面的原因，其中避免相互攀比是很重要的一条。但是，据我的了解，员工在一家公司工作时间长了，会了解彼此的薪酬水平。薪酬保密政策起到的作用是防止员工以其他人的薪酬比自己高为理由，和公司谈判加薪。一项实证研究探讨了公司内部员工对于薪酬保密政策的感受，以及这种保密政策如何影响员工是否愿意留在公司。研究发现，员工对公司薪酬保密政策的看法与他们的离职意愿紧密相关，但这种关系并不是一成不变的，而是受到公司内部薪酬分配公平性的影响。具体来说，当员工感觉公司在薪酬分配上做得公平时，即使公司实行薪酬保密，员工的离职意愿也会降低。相反，如果员工感觉薪酬分配不公平，那么即使公司实行薪酬保密，员工的离职意愿也会增加。在公司层面，研究还发现，如果公司整体上薪酬分配公平，那么实行薪酬保密的公司，其员工的自愿离职率会相对较低。但是，如果公司内部薪酬分配不公平，那么薪酬保密政策对降低员工自愿离职率的效果就不那么明显了。这些发现意味着：如果想通过薪酬保密来降低员工的离职率，首先需要确保公司的薪酬分配是公平的。如果员工感觉薪酬分配不公，那么即使实行薪酬保密政策，也可能无法有效留住员工。

## 工资的策略

工资可以分成计时工资和计件工资。工作越复杂，越难以量化衡量产出的，越适合计时工资。大部分的白领，或者主要需要运用脑力来工作的员工，领取的是计时工资，他们的工作特点是产出不易量化。产出可以量化的岗位，例如生产线上的操作工人，适合实施计件工资。

美国林肯电气公司长期实施以计件工资为主的工资体系。该公司生产电焊设备和电焊条，公司专门成立了一个内部专家小组，专家小组由工程师和员工组成，该专家小组对各个岗位的工作进行了详细的分析，员工对计件的定量和定价感到公平合理，而不是像一些其他的公司，当员工受到激励，生产率提高后，管理层就提高了目标，或者降低了计件的定价。林肯电气公司的管理层承诺，除非技术和工艺有大的改变，否则定下来的计件工资政策不会轻易改变。公司长期坚持这一承诺，因此管理层和员工之间相互信任，而这种信任是林肯电气公司的计件工资政策取得很好的效果的基石，值得其他采用计件工资政策的公司学习。由于计件工资容易诱发员工的短期行为，为了平衡长期和短期收益，林肯电气公司在坚持使用计件工资作为主要薪酬模块的同时，还设立了年终个人奖金，年终个人奖金的总量取决于公司年度的总体业绩，考核的内容包括：提出合理化建议并被采纳的情况、团队合作、生产率、可靠性和质量。在公司经营状况好的时候，年终个人奖金甚至和平时计件工资的总收入一样，这些考核指标起到了指挥棒的作用，引导员工兼顾短期和长期收益。

制定工资需要人力资源管理的专业技能，通常会考虑所谓的3P1M，即岗位（position）、人（person）、绩效（performance）和市场（market）。工资制定的基本思路如下：根据岗位的价值和人的能力来决定职级，然后根据市场薪酬调研的结果来定职级对应的工资。对操作细节感兴趣的读者可以参考赵国军先生写的《薪酬设计与绩效考核全案》。在2008年之前的MBA教学中，我曾经把用于工资制定的岗位评价作为一个重要内容来讲，但之后我删去了这方面的内容。这是因为：一来这个内容比较偏向于HR专业的技能，一般的管理者并不需要掌握；二来随着时代的发展，工资水平越来越和两个因素相关，一个是人的能力，另一个是市场。这两者有关联，市场反映了一个人的能力在市场上的定价。工资的核心是人才的市场价值。岗位评价偏重于内部不同岗位价值的相对评估，对市场价值的重要性考虑得不够。

工资常常被分成固定部分和浮动部分。固定部分是基薪。浮动部分和绩效考核结果有关，有的公司称之为绩效工资，有的称之为浮动工资。考核结果决定了浮动部分。一种常见的操作方式是，把工资按一定比例分成固定和浮动两个部分，一般职位越高的，浮动部分所占的比例越大。越是和前台相关的岗位，浮动部分所占的比例越大。图 19-4 反映了工资制定的常见思路。

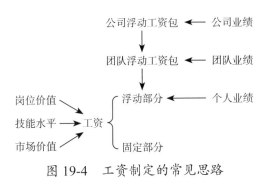

图 19-4　工资制定的常见思路

绩效加薪就是通常说的"涨工资"，一般是指根据直接上司（有时也包括其他来源）的绩效评估结果每年对基本工资进行调整。尽管这个做法很常见，但关于绩效加薪的效果如何的研究并不多，也没有清晰的结论。具体调整多少，除了和绩效相关之外，有时会考虑工资比较比率。这个指标是指员工当前的工资除以所处工资区间的中间值，说明了该员工在所处的工资区间内，是落后还是领先中间值。在同等的绩效水平下，如果落后中间值，一般加薪幅度略大些；相反，如果领先中间值，一般加薪幅度略小些。不过这种以控制导向为主的加薪策略，有时需要向市场驱动的工资水平让步。

劳动经济学提出效率工资（efficiency-wage）的概念，并在企业实践中得到了应用。简单地说，效率工资是指企业支付给员工比市场平均水平高得多的工资，从而促使员工努力工作的一种薪酬制度。效率工资理论认为，高工资将会提高组织效率并降低劳动力成本，高工资的具体作用如下：第一，吸引高质量的求职者。第二，降低员工离职率。第三，提升员工的努力程度。第四，减少员工的怠工行为。这是因为工资越高，员工找到其他同样高薪工作的可能性越小。第五，减少了对员工的监督需求。

美国网飞公司就应用了这样的理念，它认为创意精英工作产出远超过一般的员工。因此，对于创意精英，需要给付市场上最高的工资。网飞公司认为员工是自己工资是否有竞争力的第一责任人，它甚至鼓励员工定期和猎头接触，验证自己的工资在市场上是否领先，然后把信息反馈给公司，以便公司及时跟进调整。网飞并没有采用工资和绩效挂钩的制度，从而避免了复杂的考核体系，同时认为按照绩效制定的薪酬制度虽然对日常工作有一定激励作用，但实际上影响了创造力的发挥。

这种效率工资的理念是否只适用于创意精英？未必。我国河南省的百货商超企业胖东来给员工的工资也高于当地市场的同行，取得了好的效果。创始人于东来认为，高工资会让员工生活得到好的保障，也让员工珍惜得来不易的工作机会。需要说明的是，胖东来并不像有些公司，虽然提出了名义上的高工资，但通过苛刻的目标或标准考核，员工实际拿到的工资并不高。在胖东来，大部分员工能通过并不苛刻的绩效考核，拿到和当地同行相比的高工资。

效率工资最大的意义在于启发薪酬政策的决策者，不能只看人工成本，还要看回报，把薪酬看作人力资本投资。效率工资和绩效薪酬的理念不一样，它并不是按照员工的工作效率支付工资，而是给予员工高于市场平均水平的工资以提高员工的工作效率。其实，这种因果关系和投资的逻辑是一样的：在投资中，投资人是通过投资好的项目获得回报，而不是先得到回报再投资。不过，这种高工资的方式需要和其他的措施相配合，例如和工作的挑战性相匹配。在网飞公司，创意精英们拿高薪的另一面，是需要面对挑战性很高的工作，承担压力。虽然网飞公司没有绩效考核，但有严格的留任资格审核，如果工作没有成效，公司也会毫不犹豫地换人，员工需要离开公司。另外，如果企业之间通过这种高薪策略争夺人才，也可能导致人才市场薪酬水平过高。

网飞公司的高薪策略是和员工来之能战的能力有关的，不是普适性的方法。如果企业找来的年轻员工虽然有潜力，但目前暂时因为经验和技能积累不够，还达不到高水平"即战力"，那么在给付工资的时候，可以从不高的工资开始，不断上涨的工资策略可以更好地激励这些年轻人不断提高自己，创造更多的价值，同时增强对于公司的归属感。在这种情况下，如果企业一味地给高薪，并且在没有成效的时候淘汰人，会破坏团队的稳定，不利于人心的统一，效果反而不好。

### 奖金的策略

奖金应该用于奖励员工额外的努力。一家以销售为主的企业，实施新的奖金政策后，获得了不错的效果。新的奖金支付比例是从业绩完成70%开始支付的，也就是说，如果全年业务指标完成率不足70%时，奖金的支付比例为零，该名销售拿不到业绩奖金。而完成率在70%～100%时，奖金的支付比例也是非线性的，每多一个百分点，增加的支付比例都会相应更高，即边际收益增加，这样可以更加刺激销售人员争取完成销售指标。当完成率在100%～135%时，边际收益都是不断增加的，而且相对于完成率在70%～100%时更大，即销售人员在100%完成指标后，每多完成一个百分点，可能会得到两倍、三倍甚至更多的奖金支付比例。这个设计就是让年底肯定能100%完成指标的销售人员不要止步不前，要为了争取更高的奖金继续努力。比如，某位销售人员在过去的奖金发放比例下，做到100%或者更多时，就会为了明年的业务而让眼前的业务进度放缓，甚至是暂停。这就让公司不能冲向更高的业绩表现。在新的奖金发放比例下，如果该名销售人员能够做到完成110%的业绩的话，奖金的发放比例是160%左右，如果完成118%左右的话，能够拿到2倍的奖金发放比例。

另一家公司有一个有特色的奖项——专项产品积分奖，这个奖项是公司为了激励销售团队推广重点开发产品而设立的。这一策略的核心在于通过积分累积的方式，解决产品推广不力的问题，并在年底统一结算，奖励积分排名靠前的销售员。奖金设置与销售专项奖相一致，旨在通过战略性激励，引导销售团队将更多精力投入到重点产品的市场拓展上。

为了解决销售团队对新产品推广积极性不高的问题，公司实施了差异化的产品积分设置。这种设置考虑了不同产品的市场行情和销售难易程度，确保销售团队在销售过程中不会因为产品差异而感到不公。例如，通用型产品和销售过程简单的产品积分较低，而需要额外设计或组合的应用型产品的积分则较高。积分机制不仅用于年底的排名评比，还可以兑换成奖金，即一定比例的积分可以换算成额外的奖金。每年年底积分清零，确保销售团队每年都有新的激励。这一措施有效调动了销售团队的积极性，使得重点产品的销量显著提升，成为公司推广新产品的重要助力。通过这种积分奖励制度，公司不仅促进了新产品的市场渗透，也提升了销售团队的整体业绩和市场竞争力。

对于除了生产和销售之外的其他部门，年终奖金的一种操作方法是：先确定团队总的奖金包，然后按照每个人的工资在整个团队中工资之和的比重来划分比例，并考虑每个人的年终考核系数。这种方法假定工资越高的成员对团队所做的贡献越大，但具体有多大，需要结合考核系数来确定。具体制定的公式如下：

$$第i个人的奖金 = \frac{团队奖金包}{团队所有成员工资总和 \times} 第i个人的工资 \times 第i个人的考核系数$$

有的企业的奖金虽然名目繁多，但是每样金额较小，起不到激励作用。如果的确有必要设很多奖项，我建议把这些奖项的作用定位为给予员工名誉上的认可，但奖金可以不发。我比较赞成设立少而精的单项团体奖和个人奖，所谓精，是指额度比较大的奖金。这些少而精的奖应该和公司希望突出的重点工作和核心价值观挂钩，作为奖金类别里的重点。例如，公司鼓励新兴业务和专项产品，就可以设立这些方面的单项奖。

奖金认可的是额外的付出，不应该作为一种平衡的手段。有的企业用奖金来给工资体系打补丁，平衡不同员工或群体之间的收入，打得多了，工资体系就变成了"打满补丁的衣服"，长期来看，效果并不好。如果出现这种情况，往往意味着需要变革和更新现有的工资体系。

## 福利的策略

福利包括法定福利和企业补充福利。福利体现企业对员工的关怀，福利也能吸引和保留员工，尤其是有特色的企业补充福利。法定福利是指"五险一金"，即养老保险、医疗保险、失业保险、工伤保险、生育保险和住房公积金。其中，养老保险、医疗保险、失业保险、住房公积金为企业和职工共同缴纳，工伤保险和生育保险为企业缴纳。共同缴纳的部分和工资基数相关，一些缴纳工资基数高的企业，应该让员工了解到企业在福利上的付出。

福利需要企业付出成本，是薪酬包不可或缺的一部分。有位 HR 高管说，他的主要价值在于建立能满足企业高级人才的特色化需求的资源渠道，例如孩子求学、家人就医等。他认为满足这些特色化需求，一方面体现企业关怀，另一方面有显著的市场价值，这些人才如果自己去找资源可能要花更多的时间和更大的成本，因此满足特色化需求，对于稳定企业高级人才非常重要。当然，这个道理不仅适用于企业高级人才，通过福利政策，满足员工们的一些共性需求，能够起到好的作用。不少知名的互联网企业针对员工的共性需求，提供如下福利：补充医疗保险、给员工父母和孩子提供的价格优惠的保险、住房首付无息贷款等。

福利可以和员工的需求结合起来，列出一个清单，让员工在额度一定的前提下，在清单上不同的项目之间选择。不过这种"自助餐"式的福利似乎没有得到大面积的推广，原因如下：第一，"自助餐"式的福利增加了管理的难度，减少了规模经济带来的好处。第二，心理学相关研究表明，"坏事"应该让人们感到有选择，让员工觉得自己掌握了命运；而"好事"应该减少选择，因为人们总是觉得没有选择的那个更有价值，容易攀比。第三，"自助餐"式的福利可能导致福利管理有更明显的经济交换意味，不利于形成企业想创造的礼物交换的效果。因此，"自助餐"式的福利并不能使人们的满意度提升。

有的企业重视员工培训，应该让员工意识到培训是一项大福利，是全面薪酬体系中的一部分。培训是企业和员工双方获益的事情。企业对员工的培训投入，体现了企业愿意长期和员工共同发展，有利于员工对企业产生情感上的承诺，而这种承诺有利于减少外部工作机会对员工的诱惑。

有的管理者看不到福利的重要性，会砍掉一些看起来不起眼的福利，或者把福利"货币化"，这可能破坏已有的文化，造成凝聚力下降。还有一些管理者对于福利的管理比较粗放，没有体现出企业关怀员工的意义。例如，一个生日在 12 月的员工，在每年 9 月的时候就收到了 12 月的生日蛋糕券，HR 批量处理，虽然方便了福利日常管理，但是员工那种受到关怀的感受打折了。学者詹姆斯·巴伦应用社会交换理论，认为组织和人之间光有经济交换并不够，组织和人之间、人和人之间的各种互惠，会发展出一种对组织有利的凝聚力。如果只是从经济的角度看福利，就容易觉得没有必要，多此一举，砍掉福利后，损失了社会交换的好处。

SAS 公司是美国的一家软件企业，主要做大数据和统计分析软件，在美国长期位于最佳雇主排行榜中。这家企业的业绩表现可圈可点，从 1976 年创立以来，长期处于业绩增长的状态。同时这家企业的年员工流动率低，只有 4% 左右，而同行业的年离职率一般是 20%～30%。当然，员工流动率并不是越低越好，需要结合公司的业务特点和核心能力来判断。这家公司被客户所称道的是软件质量高，而软件质量高需要依托一支高素质、高质量、稳定的员工队伍才能实现。为了留住高素质的员工，这个企业采用的主要激励措施是广泛而优越的补充福利。它建立了多项惠及公司每一名员工的福利，例如，养老金计划、公司诊所、托儿所、健身设施、洗衣服务等，甚至连谷歌公司都把 SAS 公司视为制定福利政策的老师。SAS 公司在当地建了一所最好的私立高中，在美国的"爬藤率"高，即高中生毕业后能够进入美国顶级高校的比率高。这个措施大大地吸引和挽留住了公司员工中占比较高的亚裔员工。公司的创始人古德莱特先生不强调绩效工资、股权和期权。他说："我曾经问过来自华尔街的精英，你们为什么要那么努力地去挣钱呢？这些华尔街精英通常的回答是，因为只有这样，我们才能早点去干我们喜欢干的事情。"古德莱特对他的员工说："我们为什么要绕一大圈，才能去做我们喜欢做的事情呢？

我立志打造这样的一家公司，你们可以放心地在这个公司里面干你们喜欢干的事情。"

补充福利往往是企业整个薪酬体系中最有特色的模块，对带有"家"文化特点的企业来说，尤其如此。例如，比亚迪公司曾经通过提供福利住房来吸引和保留员工；碧桂园通过资助本地的中学，提升教育质量，解决员工子女上学问题；歌尔股份建设了品质很高的幼儿园，吸引和保留人才；京东公司在总部建立了幼儿园，解决员工后顾之忧；远东控股公司提供生育奖励，鼓励员工生育；明阳公司给员工提供饭补，内部建设员工食堂，而且食物新鲜、安全、健康……总之，企业用心提供福利，会提升员工的体验感，在建立企业和员工互惠关系方面的作用很大。

愿意和员工长期发展并能从中获益的公司更愿意在福利方面投入。高福利会不会养懒人？如果干多干少，甚至干与不干差不多的话，高福利肯定会养懒人。因此，高福利需要对应相匹配的工作要求，有内部流动和淘汰机制，保持适当的压力，才能避免养懒人的结果。

## 思考

1. 在斜坡球理论的五组关系中，最能引发你共鸣的是哪一组关系？你能结合自己的经验来分析为什么有共鸣吗？
2. 你所在的公司或团队有没有什么被大家公认行之有效的激励措施？具体是如何表现的？
3. 请通过互联网查找并观看丹尼尔·平克的演讲视频《出人意料的工作动机》，并思考内激和外激分别在什么情况下起作用？
4. 有人认为"奖要奖得让人心动，罚要罚得让人心痛"，你如何评价这个观点？
5. 一位冬奥女子速滑冠军介绍说，在青少年训练时期，她很羡慕成绩好的队员能够吃体校食堂的小灶，而成绩一般的大部分队员只能在普通的窗口吃饭。小灶的伙食好，更代表着一种荣誉。好好练，出成绩，吃小灶，成了她青少年时期刻苦训练的强大动力。这种现象属于什么样的激励？

6. 一位 MBA 学生曾经分享过她的职业成长故事，她认为自己是一个以预防定向动机为主的人，公司强调奋斗者文化，如果不进步就可能被淘汰，而被淘汰是她竭力想避免发生的事情，她把做出业绩视为离淘汰越远越好的手段，因此工作非常努力，业绩评估结果一直很好。你如何评价这个例子？她在工作上的努力会持续吗？

7. 本书第 19 章"能力提升和任务达成"一节介绍了一位管理者"养好你的马"的观点。现在有很多公司考虑的是"换马"而不是"养马"，并认为获得"新马"的成本相较于"养马"要低。你如何看待这种想法？

8. 身价最高的俱乐部是不是联赛排名也最好？请查阅资料，看看足球、篮球、棒球等运动项目（选择你最喜欢的一项），以及不同的国家联赛中是否存在身价和排名对应的规律？

9. 跳高名将谢尔盖·布勃卡是撑竿跳的传奇人物，一共 35 次刷新世界纪录（17 次室外和 18 次室内）。在成名后，他一厘米、一厘米地打破世界纪录，每破一次纪录便获数额可观的奖金。你认为什么样的机制设计能激励布勃卡更早地愿意冲击自己的最大潜能？

10. 有一种观点认为工资和业绩之间的关系不宜过于紧密。请查阅网络上的一篇文章：《俞敏洪：把工资和业绩挂钩是"毒奶"，新东方差点被它害死》。请阐述你对这篇文章中观点的看法。作者杨春把其中的观点扩展成了一本书《当薪酬不再与绩效挂钩：京瓷、海底捞的经营机制》。

11. 美国学者科恩 1993 年在《哈佛商业评论》上的文章曾经引发热议，直到今天，关于奖励是否有效这一话题仍然争论不休，学术界尚无定论。请阅读文章《为什么奖励计划难以发挥作用？》，并点评这篇文章中的观点。

12. 以首席执行官为例，一位薪酬管理顾问分享了如下三种情况：第一，如果首席执行官的薪酬确实偏低，则雇用薪酬管理顾问调查公司的实际竞争对手。薪酬管理顾问向董事会报告首席执行官的薪酬确实偏低，首席执行官的薪酬被提高到市场领先或更高的水平。第二，如果首席执行官的薪酬并不偏低而且公司经营状况良好，则雇用薪酬管理顾问，向薪酬管理顾问推荐适合调查的特定公司。有的公司之所以被选中，是因为它们在管理者薪酬方面的排名很靠前。薪酬管理顾问向董事会报告首席执行官的薪酬似乎有点偏低，首席执行官的薪酬被提高。第三，如果首席执行官的薪酬并不偏低而且公司经营状况不佳，则雇用薪酬管理顾问。首席执行官向薪酬管理顾问抱怨管理层薪酬太低，以至于担心优秀人员会离开公司而投奔竞争对手。结果是薪酬管理顾问建议提高管理层的薪酬以避免人员流失。

你如何评价这种现象？

13. 你所在的公司有没有富有特色的薪酬措施？请介绍并分析为什么会有这样的措施。其中有特色是指和同行业多数公司不一样。

14. 金融行业和互联网行业被认为是薪酬较高的两个行业，请通过网络查询，对比这两个行业里的管理者和员工在薪酬结构上有没有差异。你认为是什么因素造成了这样的差异？

15. 行业之间存在较大的薪酬差异。看看你身边的朋友，有没有你认为与你能力和资历相仿的人，因为选择的行业不同，而出现薪酬差异很大的情况？你认为这样的差异公平吗？市场如何调节这样的差异？

16. 2022年11月22日，京东创始人刘强东在给全体员工的邮件中表示，要对员工和高管待遇推行"一升一降"措施。高管待遇方面，为提高基层员工福利待遇，同时尽量减轻公司压力，自2023年1月1日起，京东集团高级管理人员的现金薪酬降低10%～20%，职位越高降得越多。员工待遇提升方面，京东计划逐步把外包员工转化为德邦（已经被京东并购）自己的员工，确保外包员工也能享受自有员工的五险一金待遇。同时，为包括全体德邦员工在内的所有物流、客服等基层员工设立"住房保障基金"，京东将投入100亿元为基层员工提供购房无息贷款。此外，刘强东本人再捐款1亿元，集团及各个业务集团也会拿出一定比例的现金，扩充"员工子女救助基金"的规模。你如何点评"一升一降"措施？

17. 在激励员工的时候，什么时候发钱，什么时候发"礼物"，取得的效果更好？
18. 你了解自己的社会保险和住房公积金相关联的工资基数吗？请查看你的社会保险和住房公积金的水平和构成，并计算一下这部分和你工资的比例。

CHAPTER 20
第 20 章

# 股 权 激 励

## 股权激励的目的

股权激励的目的是培养合伙人的心态,从而激励员工付出更多的努力。和股权激励最相关的理论,是经济学和公司治理领域的委托-代理关系理论。股权激励的逻辑是,当职业经理人或员工拥有了企业所有权的一部分时,他们干起活来就有了企业所有人的心态,工作会更卖力。实行股权激励前后,员工的身份不同,实行股权激励之前是为所有人打工的雇员,实行股权激励之后,身份变成了一定程度的合伙人,而不是雇员。股权激励的目的主要是培养更多的合伙人,而不仅是提供经济刺激。需要注意的是,如果分配到每个人身上的股权收益较小,就起不到培养合伙人的效果,员工仍会把这个额度不大的收益看成奖金类的短期收益。如果要达到培养合伙人的目的，被激励人从股权激励中可能得到的应该大幅高于薪酬和奖金。

股权激励有效果的三个关键因素是：第一，经理人看好这家公司的前景；第二，经理人相信通过自己和团队的努力，可以提升股权带来的收益；第三，规则制定者讲信用，这些股权收益是可以兑换到手的。股权激励并不是一用就灵。很多情况下，股权激励是一把双刃剑，可以在某些方面、某些时期带来好处，但也会在另外的方面和时期带来负面的影响。尤其是当过分强调股权激励的经济刺激功能时，容易诱发各种短期行为，甚至是花样百出的败德行为。股权激励要用得好，就需要体现出对人才的尊重，以及兑现和被激励对象共同奋斗并分享成果的承诺。

股权激励在企业经营中起到了很大的作用，从研究结果来说，目前的证据还不充分，既有支持的证据，也有不支持的证据。有人认为，现在的企业中使用股权激励的企业占比越来越大，说明股权激励有效。但是，这个不断上升的比例有多种解释。管理层有很大的动力增设股权激励的模块，这样比较有利于拉开管理层和普通员工收入的差距。股权的价值是和估值或市场价值相关的，管理层从公司增加的价值中分走一块是容易被接受的，而如果从基薪和奖金上拉开和普通员工的差距，容易受到关注和批评。美国有一项调研数据叫作 CEO 和员工的薪酬比例（CEO-to-worker-compensation ratio），也就是计算这些美国的 CEO 的薪酬是普通员工薪酬的多少倍。这个比例在 1978 年大概是 29.7，到 1989 年就变成了 58.2，2019 年是 260。研究发现，从过去几十年看，员工薪酬的涨幅大体上和企业平均利润的涨幅相当，而 CEO 的薪酬涨幅远远超过企业利润的增长。那这些增长主要来自哪里呢？主要是来自股权激励计划。

要取得好的效果，最根本的是企业的发展前景要好，而且企业的所有者愿意和员工分享，对于承诺过的分享计划，说到做到。有的企业在发展好的时候，不舍得和员工分享，而在企业遇到困难、资金紧张的时候，却动员员工出资购买公司的股权。这样的公司很难赢得员工的认同，股权激励往往效果很差。这里面的关键在于领导者有没有给员工信心，让员工相信公司的未来向好。华为公司在经营早期，资金非常紧缺的时候，动员员工出资购买公司的股权，并很快发展成虚拟受限股的方式，坚持至今。为什么华为公司的员工愿意出钱甚至借钱购买公司的股权？简而言之，公司守信用，让员工享受到了公司稳定的分红。

当企业所有人用股权激励职业经理人的时候，需要让职业经理人"责权利"一致，如果仅仅是给予职业经理人利益，但他们对企业经营管理的决策权不够，就不能起到好的作用。这时候股权激励起到的是保健作用，相当于给予了经理人高报酬以防止他们离职。美的公司实际控制人何享健让职业经理人方洪波接班，充分给予其决策权，让方洪波的企业家精神有施展的舞台。

需要注意的是，股权激励不能代替公司的文化建设、人才梯队建设等管理工作。有的企业一味强调治理结构和股权激励，但其实这并不能解决文化和人才不足的问题。治理和管理需要相得益彰，只有达到一个匹配的状态，才能形成一个有效的系统。

## 股权激励的要点

本节的内容和实务操作有很大的关系，所以，讲解本节内容的时候，会结合案例来加以说明。股权有多种形式，例如，虚拟股权分红激励、股权和期权激励（常见的有限制性股票和期权）、项目跟投、对赌协议等。这些形式能有效激励员工的前提是公司的发展前景好。只有员工认为公司有前途，这些股权才能够增值，员工才愿意付出努力，做大蛋糕。

股权激励中最基本的概念是股权和期权。股权是指股东基于其股东资格而享有的从公司获得经济利益并参与公司经营管理的权利。期权是指公司授予某些人（一般为公司高管、核心员工等）在未来一定期限内以预先确定的价格和条件购买公司一定数量股权或股份的权利。股权一般用于对创始团队的激励，期权更多用于对和长期发展相关的核心员工的激励。

　　设计股权激励的时候要遵循一些要点：首先，考虑激励的目的；其次，考虑激励的对象，哪些人能够得到激励；最后，考虑激励的力度、发放的标准、兑现的方案、退出的机制、合理的节税方案以及风险防控机制。能力强且愿意跟着企业长期发展的人才是股权激励的对象，如果不明确这一点，在实际操作过程当中，容易出现员工因为同样的业绩，被奖励了两遍甚至多遍的情况。例如，先拿一遍奖金，然后同样因为业绩考核结果好，又拿到了股权。什么情况下应该给股权呢？其实，授予股权的标准，不光是被激励对象业绩好，被激励对象还要有很好的成长潜力，并且愿意跟着企业长期发展。

　　对于股权激励对象和奖金对象的选择，应该是有所区别的。有些员工短期业绩好，可以发放高额奖金，如果这些人不能跟着企业长期发展，没有必要采用股权激励的方式。一旦用了股权激励的方式，这些人成为企业一部分的所有人，有可能会给企业未来的激励带来麻烦。例如，随着企业的发展，这些人躺在功劳簿上，能力跟不上企业的发展，却享受着企业的分红。那么，这就会对后进入者造成负面的激励。

　　有些股权激励是和企业上市联系在一起的，如果是这种情况，推荐企业用有经验的券商、律师事务所或者专业咨询公司。企业务必向提供服务的服务商讲清楚自己的诉求，尤其是激励的目的、公司未来的规划，否则可能得到的是通用模板，无法真正适配企业，甚至给未来留下隐患。如果是非上市目的的股权激励，则有更大的灵活性和选择性，特别是可以结合其他的业务发展和人力资源管理模块综合使用，例如与企业业务发展和人才培育结合起来。

　　采取什么样的股权激励方式和企业的成长性有很大的关系，对于企业的成长预期越强，股权的吸引力就会越大。企业的经济价值在于两个方面：一个是当期实现的利润，反映企业的盈利能力；另一个是对未来的预期。企业在早期成长的时期，还没有很好的利润，甚至是亏损的。但是，如果投资人对于这个企业的商业未来很看好，那么该企业仍然很有经济价值。这时，期权是一种好的方式。之所以采用期权，主要是做到所谓的"企业奖励，市场买单"。随着企业步入稳定期，未来的成长预期减弱，股权的增值程度降低，甚至会有向下的波动，这时股票和期权的吸引力就会下降。即使采用股权激励，也主要是通过分红的方式来激励。如果股价稳定，分红和奖金起到的作用差异不大，奖金反倒更简单直接。

股权激励方案的设计，最重要的是包括两个方面：一方面，要有前瞻性，为企业的未来发展留下空间，主要是思考，未来当企业需要给予后加入企业的人才以股权的时候还有没有空间；另一方面，需要根据企业的发展，阶段性地做出调整。一般的股权激励方案，可能3～5年后就需要做一定程度的调整。

微软公司对员工的股权激励方案根据不同的发展阶段进行调整。自1982年上市开始，微软的激励方式主要以期权为主，这种薪酬奖励手段一直颇受欢迎，也让很多员工成为百万富翁。但在2003年7月，微软宣布结束长期以来实行的股票期权制度，代以实施限制性股票奖励为主的长期激励制度，所奖励的股票所有权将在5年后转交到员工手中。微软为什么要做出这样的改变？这是因为微软已从当初的高速成长期步入稳定发展的成熟期。与稳定发展的企业对比，股票期权对高速发展的企业更有激励作用，而且当时受高科技股泡沫的影响，很多高科技公司的市值缩水，微软的期权制使得许多新员工的期权很可能因其所持股权的执行价格高于微软的股价而变得毫无价值。在股息分红方面，由于当时股价大幅下跌，增长日趋缓慢，微软不得不靠增加红利支付或者回购更多股票的方式，来安抚众多的投资者。从2003年8月开始，微软给予除公司CEO巴尔默和盖茨本人以外的其他员工直接的大额股票分红。2006年布鲁梅尔上台以后，又进一步在股权分配方面增加优异员工的股权量。进入21世纪10年代，微软赶上了云计算的时代潮流，股价又开始不断上涨，从2015年的每股50美元上涨到2024年初的每股370美元，在这段时间，股权激励的经济刺激作用又变得显著了。

## 股权激励的案例

### 华为的 ESOP 和 TUP 股权

华为在员工激励方面有明确的理念，即以奋斗者为本，高薪激励，按贡献分配。华为的激励理念有一个观点，认为员工的收入构成，即劳动和资本收入的比应该约为 3∶1，甚至也有观点认为要进一步调整为 4∶1，突出劳动是获取收入的主要来源。在华为公司，员工的收入主要分为以下几个部分：工资、奖金、实股股权以及 TUP（Time Unit Plan）股权。华为奖金的额度非常高，尤其是业绩好了，会倾斜性地给予奖金回报，用来体现以奋斗者为本，"给火车头加满油"的激励理念。实股股权是指华为早期就开始采用的员工持股计划（ESOP）。当员工出资购买了实股股权以后，有两方面的收益：一方面是按照购买实股的数量，每年所享受的分红权；另一方面是增值权，它是按照每股净资产来进行核算的。但是，这种员工掏钱买实股的方法也有缺点。当一些员工拿的实股数量多的时候，每年的分红和这个实股所带来的增量，已经是一笔可观的金额，员工就有可能躺在功劳簿上，不愿意再奋斗了。

华为从 2012 年开始，在已有的员工收入结构上，又增补了 TUP 股权，而且 TUP 股权也普遍适用于国际员工。TUP 股权实际上是和时间相关联的一个股权计划。严格来说，也可以把它看作一种递延奖金的计划。员工不用出资购买 TUP 股权，但是 TUP 股权和实股股权不同，它不是终身的，而是一定时间以后要结算。举一个具体例子，2018 年给配了 5000 股，当期的股票价值为每股 5 元，第一年是没有分红权的。第二年开始，可以获得 1/3 的分红权，第三年获得 2/3 的分红权，第四年获得全额的分红权。第五年是关键。第五年除了再次全额获得分红权，同时要进行股票值的结算，要清零。如果当年的股价升到每股 6 元，那么第五年的时候，能够获得的回报是 5000 乘以增量，增量就是 6 减 5 等于 1。公司要对员工拿到的 5000 股进行权益清零。当然，员工每年都可以根据自己的业绩表现以及所处的职级得到对应的 TUP 股权。但是，如果一旦业绩不好，职位上没有提升，这个 TUP 股权也就没有了。如果看员工收入结构，华为激励的原则是工资、奖金、TUP 股权都是体现劳动的收入，这一部分收入和实股股权收入的比例，应该大致为 3 : 1。

这个案例最大的启发意义在于华为公司通过物质激励的设计，体现什么是以奋斗者为本。其他公司可以学习到，物质激励的机制设计应该体现公司文化，从而对公司文化产生促进作用。

### 芬尼科技的裂变式发展

本节介绍一家私营企业如何裂变式发展。这家公司在广东，名叫芬尼科技，是一家专注热泵产品研发、生产以及提供综合节能解决方案的制造业公司。裂变式发展的基本方法是，在母公司的内部成立一个新的公司，而老板选择将一部分的利益出让给德才兼备的优秀人才，让他们有一个投资兼掌舵的机会。和一般由老板选定新公司 CEO 人选不同，芬尼科技通过内部竞选选出能够担任新业务 CEO 的人，并且担任 CEO 的人必须掏钱出来。一般来讲，新 CEO 占股的比例是 10%，需要掏现金入股。通常情况下，这一部分数量的绝对额是 50 万元。怎么产生 CEO 呢？公司内部有资格并有意愿参与竞选的员工，通过选票来确认 CEO。一张选票几万元，如果选了某个人，这个人真的当了 CEO 以后，就需要按照选票的钱的额度入资。由于和切身利益相关，员工在选举谁能够当新业务的 CEO 的时候，非常投入和尽心，因为只有选出德才兼备的 CEO，才有可能给投资了的员工带来好的回报。

这家公司在开拓新业务的时候，意识到完全走向市场创新的业务的不确定性高。裂变出的新公司成功的大部分原因，是新的业务和母公司之间有某种联系。也就是说，分出去的新公司，要依靠母公司带动发展。比如，给母公司生产一个关键的零部件，或者作为它的一个销售公司。公司创始人宗毅先生认为，裂变式发展的模式对于芬尼科技完整的供应链和销售网络起到了重要的作用。我在课堂上介绍这个案例时，对平台化管理有偏好的管理人员对这种模式最感兴趣并认为有借鉴意义。

芬尼科技也在不断丰富和完善这种模式，要点如下：第一，裂变出来的新公司的CEO不能连任超过两届。因为新公司毕竟不是完全从市场上打拼出来的公司，要保持活力，还是需要通过竞选来决定CEO的人选，不断地创造机会。第二，创始人也对聚变有所思考。他意识到，如果仅仅通过裂变式发展，会造成公司的资源分散，发展不聚焦。因此，公司主业今后的发展要集中资源，避免大而不强。第三，创始人认识到企业发展需要人才，裂变出的人才离开母公司，人才的后续培养必须跟上。因此，创始人花大量的时间和精力用于文化建设和人才培养。

**方太的身股制**

方太集团至今坚持不上市，其实施的以"干股"激励为核心的全员中长期激励体系是非上市公司"干股"激励（身股制）的典型。方太集团的身股制于2010年5月施行，施行后员工在次年就可享受公司上年度净利润总额约5%的分红，后来又调至10%左右。根据设计的股权激励体系，只要是方太员工，都可以按照所在岗位定股，即"全员覆盖"；但持股数以岗位价值为核心要素，不同性质、不同岗位的员工持股数量不同，且实际分红还与其绩效相挂钩，即"量有差别"。根据设计的股权激励体系，员工享受的身股建立在劳动关系的基础上，人在股在，人走股没，且员工只享受分红权。方太集团的身股制最初只在集团总部推行，两年后实现了对各个事业部及驻外分、子公司的全员覆盖。此外，不同部门及分、子公司的身股定价都与整体绩效相关，形成不同的身股单价。2012年后，方太集团又对身股制进行进一步调整，核心在于强化对中高层管理者以及对各地分、子公司的激励，充分调动高管和各事业部的积极性，目标在于强化差别化激励，避免成为"大锅饭"。

方太集团的身股制的主要有以下特点。①目的是激发全体员工为实现方太使命、愿景而共同奋斗，吸引和保留人才，提高员工的归属感和凝聚力，确立有方太特色的员工中长期激励机制。②身股，简单地说就是基于一种身份而享有的参与收益分配的权利。"身"是身份，"股"是分享的比例。身股的基本特征区别于资本股，享有身股的员工不需要投资入股，人在股在，人走股没，只有分红权。③方太员工身股适用范围：在公司工作两年以上的方太员工（即员工从入职方太满2年的次月开始），将自动成为公司身股激励的对象，都可依据条件拥有一定数量的身股，员工依据所持有的身股参与方太（集团）公司和所在事业部的分红。④公司确定实施员工分红的间隔期限。公司确定分红期为一年，即从2010年开始，每一年依据本制度的规定实施分红一次，首次分红期指2010年的财务周期，以后依此类推。⑤分红日指分红期内对应的分红发放的日子。公司确定分红期内的分红分两次发放。从2010年开始，每年根据本制度的规定进行分红并在规定的分红日发放。第一次分红50%，在2011年的5月28日实施；第二次分红50%，在2011年的9月28日实施，以后依此类推。⑥额定身股数的决定以员工职级为基础，并结合员工岗位价值和贡献。具体由人力资源部门和各部门负责人对员工岗位价值和贡献评估后确定每个员工的身股分配数量（额定身股数）。⑦分红身股数是基于某一特定的分红期而言的，它与员工在分红期内的个人综合评定结果及享有身股的月数有关。员工分红身股数＝员工额定身股数×员工个人综合评定系数×出勤系数。⑧用于身股分配的总利润占公司利润总额的10%左右（含销售分支机构在内），某位员工的具体身股分红由集团利润分红和事业部利润分红两部分构成。

有人可能问，这种身股制主要是分红，为什么不用奖金的形式来实现，而是通过类似股权的形式呢？我认为这种身股制的价值有如下几个方面。第一，提供了一种名义上的合伙人感觉，虽然没有实质上的所有权，但如果重视文化建设，一样能够起到凝聚人心的作用。第二，身股制相当于事先公示了奖励措施。在有的企业，奖金制度受人治的影响很大，容易朝令夕改。身股制在一定程度上体现了企业对员工的承诺，具有积极的意义。第三，在一定程度上培养主人翁精神。以前员工可能只需要关注自己的业绩，现在也会看企业的宏观战略，例如五年规划。如果把战略和职工代表大会形式相结合，例如企业战略规划需要通过职工代表大会讨论，那么效果可能更好。

## 万科的项目跟投机制

项目跟投机制在房地产行业曾经得到广泛应用，尤其是在房地产行业高速增长时期，2014～2019年是项目跟投机制火热的时期。这个行业的龙头企业万科、碧桂园从2014年左右开始实施项目跟投计划。万科采用公司事业合伙人加上项目事业合伙人的方式。其中公司事业合伙人是主要针对高管的股权激励计划，项目事业合伙人对应这里讲到的项目跟投机制。碧桂园把它的股权激励方案命名为"成就共享"和"同心共享"。其中，"同心共享"对应这里讲到的项目跟投机制。所谓跟投是相对于主投来说的，它源自风投领域，主投基金负责被投资的企业，而跟投的基金只作为财务投资者，获得财务收益。

2014年万科提出了共创、共享、共担的事业合伙人机制，在公司层面搭建了事业合伙人的持股平台。在项目层面上，为事业合伙人跟投提供了机制。碧桂园的"成就共享"制度于2012年末推出，项目现金流和利润指标达到集团要求的时候，管理团队就可以获得高额奖金包。"同心共享"计划推出于2014年，项目跟投的合伙人制度主要面向管理层。碧桂园的项目跟投机制从本质上来说，其实跟投的是公司，而万科是和项目挂钩。表20-1对比了两家公司项目跟投机制的异同。

表20-1 项目跟投机制的对比案例

| 对比项目 | 碧桂园：同心共享 | 万科：项目事业合伙人 |
| --- | --- | --- |
| 跟投项目范围 | 所有项目 | 所有项目 |
| 跟投人员范围 | 管理层员工 | 全体员工 |
| 跟投整体额度 | 按照项目的股权：项目公司股权的15% | 按照项目的资金峰值：项目预测资金峰值的10% |
| 公司层级中的跟投额度分配 | 区域投资公司持有不高于10%的股份，集团投资公司持有不高于5%的股份 | 总部比例占整体跟投额度的64%，区域为16%，城市为20% |
| 跟投交易结构 | 跟投人不能直接选择跟投项目，需成立投资公司进行封闭操作，只能通过跟投投资企业 | 跟投人跟投哪个项目由其自行决定，根据每个跟投项目设立有限合伙企业，直接认购单独的项目 |
| 本金返还 | 收益率高但返还时间长，容易动摇跟投人信心：跟投本金将由投资公司封闭运作5年后返还跟投人，封闭期间富余资金可以再次投资 | 快速稳固跟投人信心，同时保障项目资金安全：项目经营性现金流资金出现峰值后，在确保资金存量未来6个月安全的情况下进行本金返还 |

(续)

| 对比项目 | 碧桂园：同心共享 | 万科：项目事业合伙人 |
|---|---|---|
| 跟投分红 | 优先确保企业收益安全：所有建设工程已竣工，已结算完毕，且可售商品房已销售95%，已销商品房交楼率达到95%时，分配总利润的95% | 保障项目的现金流稳定和正常运作，并稳固跟投人的信心和积极性：万科在项目累计经营净现金流回正后启动分红 |
| 离职人员退出机制 | 停止对离职人员跟投的分红，股权必须退出，不能转让。预测项目有盈利前提下，退出时拿走本金外加8%年化收益率的部分 | 已经投入的部分继续进行分红。本金不必退出，也不能转让，无权再认购 |
| 总结 | 跟投人实质上跟投的是公司 | 跟投人经研究后选择跟投的项目 |

注：具体条款可能会有所更新，以公司公布的最新条款为准。

根据万科最新的项目跟投制度公告，万科修订的重点有两个方面：一是退出机制，推出模拟清算模式，并取消了此前版本中的劣后级表述，这一修订有利于员工，因为以前的劣后级规定，如果有现金流，需要先分完股东再分员工；二是将跟投项目进一步拆分成不含持有经营类物业和持有经营类物业，后者需满足开业满3年或者NOI回报率超过5%的要求才可以退出。

这种项目跟投方式的本质是企业和员工风险共担、收益共享。它需要和员工的风险偏好、企业的业务特征联系起来考虑。这种方式不仅限于房地产企业，例如在业绩成果难以短期考核的投资行业，适当地引入项目跟投机制，可以提高员工对项目质量的关注程度。另外，国有企业的新增创新业务也可以考虑采取让员工跟投项目的方式。

## 格力的员工持股计划

介绍一家制造业上市公司格力公司的员工持股计划。2021年6月20日，格力公布第一期员工持股计划，资金规模不超过30亿元，股票来源为二级市场回购，拟参与持股计划的员工总人数不超过1.2万人，该计划获得股东大会通过。员工购买股票的价格为27.68元/股，相当于当时回购价格的50%，其中董明珠认购股数上限为3000万股（已认购），拟出资金额上限为8.3亿元，占本计划的27.68%。最终员工实际购买金额为

11.44亿元。

格力员工持股计划的突出特点是强调分红收益而不是抛售股票，退休时解禁。员工持股计划持有人承诺并授权，在从公司退休前，本员工持股计划股票权益过户至个人证券账户而直接持有的股票，由工会行使表决权（不含董事、监事、高级管理人员所持股份的表决权），未经工会事先书面确认，不得自行出售或设定质押。退休前离职，股权收回。员工退休后，股票可以在二级市场上售出，对于大部分目前年龄离退休还有距离的人来说，这个收益还比较远，从每年股票的分红来获得收益更实际。

在业绩层面，在扣除因股权激励费用带来的负面影响的前提下，公司要求2021年、2022年归母净利润较2020年的基数分别增长10%、20%；在分红层面，达到每股分红不低于2元或者分红总额占当年净利润总额的50%。达到要求后，每期可归属的股份比例最高为50%。

2022年5月20日晚间，格力发布第二期员工持股计划草案，并下调第一期员工持股计划的业绩考核标准。第二期拟定资金规模不超过15.5亿元。在全部股份归属并过户至个人证券账户届满1年前，员工未经工会事先书面确认，不得自行出售或设定质押。第二期员工持股计划的股份购买价格为16.36元/股。中基层干部、核心员工、技术专家等优先认购比例达97.47%，其他高管可认购份额不高于2.53%。如有剩余，董事长再进行认购。

格力员工持股计划推出得比较晚，应该早几年推出，而且赶上股市下行周期。2022年4月，格力股价一度跌到28元，逼近第一期员工持股计划的认购价格。不过，应该注意到，这个计划的核心是分红，不是抛售股票。如果对净资产收益率（ROE）连续5年大于15%的上市公司，依据历史分红总额除以实际融资金额之比进行分红排名，格力电器排在第二位。格力电器2022年7月29日公布2021年度的分红实施方案：以55.37亿股的股本为基数，向全体股东每10股派发现金红利20元（税后为18元），合计派发现金红利总额为110.73亿元。让员工有机会长期稳定地分享企业成长带来的收益，是格力员工持股计划的激励目的，符合格力公司的情况。

## 思考

1. 本章介绍的几种股权或类股权激励方式中,你觉得印象最深的是哪一种?如何运用到你所在的公司中?
2. 某平台化文创企业为了保留和激励核心创意人员及其一线团队,采用了如下股权激励结构设计,如图 20-1 所示。

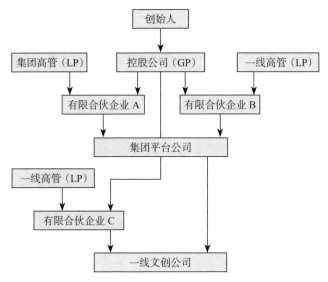

图 20-1 某企业的股权激励结构设计

  股权激励结构设计分三个层次。首先是顶层设计。由创始人 100% 持有一家控股公司,这家控股公司作为 GP,集团高管团队作为 LP,成立有限合伙企业 A。以同样方式成立有限合伙企业 B,作为开放给核心创意人员作为一线高管的反向持股平台。有限合伙企业 A 和 B 控制集团平台公司。其次是中层设计。由集团平台公司持有一线文创公司的股份。一线文创公司也上设一个有限合伙企业 C 作为持股平台。这家二级有限合伙企业依然由创始人的控股公司作为 GP,一线文创公司的高管作为 LP,其余股份由集团平台公司持有。最后是底层设计。一线文创公司可以用这样的治理结构去持续发展自己的子公司,集团平台公司也鼓励这样做。

你如何评价这个股权激励结构设计？和本章"裂变式发展"一节讲到的芬尼科技裂变式发展有什么不同？

3. 联想集团招股书显示，在 2019 财年、2020 财年、2021 财年，联想集团董事、高级管理人员及核心技术人员的总薪酬分别为 5.65 亿元、9.1 亿元、9.3 亿元，占集团净利润的 13.3%、16.3% 和 10.7%。其中杨元庆过去三个财年的年薪分别为 1.031 亿元、1.715 亿元、1.772 亿元。杨元庆 2021 财年的 1.772 亿元年薪中，股票等非现金性长期激励占比最高。其中薪金为 130.1 万美元，奖金为 585.5 万美元，长期激励为 1844.8 万美元，退休金为 13.7 万美元，其他福利为 42.5 万美元。

根据联想 2021 年年报的内容，联想控股主要管理层 2021 年薪酬总计人民币 4736.3 万元，较 2020 年减少 13 838.6 万元，降幅达 74.5%。其中，联想控股董事长、执行董事宁旻 2021 年薪酬总计 1650.9 万元，较 2020 年减少 3813.1 万元，降幅达 69.8%；执行董事、首席执行官李蓬 2021 年薪酬总计 1343.5 万元，较 2020 年减少 3338.1 万元，降幅达 71.3%。

你认为联想高管的薪酬高不高？你支持或反对的理由是什么？试着寻找和查阅更多的资料来支持你的观点和理由。

CHAPTER 21
第 21 章

# 人 才 保 留

## 离职风险控制

所谓员工离职，是指从企业获取物质报酬的员工与组织终止劳动合同。还有一些情况不属于员工离职，而是属于某种合作关系的终止。离职可以分成主动离职和被动离职。主动离职指离职是由员工一方主动提出的，而被动离职指离职是由企业提出的，常见的被动离职包括裁员、解雇。对于企业来说，被动离职是可以预先计划和做出准备的，因此对企业的影响有限。主动离职是预料之外的，因此相对被动离职，对企业的影响更大，尤其是骨干员工的主动离职，可能会使业务连续性出现风险。主动离职会给企业带来显性和隐性的成本，显性成本包括重新选择人接手空缺岗位带来的招聘、培训、效率损失成本，隐性成本包括对员工士气的影响、企业声誉的损失等。由于隐性成本难以估计,所以容易被忽略,其实离职的真实成本常常大于管理者根据直觉和经验做出的判断。当然,实践中在个别情况下离职不容易分成主动或被动,例如有的企业希望某个员工离职,有意采取了一些手段,让这个员工因为不满而提出离职。表面上看是员工主动离职,但实际上企业起了主导作用,由于企业对这种主动离职已经有所准备,从而影响得到控制。

影响员工离职的因素较多。对离职原因的最新综合分析结果表明,薪酬在员工离职决定中发挥的作用比 20 年前更强了,但同时员工离职并不都是为了更高的薪酬,与管理者相关的因素也起到很大作用,因此他们强调管理者能够在干预员工离职中起到积极作用。从整个劳动力市场来说,离职受劳动力供需关系的影响。当经济景气,劳动力市场上机会较多的时候,也是员工容易离职的时候。从每年的时间上来看,容易在员工拿完年中奖和年终奖的时候,出现一个离职的小高潮。那些希望用金钱捆绑住员工的企业,应该意识到仅仅用金钱是不够的,要解决员工离职问题,还需要深入地了解员工离职的原因,做到对症下药。

员工离职之所以得到企业的重视,是因为员工离职反映了企业综合的经营管理水平。如果员工对企业没有信心,不看好企业前景,或者企业文化氛围差,内部的管理水平低,都会引发员工离职。企业在多大程度上重视员工离职,和招人的难度有很大关系。对于那些能力强的员工,或者难以找人替代的岗位,企业不愿意员工离职。美国 SAS 公司要求管理者定期评估,团队中的每一名成员一旦离职后,会对团队造成多大的损失。管理者需要根据公司所反馈的大数据分析的情况,以及平时对每名员工的观察,评估每名员工的离职风险。

目前一些公司采用了用大数据预防离职的做法。2019 年 4 月,IBM 首席执行官弗吉尼娅·罗曼提(Virginia Rometty)宣布,IBM 用 AI 预测员工离职的准确度达到了 95%,通过"预测减员计划"节约了近 3 亿美元。IBM 公司拥有大约 35 万名员工,在罗曼提担任 CEO 的七年时间里,IBM 一直在改进其 AI 工作,以帮助留住人才,她表示:"想挽留一名员工,最好赶在他做出离职的决定以前。"所以,IBM 人力资源部门和

Waston合作开发了员工离职预测系统。有了这个系统,公司就可以及时发现员工的辞职苗头,然后通过和他们讨论加薪、奖金、补贴等,进而商讨出双赢的对策。不过,罗曼提并没有解释AI如此有效识别即将离职的员工的"秘方"是什么,只是说该技术的成功来自对许多数据点的分析。

国内某公司通过分析员工下载知识文档的数量,来判断员工的离职概率。其背后的逻辑是:员工在离职之前,希望从公司的知识库中带走更多的东西,因此会突发性地大量下载知识文档。另外,员工在离职之前,会尽快花完内部饭卡的金额,或者把可以在公司兑现的福利提前清掉,包括年假,这些数据都可以用来预测员工的离职。有些公司使用电子监控系统监控员工的上网行为,这种方法可能存在侵犯员工个人信息隐私权的问题。

表21-1是美国一家软件公司用来预测员工离职的指标体系。这家公司从经验中总结了表格中的指标,这些指标任何一项低,都可能引发员工的离职。这些指标有些偏向于客观指标,有些是从定期的员工调查中获得的。这家公司建立了一个预测员工离职的模型,一旦发现某名员工有可能离职,就会通过办公系统通知这名员工的上级管理者,由管理者结合其他因素做出判断。如果有必要,就及时启动和该名员工的谈话,或做出相应的准备。

表21-1 某公司用来预测离职的指标体系

| 薪酬 | 和公司的联系 | 成长 | 关系 |
|---|---|---|---|
| • 低于市场水平<br>• 离上次加薪已经过了12个月<br>• 不能充分使用公司的福利 | • 对公司的产品、愿景和战略有疑虑<br>• 对公司执行战略的能力没有信心<br>• 对公司没有忠诚感 | • 在同一个工作角色超过3年<br>• 和管理层接触少<br>• 没有和经理制订个人发展计划<br>• 工作角色中缺少学习的机会 | • 缺少和经理的见面沟通、经理对下属的辅导或其他形式的交流<br>• 与经理或同事有敌对关系或回避经理或同事 |
| 市场 | 工作经验 | 工作负荷 | 公平感 |
| • 目前在市场上找新的工作<br>• 拥有许多公司和地区都需要的技能<br>• 愿意搬迁 | • 上下班通勤不便<br>• 出差不便<br>• 工作或任务/技能的多样性有限<br>• 工作中几乎没有自主权 | • 和预想的工作不一样<br>• 不清楚对自己工作的期望<br>• 感到没有得到认可<br>• 感到工作量大或压力大 | • 自己和他人被不公平地对待<br>• 感到或真实薪酬不公平<br>• 感到或真实工作分工不平衡或不公平 |

在人力资源研究领域，研究者马克·索梅尔（Mark Somer）早在1999年就于《应用心理学》期刊上发表了一项研究结果，该研究采用了人工神经网络的技术来预测员工离职。总的来说，这种AI技术对离职的预测的确比传统的统计方法更精准一些，但也不神奇。无论是AI还是传统统计模型（例如，Logistic模型和生存分析模型），预测效果都建立在数据基础之上，数据越丰富和越精确，AI和传统统计模型的预测效果就会越好，只不过AI略胜一筹。从马克·索梅尔的研究结果来看，AI并没有压倒性的优势。之所以AI比传统统计模型预测效果好，是因为传统统计模型假设变量之间是线性的关系，而AI在此基础上，还考虑了非线性的关系，因此提高了预测的准确性。

员工在离职之前，会表现出一些行为。专业HR总结了一些有离职征兆的行为，例如员工接到电话突然压低声音，然后找没有人的地方接电话；请假半天等。离职研究认为，员工有了离职意向后，会有工作寻找行为，一般分成两个阶段：准备阶段和积极寻找阶段。在准备阶段，员工的典型表现是：留意各种媒介渠道上的工作信息，准备或修改自己的求职简历，托人推荐新的工作机会，通过各种社会关系打探可能的工作机会。在积极寻找阶段，员工的典型表现是：把求职简历投往其他公司，填写过其他公司的工作申请表，和别的公司有过求职面谈，和猎头或其他类型的劳动力中介有过密切接触。

综上所述，我提到了多种预测离职风险的方法，在预测风险前，需要认识到要收集的这些数据往往很敏感，因此企业需要做好保密工作或做中性化处理，让员工不起疑心。对于员工离职，管理者和HR可以参考如下方法来找原因（见表21-2），然后针对离职原因做出调整，以降低离职率。

表 21-2 调查离职原因的方法

| 分析方法 | 方法描述 |
| --- | --- |
| 1. 离职的特征变量 | 考察非企业意愿的离职基本特征：个人绩效、职业期、应聘渠道、部门、其他人口变量 |
| 2. 离职的趋势 | 分析一段时期内非企业意愿的离职趋势（例如，三年），并按部门、职位、绩效水平等不同方面考察 |

(续)

| 分析方法 | 方法描述 |
|---|---|
| 3. 离职谈话 | 对离职谈话材料做分析,考察非企业意愿的离职原因 |
| 4. 对离职原因的跟踪分析 | 对于非企业意愿的离职人员,在他们离职一段时间(如6个月)后,设法考察他们的离职原因 |
| 5. 与新雇员交谈 | 和新雇员交谈,辨识他们加入公司的理由 |
| 6. 小组座谈和调查 | 与目标群体进行座谈或调查目标群体,辨识他们喜欢的工作环境;将那些倾向于留任的雇员的意见提炼出来 |

资料来源:张勉.企业雇员离职意向模型的研究与应用[M].北京:清华大学出版社,2006.

## 离职模型和保留策略

我和合作者对导致员工离职的各种因素做了分析,这里介绍两个模型。第一个是比较综合的离职/留职推拉模型,如图21-1所示。这个模型的主要观点是,导致员工离开或留在一个组织的力量基本上可以划分为两类,一类是推力,另一类是拉力。对于员工离职来说,推力是各种导致员工对工作和组织不满意的因素,而拉力是组织外其他的就业机会。对于员工留职来说,推力是外部劳动力市场的竞争压力,拉力是我将在后面介绍的工作嵌入的概念。

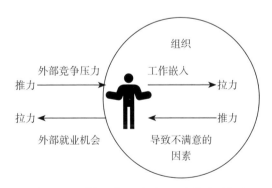

图 21-1 员工离职或留职的推拉模型

1999~2001年我以IT行业技术人员的离职为主题,开展了博士论文的研究。我的研究基于学者詹姆斯·L.普赖斯（James L.Price）建立的离职综合因素模型（见图21-2），这是我介绍的第二个模型。这个模型包括有可能影响员工离职的诸多因素。这些因素分成三大类：第一大类是外部环境因素，主要是机会；第二大类和个人情况有关，包括亲属责任、一般培训、工作参与度，以及积极/消极情感；第三大类是与工作和组织相关的因素，最具有管理实践意义，这是因为管理者可以通过行动来改变员工对这些与工作和组织相关的因素的感受。这些与工作和组织相关的因素包括工作自主权、分配公平性、工作压力、薪酬、晋升机会、工作单调性和社会支持。其中工作压力可以细分为角色模糊程度、角色负载和资源匮乏程度，社会支持可以细分为来自上司的支持、来自同事的支持、来自家庭成员的支持。我新增了一个因素——专业成长机会。通

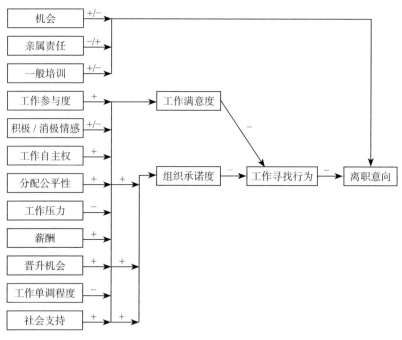

图 21-2 离职综合因素模型

注：图中机会、亲属责任和一般培训斜杠前的正负号表示对工作寻找行为的影响，斜杠后的正负号表示对留职意向的影响。工作压力和社会支持是多维度的概念。

资料来源：Price J L. 2001. Reflections on the determinants of voluntary turnover[J]. Journal of International Manpower, 22: 600-624.

过调查收集数据，可以了解到影响员工离职意向的排名靠前的因素有哪些，以便于企业制定应对措施。感兴趣的读者可以阅读我在博士论文基础上撰写的《企业雇员离职意向模型的研究与应用》一书。

企业应该定期通过调查了解员工的思想动态。传统的做法是一年调查一次，题目比较多，目前不少公司开始使用脉动调查（pulse survey），每次调查的题目很少，少到甚至只有一个，但调查的频率增加了，例如每周调查一次。在一家生产型企业，我看到企业鼓励员工把自己的情绪用不同的符号表示出来，笑脸表示心情好，苦脸表示心情差，这样班组长会根据员工每天的情绪有针对性地沟通和管理。企业也应该注意同行业的离职率，以检验自己企业的离职率是否太高。

早在 2012 年，腾讯就开始用数据分析员工离职率。公司发现毕业后进公司满 3 年的员工，其流失率达到普通员工的 3 倍。为什么这些腾讯花了大力气培养了 3 年、刚刚可以独当一面的骨干要离开？腾讯通过对离职员工的电话访谈发现，员工毕业 3 年往往到了适婚年龄，而深圳房价高企，购房无望的员工会选择跳槽，甚至离开深圳。基于这样的分析，腾讯有针对性地推出了"安居计划"：公司拿出一笔基金，免息提供给符合条件的员工，帮助员工提早买房。当然，员工如果离职，需要偿还贷款。该举措的效果特别显著，实施几年之后发现，在人才竞争非常激烈的外部环境下，参与"安居计划"的员工流失率不到 1%。

不少管理者有如下经验之谈：薪酬留人、感情留人、事业留人、文化留人。研究发现，导致员工离开公司的因素和让员工留在公司继续工作的因素有差异。为了留住员工，只减少导致员工离开公司的因素还不够，还应该增加让员工留在公司继续工作的因素。让员工留在公司工作的因素被总结为工作嵌入，而且不论是工作领域还是生活领域，工作嵌入都可以细分成三种留住员工的力量，分别是联结（或联系，links）、匹配（fit）、损失（sacrifice）（见图 21-3）。联结是指一个人和其他人或群体建立起来的关系，社会网络分析的研究表明，当人们处在一个群体的中心位置时，就更有可能留在一个群体中。本书在社会网络的部分也提到，当一个人处在三方强关系中时，也会难以离开。匹配不一定是指员工从态度上喜欢工作和公司，如果员工认为该工作适合自己的情况，也会选择留下来工作。例如，有的员工可能说不上喜欢自己的工作，但是工作负荷适中，正好符合自己现阶段的需求。损失强调一旦离开就会失去比较客观的某种利益或好处。例如，有的工作离家近，或者公司有好的特殊福利，一旦离开就没有了。

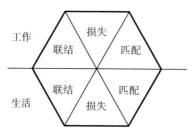

图 21-3　留住员工的三种力量

## 离职管理

对于提出离职要求的员工如何响应？如果这个员工是公司希望留住的员工，应该安排职级尽可能高的管理者迅速做出反应，出面来做挽留工作。虽然提出离职要求的员工往往已经找好了下家，但挽留等应对工作还是必要的。在人才争夺战中，有些公司采取了心理战。例如，美国赛普拉斯公司在招人的时候，下手很快，而且采取了心理战。当它发了工作邀约的员工被老东家挽留，又决定暂时留下来的时候，赛普拉斯公司会告诉他们，其实他们的价值已经被低估了，他们的老东家早就应该给他们涨薪了。有些员工好不容易克服犹豫心理，留在老东家后，有的老东家又有点舍不得给员工涨薪，不愿履行挽留他们时做出的承诺。这时这些员工会感到深深的失望，再次提出离职，而且非常决绝地离开，到赛普拉斯公司工作。因此，公司在挽留员工的时候也要理智，对承受不了的涨薪可以不答应，但一旦答应了涨薪，就应该履行诺言，以免在人才竞争中失利，输人又输信誉。

提出离职的员工要走离职的流程，离职要有离职谈话。但是，注意离职谈话可能并不能获得离职员工离开组织的真实原因。大多数员工在离职的时候，不希望毁掉关系，或者因担心有变，通常不会把真实的原因全盘托出。因此，公司的HR在员工离开公司一段时间后，应该有电话的回访，了解员工离开公司的原因。另外，如果离开的员工是公司认为不错的员工，应该定期（例如每半年）和离职的员工保持联系。很多例子表明，员工离职的时候，可能看重了新的工作环境中积极的方面，而忽略了消极的方面。等到真正换了公司才发现，新的公司也有很多不如人意的地方。因此，对离职员工定期的回访，有可能在老员工在新公司遇到不顺的时候，又将其招回来。

公司对待离职员工的态度不同。一些公司采取宽容大度的态度对待离职员工，与员工好聚好散，甚至鼓励员工可以回来。这些公司的理念是，把离职的员工看作企业的外部顾问、客户和合作者。如果用客户管理的思维来对待员工离职，可能会产生新的HR实践创新。HP公司给每一位离职员工留下工号，回来的员工可以继续使用原来的工号，而且工龄可以累计，这样有利于回流的员工享受企业的一些补充福利，例如带薪休假。

对于员工跳槽又回来的情况，公司能容许几次？回流的员工是有价值的，他可能带来一些新的理念和技能。另外，由于回流员工在其他公司工作过，有过对比，回流后，可能有更高的稳定性。不过，公司对跳槽又回来的情况也要有一定的限制或规定，我见过有限制一次的，也有限制两次的，似乎很少有更多的。特殊的人才可能会启动个别讨论的机制。

有的公司对离职的态度严苛，不允许离职后回流。这些公司往往是所在行业的龙头企业，它们认为，自己的公司已经提供了很好的环境和待遇，如果允许员工离职后回流，相当于给了员工折腾的机会，增加了公司的招聘成本。我国某公司在欧洲某国开展业务时，遇到了如下情况：公司给工程师开出的工资很高，而且允许工程师离职后回流，结果工程师的流动率居高不下。这是因为一些工程师有了一定积蓄，会选择休息一段时间后再应聘。该公司后来改变了政策，规定一旦离开，就不能再回流，反而使得离职率降低并控制在合理的水平。

一项实证研究探讨了回流员工（即那些离开后又重新加入原公司的员工）在重新雇用后的表现是否优于新员工。研究使用了来自美国一家大型医疗保健组织的数据，涵盖了2009～2016年的年度人事数据。研究样本包括了2053名回流员工和10 858名新员工。研究发现，回流员工在重新开始工作时，通常比新员工表现得更好。这可能是因为他们对公司的运作方式已经非常熟悉。在需要团队紧密合作的岗位上，回流员工的表现尤其出色。因为他们熟悉公司内部的沟通和协调方式，这使得他们能够更有效地与同事协作。在那些新员工可能会遇到更多内部阻力的部门，回流员工的表现优势更加明显。因为他们已经知道如何与公司内部成员建立良好的关系，并且更容易被接受。尽管回流员工在离开公司时的表现并不比留在公司的员工更好，但他们在返回后的表现显示出了优势。回流员工在晋升和横向调动方面的机会与新员工相似，但他们被解雇的风险稍高。这可能是因为管理层对回流员工的期望更高，如果他们不能迅速适应或表现出色，可能会面临更大的风险。这表明，尽管回流员工在某些方面有优势，但他们也需要努力工作以保持竞争力。

腾讯、阿里巴巴、百度等很多互联网公司对离职的员工建立了联系圈子，定期组织活动。一些公司甚至有意识地参与离职员工社群，维持和离职员工的良好关系。麦肯锡、BCG等咨询公司在新员工入职的时候，就会告诉员工，如果他们从公司离职，离职流程和未来的前景是怎样的，公司有什么资源能支持他们寻找外部的发展机会。麦肯锡的员工在入职第一天就被加入到一个由前员工构成的"麦肯锡校友"网络里。在咨询公司，除了少数晋升为合伙人的员工，大部分员工会把咨询公司当作职业跳板。麦肯锡公司认为，离职和晋升一样，都是员工未来发展的机遇。今天的员工未来也许会成为公司的客户和合作伙伴。既然如此，不如维护好和他们的关系，把他们作为"校友"运营起来。

离职员工社群起到了延续友情、扩展人脉的作用，因此越来越成为互联网业界的流行圈子模式。同时由于离职员工社群起到了传扬原雇主企业文化和品牌影响力的作用，也越来越受到各大互联网公司的关注和支持。例如，"南极圈"是由腾讯公司离职员工自发组织的一个社群圈子，主要依靠QQ群、微信群等平台在线交流，一些离职员工的创业项目还拿到了老东家的投资。"南极圈"也注意审核新人的加入，例如审核原腾讯工号、内部ID以及员工交叉验证等，以保证这个朋友圈的真实性。

## 思考

1. 以下是一篇流传甚广的文章：

    昨天晚上，公司秘密召开紧急会议。有20多位"责任经理"参加，这时我才清楚了解了整个裁员过程。3月6日启动计划，7日讨论名单，8日提交名单，9～10日HR审核并办理手续，11日面谈，整个过程一气呵成。今天就是面谈日。面谈地点在B座一层的两个小会议室。对于进去的人，领导首先肯定他过去的成绩，然后解释战略裁员的原因，随后告知公司支付的补偿金数额，最后递上所有已经准备好的材料，让他在解除劳动关系合同上签字。平均每个人20分钟。被裁的员工事先都完全不知情。在面谈之前，公司已经办完一切相关手续，他们被叫到会议室的同时，邮箱、人力地图、IC卡全部被注销，当他们知道消息以后，两个小时之内必须离开公司。所有这一切都是在高度保密的过程中进行的。

    你对这家公司裁员的做法有什么评价？

2. 查阅《三国演义》中徐庶在辞别刘备之前，刘备挽留徐庶的故事，徐庶最终走马回来给刘备推荐了诸葛亮。通过阅读这个故事，你受到什么启发？你有没有听说过公司通过好的离职管理获益的案例？

3. 你所在的公司允许员工回流吗？

第八部分

# 雇佣关系与国际化

CHAPTER 22
第 22 章

# 雇佣关系管理

雇佣关系泛指雇主和雇员之间的关系，反映了雇主和雇员双方对彼此权利和义务的期待。雇佣关系具有两层含义：一是在法律层面雇主和雇员因为签订雇佣契约而产生的权利义务关系；二是在社会层面双方彼此间的人际、情感甚至道义等关系。

劳动关系是指存在于企业、个体经济组织与劳动者之间，劳动者事实上已成为企业、个体经济组织的成员，并为其提供有偿劳动的关系。在我国，调节劳动关系最重要的法律是《中华人民共和国劳动法》和《中华人民共和国劳动合同法》，它们从法律层面确定和规范了劳动关系。雇佣关系比劳动关系包括的范围更广，例如企业雇用实习生、零工等，双方虽然形成了雇佣关系，但一般情况下，不属于劳动关系。

企业在处理复杂的雇佣关系时，需要换位思考，站在雇员的角度思考问题，找到创造性的解决方案，争取做到既解决问题，又不恶化关系。我用一个例子说明这一点。某公司聘任了一位高级管理人员，但因为这位高管和公司的文化不匹配，与公司产生了分歧，关系开始僵化，给双方都造成了麻烦。该公司经过分析，认为这位高管能力还是有的，如果去其他公司就职，很可能不至于这样。这家公司采用了如下的解决方案：由公司出钱请一家猎头公司，专门为这位高管找下家，并顺利给这位高管找到了其他公司的工作机会。这位高管并不知道这是公司安排的，因为有了其他选择，这位高管觉得从该公司离开有光彩，因此最终和平地离开了公司。在这个例子中，尽管这家公司付出了一些费用，但和最终双方走劳动争议的流程，而且很可能需要法院处理相比，结果更有利一些。

## 一元论和多元论

雇佣关系中存在一元论和多元论的观点。所谓一元论，是指从一个群体的利益和视角出发感知、解释和改变世界。多元论是指企业中存在不同的员工群体，因此存在不同的利益和视角。多元论认为，人们所处的位置不同，对同一件事情的看法存在差异，甚至看法截然相反。我在和不同教学项目的学员互动的时候，能明显地感受到这样的差异。其中企业家学员一般是从实控人的角度出发，考虑问题偏向大股东的利益；高层管理者和企业家之间有不同，他们带有明显的职业经理人的特征，思考问题倾向于维护他们自身的利益；中基层管理者是企业的中坚力量，往往承受着向上对来自上级的业绩要求负责，以及向下要带队伍出活的压力，如何在这种压力中生存和发展，便成了这一群体的关注焦点；有些普通员工把工作视为一种交换，认为给多少钱干多少活，所谓"卷有卷的价格，躺平有躺平的价格"。

一元论和多元论各有利弊。一元论的好处是企业有清晰的雇佣关系导向，一体感强；缺点是会给其中的人带来一种服从的压力。一元论的极端是洗脑，是指企业的所有者并不相信人们的利益是一致的，而是一种零和博弈，但为了企业的发展需要，向企业的其他人鼓吹利益是一致的，以激发人们的工作动机。多元论的好处是企业保持了多样性，对利益差异有比较清醒的认识。缺点是如果过于强调差异，会让人们变得过于批判和怀疑，难以建立起彼此间的信任，从而导致组织利益受损，进而损害到不同群体的利益。

人力资源管理基本上秉承的是一元论，认为不同群体的利益是可以协调一致的，鼓励雇主和员工建立直接的沟通，目的是建立积极的雇佣关系，使不同群体都能从合作中受益。工会反映了多元论的思想，代表了员工的利益。当然，雇主也有自己的组织，例如各种行业协会、雇主联合会等。工业关系（industrial relations）比较强调雇主和员工之间利益冲突的一面。在我国，政府在劳动关系中扮演了重要的角色。尽管工会存在，但很少以和用人单位对抗的形象出现。

我提倡既承认多元观的合理性，同时又在企业中尽量用统一的利益和价值观来凝聚员工。为了做到这一点，企业家的作用很关键，企业家应该秉持负责任的雇佣理念，并言行一致地把这种理念体现到决策和实际行动中，获得员工的认可，减少多元论的负面影响。最好能打破零和思维，既有统一目标和价值观，同时又能尊重人们的差异，激发员工的积极性，共同做大蛋糕，和员工分享红利。例如，企业实施合作分享机制，采用合适的合伙人制度，以及股权或期权激励制度。当然，这些形式还需要和软性的企业文化配合，让不同利益群体的员工感受到合作共享的氛围，才能有效激发员工的工作热情。

## 雇佣模型

### 创业企业的雇佣模型

学者詹姆斯·巴伦和迈克尔·汉南（Michael Hannan）对美国硅谷高

科技行业的近 200 家创业企业做了研究，他们发现创始人在如何构建雇佣关系上存在差异。通过与公司创始人的访谈，研究者发现，创始人对雇佣关系的构想在三个关键维度上存在差异：依附基础（依附）、选择员工时的基本准则（选拔）、协调和控制的根本方法（协调/控制）。

研究者发现了三种依附基础——爱、工作和金钱，反映了员工和企业之间的根本关系。①爱：有些创始人想创造一种类似家庭的氛围，培养和员工的情感关系，鼓舞士气，留住来之不易的员工。②工作：有些创始人注重提供有趣而富有挑战性的工作使员工获得职业成长的机会，并以此作为吸引、激励和保留员工的基础。员工并没有被期望显示出对公司、老板或同事的忠心，而是被鼓励对工作项目和专业忠诚。③金钱：一些创始人把雇佣关系看作劳动和金钱的交换关系。公司通过有吸引力的薪酬，或者员工对失去工作的担心，让员工依附公司。

选择员工时的基本准则也分为三种：技能、潜力和价值观。①技能：有些创始人认为他们公司的工作就是一项项的任务，需要寻找员工来有效地完成这些特定的任务。创始人倾向于选择具有特定技能和完成任务经验的员工。②另一些创始人看重系列性计划，而较少关注即时和明确的任务，他们的焦点在于选择有长期潜能的员工。③还有一些创始人看重价值观或文化的适应性。这些创始人注重长期而不是特定的短期的人力需要，主要关注员工如何能与组织中的其他员工建立关系。

有四种协调和控制的根本方法：①有些创始人运用职业控制。这些创始人认为，职业化文化会驱使员工努力做到最好。②还有的企业通过同事之间的压力或企业文化来实现非正式的组织规范。③一些创始人通过直接监督来亲自控制和协调工作。④还有一些创始人提倡使用正式的流程和制度实现控制。

理论上，这三个维度的不同组合会产生 36（=3×3×4）种雇佣模型。巴伦和汉南发现，有近 70% 的公司集中在五种主要的雇佣模型上（见表 22-1）。其中工程模型占比 30.7%，承诺模型占比 14%，明星模型占比 9%，层级模型占比 6.6%，专制模型占比 6.6%，其他类型的模型占比 33.1%。这说明即使在同一地区、类似的环境下，创业企业也有不同的雇佣模型，而这种差异性源于创始人在三个维度上的选择。

表 22-1 创业企业基于三个维度的五种雇佣模型

| 维度 | | | 雇佣模型 |
| --- | --- | --- | --- |
| 依附 | 选拔 | 协调/控制 | |
| 工作 | 技能 | 组织规范 | 工程模型 |
| 爱 | 价值观 | 组织规范 | 承诺模型 |
| 工作 | 潜力 | 职业控制 | 明星模型 |
| 工作 | 技能 | 正式流程和制度 | 层级模型 |
| 金钱 | 技能 | 直接监督 | 专制模型 |

资料来源：BARON J N, HANNAN M T. Organizational blueprints for success in high-tech start-ups: Lessons from the Stanford project on emerging companies[J]. California management review, 2002, 44(3): 8-36.

研究发现，当与客户保持持久关系成为战略的关键时，持久的雇佣关系就变得至关重要，创业企业倾向于使用承诺模型。采用这种模型的创始人关注员工选择，以及花很大的精力投入到文化建设和人力资源管理实践上。对于采用承诺模型的公司来说，人力资源的关键任务是培养强大的文化，并确保新员工适应这种文化。数据分析表明，承诺模型的公司最不容易失败，其原因是承诺模型可以更好地应对不确定性。另外，采取承诺模型的公司比采取其他雇佣模型的公司能更早地实现IPO上市。不过，由于承诺模型对价值观匹配的要求，以及强调员工的过度付出，导致采取承诺模型的公司在上市后，管理和规模进一步扩大变得困难。

对于采取明星模型的公司来说，成功的关键在于招募和选拔明星人才的能力，这是它在人力资源方面面临的迫切挑战。数据分析表明，明星模型的公司是第二不容易失败的类型，其原因可能是这些公司在人力资本上具备优势。采用明星模型和承诺模型的公司中，行政管理人员和员工人数的比率更小。采用明星模型的公司比采用其他四种模型的公司上市的可能性都小，其原因可能是采用职业控制进行人力资源管理的难度最大。不过有趣的是，一旦明星模型的公司上市后，它的市值增长却是所有模型中最大的。这说明明星模型公司的人力资源管理一旦找对路后，这些公司拥有的人力资本会创造出更大的投资回报比。

对于采用工程模型的公司来说，人力资源部门的作用是给勤奋的"技术人员"提供支持服务工作，人力资源部门的地位并不高。采用工程模型的企业家很少在企业创立的初期思考人和文化相关的事务，但采取承诺模型、明星模型和层级模型的企业家则相反，他们会投入时间和精力在人和文化事务上。对于采取层级模型的公司来说，人力资源是行政机构的一部分，旨在颁布规则和程序，以保持控制。这两个类型的公司的表现比较接近，层级模型比工程模型的失败率低，IPO上市的可能性高，但对于IPO后的公司来说，层级模型比工程模型的市值增长率低18%。

采用专制模型的公司往往回避人力资源管理，认为它只是一个成本项目，而且认为员工的控制权理所当然地属于企业家。在年轻的专制公司中，人力资源职能通常由老板的秘书履行，负责处理工资单。专制模型公司的表现似乎过度依赖于企业家，这种公司的失败率是最高的，即使其中一些公司能够上市，上市后的市值增长也是所有类型中最差的。

在创业企业发展的过程中，创始人一开始确定的雇佣模型可能基于种种原因发生改变。巴伦和汉南发现，层级模型最稳定，明星模型或工程模型有一定比例向层级模型转变。当创始人不再领导企业，职业经理人做CEO后，最常采用的模型是层级模型。然而，改变雇佣模型会对企业绩效产生负面影响，包括增加失败概率、增加员工离职、降低IPO后的市值增长。总的来说，保持雇佣模型的稳定性是有利的，尤其是对于采用承诺模型的公司更加重要。

## 雇佣分类模型

我受勒帕克和斯奈尔的雇佣分类模型启发，根据内部化—外部化、长期雇佣导向—短期雇佣导向两个维度提出一个雇佣分类模型（见图22-1）。内部化是指企业和员工建立劳动关系，员工和企业直接签订劳动合同，也就是通常所说的正式用工；外部化是指企业和员工建立不属于劳动关系的其他雇佣关系，包括企业和员工除了正式用工之外的其他用工形式。长期雇佣导向是指企业愿意和员工发展长期的雇佣关系。企业和员工之间不仅包括经济交换关系，也包括互惠互利的社会交换关系；短期雇佣导向是指企业希望和员工建立一种灵活、有固定合作期限的经济交换关系。

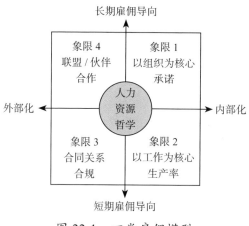

图 22-1　四类雇佣模型

经济、法律、社会、文化等因素影响企业如何在内部化和外部化之间，以及长期雇佣导向和短期雇佣导向之间做出选择。从经济的角度来说，内部化和外部化的边界可以用经济学家威廉姆森的交易成本理论来解释。根据这个理论，企业原本可以选择不拥有人力资本，而使用市场的手段来购买人力资本提供的服务。但是，市场的手段存在交易成本，例如信息不对称、频繁交易、短期投机行为等因素带来的成本，当交易成本增加到一定程度，企业会选择购买人力资本。反过来说，企业和员工签订劳动合同，也存在组织管理的成本，当组织管理成本增加到一定程度，企业会选择外部化，即采用租赁或购买的方式，获得和使用人力资本。

长期雇佣对企业来说，有好处也有弊端。从经济的角度来说，企业采用长期雇佣的好处有：摊销招聘成本和培训成本；对员工的能力有更准确的判断，从而做到人岗匹配；有更大的机会准确衡量员工的绩效；塑造一种文化，让员工之间相互督促和监督，提高个人绩效；由于对企业更为忠诚而带来的有利于企业的行为。长期雇佣也有弊端：降低了雇佣的灵活性；忠诚可能带来负面的影响；可能产生难以驾驭的人际关系。当长期雇佣的好处大于弊端时，企业倾向于长期雇佣。

在图22-1中，人力资源哲学处于中心位置，意味着它对雇佣分类模型有根本性的影响。如果一家公司主张"员工第一""快乐工作"的人力资源管理哲学，那么即使它使用了短期雇佣人员，比例也会很低，而且对于短期雇佣人员也带有一些社会交换的特点，即对短期雇佣人员也体现出必要的尊重和人文关怀。相反，如果一家公司相信"三条腿的蛤蟆难找，两条腿的人到处都是"，那么这家公司会希望尽可能地采用短期雇佣，而且即使对于长期雇佣人员，也带有更多经济交换的意味。

图22-1的四个象限中，象限1是以组织为核心的雇佣关系，人力资源管理模式的特点是承诺。企业愿意在人力资源管理的各个细分职能上投入，重视人才的内部培养，愿意培养人、发展人，看重人才和企业价值观的匹配程度；象限2是以工作为核心的雇佣关系，人力资源管理模式的特点是生产率。企业更愿意通过从外部市场购买，而不是通过内部培养的方式来获得人才，看重人才和岗位的匹配程度。企业看重人才来了就有产出的能力，所谓即战力。象限3的雇佣关系是合同关系，企业使用这些人力资源，但不和这些人力资源建立直接的劳动关系，而是采取多种形式的用工方式。人力资源管理模式的特点是合规，企业关注人力资源的产出是否符合合同中的标准和要求，只在必要的时候管理劳动过程。象限4是联盟或伙伴关系，人力资源管理模式的特点是合作，企业关注通过各种合作获得人力资源的产出。和象限3相比，象限4的人力资源对于企业的价值一般更大，合作关系更倾向于平等，例如兼职、返聘、长期合同等方式。

把人力资源分成不同的类型并相应采取不同的人力资源管理模式，给企业带来了灵活性。我在深圳市一家高新技术企业见到该公司使用了不同的雇佣模型，并运作良好。这家公司对总部大部分员工采用的雇佣模型属于象限1，人才选拔的标准高，雇用的员工以985院校毕业生为主，重视内部培养。用这家公司创始人的话来说，该公司的人才管理体现"长期人文主义"，并引用哲学家康德的观点，认为"人是目的，而不是手段"。同时，这家公司也有生产车间，车间和总部不在一个地点，雇佣模型属于象限 2。车间对工人的管理方式，就和总部对知识型员工的管理方式不同，工人在标准化生产线上工作，车间靠工资和还不错的物理环境吸引和保留工人。这家公司的员工分成职员、基职和工人三部分，人力资源管理体系不一样。基职和工人从事重复性的工作，职员从事创造性的工作。职员和公司的雇佣关系属于象限 1，而公司与基职、工人的雇佣关系属于象限 2。

企业在使用雇佣分类模型的时候，应该注意如下三个方面：第一，在战略和文化指导下使用雇佣分类模型。在其他企业被视为非重要的岗位或人员，可能对于有些企业来说是重要的岗位或人员。例如，不少物流快递企业对一线快递员使用劳务派遣或外包的用工方式，而京东物流看重一线快递员的价值，因此采取了全职雇佣。第二，在统一的人力资源管理哲学基础上使用分类雇佣模型，否则可能受到分类雇佣和管理带来的负面影响。企业缺少统一的人力资源管理哲学，容易导致不同类别的员工之间产生冲突，不利于协作，影响业绩。第三，同岗需要同酬。一些企业存在多种不同身份的员工，即这些员工和企业签有不同类型的劳动或劳务合同。如果不同类别的员工干同样的工作，职级也一样，那么就应该做到支付同样等级的薪酬，差异应该由业绩来决定，而不是由身份来决定。

## 心理契约

企业和员工签订的劳动合同反映了一种经济契约，但在签订劳动合同时，双方都不可能把所有期望详细地写到合同中。企业和员工之间除了正式的经济契约，还存在大量隐含的、非正式的相互期望，这些相互期望被称为心理契约。学者丹尼斯·卢梭（Denise Rosseau）主要从员工的角度出发，把心理契约定义为员工对双方相互责任和期望的认知和理解，包括员工对企业需要做出何种贡献，企业需要对员工提供哪些回报。

心理契约反映了员工对雇佣关系的理解，分为三种类型：交易型、关系型和理念型。交易型心理契约的特点是短期、具体、以经济交换为基础。企业期望有雇佣灵活性，以及希望员工对自己的职业负责，企业为员工提供工作和培训来提升员工在劳动力市场上的就业能力。关系型心理契约的特点是长期、稳定、以情感交换为基础。企业期望员工对企业有忠诚度，而企业则回报以稳定的工作和晋升机会。理念型心理契约体现了对内激要素的允诺。如果交易型心理契约强调交换的是金钱，那么理念型心理契约是对员工事业、内在兴趣、爱好的一种交换，企业期望员工把工作视为一项事业，企业向员工提供满足其内在动机的工作机会和回报，例如，可以接触最新的技术，或者提供有社会意义的工作等。理念和金钱、情感一样对员工有吸引力，理念型心理契约突出了理念的价值。

尽管心理契约是员工的一种主观感知，但受企业雇佣关系定位的影响很大。如果企业实施的是交易型的雇佣做法，员工很少能感知为关系型的心理契约。企业提供的支持对关系型心理契约有明显的影响，企业越体现出对员工的重视，以及越关心员工的发展和需求，员工越能感知到关系型的心理契约。

心理契约破坏（psychological contract breach）是指员工对企业未能按照与个体贡献相称的方式履行一项或多项非正式允诺的主观感知。当员工感受到没有得到企业允诺给予的东西时，心理契约破坏就产生了。这种破坏的产生可能是由于企业和员工对期望的理解不一致，组织有能力但不愿意满足个体期望，或者组织确实没有能力满足个体期望。心理契约违背（psychological contract violation）是指员工因企业违背心理契约而产生的一种短期的、相对激烈的情绪或情感反应，如失望、愤怒或悲痛等。违背的产生可能是由于员工认为企业的行为和企业做出的非正式允诺不符，或者员工认为企业故意没有履行允诺。

当员工认为企业履行了非正式的允诺，心理契约会正常持续。心理契约破坏和违背会带来一系列负面影响，例如员工将减少工作投入，降低工作绩效，甚至有破坏性的行为，对员工本人的身心健康也有负面的影响。

学者夏皮罗等人总结了如何避免心理契约破坏，以及如果出现心理契约破坏后，管理者如何有效管理的一些行动和策略，如表22-2所示。

表22-2　避免和管理心理契约破坏的方法

| 避免心理契约破坏的方法 |
| --- |
| • 明确承诺：在招聘和入职阶段，清晰地向员工说明工作职责、职业发展机会和薪酬福利等，确保双方对期望达成一致<br>• 现实承诺：避免做出不切实际的承诺，确保员工对工作内容和组织支持有现实的认识<br>• 定期沟通：通过绩效评估和日常会议，定期检查员工的期望是否与组织目标保持一致，及时调整以减少误解<br>• 建立信任：与员工建立基于信任的关系，通过透明和一致的沟通，让员工感受到组织的支持和关心<br>• 文化敏感性：了解并尊重员工个人文化背景，确保管理策略和沟通方式适应多元文化环境<br>• 关注高需求期：在工作压力大的时候，密切监控员工的工作状态，提供必要的支持和资源<br>• 倾听员工：为员工提供表达关切和需求的空间，鼓励他们提出问题和反馈，以便组织能够及时响应 |
| 出现心理契约破坏后的管理方法 |
| • 提供合理解释：当破坏发生时，向员工提供可信的解释和证据，说明破坏产生的原因，帮助他们理解背后的情况<br>• 设定修复期限：明确告知员工破坏问题将在何时得到解决，这样可以减少他们的不确定性和负面情绪<br>• 资源配置：确保工作岗位有足够的资源，以便员工能够有效地完成工作，减少因资源不足导致的破坏风险<br>• 导师制度：为员工分配导师，帮助员工理解工作环境，提供职业指导，减轻破坏事件的影响<br>• 领导—成员交流：建立高质量的领导与员工之间的交流，确保沟通顺畅，增强团队凝聚力<br>• 培养心理资本：通过培训等方式，帮助员工建立积极的心理资本，如自信、希望、乐观和韧性，以应对破坏带来的挑战<br>• 营造健康氛围：营造一个情感健康和宽容的工作环境，帮助员工更好地应对破坏带来的压力，维护他们的心理健康和工作表现 |

资料来源：COYLE-SHAPIRO J A M, PEREIRA C S, DODEN W, CHANG C. Psychological contracts: Past, present, and future[J]. Annual Review of Organizational Psychology and Organizational Behavior, 2019(6):145-169.

## 多元用工方式

用工方式是指企业使用劳动力的方式。站在劳动者的角度，是指劳动者参加有经济回报的工作的方式。标准化用工方式是指在公司的控制下，在公司提供的场所，在雇主和员工都期望继续就业的情况下，按照固定的时间安排进行工作。如果企业只能使用标准化用工方式，可能会减少企业经营的灵活性。企业对除了标准化用工方式之外的其他用工方式，即非标准化用工方式，有着不同程度的需求。企业可以选择并使用的其他用工方式，和标准化用工方式一起，构成了企业的多元用工方式。企业常见的用工方式包括：全日制雇佣、实习、劳务派遣、人力资源外包、业务外包、互联网平台用工、传统零工（非全日制雇佣、兼职、日结、依附性自雇）等。

**分类思路**

介绍对用工方式分类的两种常用观点。第一种观点是围绕企业对劳动者工作过程的控制程度来对用工方式进行分类，可以分成两个大类：①雇佣方式，企业对劳动者做什么和如何做有指导性的控制；②合同方式，劳动者有控制权来决定工作的完成方式。这个观点最核心的概念是对工作的控制，尤其是对工作过程的控制。根据这个观点，如果某个组织控制劳动者的工作过程，指导或指示工作如何完成，那么这个组织和劳动者之间就形成了雇佣关系。

第二种观点从工作灵活性的角度出发，认为灵活性包括三个维度：①雇佣关系的灵活性；②工作日程的灵活性；③工作地点的灵活性。标准化用工方式在这三个维度上均不具有灵活性。非标准化用工方式在不同程度上具有灵活性。表22-3列出了常见的用工方式及其描述、例子、对应的灵活性和用工关系特点。

表22-3 常见的用工方式

| 用工方式分类 | 描述 | 例子 | 灵活性 | 特点 |
| --- | --- | --- | --- | --- |
| 标准化用工 | 全时员工，日程固定，工作现场 | 许多工作 | 无 | 直接雇佣 |
| 具有时间灵活性的标准化用工 | 全时员工，日程灵活，工作现场 | 工作日程灵活的工作 | 工作日程 | 直接雇佣 |
| 具有地点灵活性的标准化用工 | 全时员工，日程固定，工作地点灵活 | 一些远程工作者、出差的咨询顾问 | 工作地点 | 直接雇佣 |

(续)

| 用工方式分类 | 描述 | 例子 | 灵活性 | 特点 |
| --- | --- | --- | --- | --- |
| 非全日制用工 | 平均每天不超过4小时，每周累计不超过24小时，工作现场 | 零售行业的季节工、有工作和生活兼顾想法的劳动者 | 雇佣关系和工作日程 | 直接雇佣 |
| 按需待命劳动用工 | 根据需要随叫随到，全时，工作现场 | 替代性的教师 | 雇佣关系和工作日程 | 直接雇佣 |
| 劳务用工 | 由劳务机构派到用工单位工作，通常是全时，工作现场；和用工单位关系结束后返回劳务机构，接受新任务 | 劳务派遣、人力资源外包 | 雇佣关系 | 共同雇佣 |
| 直接合同化用工 | 自雇，和用工单位签项目合同；可能在工作现场 | 自由职业者、独立承包商、日工 | 雇佣关系、工作日程和地点灵活性的可能性 | 直接合同 |
| 平台为中介的合同化用工 | 自雇，和客户签具体任务的短期合约；可能在线或在工作现场完成 | 通过在线平台找到工作的零工工作者（例如滴滴司机、美团外卖员） | 雇佣关系、工作日程和地点 | 中介化的直接合同 |

资料来源：SPREITZER G M, CAMERON L, GARRETT L.Alternative work arrangements: two images of the new world of work[J].Annual Review of Organizational Psychology and Organizational Behavior, 2017(4): 473-499. 根据我国的情况有改编。

## 非标准化用工方式

非标准化用工主要包括实习、劳务派遣、人力资源外包、业务外包、互联网平台用工、传统零工（兼职、日结、依附性自雇）等。需要注意，劳务派遣、人力资源外包、业务外包虽然实现了用工单位或发包单位配置劳动力资源的灵活性，但对人力资源服务机构或其他外包单位而言，其与劳动者仍然要签订劳动合同，受劳动法的调节。

学者杨伟国等人2021年通过调查研究发现，实习、劳务派遣和传统零工是主要的非标准化用工方式，依托于专业服务的非标准化用工方式例如业务外包和人力资源外包也越来越受到用工单位的认可。企业使用非标准化用工的主要动机包括：响应业务变动或不确定性，降低用工成本，以及突破编制或工资总额限制、规避政策法律风险和建立人才蓄水池。企业在使用非标准化用工的过程中，经常面临如下挑战：员工质量不稳定，管理困难，以及存在劳动争议、信息泄露的风险。劳动者选择非标准化用工的主要原因，排在前三位的是：家庭经济压力大，先积累工作经验，以及无其他工作机会，只能从事这份工作。另外，职业发展不清晰和待遇差异是非标准化用工人员对工作最大的两种负面感受和顾虑。从这个调查结果来看，如果企业仅仅从节省用工成本的角度来选择非标准化用工方式，可能因为劳动者质量不稳定等问题，并不能获得实际的益处。

劳务派遣是指用工方承担业务管理和部分人事管理职能，劳务派遣机构和劳动者签订劳动合同，负责薪酬发放、社保和公积金缴纳、档案管理等基本的人事管理职能。虽然劳动者没有和用工方签订劳动合同，但因为用工方实际上承担了主要的人事管理职能，因此劳务派遣属于用工方和劳务派遣机构共同雇佣。使用劳务派遣需要注意以下三点限制：第一，根据《中华人民共和国劳动合同法》《劳务派遣暂行规定》等相关法律法规，劳务派遣人员数量不得超过用工企业在岗用工总人数的10%，在岗位范围上必须符合临时性、辅助性、替代性的"三性"要求；第二，劳务派遣并不能真正转移用工风险，出现问题用工企业需要共担责任，有时甚至因为劳动者的工资发放、社保缴纳不到位而衍生出更多的风险；第三，劳务派遣只为用工企业解决了员工关系转移挂靠问题，承担的人事管理职能比较简单，越来越难以满足用工企业对劳动者素质和专业的人事管理的要求。

不少企业在使用劳务派遣人员时，给他们开通了转正式编制的渠道。这种做法一方面激励了劳务派遣人员，让他们有通过好的工作表现获得正式编制的机会；另一方面，劳务派遣人员工作努力，会对现有的正式用工员工带来一定的压力，促进后者认真对待工作。

规范的人力资源外包是指用工方承担业务执行和监督职能，人力资源服务机构提供全流程的、专业化的人事管理服务。在某些形式下（如人事外包或劳务外包），人力资源服务机构作为雇主与劳动者建立劳动关系，并独立承担用工风险。由于在某些情况下外包公司需承担包括招聘、付薪和劳动合同管理在内的全流程人事管理，人力资源外包的服务费一般高于劳务派遣。相比劳务派遣，人力资源外包在实践中具有一些明显的优势。首先，人力资源外包不受"三性"岗位（临时性、辅助性、替代性）的限制，也不占用用工企业的人员编制。其次，它可以帮助企业解决招聘难、管理难、业务波峰波谷用工需求多变等问题。最后，用工企业面临的用工风险相对较小，在人事外包或劳务外包等模式下，即便出现用工风险，外包公司作为劳动者的雇主，通常会独立承担该风险。不过需要注意的是，实践中存在"假外包真派遣"的情况，即用工方对本属于人力资源外包的劳动者进行事实上的管理和指挥，这种情况存在潜在的用工风险。

业务外包是指外包单位承担发包单位的业务，全面掌控生产过程，对劳动者进行业务管理和人事管理。在业务外包这种方式中，发包单位只把控交付结果，劳动者和发包单位无用工关系。由于业务外包对于企业来说，也是一种替代标准化雇佣的选择，实现了发包单位对劳动力资源配置的灵活性，因此把它放在非标准化用工方式部分介绍。外包单位一般是从事各类产品和服务生产的企业，人力资源服务机构只是少数。与劳务派遣相比，业务外包的法律合规性较强，政策限制较小。与人力资源外包相比，业务外包市场的认知度较高。随着数字化技术的发展，企业能更好地通过关键量化指标来把控交付结果，使用业务外包的倾向可能进一步增强。企业在选择业务外包方式时，通常需要对多个供应商进行管理，应重点关注供应商的经营资质、服务时间、口碑和成功案例等关键因素。

传统零工是不同用工方式的集合体，用以和平台经济下的零工区别开，包括非全日制、兼职、日结、依附性自雇等多种用工形式。非全日制用工被《中华人民共和国劳动合同法》严格限制在"平均每日工作时间不超过四小时，每周工作时间累计不超过二十四小时"。在非全日制用工形式下，企业需要和劳动者建立劳动关系，但用人单位只需为劳动者缴纳工伤保险，双方当事人可以随时通知对方终止用工，用人单位无须支付经济补偿金。与非全日制用工不同，在兼职、日结、依附性自雇中，劳动者与发包方建立的都是劳务或业务承揽关系。日结与兼职有时是重合的，很多兼职工作都是以日为单位结算报酬。依附性自雇是指劳动者以个体工商户身份与发包方建立业务合作的用工形式。劳动者在兼职、日结等零工中获得的是劳务所得，在依附性自雇中获取的则是经营所得。之所以称为依附性自雇，是因为这些劳动者与发包方存在一定的经济从属关系，即从发包方获得的报酬是其主要经济来源。

实习是指企业使用在校学生从事生产劳动，完成工作任务。企业与实习生签订的是实习合同而非劳动合同，报酬水平一般比较低，不必承担社保、公积金和其他福利，解除用工关系比较便利。实习兼具教育和劳动属性。站在政府、学校、学生的角度，更强调实习的教育属性，期望实习生能在企业获得足够的技能培训、职业能力实训和知识应用的机会。企业可能更倾向于在名义上强调实习的教育属性，方便以此削减实习生待遇、控制用工成本，对学生的能力提升相对缺乏兴趣。有的企业从使用实习生中获得明显的收益，但并没有给予有创造性贡献的实习生回报或认可。例如，一些学设计的大学生到某企业实习，给企业设计的商标和方案很有创意，企业仅仅做了细微的修改后，就在市场推广和产品包装上使用。实习的学生认为自己的知识产权没有得到企业的认可，该企业的口碑在学生圈中受到损害，实习生在实习工作中做出创造性贡献的动机也减少了。

互联网平台用工是当前最受关注、争议最多、用工关系最复杂的用工类型，也是多种用工形式的集合体。互联网平台用工的重要特点是，数字化技术是平台对生产或服务进行组织、管理和控制的基础。互联网平台可以分成业务分包平台、在线工作平台、外包平台，其中业务分包平台和在线工作平台比较类似。

在业务分包平台中，劳动者或组织通过互联网平台自主承揽业务，并通过互联网远程工作，向平台交付劳动成果。国内的好大夫在线、猪八戒网、阿里众包，以及国外的亚马逊 Mechanical Turk，是业务分包平台的典型代表。在线工作平台通过大数据和算法，实现供需双方信息匹配，劳动者在线完成工作任务并交付劳动成果。业务分包平台和在线工作平台最大的差别是业务分包平台仅控制劳动成果，而在线工作平台控制劳动过程和劳动结果。对于在线工作平台来说,按劳动者承揽业务的自主性,可以分成自主接单和平台派单。典型的自主接单的在线工作平台包括顺风车平台、外卖众包平台等。典型的派单平台包括网约车平台、外卖专送平台等。以上几种典型平台中,外卖专送平台属于劳动关系,而其他三种属于介于劳动关系和自雇之间的新型劳动形态。根据人力资源社会保障部等八部委颁发的《关于维护新就业形态劳动者劳动保障权益的指导意见》,不完全符合确定劳动关系情形但企业对劳动者进行劳动管理的,企业应该与劳动者订立书面协议,合理确定企业与劳动者的权利义务。目前新型劳动形态存在一些企业和劳动者有争议的地方,不同国家对类似案例的法律判决也不统一,我国未来可能进一步对那些存在事实劳动关系的平台的用工方式进行规范。

外包平台是指用工方将业务发包给平台,平台将相关业务外包给平台上的供应商及工作者。用工方并不对接执行任务的供应商及工作者,工作者与平台建立劳务承揽或自雇合作关系。有的外包平台从用工单位承揽业务,并将这些业务以众包的形式向劳动者派单,劳动者在平台上自主接单,平台将劳动者批量注册为个体工商户,并与劳动者建立自雇合作关系。如果劳动者被注册为个体工商户,则与企业建立自雇合作关系,按生产经营所得纳税。相比工资薪金所得纳税和劳务所得纳税而言,个体工商户纳税的税率较低,且不用缴纳社保,因此用工方借助这种外包平台,规避社保和税收带来的成本,以及规避了与劳动关系相关的法律责任。这种外包平台借助这种商业模式收取服务费用。不过,实践中需要监管部门注意劳动者是否具备承揽人资格,是否可以作为独立自雇者,否则有些不规范的外包平台可能冲击传统的劳动关系和劳动权益保障体系,把本来更适用劳动关系的情况,转换成了用工单位和自雇者之间的合同关系。

## 思考

1. 短期雇佣和外部化对员工有什么好处？这些好处对什么样的员工有吸引力？
2. 例如，里德·霍夫曼（Reid Hoffman）等在《联盟：互联网时代的人才变革》一书中提出如下观点：企业不是家，而是一支球队。球队不会和任何球员签一个终身合同，球员也不会在一个球队打一辈子的球。这个观点反映出什么样的心理契约？
3. 一些公司和劳动者之间的关系具有多元化的特点，你所在公司员工的身份有多少种？有明显的标记来区别身份吗？
4. 阅读《关于维护新就业形态劳动者劳动保障权益的指导意见》，你预期我国的法律将进一步规范哪些方面的内容？
5. Amazon Flex 是美国亚马逊公司推出的一种人员配送服务。该服务由个人司机提供，司机可以下载亚马逊 Flex 应用程序并进行注册，以成为亚马逊众包快递员。在网络上查阅相关信息，并对这个做法进行点评。
6. 在网络上查找文章《外卖骑手，困在系统里》，这篇文章描述了外卖平台通过算法对骑手进行任务分配、路线规划、收入计算等方面的控制。你认为外卖平台和骑手之间的用工关系是否应该属于劳动关系？理由是什么？
7. 本章主要站在用工方的角度介绍了多种灵活用工方式，如果站在劳动者的角度，还有哪些合法的灵活就业方式？采取这些灵活就业方式的劳动者有什么特点？

CHAPTER 23
第 23 章

# 负责任的雇佣

雇佣关系中,合法是底线。在底线之上,企业对塑造什么样的雇佣关系有很大的选择空间。建立良好的雇佣关系,有利于企业的可持续发展。人力资源管理不仅需要考虑到对企业经济效益的影响,还要考虑到对社会、环境的影响,承担社会责任。负责任的雇佣以利益相关者理论作为基础,包括了公平就业、职场反歧视、安全和健康等内容。

## 利益相关者理论

股东至上主义者认为,商业组织与股东之间订立了经济型社会契约,因此企业理应代表股东利益,企业存在的唯一目的就是最大限度地赢利并实现股东利润的最大化。这种观念虽然激励了企业创造更多的经济价值，然而却对社会产生了消极影响，例如，紧张的劳资关系，假冒伪劣产品伤害消费者的健康状况，环境污染等。这些负面结果使得企业与所处环境之间关系愈加紧张，民众对企业及其领导者的信任丧失，企业的声誉遭受损失，从而制约了企业的可持续发展。

利益相关者理论则认为，企业根植于社会之中，其生存和发展离不开各个利益相关群体的参与，所以不应当仅仅是股东的私人财产，而是根植于所在环境，形成了一种与周围环境的综合性社会契约，这要求企业对广泛的利益相关群体负责。利益相关者理论要求企业在经营和决策中体现社会中广泛利益相关群体的诉求，不仅仅包括股东，还应包括消费者、员工、供应商、分销商、政府、环境、社区等多个主体。

图23-1列出了人力资源管理体系的利益相关者的不同诉求。从图中可以看到，不同的利益相关者的诉求是不同的，即从人力资源管理体系中希望获得的关键结果存在显著差异。作为所有者和股东，关注的是财务绩效、公司声誉和生产力；作为购买企业产品和服务的顾客，关注的是产品或服务的质量、创新性、成本和便捷性；作为企业内部带员工队伍的各级管理者，关注的是员工绩效、员工离职、组织能力、团队氛围和灵活性；作为员工，关注的是自己的人力资本保值增值、经济收益、雇佣安全、就业公平、职场中的安全和健康。如果采用对立和冲突的态度，可能导致利益相关者的诉求都不能达成。更好的方式是采用协作和增益的态度，通过兼顾利益相关者，做大蛋糕，让所有的利益相关者都能从中获得好处。

战略学者迈克尔·波特提出了创造共享价值的理念，提出企业可以通过识别社会与经济发展之间的连接，在增强企业竞争力的同时改善其所在社区的经济和社会条件。共享价值的意义在于强调如何在创造经济价值的同时，对社会和环境保护做出贡献。例如，伊利公司在扶贫工作中，收购农户种植的水果，加工成果粒后，开发出果粒奶制品在市场上销售。由于这个产地的水果质量高，果粒奶在市场上的销路不错，带动了农户种植水果的积极性。这种做法给农户创造了勤劳致富的机会，而且具有可持续性。人力资源管理领域也有很多这样的共享价值的机会，例如适当的远程工作是一个体现共享价值的 HR 举措。远程工作节省了交通成本，减少了通勤时间，让员工能更好地做到工作—生活平衡。一些能满足需求的网络面试也能节约应聘者花在交通上的时间和成本，减少碳排放。这些重视社会效益、重视环境保护的举措，有利于企业发展的可持续性。

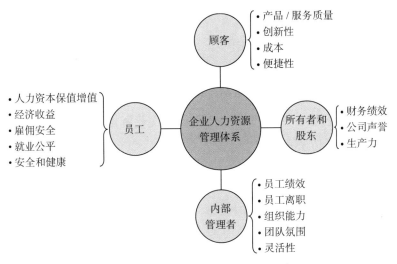

图 23-1　利益相关者的不同诉求

负责任的雇佣需要有人来发起、推进和落实。责任型领导在兼顾利益相关者、创造共享价值的过程中起到了关键作用。责任型领导是指一种与组织内外的利益相关者建立、培养和维持相互信任关系的艺术和能力，通过与利益相关者共同协作的责任行为，实现有意义的、共有的商业愿景。管理者可以用表 23-1 中的题目来自测在人力资源方面的责任型领导方面做得如何。需要注意的是，表 23-1 中的员工是指属于不同群体的员工，例如一项管理决策，可能对管理者和普通员工都产生影响，或者对核心员工和非核心员工产生影响。责任型领导能考虑到决策对这些不同群体产生的影响，考虑到他们的不同利益，做出增加信任和促进协作的决策。

表 23-1 责任型领导的评价题目

| 责任型领导的评价题目 |
| --- |
| 我会意识到不同员工群体的诉求 |
| 我会充分考虑决策结果对不同员工群体的影响 |
| 我会让受影响的员工群体参与到决策过程中 |
| 我会在决策前考虑不同员工群体的诉求 |
| 我会争取与受影响的不同员工群体达成共识 |

注：改编自 VOEGTLIN C.Development of a scale measuring discursive responsible leadership[J]. Springer Netherlands,2012:57-73.

责任型领导采用长远的眼光，通过对不同群体利益的考虑和平衡，增加了不同群体之间的信任，有利于他们对企业的认同，有利于协作，从而更好地达成商业目标。这种思想指导下实施的人力资源管理往往是可持续的，相当于不断地投入社会资本和文化资本，在增强企业竞争力的同时，改善了劳资关系。

## 公平就业和职场反歧视

《中华人民共和国就业促进法》第一章总则第三条规定："劳动者依法享有平等就业和自主择业的权利。劳动者就业，不因民族、种族、性别、宗教信仰等不同而受歧视。"2019年2月，人力资源社会保障部等九部门联合印发《关于进一步规范招聘行为促进妇女就业的通知》规定："……不得以性别为由限制妇女求职就业、拒绝录用妇女，不得询问妇女婚育情况，不得将妊娠测试作为入职体检项目，不得将限制生育作为录用条件……"

中国女性的劳动参与率在世界范围内来看很高。根据世界银行的数据，中国女性15岁到54岁劳动参与率，2021年是62%，2022年是61%。不过，近三十多年来，中国女性的劳动参与率呈下降趋势，从1990年的79%下降到2022年的61%。如下一些原因导致了女性退出或延迟进入劳动力市场：经济转型、传统"男主外、女主内"的性别观念、育儿责任增加、劳动力市场性别歧视,以及由于女性受教育年限普遍延长,参加工作的时间也推迟了。

职场中存在一定程度的性别歧视。一些企业认为女性结婚以后要怀孕、休产假、哺乳孩子,会加重企业的人力资源成本。因此,这些企业在招聘中对处于生育年龄阶段的女性区别对待。有的公司管理人员表示,人事部门在面试女性应聘者时,会优先考虑已婚已育的,他们认为这样的人员相对比较稳定。甚至还有管理人员表示,他们特别注意回避招聘大龄且没有伴侣的女性,原因居然是他们推断这样的人员性格很可能比较古怪。除了招聘,进入职场后的性别工资差距也说明存在性别歧视。学者赖德胜利用中国家庭收入调查的面板数据发现,1995年性别收入比(女性收入/男性收入)为85.9%,2002年为84.5%,2007年为73.9%,2013年为78.2%。另外,根据2010年中国妇女社会地位调查的数据,初级管理者的性别收入比为93.04%,中级管理者为111.52%,高级管理者为85.9%。在中级管理者层面,初看起来,似乎女性比男性的收入更高。但是实际上,这种现象更有可能说明,尽管一些女性中层管理者相对于职位已经资质过剩,却没有晋升机会,或者为了家庭,主动选择了放弃进一步晋升的机会。《2022年全球性别差距报告》的数据表明,中国女性董事在董事会中的比例为13.8%,仅高于日本、韩国等东亚国家,低于绝大多数欧洲国家。

一些公司采取措施反对职场性别歧视。壳牌石油公司规定公司的男女比例,女性占比有一条红线,分配到每一个部门。对于这种行为,政府会在税收方面给予优惠政策。我国一些公司近年来开始出台和实施鼓励生育的方案。例如,某上市公司产假的主要政策是第一胎在国家法定基础上延长1个月,第二胎延长3个月,第三胎延长12个月;生育奖励政策是第一胎奖励3万元,第二胎6万元,第三胎9万元;男性员工的陪产假是9天。

管理者给了女性员工的支持对职场中的性别平等有关键作用。我的一位MBA学生是某商业银行的支行行长,2018年他在课堂上分享了自己的经验,获得了现场同学们的热烈响应。他说:"在我原来带的那个团队,女同志加入进来,很快就能够找到对象。我提倡一种理念,不管是男同志还是女同志,到一家公司首先需要的是安全感,公司的氛围很重要。团队里有位生第三个孩子的女同志,她前一段时间跟我沟通,我鼓励她,把工作和家庭平衡好,这是给孩子做榜样。结果她把家里人找来,又请了保姆,她兼顾得很好。我从这个事情中感悟到,应该给员工关怀,给他们安全感,不要让他们觉得我们在管理的时候是在抓他们的缺点……""我在那个机构做了四年总经理,一直很讨厌领导让我们加班,我认为加班都是因为上班的时候不好好干,下班时做样子,领导不走,大家就都在那儿。后来我跟大家说不要加班,因为大家都是人,要么是父母,要么是孩子,要么是爱人,大家有很多家庭责任,有社会责任,有工作责任。只要我在这儿一天,大家就不需要加班,下班赶快回家。但是前提是你在8小时之内高效地处理好工作,下班之后该尽孝心就尽孝心,该带好孩子就带好孩子,该照顾家里就照顾家里,切换好模式。我们团队坚持得很好,绩效也没降低,也很好……""每年我们定工作目标的时候,我让大家定两个目标,一个是工作绩效目标,关于工作今年有什么想法;另一个是个人、家庭目标。自己做规划,双成长。我鼓励他们谈对象,鼓励他们结婚,鼓励他们生孩子,鼓励他们买房、买车。生活和工作的目标要匹配,比如说你要想买房,需要交首付,那么你怎样提高工作绩效,我帮助你找到路径,你怎么做,怎么提高收入,怎么理财,我来想办法帮助你……""员工生二胎,我们也不会反对,她们工作很用心,我对工作岗位做些调整,比如说调整她的工作职责。公司有一位生了三胎的员工,休假期间不断到公司处理客户的事,责任心很强。恢复上班以后,她很用心,她哺乳期一天有2小时假,其间会把事情处理得非常好。我认为要关心、信任员工,这种力量非常强大,你让他们自己管理自己,不要用很多制度。"

职场中还存在年龄歧视。有的企业用"年龄大了无法胜任一线工作"作为不续聘员工的理由,这是站不住脚的。将年龄等同于不能胜任工作,这是法律所不允许的。在《中华人民共和国劳动合同法》里,关于"不能胜任工作"有明确规定,需要通过考核的方式来确认员工能不能达到标准。经过考核不能胜任工作的，要调整工作岗位或再培训后，再次进行考核，还不合格的才能够按照法律规定的程序予以解聘。实践中，用人单位并不是不能够解雇员工，但应该根据工作表现，而不是年龄。年龄导致劳动合同的解除或终止，只有一种情形，就是达到退休年龄。《中华人民共和国劳动合同法实施条例》规定，劳动者达到法定退休年龄的，劳动合同终止。现在法定退休年龄男性是 60 岁，女干部 55 岁，女工人 50 岁。

我国法律对于"年龄歧视"并没有做出明确规定，只规定了最低就业年龄，没有明确禁止招聘年龄的上限，对于劳动者以"年龄歧视"为由提出的仲裁或诉讼请求也都比较慎重。因为需要平衡、考量的因素非常多，包括企业实际用工需要和不同年龄段劳动者权益保护的平衡，中老年劳动者与新生代劳动者之间就业机会的冲突等。

即使是裁员，也要做到"无情辞退、有情离开"。国内某互联网公司在面临业务需要裁员的时候，做得不错。该公司和员工做了充分的沟通，按照法定的赔偿金赔偿被裁的员工。同时，公司 HR 积极帮助这些被裁的员工找下家，联系其他公司，让其他公司知道这些员工是因为业务线调整而不得不被裁员，并非业绩不佳。公司的这些帮助员工的表现，获得了被裁员工的理解和支持。

裁员也可以体现出人性化，甚至变成良好的雇主品牌传播机会。我的一位 MBA 学生曾经在共享住宿平台爱彼迎工作过，她在课堂上非常正面地谈到了自己被裁员的经历，认为爱彼迎做得很好。2020 年，由于新冠疫情在全球蔓延，爱彼迎公司不得不启动裁员计划。公司创始人布莱恩·切斯基（Brian Chesky）自己写的裁员信几乎可以作为一个模板，是非常好的裁员沟通案例。相反很多公司在类似的场景里，谨小慎微，都是公关部门操刀，简单写几句官话、套话，没有任何温度，效果不好。学者巴伦认为裁员之前，企业应该首先考虑其他可选择的方案。如果必须裁员，应该注意表 23-2 中所示的事项。

表 23-2　裁员时应该注意的事项

| 裁员时应该注意的事项 |
| --- |
| • 与雇员沟通至关重要 |
| • 雇员应该尽可能多地被吸收到考虑过程中，并且应该十分清楚公司把所有可能的选择都考虑到了 |
| • 分配和程序公正应该被认真对待 |
| • 离开者和幸存者都应该得到支持，对前者要提供"服务"，对后者要加以培训，并使他们了解裁员后公司的发展方向 |
| • 权衡来看，一次性大裁员可能好于一批又一批的裁员 |
| • 权衡来看，针对特定群体的裁员似乎好于全范围的裁员 |
| • 针对（或偏向）高或低资历的员工的裁员，无论从法律还是组织角度来看都各有利弊 |
| • 全面地考虑所涉及的社区的利益，考虑能有什么措施来缓和裁员的影响 |
| • 虽然法律问题不应成为决策的唯一依据，但对法律风险的细致考量、合理的规划论证以及相关文件的准备，都是应对潜在法律诉讼的重要保障 |

资料来源：巴伦，克雷普斯. 战略人力资源管理：总经理的思考框架 [M]. 王垒，潘莹欣，等译. 北京：清华大学出版社，2005.

## 安全和健康

随着互联网科技的发展，个人数据和隐私信息的安全变得越来越重要。企业在管理过程中，出于管理的需要，可能需要收集、利用和处理员工的各种信息，如通过在电脑中安装监控系统监控员工的工作状态。《中华人民共和国劳动合同法》第八条明确规定，用人单位对"与劳动合同直接相关的基本情况"具有知情权，用人单位在法定范围内获取劳动者的个人信息，具有法律上的正当性。然而，用人单位在获取上述信息的同时，也应遵守《中华人民共和国民法典》《中华人民共和国个人信息保护法》中关于隐私和个人信息的相关规定。根据《中华人民共和国民法典》第一千零三十三条的规定，凡遇到涉及个人隐私的问题，任何组织和个人都应当取得权利人的明确同意，法律另有规定的情形除外。另外，根据《中华人民共和国个人信息保护法》第十三条的规定，用人单位若要收集劳动者的个人信息，应当取得个人的同意，或是证明收集该信息是为订立、履行个人作为一方当事人的合同所必需，或者按照依法制定的劳动规章制度和依法签订的集体合同实施人力资源管理所必需。

新型的电子监控已集合了各种高科技：货车司机的疲劳监控，可以用摄像头捕捉司机的瞳孔大小、闭眼时长等，适时发出警报，直至司机手动消除；手环和耳机可以监控大脑压力和注意力水平；在线沟通和协作平台工具可以自动生成员工本周处理了多少次对话，花了多长时间，最晚时间是什么时候等，这些信息反馈给员工，用来对比几周的工作时长和投入度，督促员工提升。一项调查表明，受到雇主欢迎的监控功能包括：时间跟踪、截取员工电脑屏幕的屏幕截图、视频监控、键盘记录、通过 GPS 位置跟踪、通过员工设备的内置麦克风录制员工音频。基于这项调查结果，人们应该将工作和个人设备分开。

有些管理者认为，在电脑中安装监控系统监督员工的工作状态，有助于企业提高管理效能与经营绩效。2023 年发表在国际研究期刊《人事心理学》上的一篇元分析文章，对以往研究电子绩效监控的论文结果做了综合分析，以弄清楚这样的监控到底有没有用。研究并没有发现电子绩效监控跟绩效之间存在关系，倒是发现监控带来了不良的影响：监控让员工压力变大。意识到自己的行为完全暴露在公司掌控之下，会让员工很紧张。监控越具有侵入性，员工的态度越差。侵入性的监控是对员工隐私和自主性的破坏，会严重影响员工的工作满意度。为了减少不良影响，需要提升透明度。清楚告诉员工进行电子绩效监控的目的、频次、方式等，能提升员工的满意度。研究并没有完全否定电子绩效监控，例如个别研究发现客服中心的电子绩效监控能够提升它们的绩效。但是，对于大部分情况来说，电子绩效监控的投入产出比是不理想的，这项研究建议公司还不如把钱花在其他的一些人才管理实践上，例如教练、辅导和多来源反馈。

心理安全感是指员工在工作环境中感到自己能自由表达观点，表现和展示自我，而不担心对自身形象、地位和职业生涯等造成负面影响，是员工与领导、同事之间长期人际互动的结果。心理安全感高，有利于员工积极投入到工作中。当员工感到足够的心理安全时会促使其充分表达观点，指出组织中存在的问题与错误。有的研究把这个概念定义为一种团队氛围，这种氛围强调人际互信和尊重，并且能被团队内部成员普遍感知。团队心理安全感描述了团队对人际风险承担安全性的一种共同信念，团队成员彼此尊重和信任，当个人提出新想法、寻求反馈、指出错误时不会感到尴尬或受到惩罚。团队成员如果缺乏心理安全感便不会进行团队学习，因为指出团队的问题可能会造成人际关系紧张，而在学习过程中犯错也会让自己感到难堪。团队心理安全感对于创新具有积极的作用。

工作安全感是指员工感到自己的工作岗位稳定的程度，高工作安全感意味着员工认为丢掉工作岗位的可能性低。工作安全感低，会导致消极的工作态度，以及糟糕的职业健康状况。保持一定的工作安全感，有利于员工安心工作。但是，过高的工作安全感也可能会带来问题。例如，在一些国有企业，人员能进不能出，虽然员工的工作安全感有保障，但是过高的工作安全感形成一种员工过度嵌入在组织中的状况，降低了企业的活力。来自一些国有企业的管理人员反映，过去靠奉献精神，取得了好的效果，员工的工作热情高。随着时代的发展，员工的思想在发生变化，特别是年轻员工中接受奉献精神的比例减少，但物质激励又跟不上，因此员工对工作的投入不如以前。

美国网飞公司是一家生产创意长视频的公司，对员工创新的要求很高，通过提供行业最高的工资来吸引明星员工，强调人才密度，并在此基础上减少管理控制，激发员工的活力和创造力。员工在这家公司的心理安全感高，敢于在工作中表达自己的观点，但是由于公司有严苛的留任测试，达不到很高的要求就必须离开公司，因此员工的工作安全感不高。从网飞的案例来看，员工由于心理安全感高，愿意积极坦诚地反馈，有利于工作中创意的产生。但是，由于工作安全感低，对网飞员工心理健康产生了负面影响。

想要实现人力资源的可持续发展，就要重视员工的身心健康，以及工作—生活平衡。我总结了相关的研究结果，强调以下三个方面：第一，看重工作成果和效率，而不是工作时长；第二，工作要有挑战性，同时减少阻碍性的因素；第三，营造良好的人际关系氛围，让员工能从公司、上级和同事那里获得支持和帮助。

第一，看重工作成果和效率，而不是工作时长。这意味着企业不强制规定或者提倡加班,而是强调高效率地完成工作,用工作成果来说话。"996"工作制是引发争议的一种工作时间安排,即每天早9点到岗,一直工作到晚上9点,每周工作6天。按照这个时间安排,"996"工作制的周工作时间为最低72小时。"996"工作制违反了劳动法的相关规定,但是在现实中类似超时加班的情况普遍存在。"996"现象存在的原因是多方面的:首先,从文化的因素上说,东亚国家的人们倾向于通过勤奋劳动,积累金钱等资源来应对未来有可能发生的变化,即尽量规避未来的不确定性。这种文化影响根深蒂固,即使在已经是经济发达国家或地区的日本、韩国、中国香港,职场超时工作的现象仍然非常普遍。其次,当经济发展模式是以数量和成本为主要推动力,而不是以质量和创新为主要推动力时,企业所有者希望并需要劳动者超时工作,而当劳动者对经济收入有强烈需求时,也愿意通过超时工作来获得更多收入。当然,以创新来获取利润的高质量发展模式也不容易。一位企业家曾经和我分享了他的观点:只有站在价值链的顶端才有资格享受生活,而在达到价值链顶端以前,需要付出大量的努力。他认为,用科技创新来求发展,是一条难而正确的道路。不过,真正的科技创新需要高质量的时间投入,而不只是加班。因此,这家公司不提倡"996",虽然必要时还是会有自愿加班,但做到了不强制"996"。最后,尽管法律规定了标准工时和加班工资标准,但对于违反规定的惩罚措施并不明确。根据《中华人民共和国劳动法》第十二章第九十条,用人单位违反本法规定,延长劳动者工作时间的,由劳动行政部门给予警告,责令改正,并可以处以罚款。根据已有的案例判决结果,多是由企业赔偿没有按照规定本应付给劳动者的加班费,没有额外的罚款。另外,即使有反对"996"的员工,但这些员工难以形成合力,难以和企业进行集体谈判。

加班的效果在很多情况下并不理想,不仅是工作效果不好,而且给员工造成难以恢复的疲劳感,长期加班其实难以持续。我曾经仔细考察过某互联网公司内部标注和推送信息业务岗位员工的工作效果。从数据来看,一般早上九点开始进行内容采编工作,此时平台的有效数据较多,所以采集的内容和舍弃的内容基本各占一半,此时员工也并没有达到最佳工作状态，对于很多内容的编写处于低效率阶段。在九点到十二点，每小时的整体采编量呈下降趋势，下午一点以后，员工逐渐进入到高效率工作状态，整体审核的总量增加，挑选出好内容进行采编的比例也高。从下午五点到晚八点，会明显出现舍弃物料变多的情况，原因是员工为了完成每日的采编量目标值，会看自己还有多少剩余要完成的任务。这个过程中，总审核量提升了一倍，但是舍弃量的比例越来越大，到晚八点采集量和舍弃量的比例达到1∶3。在舍弃的内容中，有一些是比较好的内容，但由于采编人员工作状态的下滑，以及疲于应付工作总量的心态，使其没有办法甄别信息的有效性。

有的公司允许员工创建自己的工作时间表，实施不跟踪个人时间的ROWE（results-only work environment）政策。ROWE政策营造了一种工作环境，它强调员工的工作成果而不是工作时间。在这种环境下，员工可以自由地选择何时何地完成任务，只要员工能够按时完成任务并达到预期的结果。这种方式对于公司的管理提出了更高的要求，公司能够对工作目标进行合理的拆解，以及做好工作量估计，才能做到ROWE。有的行业似乎更容易做到这一点，例如软件行业。在美国有不少软件公司中有远程工作者，公司对员工的管理是看结果产出。上级会分配给下级不同当量的工作任务，相当于工作量，尽管不能做到每一次的任务当量都核算得非常精确，但是整体下来还是准确的。

第二，工作要有挑战性，同时减少阻碍性的因素。学者卡瓦诺（Cavanaugh）等人发现，人们在工作中会遇到各种各样的压力源（stressor），有些是可能带来积极后果的压力源，叫作挑战性压力源，包括项目和任务数量、工作时长、工作量、时间压力、责任，而有些则是可能带来消极后果的压力源，叫作阻碍性压力源，包括组织政治、工作角色不清晰、繁文缛节、工作不安全感、职业发展停滞不前。挑战性压力源可能让员工得到成长，体验到工作成就感，从而激发工作动机，表现出更高的工作投入，取得更好的工作业绩。相反，阻碍性压力源会让员工感到成长受到限制，工作中缺乏成就感，从而削弱工作动机，表现出低水平的工作投入，以及表现出普通甚至较低的工作业绩。最近的一项综合性研究发现，阻碍性压力源会导致消极后果，而挑战性压力源有时不一定能带来积极的后果。这是因为存在不同的因素，影响到人们对挑战性压力源的评估，例如，对于缺少工作资源的员工来说，工作量和时间压力并不能让他们有成长和成就感，相反可能是一种威胁。这项研究对于人才管理的启示是：首先，应该在工作环境中减少或去除阻碍性压力源。其次，创造条件，让人们把挑战性压力源更多地评估为能带来成长、获得成就的压力源。

第三，营造良好的人际关系氛围，让员工能从公司、上级和同事那里获得支持和帮助。这种支持和帮助有利于员工的心理健康，也有利于员工把挑战性压力源评估为机会而不是威胁。在和社会支持相关的概念中，我认为安全基地类型的支持很有实践意义。安全基地来源于军事用语，它包含积极的含义，即这个基地不只是一个避风港，在基地休息是为了更好地出发，向外开疆拓土。如果管理者能给下级提供安全基地类型的支持，将非常有利于下级的成长，特别是能促进下级在工作中表现出积极主动的探索性行为。研究发现，安全基地类型的支持分成三个维度：支持的可获得性、鼓励和授权，表23-3列出了常见的测量项目，管理者可以用来作为自我评价的题目，看看自己在给下级提供安全基地类型支持方面做得怎么样。

表23-3 安全基地类型的上司支持

| 维度 | 常见的测量项目 |
| --- | --- |
| 支持的可获得性 | • 当我对工作感到担忧或烦恼时，我能从上司那里得到支持<br>• 当我承担一项难度和压力很大的工作任务时，我的上司会给予我鼓励和支持<br>• 当我在工作中遇到困难和问题需要帮助时，我的上司会给予我建议和协助 |
| 鼓励 | • 我的上司鼓励我在工作中充分发挥我的潜能<br>• 我的上司允许我规划自己的工作目标<br>• 当我告诉上司自己想在工作中尝试新事物时，我的上司会鼓励我去做 |
| 授权 | • 我的上司授权我在没有他事先批准的情况下做出重要决定并执行它们<br>• 我的上司鼓励我自己确定完成任务或目标的最佳方式<br>• 我的上司鼓励我积极主动解决工作中的问题 |

资料来源：WU C H, PARKER S K. The role of leader support in facilitating proactive work behavior: a perspective from attachment theory[J]. Journal of Management, 2017, 43(4): 1025-1049.

## 思考

1. 如果你是一位管理者，你在员工关系管理中遇到过什么特别棘手的事件吗？你或你所在的公司是如何处理的？
2. 有观点认为，支付给年轻员工的工资报酬通常低于他们产生的价值，但是对于老员工，随着工龄的增长，获得的工资报酬在不断提高，工资报酬可能超过其产生的价值。因此，雇用老员工的用工成本负担更重一些。那么，从成本的角度说，企业采用35岁作为招聘录用条件，或者44岁作为终止劳动合同的条件，这种做法是有道理的。你如何评价这一看法？
3. 有的用人单位在录取硕士毕业生的时候，不但看硕士学位毕业院校，而且很看重"第一学历"，并用"第一学历"来筛选简历。对此你有什么看法？
4. 联合国提出了可持续发展目标（SDGs），于2016年1月生效，它们将指导未来15年联合国开发计划署的政策制定和资金使用。其中第八条是"体面工作和经济增长：推动经济稳定、持续、包容发展，确保所有人有完整的、有潜力的工作机会和体面的工作"。你如何理解体面的工作？哪些办法可以帮助在中国的职场中落实这一条？
5. 一些公司可以通过一款"行为感知系统"监测员工离职倾向和怠工情况，即通过该系统的数据监测提供离职倾向员工详情，包含员工姓名、所属岗位、员工访问求职网站次数以及简历投递次数等内容。你如何评价这个系统和这些公司的做法？公司如何做能在对劳动者行使管理权的同时，保护劳动者个人隐私？
6. 了解国家在超时工作方面相关的法律规定，以及相关案例。除了本书讲到的原因，你认为"996"现象在职场中存在还有哪些原因？

CHAPTER 24
# 第24章

# 国 际 化

国际化公司面临的核心问题是：如何在全球化整合与本地化响应之间取得平衡。全球化整合需要强调统一和共性，需要从统一和共性中建立竞争优势。例如，企业通过建立全球化的供应链体系，获得成本上的优势。本地化响应需要强调差异和个性，需要从差异和个性中建立竞争优势。例如，企业通过响应所在国家或地区客户的个性化需求，获得产品多样性的优势。

公司国际化有三种常见的模式：大型国际公司、多国化公司、跨国公司。其中大型国际公司是指以母国为中心，向其他国家输出产品或服务，产品和服务标准化，例如宜家、松下、三星等公司。在这种模式下，人力资源管理也倾向于标准化，主要执行母国的人力资源管理政策和制度。多国化公司像是分权的联邦，注重灵活响应本地化的需求，例如联合利华、飞利浦等公司。在这种模式下，人力资源管理也倾向于本地化，由东道国（或称属地国）的公司因地制宜地建立人力资源管理体系。跨国公司兼顾了全球化整合和本地化响应的需求，平衡本地化、效率和学习。跨国公司在全球化思考和本地化行动之间，以及在本地化学习和全球化行动之间获得平衡，跨国公司淡化母国和东道国的区别，例如 GE、联想等公司。在这种模式下，人力资源管理需要兼顾体系的统一性，以及各地的差异性。

## 跨文化理论

已有较多的研究考察了不同国家或地区之间的文化差异，其中影响力比较大的有霍夫斯泰德（Hofstede）的文化五维度理论、特龙彭纳斯和汉普登－特纳的文化差异理论、豪斯（House）等人的全球领导力和组织行为有效性研究项目（简称 GLOBE 项目）、艾琳·迈耶（Erin Meyer）的文化地图理论。新加坡学者洪洵（Soon Ang）等人提出了文化智力理论，目的在于不仅帮助人们理解不同国家或地区之间的文化差异，而且增强人们的跨文化适应能力。

在以上文化差异理论中，我认为特龙彭纳斯和汉普登－特纳的文化差异理论的实用性最强。特龙彭纳斯和汉普登－特纳认为文化是一个群体解决问题、调和矛盾的方式。在解决问题和调和矛盾的过程中，不同的群体采用不同的解决方案，从而表现出多样化的文化特质。该理论把国家文化分成了七个成对出现的维度，分别是：普遍主义—特殊主义、个人主义—集体主义、中立化—情绪化、特定的关系—混合的关系、成就感—归属感、顺序的时间—同步的时间、内部控制—外部控制。其中前五个反映了人和人之间的关系，第六个反映了人如何看待时间，第七个反映了人和环境的关系。表 24-1 列出了七个成对维度的定义。

特龙彭纳斯和特纳主张用辩证的观点看待文化差异，而不应该用非此即彼的观点。例如，来自普遍主义的人在特殊主义文化的情景中，也应该考虑到特殊主义，不应该把特殊主义看作是对普遍主义的威胁，而应看作是一种丰富。在此基础上，人们有可能找到平衡不同文化的解决之道。在此基础上，特龙彭纳斯和特纳主张寻求跨越文化差异的解决之道，这对于跨国公司来说是至关重要的。跨文化管理最基本的能力，是处理矛盾的能力。在跨国公司中的职级越高，越需要这个能力。

表 24-1 特龙彭纳斯和特纳的跨文化七维度

| 序号 | 维度 | |
|---|---|---|
| 1 | 普遍主义：<br>一个固定的原则可以应用于任何地方 | 特殊主义：<br>特定的环境决定是否采用某项原则或者行为 |
| 2 | 个体主义：<br>个人获得自身的成就，并且对他们的行为负有自身的责任 | 集体主义：<br>个人通过集体来发挥作用，并对集体的产出负有共同的责任 |
| 3 | 中立化：<br>在工作场合表达愤怒或是喜悦是不会被真正接受的，人们不喜欢在公共场合表达他们自己的内心情绪 | 情绪化：<br>人们公开地以富于表情的面孔、姿势和提高的声调来表达他们的情感 |
| 4 | 特定的关系：<br>人们更偏爱将他们的公共关系和私人关系分开看待，尤其是关系到他们的私人生活。人们更倾向于公事公办 | 混合的关系：<br>人们可能更多地看到的是个人内在的一面。工作和私人的生活是紧密联系在一起的 |
| 5 | 成就感：<br>人们很努力地通过工作来提高自己，他们野心勃勃，强调成就 | 归属感：<br>人们更尊敬那些在团体中有先赋地位（例如，因为年龄、学历和社会阶层等受人尊重和钦佩）的人，而与他们的成就无关 |
| 6 | 顺序的时间：<br>一个时间段内只做一件事；时间是可控制、可测量的；严格守约；提前订好时间表，不会迟到；关系通常服从于时间表；倾向于遵守最初的计划 | 同步的时间：<br>同时做几件事；约会时间是有弹性的，并且倾向于把时间给重要的人；时间表通常服从于关系；倾向于追随关系导向 |
| 7 | 内部控制：<br>经常对环境持对抗态度；冲突和抵制是信念的表征；关注焦点是自己，包括自己的职能、团队和组织；在环境失控或多变时感到不安 | 外部控制：<br>态度灵活，愿意妥协以保持和平；和谐、敏感；关注焦点是别人，包括客户、合伙人和同事；对自然的变化起伏没有不适应之感 |

文化差异理论可以帮助人们了解文化之间的差异，但需要注意，应该避免把这些差异作为一种刻板印象。有时人们先入为主地产生行为期待，反而带来不必要的沟通障碍。更好的方式是开放和包容，以尊重和

信任对方的心态交往，并表达出自己的想法和观点，不懂就问，向对方学习文化习惯的细节，加深理解，赢得对方的尊重和信任。"性相近、习相远"，跨文化的人们需要求同存异，相信在基本的人性面上，不同文化的人们是相通的。

美国网飞公司的文化有一条是坦诚清晰，沟通被认为是管理中很重要的手段。网飞公司大力提倡坦诚清晰的沟通，并建立了沟通原则。在全球化的过程中，网飞公司发现在不同的国家文化中，人们沟通的具体方式是有差异的。例如，荷兰人在反馈上比美国人直率，尤其是在对负面意见的反馈上，荷兰人的反馈往往让美国人感到不知所措。而在东亚文化中，普遍存在间接沟通的文化，人们相互之间注意面子。当在日本推行坦诚清晰的反馈时，日本员工对及时的面对面沟通感到很不习惯，但网飞公司发现，日本员工做事认真，如果让他们提前准备好书面的措辞，他们在正式的场合，也能做到坦诚清晰地反馈，而且非常认真。因此网飞公司在跨文化经验的基础上，在原本的四条沟通原则上加上了第五条"适应和调整"（见表24-2）。这启发我们，跨文化管理既要有统一的原则，同时也要兼顾各个文化的特色，允许通过不同的行为表现体现统一的原则要求。

表 24-2　网飞公司的反馈准则

| 准则 | 内容 |
| --- | --- |
| 1. 目的在于帮助 | 反馈的目的必须是积极的。反馈不是为了发泄，不是为了中伤他人，也不是为了自己捞取资本。反馈者应清晰阐述这样做对他人和公司有什么样的好处，而不是对自己有什么好处 |
| 2. 反馈应具有可行性 | 反馈必须说明接收人可以做一些什么样的改变 |
| 3. 感激与赞赏 | 人们在受到批评时都会为自己辩护或寻找借口，都会条件反射式地进行自我保护，维护自身的声誉，这是人类的本能。当你收到反馈时，需要有意识地反抗这种本能，以开放的心态去认真地对待反馈，既不辩护，也不生气，还应该满怀欣赏和感激 |
| 4. 接受或拒绝 | 在本公司，你会收到很多人的反馈。你需要认真地听，同时也认真地思考。不是每条反馈都要求你照办，但有必要向反馈者真诚地致谢 |
| 5. 适应和调整 | 根据你所处的文化环境，调整你提出或接受反馈的方式，以获得你所期待的效果 |

资料来源：哈斯廷斯，迈耶. 不拘一格：网飞的自由与责任工作法 [M]. 杨占，译. 北京：中信出版集团股份有限公司，2021.

文化智力理论认为不仅要认识到跨文化差异，更重要的是通过实际的训练（例如情景训练）增强跨文化适应能力，包括学习文化差异的知识，增强跨文化交流的动机，以及掌握不同文化环境中的行为模式。尤其是行为模式的细节，需要在实践中学习掌握。人们在日常生活中可能也有如下的感受：阅读很多介绍另一个国家的书籍和资料，或者走马观花地短期旅游，都不如实地到那个国家去旅居一段时间后对东道国文化掌握得深。韩国三星公司从1990年开始就实行了地域专家制度，目的在于培养全球性人才。地域专家制度是指选拔入职三年以上的优秀员工，派遣到世界各地进行语言、社会、文化方面的独立研究。这种"研修"生活没有具体的工作任务，每个人有约50万元的生活补贴，这些员工会有约一年的时间在所在地区、国家进行实际的生活和体验，并投入到对当地业务发展的观察中，了解当地的经济运作方式和政策法规条件，深入理解本地的风土人情和文化习俗。

联想公司在收购IBM的PC部门的时候，曾经贯彻"文化先行"的理念，派管理人员给IBM电脑事业部的管理者们讲联想文化。联想文化在国内为联想公司的发展起到了重要的支撑作用，被认为是联想公司得到良好发展的主要原因。然而，IBM公司的管理人员在培训现场问：联想有一个国家的成功经验，而IBM有全世界160多个国家的成功经验，请问我们应该听谁的？联想的文化输出从一开始就遇到了挑战。为了应对这一挑战，联想举办了和文化相关的活动。例如，联想在公司内网上开通了一个名为"文化鸡尾酒"的栏目，联想的所有员工，包括中国员工和其他国家员工，都可以在上面发帖，或者对其他人的帖子发表意见。公司把点击率和回复率高的帖子整理出来，然后请文化专家加以整理，梳理成结构化的资料，供所有员工学习，从实际发生在身边的例子来彼此了解对方的文化和习惯。

## 国际化的人才管理

国际化需要面对的核心问题是：如何响应所在不同国家的需求和机

遇，同时保持清晰一致的全球商业战略。围绕这个核心问题，国际化人才管理需要考虑：人才管理的政策和实践在多大程度上交给本地的分支机构，以及在多大程度上和本地的文化和制度环境相符合。

这里主要介绍两方面的制度环境因素：一个是典型的资本主义或市场经济模式，一个是和雇佣相关的商业和法律环境。来自西方学者的研究发现，全球范围内有六种典型模式，我加上了第七种社会主义市场经济模式（见表24-3）。可以看出，这些模式在人才管理方面表现出显著的差异。前六种模式有向第一种模式发展的趋势，但同时保留了各自的特点。

表 24-3　典型的市场经济模式

| 名称 | 特点 | 代表国家或典型企业类型 |
| --- | --- | --- |
| 1. 昂撒个体主义模式 | 注重股东回报，中短期回报驱动 HR 实践；雇佣稳定性有限，依靠灵活的劳动力市场 | 美国、英国 |
| 2. 欧洲社群模式 | 重视社会契约和义务；资本更有耐心，雇员和管理层共同决定 HR 实践，雇佣稳定性高，主要依靠内部晋升 | 德国 |
| 3. 欧洲行业区域模式 | 呈网络聚集的企业；重视家族所有权，看重家族所有人和高级职业经理人的利益和价值 | 意大利、斯堪的纳维亚地区国家 |
| 4. 日本模式 | 机构交叉持股，缺少强有力的所有人；核心员工终身雇用，晋升慢 | 日本 |
| 5. 韩国财阀模式 | 企业家和继承者保持控制，支持国家经济发展的增长战略；向从韩国顶尖大学雇用的经理提供终身雇佣 | 韩国 |
| 6. 华人家族经营模式 | 家族企业，服务于企业所有者的雄心，得到信任的长期员工在公司中起到重要作用，在建立正式的 HR 体系方面不太付出努力 | 东南亚华人企业 |
| 7. 社会主义市场经济模式 | 以公有制为主体，包括混合所有制；坚持中国共产党的领导，注重国家利益和社会责任，计划和市场调节手段共存；高级管理者在不同企业间调任 | 中国国有企业 |

随着中国越来越多的企业走出国门向外发展，党组织活动如何有效地开展，是一个需要探索和完善的话题。华为公司的党委在海外采取了道德遵从委员会的提法，以利于在海外开展工作。一些来中国开办企业的外商，也认识到党组织对企业的积极作用，支持企业的党建工作。例如，苏州三星半导体公司党委将现代企业管理经验融入党建工作中，党建工作被分解成十多个关键绩效指标，做到年初有计划、有目标，中间

有检查、有回顾，年终根据指标完成情况，反省和评价工作成果。由于该公司的党建工作开展得有声有色，获得三星（中国）社长的高度评价，并批示中国大陆所有三星旗下企业学习苏州三星半导体公司党建模式。

世界银行提供了与雇佣相关的商业和法律环境的数据，表24-4提供了18个国家或地区2020年的数据。中国内地开展商业的便利程度在逐年提升，在调查数据包括的190个国家或地区中排31位，相对于2015年的90位已经有明显的提升。雇佣刚性指数得分27，说明雇佣相对灵活。中国内地解雇成本平均数为91周的工资，这个数据从现在来看，明显偏高，应根据我国现行劳动法律来更新这个数据的计算。《中华人民共和国劳动合同法》第四十七条规定："经济补偿按劳动者在本单位工作的年限，每满一年支付一个月工资的标准向劳动者支付。六个月以上不满一年的，按一年计算；不满六个月的，向劳动者支付半个月工资的经济补偿。劳动者月工资高于用人单位所在直辖市、设区的市级人民政府公布的本地区上年度职工月平均工资三倍的，向其支付经济补偿的标准按职工月平均工资三倍的数额支付，向其支付经济补偿的年限最高不超过十二年。本条所称月工资是指劳动者在劳动合同解除或者终止前十二个月的平均工资。"

表24-4 18个国家或地区的商业和雇佣宏观状况

| 国家或地区 | 开展商业的便利程度 | 雇佣刚性指数 | 解雇成本（工资按周计算的周数） |
|---|---|---|---|
| 新加坡 | 2 | 0 | 4 |
| 中国香港 | 3 | 0 | 62 |
| 丹麦 | 4 | 10 | 0 |
| 韩国 | 5 | 45 | 91 |
| 美国 | 6 | 0 | 0 |
| 英国 | 8 | 14 | 22 |
| 阿联酋 | 16 | 13 | 84 |
| 德国 | 22 | 44 | 69 |
| 日本 | 29 | 17 | 4 |
| 西班牙 | 30 | 56 | 56 |
| 中国内地 | 31 | 27 | 91 |
| 法国 | 32 | 56 | 32 |
| 荷兰 | 42 | 42 | 17 |

(续)

| 国家或地区 | 开展商业的便利程度 | 雇佣刚性指数 | 解雇成本（工资按周计算的周数） |
|---|---|---|---|
| 意大利 | 58 | 38 | 11 |
| 印度 | 63 | 30 | 56 |
| 印度尼西亚 | 73 | 40 | 108 |
| 巴西 | 124 | 46 | 37 |
| 委内瑞拉 | 188 | 79 | 不可能解雇 |

注：开展商业的便利程度根据2020年调查的10个指标计算；雇佣刚性指数是三个0～100量表（招聘困难程度、劳动小时刚性程度、解雇困难程度）的平均值，该指数和解雇成本数据出处来自《开展商业2009报告》，由于表中各国家或地区雇佣政策基本保持不变，本表保留了该报告的数据作为对比不同国家或地区雇佣法律环境的参考。在委内瑞拉，除非获得劳动局的批准，否则在工会的保护下，公司不得解雇员工。

有的研究把管理控制方式分成四大类：结果控制、过程控制、人员控制、规范控制。其中结果控制是以量化指标为主的控制方式，主要的手段是绩效管理；过程控制是指正式的、标准化的管理流程；人员控制是指主要通过外派人员来实现管理控制；规范控制是指依赖管理者的社会化和共同的行为规范来进行管控。这四种控制方式是互补的，国际化公司在实践中会根据情况有所侧重地使用。强调全球整合的公司依赖人员控制和流程控制，而强调本地响应的公司更依赖结果控制。规范控制的方式最早流行于20世纪80年代，当时日本公司创造的经济奇迹吸引了世界的眼球，规范控制被认为是日本经济奇迹的重要原因。随着日本经济在20世纪90年代步入增长停滞期，规范控制在全球范围内的热度一度下降，不过目前一些互联网巨头公司，例如苹果、亚马逊和阿里巴巴在不同程度地使用规范控制的方式。

国际化公司的原籍对采取何种管理控制方式也有影响。例如，美国原籍的公司擅长结果控制和过程控制。日本原籍的公司擅长人员控制，即使看起来日本企业的决策是交由本地化做出的，但其实也是外派的日本籍管理者在做出决策。相对来说，欧洲原籍的公司更依赖规范控制。中国原籍的公司体现出一定的混合性特点，核心是人员控制和结果控制，同时根据情况，兼顾规范控制和过程控制。

国际化人才管理中，有四个职能非常重要：人才获取、绩效管理、领导力开发、人才调配流动。这四种职能倾向于在地区（例如欧洲、亚太、北美地区）甚至全球标准化，同时兼顾本地化的一些特点，例如，当全球领导力胜任力转化成本地化的行为指标时，行为指标不可避免地存在一些不同。当然，对于以母国为中心的大型国际公司来说，这四个职能的标准化程度比多国中心的公司更高。对于人才管理的其他的职能，例如薪酬管理、劳动关系管理等，更需要考虑到本地化的特点。例如，美国 SAS 公司在母公司的福利政策很好，尽管在中国分公司仍然有这方面的特点，但无论是福利项目的数量还是质量，都不如美国母公司。

联想是中国企业国际化的典型之一，文化融合做得深入。在并购 IBM 的 PC 部门后，杨元庆没有做 CEO，联想聘请了 IBM 原高级副总裁斯蒂夫·沃德做 CEO，理由是需要熟悉客户的沃德来稳定客户，同时投资人也支持这个选择。沃德帮助联想度过了过渡期。但由于没有达到改革和利润预期，联想公司对并购后"一切照旧"的状况不满，因此更换了来自当时竞争对手戴尔的比尔·阿梅里奥做新的 CEO，阿梅里奥带来了变革，做了很多降成本的削减工作，但由于缺乏长远的考虑，使得联想在 2008～2009 年出现了较大亏损。联想选择了由柳传志做董事长，杨元庆做 CEO，并留下了当时多数阿梅里奥从戴尔带来的高管。根据 2021 年联想公司披露的数据，高管中有一半是国外高管。

从联想的国际化发展可以获得如下的启示：中国公司在国际化的过程中，最好的安排是公司自家成长的经理人作为 CEO，负责战略制定和把握大方向，同时需要找到具有长期导向的国际职业经理人，担任总裁或 COO 这样的二把手，协调全球资源，全面负责重要战略执行。在销售、市场和供应链高管方面，需要使用国际化的人才，尤其是市场占比大、对公司收入贡献大的所在国或所在地区的人才。而在财务和人力资源方面，使用公司自家成长的经理人作为负责人更合适。技术研发方面使用具有长期导向的技术人才，谁强就用谁。联想的传统是擅长目标管理，在国际化的过程中，深刻体会到流程管理对规模化公司的重要性。经过多年的努力，联想已经从一家以人为主来推动的中国公司，成为一家依靠流程来推动的跨国公司。

中国公司走出去，应该做好属地化人才管理。第一，属地国可能有同行公司，已经培养了人才。公司应该注重在属地国进行招聘选拔，成熟的市场化人才可以减少培训成本。第二，加强员工培训。公司应该发挥全球优势，将来自总部或各地的经验进行总结并加以推广，让不同国家属地的管理人员有机会参加总部组织的培训。第三，加强文化融合。在尊重属地国文化特点的前提下，通过必要的指导、相应的流程管理，调整本地化员工的个人诉求与组织目标之间的差异。让属地国人员逐步做到工作态度、工作方式和目标与公司管理目标要求相匹配。第四，注意企业文化建设。注重培养当地员工的企业归属感，通过多种方式和活动，向当地员工宣传中国文化和企业文化。此外，尊重当地员工的宗教信仰、人格尊严及当地的风俗习惯，注重对当地员工的人文关怀。在属地国的传统节日之际，向属地国员工及家属表示慰问。在中国传统节日来临的时候，除了中国员工的庆祝，也邀请属地国员工与其家属一起参加。此外，积极参与属地国公益活动，让属地国员工充分感受到中国公司的社会责任感，树立良好的企业形象。总之，让当地员工体会到中国文化和企业文化的优势和吸引力，进而激发起当地员工热爱企业的热情。

## 外派人才管理

外派人才由公司从母国或第三方国家派遣，到东道国完成一定时间期限的工作，这个时间期限一般是三到五年。对于外派人才来说，外派适应度很重要，它是指外派人才在东道国体验到舒适感或无压力的程度。学者布莱克认为外派适应度主要包括三个方面：文化适应度、互动适应度和工作适应度。文化适应度是指对东道国一般生活条件、食物、交通、娱乐、生活成本、医疗保健服务等的适应程度；互动适应度是指与工作内外的东道国国民互动交流的适应程度；工作适应度是指对工作职责和绩效要求、标准等的适应程度。外派适应度对外派人员在东道国的表现有影响，外派适应度越高，外派人员在派遣期的离职意向越低，工作满意感越高，工作绩效也越好。

一项综合性的研究对影响外派适应度的因素做了总结,结果如表 24-5 所示。这项研究的管理实践意义如下:选拔外派人才时,应该重点考虑一些最有可能对外派适应度产生影响的因素,例如关系技能。当人才到达东道国后,应该重视一些对外派适应度产生影响的组织和工作因素,例如同事支持、角色清晰和角色自主权。非工作因素也很重要,例如东道国文化对于外派人才的新颖程度,如果配偶随行,配偶的适应程度也非常重要。

表 24-5 影响外派适应度的因素

| 影响因素 | 外派人才的跨文化适应 | | |
|---|---|---|---|
| | 文化适应度 | 互动适应度 | 工作适应度 |
| 预期的因素 | | | |
| 先前的国际经验 | ns | + | + |
| 东道国语言能力 | ns | + | ns |
| 个体因素 | | | |
| 自我效能 | ns | + | + |
| 关系技能 | + | + | + |
| 组织因素 | | | |
| 同事支持 | + | + | + |
| 后勤支持 | + | + | ns |
| 工作因素 | | | |
| 角色清晰 | + | + | + |
| 角色自主权 | + | + | + |
| 角色新颖 | ns | ns | ns |
| 角色冲突 | ns | − | − |
| 非工作因素 | | | |
| 配偶适应程度 | + | + | + |
| 文化新颖程度 | − | − | − |

注:"+"表示正相关,"−"表示负相关,"ns"表示没有相关关系。
资料来源:BHASKAR-SHRINIVAS P, HARRISON D A, SHAFFER M A, et al. Input-based and time-based models of international adjustment: meta-analytic evidence and theoretical extensions[J]. Academy of management journal, 2005, 48(2): 257-281.

已有研究中的样本主要来自母国为欧美国家的跨国公司。学者何蓓婷发现,中国公司在外派人才时,通常有如下的特点:第一,配偶不随行。母国为欧美国家的公司外派人才时,一般配偶随行,因此配偶的适应程度对外派员工的适应度有很大的影响。不过,尽管中国公司外派人才的配偶不随行,来自配偶和家庭的支持对于这些员工是否能坚守海外也很重要。第二，与母国为欧美国家的公司外派人才的年龄相比，中国公司外派员工平均年龄明显偏年轻。其原因可能和母国为欧美国家的公司管控方式偏向于结果和流程控制有关，这两种管控方式使得欧美国家外派少量高职级的人才就可以达到组织管控的目的。另外，中国公司海外拓展的业务内容和特点，更需要年轻的外派人才冲锋陷阵。第三，中国外派员工和东道国国民的互动适应度会差一些，但对工作适应度的影响似乎不太大。其原因可能是中国外派员工因为外派收入高，对未来的职业发展有期许，因此对外派工作压力的耐受度高。中国外派员工之间的关系紧密，而和东道国同事之间的交流主要在工作层面上开展，并不深入。中国外派员工在海外最显著的心理适应压力来自社交，尤其当东道国内中国外派员工很少的时候，中国外派员工缺少归属感，有较深的孤独感。

总的来说，外派人才管理主要围绕表24-6列出的八个方面开展。

**表24-6　外派人才管理的重点**

| 人才管理方面 | 主要内容 |
| --- | --- |
| 1. 优化外派人才来源 | • 总部选拔<br>• 市场选拔<br>• 留学中国的东道国学生 |
| 2. 优化外派人才选拔 | • 业务能力强<br>• 海外工作意愿强<br>• 有独立面对困难和孤独的心理承受力 |
| 3. 建立体现区域差异的薪酬体系 | • 反映价值导向的地区补助<br>• 和业绩挂钩的激励机制<br>• 外派区域领导掌握一定的奖励基金 |
| 4. 健全外派工作培训 | • 沟通和人际交往技能培训<br>• 语言能力培训 |
| 5. 全球轮岗和职业发展 | • 全球和区域轮岗<br>• 出国轮岗、回国轮岗、跨国轮岗<br>• 激发和保持外派动机的晋升政策<br>• 实施外派经历有利于职业发展的政策 |
| 6. 实施家庭友好支持政策 | • 配偶随任随行政策，维护家庭稳定<br>• 鼓励定期休假探亲的政策<br>• 给外派人才子女提供接受高质量教育的机会和学费补贴<br>• 照顾好外派人才国内的直系亲属，消除人才的后顾之忧 |

(续)

| 人才管理方面 | 主要内容 |
| --- | --- |
| 7.建立管控和巡视制度 | • 外派目标明确、职责清晰<br>• 考核指标体现公司战略<br>• 通过巡视及时发现和解决问题<br>• 体现对外派人才的关心 |
| 8.提供有力的组织支持 | • 导师制或合作伙伴计划<br>• 满足社交需求的活动<br>• 良好的工作和生活环境<br>• 对突发事件的应对 |

华为公司在选择外派人员时，主要看如下几个方面：首先是外派员工有出国意愿，其次有足够的业务能力，最后是英语能力要达标。满足以上三个方面的条件后，人力资源部门会考察员工在新环境中的心理适应能力，经过用人部门面试考察通过后外派。员工初次被派遣到海外之前，公司会组织相应的跨文化培训，培训方式主要分两种：线下和线上。线下是指公司把外派员工集中在华为大学进行培训，线上是公司通过内部互联网平台对员工进行培训，员工通过网络学习，培训完参加考试。在外派人员的薪酬方面，主要通过外派补助补偿员工，其中最有特色的一项是艰苦补助，很能体现华为"以奋斗者为本"的价值观。具体来说，华为把外派国家按照艰苦程度分成六类，越艰苦的地方补助越高。外派人员每年还有三套往返机票配额，可以回家探亲，也可以让家属来工作地探亲使用。华为在外派人员的后勤管理方面相对完善，越是艰苦的地方，公司提供的条件相对越好。例如在艰苦地区，华为租用当地最安全、条件好的公寓提供给员工住宿；在海外分代表处配备食堂，聘请中国厨师等。在发达国家，公司不集中提供住宿，而是发放住房津贴让员工自己解决。公司不鼓励外派人员长久待在一个代表处，在一个地方待几年就轮调岗位，最多在一个国家待3年就调到另外的国家再待5年。大部分员工在外派结束后，会选择回流国内。

中建八局是一家有"铁军"文化传统的建筑行业企业，在外派人才管理方面积累了丰富的经验。首先，公司通过提供明确的"海外优先"政策，让勇于参与海外建设的员工有优越感，大家把去海外工作看作一种荣誉。中建八局创新采用海外积分制管理评价机制，分层级安排回国员工，外派三年回国后，员工可根据自身意愿挑选工作区域，按不低于原职级聘用。其次，在外派人员选拔方面，注重选拔优秀的人开拓海外，一般会选拔家庭条件差、心理素质好、综合能力强、绩效考核优的员工。再次，外派人员出国前，公司将重点围绕语言水平提升、国际规范标准、海外商务管理、国际文化传播等进行专项培训，而且提供在同一地域内轮换的机会。另外很重要的一个方面是，公司认为，要让员工安心在海外工作，就必须打消他们的后顾之忧。因此，公司提供了多种支持，主要包括：每年可以至少休假一个月回国探亲；如果是家属到国外"反向探亲"，则公司提供补贴。对于留在国内的家属，公司定期组织走访慰问、家属开放日等活动给予关怀和支持。公司党委写信给外派员工的父母和配偶，感谢他们的付出，让外派员工能获得家人的支持。每逢重大节日，公司都会给表现优秀的员工的家属寄送礼物。公司让外派员工和家属们感到，一方面外派工作收入高，另一方面公司有"人情味"，在子女就学、老人就医等方面，能切实帮助外派人员的家属解决实际问题。

中建八局也注重属地化选人用人。例如，由于商务、设计和财务需要对本地文化和管理制度非常熟悉的人员，不容易找到外派人员，就择优招聘当地的人才。在韩国等建筑行业发展较为成熟的国家，则根据实际工程进度招聘具有医疗、护理等职业资格的持证人员，来保证施工现场内工作人员的健康和安全。建筑施工队伍中的基层当地班组长都有高中学历。工人的素质越高，管理半径越大，在东南亚，班组长和作业工人的比例是1∶8，在非洲，这个比例是1∶6。班组长从当地人中选拔任用，对这些人有很强的激励作用。在非洲一些国家，由于历史原因，当地人比较服从欧美人的管理。公司外派中国籍员工，然后雇用欧美人管理当地人的班组长，当地人的班组长再管理当地工人，形成一个管理链，效果不错。另外，基于管理模式、文化背景、民族宗教、风俗习性上的巨大差异，中国籍员工与属地化员工的沟通、交流和融合至关重要，中建八局更加注重企业文化属地化，通过组织一系列活动，使属地员工切身感受到企业文化的包容与和谐，增进文化融合，增强归属感。

## 思考

1. 你熟悉的走出国门的中国公司有哪些？通过对这些公司的了解，你认为这些公司属于大型国际公司、多国化公司，还是跨国公司？
2. 请阅读中国历史上西汉张骞和东汉班超的故事，了解他们在西域各国是如何开展外交和军事活动的。这对今天的外派人员管理有什么启发？
3. 中国企业外派人员的配偶一般不随行，你认为有哪些原因？
4. 请查阅"一带一路"沿线上的国家。除了中国，你对哪个或哪些国家的文化和制度环境有了解？这个，或这些国家在文化和制度环境上的特色有哪些？

# 参 考 文 献

[ 1 ] ALLEN D G, MAHTO R V, OTONDO R F. Web-based recruitment: effects of information, organizational brand, and attitudes toward a web site on applicant attraction [J]. Journal of Applied Psychology, 2007, 92(6):1696-1708.

[ 2 ] ALTERMAN V, BAMBERGER P A, WANG M, et al. Best not to know: pay secrecy, employee voluntary turnover, and the conditioning effect of distributive justice[J]. Academy of Management Journal, 2021, 64(2): 482-508.

[ 3 ] BIAN Y. Bringing strong ties back in:indirect ties, network bridges, and job searches in China [J]. American Sociological Review, 1997, 62(3): 366-385.

[ 4 ] BIDWELL M. Paying more to get less: the effects of external hiring versus internal mobility[J]. Administrative Science Quarterly, 2011, 56(3):369-407.

[ 5 ] BURT R S. Structural holes and good ideas [J]. American Journal of Sociology, 2004, 110(2):349-399.

[ 6 ] CARTON A M, MURPHY C, CLARK J R. A(blurry)vision of the future: how leader rhetoric about ultimate goals influences performance[J]. Academy of Management Journal, 2014, 57(6):1544-1570.

[ 7 ] CASTILLA E J. Social networks and employee performance in a call center[J]. American Journal of Sociology, 2005, 110(5):1243-1283.

[ 8 ] CAVANAUGH M A, BOSWELL W R, ROEHLING M V, et al. An empirical examination of self-reported work stress among US managers [J]. Journal of Applied Psychology, 2000, 85(1):65-74.

[ 9 ] CÔTÉ S, MINERS C T. Emotional intelligence, cognitive intelligence, and job performance [J]. Administrative Science Quarterly, 2006, 51(1):1-28.

[10] GROTE D. The complete guide to performance appraisal [M]. NY:AMACOM Books, 1996.

[11] JAQUES E, CLEMENT S D. Executive leadership:a practical guide to managing complexity[M]. Arlington, VA: Cason Hall & Co. Publishers, 1991.

[12] JAQUES E. Requisite organization: The CEO's guide to creative structure and leadership [M]. VA:Cason Hall & Co. Publishers, 1989.

[13] FREEMAN R E, HARRISON J S, WICKS A C, et al. Stakeholder theory:the state of the art[M]. Cambridge:Cambridge University Press, 2010.

[14] JENKINS JR G D, MITRA A, GUPTA N, et, al. Are financial incentives related to performance?a meta-analytic review of empirical research[J]. Journal of Applied Psychology, 1998, 83(5):777-787.

[15] KELLER J R, KEHOE R R, BIDWELL M, et al. In with the old? examining when boomerang employees outperform new hires [J]. Academy of management journal, 2021, 64(6):1654-1684.

[16] LAZEAR E P. Performance pay and productivity [J]. American economic review, 2000, 90(5):1346-1361.

[17] LEPAK D P, SNELL S A. The human resource architecture:toward a theory of human capital allocation and development [J]. Academy of management review, 1999, 24(1):31-48.

[18] NOY S, ZHANG W. Experimental evidence on the productivity effects of generative artificial intelligence [J]. Science, 2023, 381(6654):187-192.

[19] NYBERG A J, MALTARICH M A, ABDULSALAM D D, et al. Collective pay for performance: a cross-disciplinary review and meta-analysis [J]. Journal of management, 2018, 44(6):2433-2472.

[20] PIEPER J R. Uncovering the nuances of referral hiring:how referrer characteristics affect referral hires' performance and likelihood of voluntary turnover [J]. Personnel Psychology, 2015, 68(4):811-858.

[21] PLOYHART R E, NYBERG A J, REILLY G, et al. Human capital is dead; long live human capital resources![J]. Journal of Management, 2014, 40(2):371-398.

[22] PORTER M, KRAMER M. Creating shared value [J]. Harvard Business Review, 2011, 89(1-2):62-77.

[23] RAVID D M, WHITE J C, TOMCZAK D L, et al. A meta - analysis of the effects of electronic performance monitoring on work outcomes[J]. Personnel Psychology, 2022,

76(1):5-40.

[24] SOMERS M J. Application of two neural network paradigms to the study of voluntary employee turnover [J]. Journal of Applied Psychology, 1999, 84(2):177-185.

[25] TROST A. Human resources strategies:balancing stability and agility in times of digitization[M]. Berlin:Springer, 2020.

[26] VAN IDDEKINGE C H, LANIVICH S E, ROTH P L, et al. Social media for selection? Validity and adverse impact potential of a Facebook-based assessment [J]. Journal of Management, 2016, 42(7):1811-1835.

[27] PUCIK V, EVANS P, BJORKMAN I, et al. The global challenge:international human resource management(3rd ed. )[M]. Chicago:Business Press, 2016.

[28] WADE J T, ROTH P L, THATCHER J B, et al. Social media and selection: political issue similarity, liking, and the moderating effect of social media platform [J]. MIS quarterly, 2020, 44(3): 1301-1357.

[29] WEI J, ZHENG W, ZHANG M, et al. Social capital and knowledge transfer: a multi-level analysis [J]. Human Relations, 2011, 64(11): 1401-1424.

[30] WU C H, PARKER S K. The role of leader support in facilitating proactive work behavior: a perspective from attachment theory [J]. Journal of Management, 2017, 43(4): 1025-1049.

[31] 沙因 E H，沙因 P. 组织文化与领导力：第 5 版 [M]. 陈劲，贾筱，译 . 北京：中国人民大学出版社，2020.

[32] 艾恩 . 奖励的惩罚 [M]. 程寅，艾斐，译 . 上海：上海三联书店，2006.

[33] 德西，弗拉斯特 . 内在动机：自主掌控人生的力量 [M]. 王正林，译 . 北京：机械工业出版社，2020.

[34] 格鲁夫 . 格鲁夫给经理人的第一课 [M]. 巫宗融，译 . 北京：中信出版集团股份有限公司，2017.

[35] 格哈特，纽曼 . 薪酬管理：第 13 版 [M]. 成得礼，译 . 北京：中国人民大学出版社，2022.

[36] 纳尔逊 . 1501 种奖励员工的方法 [M]. 王瑶，黄瑛，马继尧，译 . 北京：电子工业出版社，2013.

[37] 北森人才管理研究院 . 人才盘点完全应用手册 [M]. 北京：机械工业出版社，2019.

[38] 德鲁克 . 卓有成效的管理者 [M]. 许是祥，译 . 北京：机械工业出版社，2005.

[39] 奥雷理，普费福 . 平凡的员工非凡的业绩：开发员工潜藏的价值 [M]. 黄长凌，

译.北京：清华大学出版社，2005.

[40] 爱泼斯坦.成长的边界：超专业化时代为什么通才能成功 [M].范雪竹，译.北京：北京联合出版公司，2021.

[41] 帕门特.关键绩效指标：KPI 的开发、实施和应用（原书第 3 版）[M].张丹，商国印，张凤都，等译.北京：机械工业出版社，2017.

[42] 尤里奇.人力资源转型：为组织创造价值和达成成果 [M].李祖滨，孙晓平，译.北京：电子工业出版社，2015.

[43] 平克.驱动力 [M].龚怡屏，译.北京：中国人民大学出版社，2012.

[44] 格罗特.不用惩罚手段的纪律：变不良雇员为优秀员工的有效策略 [M].黄志强，译.上海：上海人民出版社，2000.

[45] 格罗特.刚性排名：发挥业绩管理作用 [M].祝吉芳，译.北京：商务印书馆，2009.

[46] 特龙彭纳斯，汉普登－特纳.在文化的波涛中冲浪：理解工商管理中的文化多样性 [M].关世杰，等译.北京：华夏出版社，2003.

[47] 莱卢.重塑组织：进化型组织的创建之道 [M].进化组织研习社，译.北京：东方出版社，2017.

[48] 何蓓婷.跨国企业中方外派人员的跨文化适应研究：以华为为例 [D].华南理工大学，2019.

[49] 阿吉斯.绩效管理 [M].刘昕，朱冰妍，严会，译.北京：中国人民大学出版社，2021.

[50] 特温格.i 世代报告 [M].林哲安，程道民，译.台北：大家出版社，2020.

[51] 普费弗.求势于人：释放员工能量，实现竞争优势 [M].胡汉辉，李娅莉，译.北京：中国人民大学出版社，2000.

[52] 普费弗.人力资源方程式：以员工为本创造利润 [M].黄长凌，译.北京：清华大学出版社，2004.

[53] 霍普，弗雷泽.超越预算：管理者如何跳出年度绩效评估的陷阱 [M].胡金涛，译.北京：中信出版社，2005.

[54] 卡梅隆，奎因.组织文化诊断与变革 [M].王素婷，译.北京：中国人民大学出版社，2020.

[55] 德韦克.终身成长：重新定义成功的思维模式 [M].楚祎楠，译.南昌：江西人民出版社，2017.

[56] 布里亚，卡尔.亚马逊逆向工作法 [M].黄邦福，译.北京：北京联合出版公司，2022.

[57] 况阳.绩效使能：超越OKR[M].北京：机械工业出版社，2019.

[58] 查兰，德罗特，诺埃尔.领导梯队：全面打造领导力驱动型公司：珍藏版[M].徐中，林嵩，雷静，译.北京：机械工业出版社，2016.

[59] 博克.重新定义团队：谷歌如何工作[M].宋伟，译.北京：中信出版集团股份有限公司，2015.

[60] 史班瑟.才能评鉴法：建立卓越绩效的模式[M].魏梅金，译.汕头：汕头大学出版社，2003.

[61] 李鸿谷.联想涅槃：中国企业全球化教科书[M].北京：中信出版社，2015.

[62] 哈斯廷斯，迈耶.不拘一格：网飞的自由与责任工作法[M].杨占，译.北京：中信出版集团股份有限公司，2021.

[63] 霍夫曼，卡斯诺查，叶.联盟：互联网时代的人才变革[M].路蒙佳，译.北京：中信出版社，2015.

[64] 刘鹏凯.心力管理[M].北京：机械工业出版社，2023.

[65] 马永斌.公司治理之道：控制权争夺与股权激励[M].2版.北京：清华大学出版社，2018.

[66] 美国世界薪酬协会.整体回报完全指南2.0：组织的奖酬和激励战略与架构[M].张宏，唐秋勇，译.北京：电子工业出版社，2022.

[67] 克里斯塔基斯，富勒.大连接：社会网络是如何形成的以及对人类现实行为的影响[M].简学，译.北京：中国人民大学出版社，2013.

[68] 吉特尔.西南航空模式[M].周亮，战风梅，译.北京：机械工业出版社，2011.

[69] 田效勋，柯学民，张登印.过去预测未来：行为面试法[M].3版.北京：中国轻工业出版社，2018.

[70] 王雪莉.战略人力资源管理：用人模型与关键决策[M].2版.北京：中国发展出版社，2016.

[71] 吴向京.成熟组织的绩效变革[M].北京：中国人民大学出版社，2011.

[72] 谢克海.谁上谁下：清晰区分企业人才的"361"体系——基于实践层面的人力资源战略管理决策.[J].管理世界，2019，35（04）：160-188.

[73] 杨春.当薪酬不再与绩效挂钩：京瓷、海底捞的经营机制[M].北京：电子工业出版社，2019.

[74] 杨伟国，吴清军，张建国，等.中国灵活用工发展报告（2022）[M].北京：社会科学文献出版社，2021.

[75] 惠特默.高绩效教练[M].徐中，姜瑞，佛影，译.北京：机械工业出版社，2019.

[76] 巴伦，克雷普斯.战略人力资源：总经理的思考框架[M].王垒，潘莹欣，等译.

北京：清华大学出版社，2005.

[77] 张德，吴剑平，曲庆. 和谐管理：衡水电机模式 [M]. 北京：机械工业出版社，1997.

[78] 张德，余玲艳，刘泱. 中小企业的成功范式：心力管理解读 [M]. 北京：清华大学出版社，2012.

[79] 张德. 人力资源开发与管理 [M]. 5 版. 北京：清华大学出版社，2016.

[80] 张德. 现代管理学 [M]. 北京：清华大学出版社，2007.

[81] 张勉. 企业文化简论 [M]. 北京：清华大学出版社，2019.

[82] 张晓彤. 如何选、育、用、留人才 [M]. 北京：北京大学出版社，2004.

[83] 张正堂. HR 三支柱转型：人力资源管理的新逻辑 [M]. 北京：机械工业出版社，2018.

[84] 赵国军. 管理核能：如何以激励和绩效促进企业发展 [M]. 北京：化学工业出版社，2021.

[85] 赵国军. 薪酬设计与绩效考核全案 [M]. 3 版. 北京：化学工业出版社，2020.

[86] 赵曙明，张敏，赵宜萱. 人力资源管理百年：演变与发展 [J]. 外国经济与管理，2019，41(12)：50-73.

[87] 周雪光. 组织社会学十讲 [M]. 北京：社会科学文献出版社，2003.

[88] 周永亮，孙虹钢，庞金玲. 方太文化 [M]. 北京：机械工业出版社，2022.

# 推 荐 阅 读

**OKR：源于英特尔和谷歌的目标管理利器**
ISBN: 978-7-111-57287-9

**OKR教练实战手册**
ISBN: 978-7-111-70537-6

**绩效使能：超越OKR**
ISBN: 978-7-111-61897-3

**真OKR**
ISBN: 978-7-111-71732-4

**OKR完全实践**
ISBN: 978-7-111-65886-3